신학적 인간학

IMPRIMATUR
† Nicolao Cheong
Archiepiscopus Seoulensis
Seoul, die 13 Sep. 2004

Temi Fondamentali di Antropologia Teologica
by P. Carlo Laudazi, O.C.D.

Korean tr. by Rev. Youn, Joo-Hyun, O.C.D.

Temi Fondamentali di Antropologia Teologica

가톨릭대학교출판부

■ 머리말

… 인간 존재의 신비 앞에서

인간에 대한 이해에 있어서 '신학적 인간학'의 공헌

'하느님의 계획 안에서의 인간' 그리고 '인간적인 형상 안에 드러난 하느님의 은총으로서의 인간', 이 두 주제는 이 책의 기본적인 내용을 구성하고 있다. 이 책은 이 주제들을 통해서 신학이 갖는 권리, 즉 인간 존재가 갖는 신비를 이해함에 있어서 신학이 필수적인 요소를 제공할 수 있다는 점에 대해서 구체적으로 논하고 있다. 사실, '인간'은 언제나 여러 학문 분야에 있어서 최고의 연구 대상이었으며 앞으로도 그러할 것이다. 어떠한 학문이건 인간에 대한 관심이 없거나 그에 대해서 다루지 않는 분야는 없다.

그러나 다른 제반 학문에 비해 신학은 인간의 신비에 대해 단지 이해하지 못한 인간의 어떤 영역에 관한 공백을 메우는 역할을 하는 것이 아니라 보다 깊은 질적인 접근을 시도하고 있다. 그러기에 신학은 인간의 신비를 밝히는 데 있어서 가히 필수적이라고 하겠다. 그러므로 신학은 인간 존재의 의미와 가치에 대한 탐구와 심화에 있어서 당연한 권리를 갖고 다른 학문들과의 대화에 참여할 수 있을 뿐만 아니라, 그러한 학문들을 이끌어 주는 정점에 위치해 있다. 사실, 인간에 대한 제반 학문들은 '인간의 신비'에 관해 수많은 자료들을 제공해 주었으며 그 결과들은 중요한 가치를 갖고 있다. 그러나 인간 존재의 독특함을 구성하며 더 나아가 다른 제반 피조물과는 구별되는 그만이 갖는 고유한 특징들은 이러한 학문의 결과만으로는 결코 이해될 수 없다. 반면, 신적인 계시 사실을 근간으로 하는 신학적 성찰은 우리에게 인간의 존재론적인 구조가 갖는 본질적인 요소들을 실제적으로 제공해 준다. 신학 이외의 제반 인문 과학 가운데 그 어느 분야도 인간이 그리스도 안에서 하느님과의 인격적인 합일에로 부름을 받았다고 하는 그의 존재 목적과 그가 하는 모든 행위가 지향해야 할 최종 목적에 대해서 결코 말해 줄 수는 없다. 이러한 신학적 성찰에 의하면 인간은 '하느님의 모상'(imago Dei)으로 창조된 존재로서 신적(神的)인 기원을 갖는다. 즉, 인간은 세상 창조 이전에 하느님의 계획 안에서 이미 그리스도 안에 선재(先在)하는 존재이다(에페 1,4).

신학 이외의 다른 제반 학문들은 이러한 신학적 성찰에 대해 부인하거나 단순히 무시하고 만다. 오히려, 현대 인간학은 인간이 갖는 그의 진정한 품위를 흐리거나 없애 버리려고 한다. 즉, 인간을 단순히 자연 본성적인 차원에서만 해석하면서 그 어떠한 초월적 세계나 존재와의 관계에 대해서 부인한다. 현대 인간학은 인간을 갖가지 상이한 시각이 서로 실타래처럼 엉켜 있는 존재로 표현하려는 다양한 문화적인 경향들 사이에서 끊임없이 논쟁하고 있다. 이러한 여러 입장들 가운데는 인간에 대한 이해가 서로 상반되게 드러나는 시각들도 있다. 그 결과 인간에 대한 이미지는 점차로 흐려지게 되었으며 자연적·초자연적 모든 대상으로부터 인간을 격리시킬 정도로 그 이미지는 손상되기에 이르렀다.

그러나 인간에 대한 신학적인 논의는 단지 가상적 개념들을 추상화시켜서 확장하는 가운데 이루어지는 것도 아니며, 복잡하기 그지없는 인간에 대한 선험적인 요소들을 더욱 복잡하게 만드는 것도 아니다. 그러한 논의가 설득력을 갖기 위해서는 무엇보다도 인간을 이해하는 새로운 전망에 대한 선택과 더불어 이러한 일련의 숙고에 조화로움과 항구함을 부여해 주는 확고한 출발점을 선택해야 한다. 이러한 선택은 다름 아닌 '하느님의 구원 계획'이라고 하는 틀 가운데 이루어져야 한다. 인간을 향한 하느님의 구원 계획이라는 전망에 대한 선택은 신적인 계시 사실에 대한 신학적인 논의를 요청하기 때문에 그 특성상 본질적으로 유효한 틀이라는 점을 잘 보여 주고 있다. 그러므로 이러한 틀은 인간의 진정한 존엄성과 그의 존재 의의가 충만하게 드러나는 인간에 대한 상(像)을 형성하는 데 있어서 근간이 되는 바탕을 만들어 준다. 이처럼 하느님의 계획이라는 배경은 인간 이해에 있어서 아주 적절한 틀임을 우리는 알 수 있다. 이는 우리로 하여금 인간의 참된 존엄성과 존재 가치, 그리고 그리스도 안에서 하느님과 갖는 근본적인 의존 관계 안에서 그의 정체성의 뿌리를 발견하게 해줄 뿐 아니라 인간을 이루고 있는 고유한 요소가 무엇인지를 분명히 드러나게 해준다. 즉, 그것은 인간이 '인격적 존재'라는 사실로서 이는 제반 피조물에 비해서 그만이 갖는 절대적인 '초월성'(trascendenza)의 뿌리가 아닐 수 없다. 더 나아가 이러한 인격적인 측면은 인간의 존재론적인 구조에 있어서 본질적이며 근본이 되는 '관계적인 특징'을 우리에게 보여 주는데, 이는 그가 그 존재 구조상 '개방되어 있다'는 특징을 갖고 있으며 이러한 개방성은 무엇보다도 먼저 '초월적인 타자'(l'altro trascendente)를 향해 열려 있음을 계시해 준다. 이러한 맥락에서 인간이 '인격적인 존재'라는 사실은 그를 향한 하느님의 계획이란 다름 아닌 하느님과의 인격적인 통교와 대화를 향한 계획임을 알 수 있다.[1)]

인간을 향한 하느님 계획의 핵심 열쇠로서의 최종 목적(fine ultimo)

앞서 보았듯이, 하느님의 계획이야말로 올바로 인간에 대해 말할 수 있고 그 존재를 자리매김할 수 있는 틀이라고 한다면, 또한 우리는 인간의 '최종 목적'(fine ultimo)이야말로 인간 존재의 심오한 신비를 읽어 낼 수 있는 열쇠라고 해야 한다. 이 최종 목적은 다름 아닌 인간을 향한 하느님의 예정(predestinazione)을 통해 하느님과의 상호 사랑스러운 속함 가운데 완성되는 '인격적인 합일'(l'unione personale)이다.[2)] 최종 목적이 인간을 향한 하느님의 예정, 즉 그리스도 안에서 하느님과의 인격적인 합일에 있다는 것은 성서적인 근거를 갖고 있으며 교회가 가르치는 신앙과 신학적 전통 안에서도 그 근거를 갖는

---

1) 참조: G.Panteghini, *L'uomo alla luce di Cristo. Lineamenti di antropologia teologica,* Ed. Messaggero, Padova, 1990, p.192. 참조: ID., *L'uomo scommessa di Dio. Antropologia teologica,* Ed. Messaggero, Padova, 1998, p.222.

2) 이 표현은 십자가의 성 요한이 영적 혼인(matrimonio spirituale)의 현상을 서술하기 위해 사용한 것이다: "이제는 양편에서 서로가 아주 온전히 자신을 내어 주기에 이르는데, 어느 정도의 사랑의 일치의 완성이 되어 영혼은 신적이 되며 참여로써 되는 것이어서 이 세상에서 가능한 한도에서 이와 같이 하느님이 되는 것이다"(*Cantico Spirituale* B, 22,3).

중요한 테마가 아닐 수 없다. 이렇게 최종 목적을 인간 이해를 위한 중요한 열쇠로 상정함으로써 우리는 이 최종 목적이 인간의 신적(神的)인 차원을 이해하는 틀을 제공해 주며, 더 나아가 인간을 향한 하느님의 계획이 갖는 구조를 형성하는 근본 원인이 됨을 알 수 있다. 그것은 다시 말해 하느님께서 인간을 그리스도 안에서 원하셨다고 하는 것, 그리고 그가 인격적인 존재로 창조되었다는 것, 더 나아가 자신의 '인격적인 존재됨'을 실현하도록 부름을 받았다는 것을 의미한다.

이처럼 인간의 신비에 대한 신학적인 접근의 핵심 열쇠로서 '최종 목적'을 선택한 것은 모든 피조물에게 해당되며 따라서 인간에게도 해당되는 이 '최종 목적'이 갖는 본질적 가치 때문이다. 이러한 최종 목적의 본성과 역할을 보다 깊이 이해하기 위해서 우리는 토마스 아퀴나스(Thomas d'Aquinas)의 가르침을 살펴볼 필요가 있다. 그에 의하면 피조물의 존재 구조 안에서 '목적'은 다른 모든 원인의 근본 원인이 된다.[3] 이는 곧 최종 목적이야말로 존재 이전에 그 존재를 있게 하는 원인임을 의미한다.[4] 다시 말해, 최종 목적이 단지 존재에 앞서 그 존재를 방향 짓는 목적일 뿐 아니라 동시에 그 존재의 기원이라는 말이다. 그러므로 어떤 존재가 시공(時空) 안에 존재한다는 것은 그 자체로 이미 최종 목적이 역사화 되어 가시적으로 드러난 사건이라고 말할 수 있다. 성 토마스는 말하길, '목적'은 비록 실행에 있어서는 마지막이지만 지향에 있어서는 첫 번째라고 한다.[5] 이러한 의미에서 '목적'이 존재의 첫 번째 원인이라 함은 그 존재가 이 목적에 도달하

[3] S.Thomas, *Summa Theologiae,* I, q.5, a.2, ad.1; I, q.44, a.4.

[4] *S.Th.,* I-II, q.2, a.5, ad.3.

[5] 같은 곳.

기 위해 필요한 모든 역동적인 요소들과 존재의 건설적인 구조를 구성하는 제반 모든 원인들 가운데 가장 근본적인 원인이라는 뜻이다. 왜냐하면, 목적은 인간이 자신의 충만한 실현을 위해 나아가야 할 최종적인 완성을 일컫기 때문이다. 성 토마스는 다음과 같이 말한다: "존재자는 목적을 통해서 존재한다."[6] 그리고 "목적은 행위의 질서에 있어서 선택과 결정을 위한 기준이 된다."[7]

그러므로 하느님께서 인간을 당신과의 인격적인 합일을 이루도록 예정하는 가운데 그의 최종적인 목적을 상정했다는 것은 인간 구원의 의미를 깊이 이해하는 데 있어서 중요한 열쇠가 아닐 수 없다. '시작'은 '목적'과 서로 다른 것이 아니다. 즉, 목적과 시작은 서로 상응하는 것이다. '시작'이라 함은 '목적'이 단순한 지향에서 벗어나 이제 구체적으로 현실화되기 시작했음을 의미한다. 이러한 전망 안에서 성 토마스는 말하길, 피조물의 완전함은 '시작'이 '목적'에 도달하는 가운데 있다고 한다. 즉, 피조물의 최종적인 완성은 그 존재가 자신의 최종 목적에 도달할 때인 것이다.[8] 우리는 이러한 전망을 인간에게도 말해야 한다. 그러므로 하느님께서 인간을 당신과의 인격적인 합일에로 예정한 것이 그의 최종적인 목적을 구성한다면, 이 '예정'(predestinazione)은 인간 실존의 궁극적인 목적일 뿐 아니라 그 존재를 근거 짓는 참된 원천이 아닐 수 없다. 그리고 이 최종 목적은 인간의 충만한 자아실현을 드러내는 최종적인 상태이기도 하다. 이러한 의미에서 '인간 구원'은 인간이 오직 하느님과의 인격적인 사랑의 합일에 충만하게 도달하는 가운데 있다고 말할 수 있다. 인간과 하느님 사이

6) *S.Th.*, I-II, q.33, a.4.

7) *S.Th.*, I-II, q.90, a.2.

8) *S.Th.*, I, q.103, a.1.

를 중개하는 갖가지 부적절한 형상들이 사라지게 될 때 비로소 이 두 주체 사이에는 서로가 서로에게 완전히 자기 자신을 내어 주면서 속하게 되고, 이러한 상호 관계 안에서 서로가 서로에게 인격적인 '너'로서 충만하게 존재할 수 있게 된다. 그때에야 비로소 인간은 자기 실존을 충만한 의미로 가득 채울 수 있으며, 자신이 참으로 구원받았다고 말할 수 있게 된다. 그러므로 인간 구원에 대한 논의는 오직 하느님의 구원 의지라고 하는 거시적인 틀 안에서 비춰 볼 때 올바로 이해될 수 있는 것이다. 그러므로 성자의 강생이나 성령 강림과 같이 역사 안에서 일어났고 또 앞으로도 일어나게 될 모든 사건들은 근본적으로 이러한 최종 목적을 향한 하느님의 예정이 현실화되고 완성되기 위한 하느님의 섭리적인 개입인 것이다.

인간의 신적인 차원

하느님과의 인격적인 합일을 향한 예정은 인간에게 있어서 최종 목적이면서 동시에 '하느님의 모상'(imago Dei)으로 창조된 인간의 의지 작용에 있어서도 근거가 된다. 이는 무엇보다도 '합일'(l'unione)의 본성 그 자체로부터 기인한다. '합일'은 본질적으로 인격적인 측면을 그 고유한 특징으로 갖고 있다. 따라서 인간 인격과 그보다 하위의 존재, 예를 들면 동물 사이의 인격적인 합일에 대해서는 결코 말할 수 없다. 또한 '합일'은 그 본성상 두 주체 간의 동등성을 전제하며, 그러기에 두 주체 어느 누구도 상대방으로 인해 축소되어서도 안 된다. 이러한 특징들은 하느님과 인간 사이의 합일을 말함에 있어서도 예외가 아니다. 이러한 상호간의 동등성이 갖는 구조적인 특징은 왜 하느님께서 인간을 창조하시되 당신의 '모상과 유사함'(imago et similitudo Dei)을 따라 창조하셨는지를 이해하게 해주는 중요한 근거이다(창세 1,26~27). 신학적인 면에서 볼 때 '모상'(l'immagine)은 원본(l'origine)을 복사한 것이다. 그러므로 인간은 참여로서 자신의 원본이 되는 존재를 닮고 있다. 그러기에 인간이 하느님의 모상으로 창조되었다는 사실은 인간의 자기 이해에 있어서 하느님이 본질적인 자리를 차지하고 있음을 의미한다. '하느님의 모상'이란 표현은 인간과 하느님 사이의 유사함을 표현하는 구약성서적 표현이다. 여기서 인간을 하느님의 모상으로 창조했다는 것은 인간 존재가 갖는 관계적이며 대화적인 특징을 잘 드러낸다. 이는 인간이 근본적으로 '하느님과의 관계'를 그 특징으로 갖고 있다는 말이다. 다시 말해서 하느님이 인간을 당신의 모상으로 창조했다 함은 하느님께서 몸소 인간의 '너'가 되고 동시에 인간을 당신의 '너'로 존재하게 하려는 당신의 의지가 배어 있는 사랑의 행위가 아닐 수 없다. 하느님은 단지 당신을 인간에게 있어서 '너'로서 계시하실 뿐만 아니라 인간을 하느님의 '너'로 부르신다. 하느님은 인간을 창조하시면서 단순히 다른 피조물들처럼 만드시지 않고 인격적인 '너'로 부르신다. 더 나아가 그를 이름 지어 부르시면서 그를 창조하신다. 동시에 인간을 당신 앞에 세우시면서 그를 책임 있는 주체이자 당신과의 인격적인 대화를 위한 동반자로 부르신다.[9)]

'하느님의 모상'이라고 하는 특징은 인간이 인격적인 존재라고 하는 그의 존재론적인 특징을 근거 짓는 바탕이며 그러기에 그가 갖는 고귀한 품위의 근거이기도 하다. 왜냐하면 이 사실은 인간이 하느님

9) J.L.Ruiz de la Peña, *Immagine di Dio. Antropologia teologica fondamentale,* Ed. Borla, Roma, 1992, p.177.

과 갖는 관계의 본질적인 특징을 계시하기 때문이다. 이는 인간 존재의 품위와 고유함이 하느님으로부터 당신의 '너'로 부름을 받았다는 사실, 즉 인격적인 존재로 창조된 고유한 자기를 통해 하느님께 응답하고 그분과 대화할 수 있는 능력에서 유래한다는 것을 뜻한다. 유일한 하느님과의 관계야말로 인간 존재의 유일함과 철회 불가적인 특징 그리고 대체 불가적인 특징을 이루는 밑바탕이 아닐 수 없다. 그러므로 하느님이 인간을 당신의 동반자로 창조하셨다는 사실은 인간에게 절대적인 가치를 부여한다. 그 어떤 것, 즉 계급이나 국가, 종교, 사회 등 그 무엇도 인간을 마음대로 조종할 수 없다.[10] 절대적인 하느님과의 관계는 우연유(偶然有)에 불과한 인간으로 하여금 '상대적인 절대성'이라는 품위를 갖게 해준다.[11] 그럼으로써 인간으로 하여금 하느님의 '절대성'에 참여하도록 인도한다. 인간은 절대적인 가치를 갖는 존재이다. 그것은 하느님께서 그를 돌봐 주고 계시기 때문이다.[12]

인간의 그리스도적인 차원

최종 목적이라는 전망 안에서 본 인간을 향한 하느님의 예정이 하느님과의 인격적인 합일에 있다면 더 나아가 그 예정은 인간을 향한 하느님의 구원 계획에 있어서 근본 원인이자 그분의 구원 업적을 근본적으로 규정짓는 근거가 아닐 수 없다. 즉, 그것은 하느님께서 인간을 당신의 모상과 유사함으로 창조하길 원하시고 그를 그리스도 안

10) 같은 책, p.178.

11) 같은 책, p.179.

12) 같은 곳.

에서 선택하시며 그럼으로써 성자 예수 그리스도 안에서 당신의 아들이 되는 자격을 부여함을 의미한다. 이러한 사실로부터 우리는 하느님의 계획이 갖는 두 가지 차원을 알 수 있다. 즉, 신적인 차원과 그리스도적인 차원이 그것이다. 이 둘은 인간 구원이라고 하는 하느님의 계획을 떠받치는 기둥이다.

계획이라고 하는 것은 이상과 그 이상을 실현하기 위한 결정을 대변한다. 그러나 이 계획이 실현되기 위해서는 이를 현실화하기 위한 구체적인 조직과 실현 방법을 정해서 실천해야만 한다. 우리가 논하는 주제인 '하느님의 계획'에 대해 말하자면, 인간을 당신과의 인격적인 합일로 부르신 하느님의 예정 계획은 하느님 편에서 준비하신 이상이자 결정이라고 할 수 있다. 우리는 계시를 통해서 하느님께서 인간으로 하여금 당신과 인격적인 합일을 이루게 하기 위해 그리스도 안에서 이 계획을 결정하셨음을 알 수 있다. 이러한 전망을 언급하고 있는 전형적인 성서 구절은 바오로 서간인 콜로 1,15~17과 에페 1,3~5이다. 콜로 1,15~17에 의하면 그리스도는 보이지 않는 하느님을 적극적으로 이 세상에 중개하는 '완전한 하느님의 모상'으로서, 성부와 더불어 공동 창조자(cocreator)이시며 모든 피조물을 지탱하는 바탕이자 목적이 되신다. 세상 모든 만물은 그분을 통해 창조되었고 그분을 향해 창조되었다. 그리고 그분은 모든 것 이전에 계셨으며 모든 것은 그분 안에서 존재하게 되었다. 반면, 에페 1,3~5을 보면 세상 창조 이전에 하느님께서 그리스도 안에서 인간을 선택하셨음을 보여 주고 있다. 이렇게 영원으로부터 인간을 선택하신 것은 그가 하느님 앞에서 그분과 대화하는 존재로 설 수 있게 하심이다. 또한 이 서간에서는 인간을 향한 하느님의 예정 은총은 구체적으로 인간이 그리스도 안에서 하느님의 아들이 된다는 것임을 지적하고 있다.

이 모든 사실로부터 우리는 실존하는 인간의 신비를 결정짓는 중요한 요소는 다름 아닌 그가 갖는 '그리스도적'인 차원임을 알 수 있다. 이는 그리스도가 단지 인간을 정의하고 그를 올바로 이해할 수 있는 본질적인 기점일 뿐 아니라 인간을 존재론적으로 떠받치는 유일한 바탕이라는 말이기도 하다. 사실, 인간은 오직 그리스도 안에 자신의 존재론적인 뿌리를 두고 있으며 그러기에 그분을 통해서만 존재할 수 있고 더 나아가 그분을 향해서 존재가 결정되어 있다. 그러므로 인간은 본질적으로 그리스도를 통한 그리고 그리스도를 향해 있는 존재로 규정할 수 있으며, 이러한 의미에서 그분은 단지 인간 존재의 원천이자 목적일 뿐 아니라 그의 실존이 의미로 충만하기 위해서 반드시 언급되어야 할 인간 존재의 핵(核)이라고 하겠다. 이처럼 인간이 그리스도와 갖는 관계의 구성적인(costitutivo) 특징은 필연적으로 그리스도적 차원을 인간 존재 구조에 있어서 본질적인 요소로 간주하게 한다. 그러므로 인간이 '그리스도 안에서의 존재'라고 하는 사실은 존재론적으로 중요한 가치를 지니고 있다. 다시 말해서 인간은 자기 전 존재가 그리스도에 참여하는 한에서 참으로 자신일 수 있는 것이다: 인간은 그리스도의 예정에 참여하는 한에서 성부 하느님으로부터 예정되었다. 그리고 그리스도께서 성부의 아드님이시라는 그분의 '아들 됨'에 참여하는 한에서 인간은 또한 하느님의 자녀라고 말할 수 있다. 나아가 부활하신 그리스도의 영광스런 상태에 참여하도록 부름을 받은 한에서 인간은 영광을 향해 예정되었다.

그리스도 안에서 '자기 건설'(autocostruzione)을 이루는 인간 실존

인간이 갖는 신적이며 그리스도적 차원은 그의 존재 구조를 형성하는 구성적인 측면들을 밝히 보여 주었다. 그러므로 진정한 인간 존재에 대한 이해는 계시의 빛 안에서 비로소 가능하다고 하겠다. 이제 우리가 보아야 할 것은 다름 아닌 이러한 하느님의 계획이라는 전망 안에서 인간이 기여해야 할 그 자신의 몫이다. 즉, 완성을 향해 변화되어 가도록 부름을 받은 그의 소명에 걸맞게 그가 행동으로 옮겨야 하는 과제를 의미한다. 하느님은 그리스도를 통해서 그리스도 안에서 그리고 그리스도를 향해서 인간을 존재에로 불러 주셨다. 하지만 이 부르심은 완결된 것이 아니다. 하느님은 인간을 이러한 당신의 계획이 실현되고 완결되는 과정에서 주체적으로 자신을 이루어 가도록 하느님과 더불어 자기 형성의 '공동 저자'(coautore)로 부르셨다. 이미 성 토마스는 이에 대해 지적하면서, 하느님은 인간을 창조하시면서 그를 그 자신에게 맡겨 주셨다고 언급한다. 인간은 완결된 실재가 아니다. 그는 마치 성숙을 향해 발아하고 성장해 가는 하나의 씨앗과도 같은 존재다. 구체적인 현실 안에 존재하는 인간은 확실한 자신의 정체성을 천상 본향에서 완전히 획득하기 위해 그 본향을 향해 길을 떠나 여정 가운데 있는 피조물, 즉 '여정 중에 있는 존재'(homo viator)가 아닐 수 없다. 그러므로 인간 존재를 특징짓는 중추적 요소들은 다름 아니라, 그는 동시에 자신에게 '선물'이면서 '과제'이며 세상에 태어나 자신에게 주어진 하나의 객관적 대상이자 또한 그것을 자기 것으로 만들어 가야 하는 주체라는 사실이다. 이렇게 그가 갖는 태생적인 존재 구조를 우리는 한마디로 '되어 가는 존재'라는 표현 안에 담아 볼 수 있는데, 이는 그가 어떤 고정 불변하는 틀 안에 있는 존재가 아니라 하느님께 순명해 가는 가운데 자신의 최종적인 정체성을 이루어 가는 역동적인 전망 가운데 있는 존재임을 의미한다.[13)]

그러므로 시작과 최종 목적 사이에 존재하는 중간 시간 단계는 하느님께서 그리스도 안에서 영원으로부터 인간을 위해 원하신 당신의 계획이 역사화 되어 완성되기 위해 인간이 해야 할 몫을 내포하고 있다. 그리스도가 인간 실존에 있어서 존재론적인 바탕이라고 하는 사실은 인간이 자기 건설을 해 나감에 있어서 그리스도를 제외하고는 그 무엇도 할 수 없음을 의미한다. 이는 그리스도와의 관계야말로 인간이 태생적으로 자신의 핵(核)으로 갖고 있는 자기 존재 구조의 중추적 요소일 뿐만 아니라 최종 목적을 향한 그의 여정에 있어서 행동의 기준이기 때문이다. 사실, 그리스도와의 관계는 객관적인 면에서나 태생적인 면 또는 역사적-실존적인 면에서 인간을 이해하는 데 있어서 중요한 요소가 아닐 수 없다.

한편, 그리스도와 갖는 이러한 구성적인(costitutivo) 요소로 인해 우리는 인간을 존재론적인 전망 안에서 '그리스도 안에서의 존재'로 정의할 수 있으며, 나아가 역사적-실존적인 차원에서 볼 때 '그리스도 안에서 현존하는 실존'이라고 정의할 수 있다. 그러므로 인간 존재 구조에 있어서 그가 그리스도 안에서 하느님과 맺는 관계는 존재론적인 차원과 역사적 차원에 있어서 본질적이며 근본적인 요소라고 하겠다. 인간은 매일의 자기 건설(autocostruzione), 즉 구체적인 역사 안에서 끊임없이 참된 의미를 채워 가면서 자기 자신을 완성해 가는 여정에 있어서 하느님, 그리고 그리스도와 맺는 관계의 구성적인 특징을 결코 간과해서는 안 된다. 이러한 사실은 인간으로 하여금 이러한 관계를 자기 건설의 여정에 있어서 출발점으로 삼고 끊임없이 이 관계성에 철저히 순명하며 나아가도록 요청한다.

---

13) G.Gozzelino, *Vocazione e destino dell'uomo in Cristo,* Elle di ci, Torino, 1985, p.187.

지금까지의 논의를 토대로 우리는 인간의 역사라는 것이 단순히 그가 갖는 '미완결의 상태'나 '되어 가는 존재'로서의 그의 모습을 대변할 뿐만 아니라, 참된 역사의 의미는 일어난 사실들을 단순히 기록하는 것에 그치지 않고 새로운 의미를 갖는 사실들을 창조하는 데 있음을 알 수 있다. 이러한 의미에서 볼 때 역사는 인간 영역 밖에 존재하는 그와는 관계없는 그 무엇이 아니라 인간에 의해 일어나는 사건이며, 이를 통해서 인간은 비로소 '자기 자신이 되어 간다'고 말할 수 있다. 그러므로 진정한 역사를 이루어 간다는 것은 의미로 충만한 사건들을 통해서 실존적인 자기 건설을 이루어 간다 함이요, 그리스도 안에서 실존하는 자기 존재가 갖는 무한한 가능성들을 구체적으로 현실화함으로써 그러한 작업을 실현해 간다는 것을 뜻한다. 이는 우리로 하여금 그리스도야말로 인간 역사에 의미를 부여하고 그 의의를 드러내는 원천이라는 점을 깨닫게 해준다. 다시 말해서, 그리스도는 당신의 강생과 죽음, 그리고 부활의 신비를 통해서 인간 실존이 갖는 참된 가치를 계시해 주며 나아가 그에게 진정한 생(生)의 의미를 부여해 준다.

단지 이것만이 아니다. 인간이 그리스도와 갖는 관계성의 구성적인 특징은 그리스도야말로 인간의 행동 규범을 위한 필수적인 언급 요소이면서 동시에 인간의 역사를 말하기 위해서는 필연적으로 그리스도의 역사를 함께 언급해야 함을 우리에게 가르쳐 준다. 인간의 역사는 전적으로 그리스도의 역사와 깊이 맞물려 있다. 그러기에 인간의 역사는 그리스도와 더불어 성장해 가는 인격적인 관계의 역사화라고 말할 수 있다. 다시 말해서 부활 이후에 시간과 역사를 초월해 계신 예수 그리스도에게 시간적-역사적 차원을 새롭게 부여한다는 의미에서 인간의 역사는 이제 그리스도의 역사라고 감히 말할 수 있다. 이러한 사실은 인간 실존이 끊임없이 그리스도를 받아들이면서 의미로 충만하게 되고 일상적인 삶 안에서 이러한 의미를 재해석하며 구체화하는 가운데 검증된다. '인간이 되어 간다'는 것은 결국 '자기 자신이 되어 간다'는 것을 뜻하며 그것은 또한 '그리스도 안에서' 그렇게 되어 가는 것을 의미한다. 이러한 그리스도와의 관계는 인간 존재의 심층을 꿰뚫는 본질적인 요소로서, 이로 인해 우리는 '인간이 되어 간다'는 것은 다름 아니라 우리의 구체적인 삶의 응답을 통해서 '그리스도의 신비'를 완성시켜 가는 것이라고 말할 수 있다.

마지막으로 가르멜 수도회 한국 준관구의 윤주현(베네딕토) 신부님께 특별한 감사의 정을 표시하고 싶다. 신부님은 아마도 한국 사람으로는 처음으로 한국에는 아직 생소한 '신학적 인간학'을 전공하면서 나와는 사제(師第)의 인연을 맺었다. 특별히 학위 논문을 지도하면서 함께 하느님과 인간에 대한 많은 이야기들을 나눌 수 있었다. 결코 쉽지 않은 이 책의 한국어판 번역을 정성껏 해주심에 그리고 부족한 저에 대한 각별한 존경에 신부님께 진심으로 감사드린다.

2003년 3월 23일
로마, 테레시아눔 대학에서
카를로 라우다치 신부, O.C.D.

■ 옮긴이의 말

지금으로부터 10년 전의 일이었다. 로마와 피렌체에서 언어 과정을 마치고 1995년 가을부터 '신학적 인간학'이라는 듣도 보도 못한 생소한 과목을 전공으로 선택하고 어렵사리 되지도 않던 이태리 말로 무작정 강의를 쫓아가던 첫 학기, 물론 쉽지는 않았지만 의외로 강의 내용들이 하나둘 들려오기 시작했고, 특히 라우다치 신부님의 강의는 시간이 지날수록 재미를 더해 갔다. 차분하면서도 분명한 논리를 갖고 인간의 본질을 꿰뚫는 한마디 한마디가 아직도 내 귀에 생생히 들리는 듯하다. 첫 학기에는 '인간적 형상 안에 드러난 하느님 은총의 현현으로서의 인간 존재'라는 과목을, 그 이듬해에는 '하느님의 계획 안에서의 인간'을 수강했다. 그리고 박사 과정 때는 영성 신학부에 개설된 신부님의 강의인 '영성 신학의 근본 주제들'과 '수덕 신학'을 들으면서 그분의 인간학적인 전망을 영성적 주제 안에서 통합할 수 있었다. 전혀 생각하지 못했던 새로운 전망을 갖고 인간을 논하면서 학생들이 당신의 강의에 적극 참여하도록 하기 위해 토론을 유도하고 끊임없이 우리에게 화두를 던지던 신부님의 모습이 아직도 생생하다. 잘되지도 않던 이태리어를 갖고 질문도 참 많이 했었다. 덕분에 이태리 말도 많이 늘었고 그분으로부터 단순한 신학적 논리만이 아니라 인간을 하느님의 빛 안에서 바라보는 소중한 안목을 배울 수 있었고 내가 이 땅에 태어난 이유, 그 소중한 소명에 대해서 깊이 깨닫는 수련의 시간이었다고 감히 말할 수 있다. 또한 가르멜 수도회 회원으로서 당신의 인간학적인 전망을 사부, 사모님이신 십자가의 성 요한과 예수의 데레사의 영성 안에서 소화해 주시던 여러 주제들은 강의의 백미가 아닐 수 없다. 후에 박사 과정에서 논문 지도 교수님으로 새로 만나면서 만 4년 동안 미운 정 고운 정도 많이 들었다. 대학 내에서 논문 지도가 가장 엄하다는 소리를 들으면서도, 석사 과정 때 그분으로부터 배운 강의 주제들이 너무 좋아서 후에 박사 과정 때는 그 주제 가운데 하나를 선택해서 정말이지 힘겹게 논문을 써 내려갔다. 시집살이를 많이 하면 고운 정도 많이 드나 보다. 라우다치 신부님은 스승으로써 영적 지도자로서 진심으로 존경하고 감사드리는 분이다.

여기 부족하지만 로마에서의 전공 공부 후에 처음으로 '신학적 인간학'에 관한 전공 서적을 번역해 낸다. 신학적 인간학이 20세기 신학의 새로운 화두로 떠오른 지도 벌써 꽤 오래전의 일이지만 한국에 본격적으로 주제화되어서 다뤄지지는 않은 것 같다. 물론 간간히 그 주제를 단편적으로 다룬 서적들은 있지만 신학을 인간학적인 전망 안에서 총체적으로 접근하고 다루는 데에는 미치지 못했다고 생각한다. 신학은 인간학이다. 하느님을 논하고 사랑하는 주체인 '인간'이 빠진다면 신학은 공허할 뿐이다. 또한 신학 안에서 인간이 주인공 되어 하느님과 더불어 구원 역사의 주연을 맡지 못한다면 그 연극 또한 우리들에게는 무의미한 외침에 불과할 것이다. 이러한 의미에서 신학을 인간을 중심으로 재해석하고 소개하는 작업은 당연한 귀결이며 필수적이라고 말해야 할 것이다. 더욱이 현대의 사회·문화적인 조류가 인간 중심으로 재편되면서 인간 존재에 대한 가치가 극대화되어 가는 상황 안에서 신학은 새로운 변신을 모색해야 한다. 그러나 이러한 인간 중심(l'antropocentrismo)의 전망은 고전적 전망인 하느님 중심(Deocentrismo)적인 구도와 상호 긴밀히 연결되어 있으며 인간 이해의 중요한 다른 축을 구성하고 있음 또한 인식해야 한다. 인간 존재의 신비를 열어젖힐 수 있는 유일한 열쇠는 오직 '하느님'이시다. '인간'이라고 하는 역사적인 사건 이면에 그 존재를 떠받쳐 주는 하느님과의 관계 안에서만 인간은 진정한 자신의 존재 의미와 목적을 가질 수 있다. 그러나 그것만으로는 부족하다. 하느님과 인간, 이 두 축을 연결하는 접점으로 우리는 인간을 향한 하느님의 계획이 시공 안에 드러난 역사적 사건인 그리스도의 인격과 그분의 일생을 신학적 인간학의 근본 토대로 삼아야 할 것이다. 그러므로 인간에 대한 참된 이해와 그 존재의 실현을 말하려면 인간을 향한 하느님의 계획 그리고 그 계획의 역사적 현현으로서의 그리스도의 신비를 함께 말해야 한다.

인간은 이 땅에 태어나서 숨쉬는 그 자체가 이미 하느님의 은총을 가득히 받았음을 증거하고 있다. 인간 존재 자체는 이 세상에 존재하기 이전부터 이미 하느님으로부터 영원히 사랑받는 존재이다. 인간은 아무 이유 없이 그냥 존재할 수 없다. 존재 이전에 이미 하느님은 인간을 향한 놀라운 계획을 준비하셨다. 그것을 우리는 이 책에서 고찰한 '최종 목적'(fine ultimo)이라는 전문 용어로서 살펴보게 될 것이다. 당신과의 깊은 인격적인 사랑의 합일이라고 하는 인간에게는 전혀 권리가 없는 엄청난 선물을 하느님은 영원으로부터 그를 위해서 준비하셨다. 그것을 우리는 '예정'(predestinazione) 은총이라고 부른다. 하느님의 예정 은총 안에서 인간은 영원으로부터 하느님으로부터 사랑받은 존재이다. 그리고 하느님은 '최종 목적'을 향해 인간을 이름지어 불러 주셨다. 우리 존재 각자를 고유한 이름으로 불러 주셨다는 것은 또한 우리를 영원으로부터 이미 알고 계셨다는 말이기도 하다. 우리 각자를 향한 하느님의 사랑 가득한 앎, 그것이야말로 우리가 당신의 유일한 '너'로서 당신 앞에 설 수 있도록 우리를 선택하신 하느님의 은총이 자리하는 공간이기도 하다. 우리 각자를 향한 하느님의 사랑스런 앎이야말로 인간 존재를 관통하는 핵심(核心)이라고 할 수 있다. 그러므로 인간은 이 땅에 존재하는 그 자체가 이미 하느님의 은총을 가득히 표현하는 성사(聖事, sacramentum)라고 하겠다. 인간은 존재 그 자체가 하느님의 은총 덩어리이다. 많은 사람들이 외적인 능력이나 선물들을 갖고서 하느님의 은총을 논하지만 나는 이렇게 말하고 싶다. 가장 직접적이고도 놀라운 하느님의 은총을 보고 느끼고 싶다면 자기 자신을 보라고. 바로 거기에 우리 각자를 향한 하느님의 원(原)사랑이 녹아 있다.

이처럼 인간은 하느님의 사랑에 자기 존재의 근거를 갖고 있다. 그러나 동시에 인간은 하느님 앞에서 자신을 향한 하느님의 구원 계획에 하느님과 더불어 이를 실현하도록 부름을 받았다. 당연히 그가 해야 할 자기 고유의 몫이 있다는 말이다. 그러기에 인간은 하느님으로부터 받은 '선물'(dono)이자 동시에 완성시켜 가야 할 '과제'(impegno)가 아닐 수 없다. 인간은 영원으로부터 하느님에 의해 '최종 목적'을 향해 부름을 받은 은총의 수혜자이지만 그가 누구인지에 대한 개별적인 정체성은 그가 받은 은총을 어떻게 잘 꽃피워 가는지, 그러기 위해서 어떻게 하느님의 개별적인 부르심에 응답하면서 하느님 계획의 역사적인 현현이신 예수 그리스도와 관계를 성숙시켜 가는지에 달려 있다. 그가 걷게 될 하느님을 향한 응답의 역사야말로 인간의 자아실현의 길이라고 할 수 있다. 그것은 또한 인간을 향한 하느님의 유일무이한 개별적 사랑에 자기 고유한 삶의 역사와 삶의 자리를 통해 구체적으로 응답해 감으로써 자신의 '영성'을 이루어 간다는 말이기도 하다. 저자는 신화(神化, divinizzazione)라고 하는 인간을 향한 하느님의 구원 계획의 실현에 있어서 인간이 기여해야 할 고유한 자신의 몫을 인간의 '자기 건설'(自己建設, autocostruzione)이라는 독특한 표현 양식에 담아서 우리에게 소개하고 있다. 이를 위해서 저자는 단순히 고전 스콜라 신학의 신 중심(神中心, Deo-centrismo)적인 시각에 머물지 않고 성서 안에 드러난 구원 역사적 전망을 토대로 한 인간 실존의 이해, 현대 실존주의 철학 특히 하이데거(M.Heidegger)의 실존철학과 현대 인격주의 인간학에서 중요한 개념으로 대두되는 '나와 너' 사이의 관계를 통해 이해되는 인간 인격의 신비를 망라하고 있다. 그러나 그러한 그의 시각은 12세기 이후 800여 년이 지난 지금까지도 가톨릭 신학의 중추가 되어 온 토마스 아퀴나스(Thomas d'Aquinas)의 하느님의 빛 안에서 바라본 인간의 기원과 존재의 최종 목적 안에서 다시금 종합되어 빛나고 있다.

최근 10여 년을 전후해서 한국 교회에 '영성'(靈性, spiritualità)이란 주제가 하나의 화두가 되어 각 분야에서 유행처럼 번져 나가는 현상을 볼 수 있다. 각종 출판물에서부터 교회 관련 신문들, 신학교나 본당마다 쇄신을 부르짖으면서 '영성'을 이야기한다. 그러나 그 가운데 과연 얼마나 '영성'의 본래 의미를 올바로 알고 사용하는지 자못 의심스럽다. 영성은 그저 단순히 신비스럽고 추상적인 그 무엇인가를 두루뭉술한 어휘에 담아서 표현하는 것이 아니다. 그것은 실질적인 것이고 구체적인 삶이자 역사이다. 자기 자신의 존재 근거와 목적이 무엇인지를 깨닫는 것이요, 하느님의 계획 안에서 고유한 자기 삶의 자리와 역사를 통해 자신을 건설해 나아가는 자아실현의 길이다. 그러므로 '영성'은 필연적으로 하느님의 빛 안에서 바라본 인간학적인 전망과 맞물려 있다. 사실, 신학적 인간학은 인간에 대한 영성적 이해에 탄탄한 논리적인 근거와 기초적인 신학적 개념들을 제공해 준다. 단지 영성뿐만이 아니다. 부디 한국 교회의 여러 분야에서 구원 역사의 주인공인 '인간'에 대한 올바른 이해를 기초로 해서 다양한 대화와 결실들이 맺어지기를 바라는 마음 간절하다.

마지막으로 이 책이 나올 수 있도록 도움을 주신 은사 조규만(바실리오) 신부님께 감사드린다. 또한 나의 형제들인 가르멜 수도회 신부님들, 수사님들에게 특별한 감사의 정을 드린다. 그분들은 지금의 내가 있을 수 있도록 나를 키워 주고 함께 영적 여정을 걸었던 실질적인 나의 스승이자 선배요 동료들이다. 모든 가르멜 수녀님들께도 감사드린다. 그분들의 기도와 희생은 늘 내게 큰 힘이 되어 주었다. 그리고 그간의 학업 여정 동안 늘 힘이 되어 주고 격려해 주신 부모님과 가까운 여러 지인들에게 진심으로 감사드리며 이 책을 그분들에게 봉헌한다. 그분들의 격려와 기도가 아니었으면 끝을 맺기 힘들었으리라. 마지막으로 이 책이 나올 수 있도록 산파 역할을 하는 가운데 많은 수고를 아끼지 않으신 가톨릭대학교출판부 형제자매님들께 감사드린다.

재작년 말 이 책의 번역을 탈고하고 나서 책을 출판하는 과정에서 많은 어려움을 겪었다. 우여곡절 끝에 스페인의 부르고스까지 와서야 이 첫아이를 낳게 되는가 보다. 그간 이곳에서 신학적 인간학에 관한 또 다른 작품 몇 권의 번역을 마치고 빛을 보게 될 날만을 기다리고 있지만, 아무래도 이 책에 정이 더 많이 가는 건 자연스레 첫아이에게 더 가는 첫정 때문만은 아니요 무엇보다도 이 아이를 낳기까지 말 못할 아픔이 너무 컸기 때문인 듯싶다. 이 책은 가슴에 묻어 두어야 할 사연이 참 많은 책이다. 그 숨은 이야기들일랑 십자가에서 고통당하셨던 예수님의 마음속 깊이 묻어두기로 하겠다. 그분의 고통이 세상에 생명을 가져다주었듯, 언젠가 이 책이 품고 있는 사연이 생명의 꽃으로 피어나 많은 결실을 맺을 수 있는 밑거름이 되길 청하는 마음으로 이 첫아이를 그리고 이 아이의 숨은 역사를 우리의 천상 어머니이신 성모님께 봉헌한다.

2004년 9월 1일
성녀 데레사 마르가리타 축일에
스페인 가르멜 수도회
부르고스 관구 본부에서
옮긴이 윤주현(베네딕토) 신부, O.C.D.

짜 임

제 4 장 | 초본성에 대한 고찰과 초본성과 피조물의 관계 문제 _ 229

제 2 부

인간적인 형상 안에 드러나는 하느님의 은총으로서의 인간 존재

【일러두기】

■ 성서 인용 구절은 다음의 성서를 따른다.

• 구약성서 인용: 『공동번역 성서』(가톨릭용), 대한성서공회, 1977; 1999.

• 신약성서 인용: 『200주년 신약성서』, 분도출판사, 1991; 1998.

■ 제2차 바티칸 공의회 문헌, 교황 문헌 등은 다음과 같이 약칭하여 표기한다.

• 「교회에 관한 교의 헌장」(*Lumen Gentium*)→ LG

• 「하느님의 계시에 관한 교의 헌장」(*Dei Verbum*)→ DV

• 「현대 세계의 교회에 관한 사목 헌장」(*Gaudium et Spes*)→ 사목헌장; GS

• 「사제 양성에 관한 교령」(*Optatam Totius*)→ OT

• 「평신도 사도직에 관한 교령」(*Apostolicam Actuositatem*)→ AA

• 「교회의 선교 활동에 관한 교령」(*Ad Gentes Divinitus*)→ AG

• 「사제의 생활과 교역에 관한 교령」(*Presbyterorum Ordinis*)→ PO

• 교황 요한 바오로 2세의 회칙 「인간의 구원자」(*Redemptor Hominis*)→ RH

■ S.Thomas, *Summa theologiae*[Ed. Lonine, t.4-11, testo riproduto nell'edizione manuale della Biblioteca de Autores Cristianos(vol.29, 41, 56, 77, 80, 81, 83, 87), Madrid, 1961~1965]는 *S.Th.*로 약칭하여 표기한다.

신학적 인간학

1

제 1 부

하느님의 계획 안에서의 인간 존재

들어가는 말

우리는 신학적인 관점 안에서 바라본 인간에 대한 소개를 통해서 구체적으로는 '하느님의 계획 안에서 이해된 인간'과 더불어 동시에 이를 전개시켜 나가기 위한 방법과 목적에 대해 다루고자 한다. '인간'이라고 하는 엄청난 신비는 역사상 언제나 가장 매혹적이고도 동시에 당혹스러운 주제가 아닐 수 없다. 모든 형태의 인간 지식—철학에서 신학, 예술과 문학, 그리고 자연과학에서 인간학에 이르기까지—은 바로 이 인간 존재의 신비와 문제에 늘 직면해 있는 것이 사실이며, 여기서 제기되는 수많은 질문에 적절한 해답을 찾고자 끊임없는 시도를 해 왔다. 이렇게 인간 존재의 신비에 대해 해답을 찾기 위한 수많은 노력과 시도에도 불구하고, 여전히 많은 질문들 특히 인간의 기원과 궁극적인 목적 그리고 그가 겪어야만 하는 고통과 생의 마지막에 필연적으로 거쳐야만 하는 죽음에 관한 의문들은 여전히 남아 있고 결국 인간에게 있어서 일종의 커다란 수수께끼를 이루고 있다. 제반 과학이 고도로 발전하면서 인간 존재에 대해 연구하는 여러 학문들의 도움으로 인간에 대한 새로운 지평이 열리게 된 오늘날의 상황은 그러나 오히려 그럴수록 더욱더 인간 존재의 신비에 대해 깊고도 분명한 이해를 추구하는 근원적인 욕구를 증폭시키고 있다.

이렇게 신비로우면서도 동시에 수수께끼로 남아 있는 인간 존재 앞에서 우리는 무엇보다도 경외심과 겸손의 자세를 갖고서 인간에게 진정한 가치를 부여하는 참된 의미가 무엇인지를 추구해야 할 것이며 더불어 그것을 겸허히 받아들일 줄 알아야 할 것이다. 그러기에 이 책에서 다루고자 하는 인간에 대한 논의는 무엇보다도 먼저 인간 존재의 참된 의미와 그 존재 의의를 명확히 규명하는 일에서부터 시작해야 한다. 인간 존재의 참된 의미와 의의에 대한 이해야말로 '인간'이라고 하는 거대한 신비의 세계로 들어가기 위해 필요한 핵심 열쇠이기 때문이다. 이렇게 인간 존재의 의미와 의의에 대한 앎이 인간학을 위해서 가장 근본이 되는 물음이라고 한다면, 이에 대한 해답을 찾기 위한 구체적인 방법 또한 모색해야 할 것이다.

인간 존재에 대한 의미를 깨닫기 위해서는 우선 인간에게 있어서 과연 궁극적이고 최종적인 목적이 무엇인지에 대한 인식에 도달해야만 한다. 다시 말해서 최종 목적을 중심으로 한 인식론적인 접근을 통해서 인간 존재의 의미를 탐구하는 것이 기본인 것이다. 인간은 다른 모든 피조물과 다름없이 그가 이 세상에 존재한다는 사실 그 자체로 이미 그 존재가 지향하는 궁극적이고도 최종적인 목적에 의해 본질적으로 규정되어 있다. 인간은 그렇게 최종 목적을 지향하는 한에서 존재하는 것이다. 사실, 어떤 존재자가 그 존재 의미나 목적 없이 이 세상에 존재한다고 하는 것은 어불성설이다. 그렇기 때문에 존재 의미와 목적에 대한 앎이야말로 인간을 이해하기 위해 요청되는 가장 근본적인 요소인 셈이다. 인간 존재의 의미에 대한 발견과 최종 목적에 대한 이해야말로 인간이 자기를 실현해 나가는 여정에 있어서 자기 존재에 대한 충만한 의미를 얼마나 잘 표현할 수 있는지 그렇지 못한지를 알 수 있게 해주는 근거이자 기준이라고 할 수 있다. 다시 말해서 인간은 최종 목적을 통해서 비로소 이 땅에 존재하게 되는데, 바로 이 궁극적이며 최종적인 목적에 그가 도달할 수 있는가에 따라 그가 자기 존재에 충만한 의미를 부여할 수 있는가의 여부가 달려 있다고 하겠다.

이제 이러한 관점에서 우리는 인간 존재와 그가 갖는 의지 작용의 근거를 구성하는 결정적이고 최종적인 목적이 도대체 무엇인지에 대해서 질문해 보아야 한다. 이러한 최종 목적에 대한 인식은 우리로 하여금 인간 존재의 구조와 더불어 인간을 형성시키는 요소들 이면에 있는 근본 바탕이 무엇인지, 그리고 인간을 결정적으로 특징짓는 본질적인 요인은 무엇이며 그가 하게 되는 모든 선택 행위의 바탕은 무엇이고 인간으로 하여금 '근본 선택'(l'opzione fondamenle)을 하게 해주는 실재는 무엇인지를 규명할 수 있도록 해준다. 이러한 이유로 인해 최종 목적에 대한 규명이야말로 본질적이며 근본적인 중요성을 갖는 작업이라고 하겠다.

인간의 최종 목적이 무엇인지를 알아야 하는 근거를 우리는 '**목적**'이란 "**모든 원인들 중의 원인**"[1]이라고 하는 원칙에서 찾을 수 있다. 이 원칙은 다양한 여러 다른 추론들을 내포하고 있는 공리이다. 무엇보다도 먼저 들 수 있는 사실은, '**목적**'은 "**존재의 첫 번째 이유**"[2]라고

---

1) *S.Th.*, I, q.5, a.2, ad.1; I, q.44, a.4.

2) *S.Th.*, I-II, q.2, a.5, ad.3.

하는 점이다. 사실, "목적은 비록 그것이 실행에 있어서는 마지막이지만 지향에 있어서는 첫 자리에 놓여 있는 것이다."[3] 또한 그것은 "작용되어 가는 질서에 있어서 추진력을 발휘하는 힘"[4]이기도 하다. 그러므로 최종 목적에 대한 앎은 존재의 본성과 구조, 즉 존재의 기원과 근거, 그리고 존재자가 하게 되는 모든 행위와 결정에 있어서 기준이 무엇인지를 우리로 하여금 알게 해준다.

인간 존재를 이해하기 위한 기본적인 틀을 만드는 데 있어서 염두에 두어야 할 것 가운데 하나는 존재의 최종 목적이 지니는 커다란 가치와 작용을 보다 잘 설명해 주는 일종의 원칙이다. 이 원칙은 다름 아닌 시작과 최종 목적 사이에 존재하는 관계로서, 이 원칙에 의하면 존재의 최종 목적은 존재의 시작과 다른 별개의 실재일 수 없다.[5] 아니 오히려 이 '최종 목적'이라고 하는 것은 '시작'이 충만하게 실현된 것이다. 이러한 진술을 토대로 우리는 다음과 같이 말할 수 있다. 즉, 최종 목적에 이르는 것은 참행복(beatitudine)에 도달하는 것과 같다는 점이다. 왜냐하면 토마스 아퀴나스에 의하면 "최종 목적은 참행복 직관이자 궁극적인 완성의 상태"[6]이기 때문이다. 그리고 그것은 "모든 존재자의 궁극적인 완성이 결국 그 자신의 시초에로 다시 도달"[7]하는 데 있기 때문이다. 바로 여기서부터 우리는 인간 존재에 충만한 의의와 진정한 의미를 부여하기 위해서 이 최종 목적에 대해 언급하는 것이 당연한 일이며, 이 최종 목적이야말로 인간 존재를 형성시키

---

3) *S.Th.*, I-II, q.1, a.1, ad.1.

4) *S.Th.*, I-II, q.90, a.2.

5) *S.Th.*, I, q.75, a.6, ad.2.

6) *S.Th.*, I, q.82, a.1.

7) *S.Th.*, I-II, q.3, a.6.

고 형이상학적으로 규정짓는다고 말할 수 있다. 그러므로 한편으로는 인간 존재의 진정한 의미를 발견하는 것이 최종 목적에 대한 인식에서 기인한다면, 다른 한편으로 인간이 자기 존재에 충만한 의미와 의의를 부여하기 위해서 이 최종 목적에 이르는 것은 필요 불가결한 조건이라고 하겠다. 다시 말해서, 인간은 자신의 최종 목적을 앎으로써 비로소 자기 존재의 의미가 무엇인지를 알 수 있으며, 이러한 자신의 최종적이고도 결정적인 목표에 도달할 때에야 비로소 인간은 자기 존재에 충만한 의의를 부여할 수 있는 것이다.

이러한 점에서 볼 때, 신학적 인간학의 고유한 과제는 무엇보다도 인간 존재의 참된 의미를 어디에서 찾을 수 있는지에 대해 다루는 것임을 알 수 있다. 인간은 비록 자연적(naturale)인 존재임에도 불구하고 그의 존재 목적은 자연적이 아니라 '초자연적'(soprannaturale)인 것이다. 그러므로 '초자연적'인 실재에 관한 학문인 한에서 신학은 최종 목적, 즉 인간 존재의 진정한 의미에 대한 실재에 성공적으로 접근할 수가 있다. 사실 우리는 인간 존재의 신비 앞에서 그가 비록 자연적인 존재라 할지라도 이 세상을 초월하는 어떤 실재를 향해 방향 지어져 있음을 알아야 한다. 인간은 바로 이 세상에서 자기 존재에 충만한 의의를 부여하고 자신을 실현하기 위해 살아가도록 부름을 받은 존재인 것이다. 다른 한편, 인간은 진리에로 부름을 받은 존재이기도 하다. 그러나 인간 이성은 이 진리를 완전히 이해하고 담아낼 수 있는 적절한 능력을 갖고 있지 못하다. 그러기에 자연 과학이나 인문 과학 그 자체만으로는 인간 존재에 대한 총체적인 진리를 드러낼 수 없으며 오직 천상으로부터 오는 계시를 통해서 가능하다. 즉, 사람이 되신 예수 그리스도 가운데 드러나는 하느님의 계시를 통해서 가능하다.

신적인 계시나 그리스도의 신비에 대한 진술들을 통해서 알려진 수많은 계시 진리 가운데 바로 최종적이고 궁극적인 인간 존재의 목적, 다시 말해 고상하고도 유일한 "인간의 소명"이 있다. 계시야말로 인간이 '하느님의 모상'이요 '예수 그리스도 안에서 선재(先在)하는 존재'이며 영원으로부터 예수 그리스도 안에서 하느님과의 사랑 가득하고 내밀한 친교를 위해 하느님에 의해 원해진 존재이자 선택된 존재라고 하는 사실을 우리에게 이야기 해줄 수 있다. 이러한 의미에서 우리는 신학적 인간학이야말로 '최종 목적'과 '진정한 인간 존재의 의미' 사이의 내적 연관성을 통해서 인간 존재의 진정한 의미에 대한 이해에로 우리를 인도해 줄 것이라고 확신한다. 이러한 신학적 인간학의 과제는 다른 어떤 분야와도 대치될 수 없으며 동시에 다른 제반 인문 과학에 근본적인 영향을 미친다. 즉, 다른 인문 과학들이 제시하는 인간에 대한 탐구를 통합한다고 하겠다.

앞서 언급한 사실로부터 이제 우리는 어떻게 이 주제를 다룰 것인지에 대한 방법론을 구체적으로 살펴볼 수 있다. 즉, 인간 존재에 대한 신비를 알기 위해서 우리가 취해야 할 원천이자 출발점은 다름 아닌 '신적인 계시'로서, 오직 이 신적 계시야말로 인간 존재의 깊은 신비를 밝게 비춰 주고 해명해 줄 수 있는 열쇠인 것이다. 이러한 전제로부터 인간을 필수적인 대상으로 하는 신학적인 성찰을 구성하고 체계화해야 할 필요성이 생기게 된다. 이러한 의미에서 인간학은 신학 전체에 있어 중요한 위치를 점유한다. 이러한 인간 존재에 대한 탐구를 전개해 나가는 방법은 제2차 바티칸 공의회의 가르침 안에서 잘 드러나는데, 무엇보다도 공의회는 그리스도의 신비 안에서 규정되는 인간에 대한 구원 역사를 신학적 토론에 있어 토대로 삼도록 권고하고 있다.[8] 인간학적인 차원에서 신학을 재구성한다 함은 '신학을 함'에 있어서 더 이상 추상적인 방법론을 따르지 않고 구원 역사 가운데 고유하게 드러나는 역사적 이야기적인 방법론을 취한다는 것을 의미한다. 모든 신학적 주제의 근본이자 토대가 되는 예수 그리스도의 사건에 접근하는 방법은 각 시대마다 어떠한 신학을 통해서 어떻게 그 계시 사건에 접근하는가에 따라 달라진다. 현대에 일어나기 시작한 이러한 새로운 전환은 신학 안에서 '인간학적인 전환'이라고 하는 이름 하에 이루어졌다. 이는 전체 신학을 '인간학'적인 관점으로 특징짓는 새로운 시도라고 할 수 있다. 사실, 현대 신학이 '신학적 인간학'이라고 말할 때 의도하는 바는 인간에 관한 신학적인 언급들에 대한 체계적인 총체성을 의미하기보다는, 인간의 구원 역사에 관한 "모든 신학적 차원"[9]을 일컫는다.

우리는 인간의 구원 역사에 대한 인식에서 출발해서 인간 존재의 기원으로까지 거슬러 올라갈 수 있다. 즉, 인간을 하느님의 차원 안에서 그리고 그리스도의 신비—하느님의 구원 계획은 그리스도와 동일시된다는 전제 아래서—안에서 바라볼 수 있다는 말이다. 우리가 인간과 그 외 모든 피조물들을 하느님의 계획이라는 전망 안에서 바라본다면 그 모든 것이 그리스도 안에서(in Cristo) 그리스도를 통해서(per mezzo di Cristo) 그리고 그리스도를 향해서(in vista di Cristo) 하느님에 의해 원해진 존재라는 사실임을 잘 알 수 있다.[10] 더 나아가 역사적인 인간이 머물러야 할 생명 넘치는 진정한 공간은 그리스도와 더불어 하느님의 품 안에 있음을 알 수 있다. 인간은 바로 거기서

---

8) OT 16.

9) L.M.Rulla, *Antropologia della vocazione cristiana,* Piemme, p.23.

10) 콜로 1,16~17.

하느님과의 총체적인 통교를 향해 나아가면서 자기 존재를 실현하도록 부름을 받았다. 결국, 역사적이고 구원론적인 전망은 인간 구원의 역사를 그리스도 안에서 발전되어 가는 하느님과 인간 사이의 인격적인 관계의 역사로 바라보게 해준다.

구원 역사는 우리에게 구체적이고 실재적으로 존재하는 유일한 질서를 제시하는데, 하느님은 그 질서 안에서 인간을 영원으로부터 그리스도 안에서 원하셨고 계획하셨다. 그 질서는 다름 아닌 '계약'의 질서이다. 오직 이 질서 안에서 인간은 자기 자신을 이해할 수 있고 자기 존재를 총체적으로 실현시키기 위해 나아갈 수 있는 것이다. 그러므로 인간은 자기 자신을 계약이라는 질서 안에서 상정하고 이 관계의 발전을 지향하면서 충실히 살아갈 때 자기 존재에 의미와 의의를 부여할 수 있다. 다시 말해서 그리스도 안에서 존재하는 자기 자신을 받아들이고 그리스도를 향해서 그리스도 안에서 하느님과의 깊은 친교를 지향해 살아갈 때 인간은 자기 존재의 신비를 밝혀낼 수 있는 것이다. 인간 구원의 역사는 하느님의 아들이신 그리스도의 강생을 통해서 우리에게 드러난다. 또한 이러한 강생 사건은 인간이야말로 영원으로부터(ab eterno) 하느님의 사랑을 받는 고귀한 존재라고 하는 사실을 우리에게 가르쳐 준다. 이토록 인간을 사랑하시는 하느님은 인간 존재의 시작일 뿐 아니라 한 개인의 역사의 지평 안에서 궁극적으로는 그가 지향해야 할 최종적인 목적이기도 하다. 이제 이러한 강생의 신비 안에서 우리는 인간이 '하느님의 모상'(imago Dei)이라고 하는 주제가 담아내고 있는 풍요로운 의미에 대해서 이해할 수 있다. '하느님의 모상'이라고 하는 주제는 하느님과 인간 사이의 관계가 갖는 구성적인(costitutivo) 특징을 일컫는다. 다시 말해서 인간의 진정한 의미는 그가 **"하느님과 관계를 맺고 있는 존재"**라고 하는 사실에 뿌리를 박고 있다는 것을 우리는 이 '하느님의 모상'이라고 하는 주제를 통해서 알 수 있다. "인간은 본성적으로 하느님께 정향되어 있는 존재이며, 그러기에 인간은 하느님과 더불어서 비로소 진정한 의미에서의 인간이라고 말할 수 있다."[11]

더 나아가서, 인간을 '하느님의 모상'이라고 말하는 것은 진정한 인간의 품위를 드러내는 칭호로서, 인간이 머무는 이 세상과 그 밖의 다른 모든 피조물들에 비해 그가 자신을 넘어서는 '초월적인 존재'라는 특징을 보여 준다. 단순하게 하느님을 원인으로 해서 의존적인 관계성만을 드러내는 제반 피조물들과는 달리, 인간은 하느님의 신비 그 자체를 반영하는 존재로서, 존재의 심연에서부터 본질적으로 하느님이 어떤 분이신지를, 즉 그분은 완전한 사랑과 자유를 누리는 인격적인 분이라고 하는 신비를 가시적으로 드러내 주는 실재이다. 그러므로 '하느님의 모상'이라고 하는 특징은 복잡다단한 인간 존재의 신비를 형성하는 다양한 요소들을 하나로 통합하고 밝게 비추어 주는 일관된 원칙을 마련하는 데 있어서 필수적이라고 할 인간의 신적인 차원을 우리에게 잘 보여 주고 있다. 다른 한편, 그리스도의 강생 사건은 인간에게 있어서 그리스도와의 관계야말로 그의 존재를 관통하는 핵심 요소이자, 바로 그리스도와의 관계 안에서 하느님은 인간에 대한 당신의 계획을 마련하셨고, 그 관계 안에서 비로소 인간에 대한 당신의 계획이 완성될 것임을 우리에게 계시해 주고 있다. 그러므로 인간이 되신 성자 예수 그리스도의 강생 사건은 그리스도 안에서 드러난 하느님의 사랑을 향해 부름을 받은 존재이자 이 부르심에 응답하는 존재로서의 인간을 이해하게 해주는 핵심 열쇠라고 할 수 있다.

---

11) W.Seibel, *La somiglianza divina dell'uomo,* in *Mysterium Salutis,* vol.4, p.550.

이제, 우리는 이러한 주제를 네 부분으로 나누어서 다루고자 한다. 첫 번째 부분에서 우리는 인간에게 있어서의 신적인 차원을 다룰 것이고, 두 번째 부분에서는 인간에게 있어서의 그리스도론적인 차원을 논할 것이다. 그리고 이어서 '초본성'(soprannaturale)의 문제를 다루고 마지막으로 이 '초본성'과 피조물과의 관계를 짚어 보는 시간을 가질 것이다. '인간'이라고 하는 주제가 갖는 중요성을 보다 분명히 하기 위해서 우리는 무엇보다도 먼저 초대 교회 교부 시대부터 오늘날—여기서 우리는 세속주의적인 경향에 지배되고 있는 인간학의 흐름에 대해 간략한 언급을 하고자 한다—에 이르기까지의 신학적 인간학의 역사를 대략 훑어보는 것이 필요하다. 이 가운데 우리는 인간에 대한 이해의 역사 가운데 논의되면서 결정된 사실들 그리고 왜곡된 사실들에 대해서도 살펴볼 것이다. 무엇보다도 우리는 신앙과 학문 사이의 격차를 더욱더 벌어지게 만들었던 서로 상반된 주제들이 어떻게 변천되어 왔는지를 살펴보게 될 것이다.

제 1 장

신학적 인간학의 역사적인 변천 과정 : 교부 시대부터 오늘날에 이르기까지

I 인간에 대한 요청들 앞에 직면한 신학

인간은 오랜 역사를 통해서 언제나 제반 학문들의 관심 가운데 중심적인 위치를 차지했다. 이러한 현상은 오늘날 더욱더 두드러지게 나타나고 있다. 우리는 이러한 현상 앞에서 당혹스러워 하기도 하고 또 놀라움을 금치 못하기도 한다. 이러한 맥락에서 현대 인간학이 제시하는 개념이 도달한 최종적인 결과들은 근대에서 출발해서 계몽주의를 통해 이론화된 인간학적인 전망이 변화하면서 맺어진 결과라고 할 수 있다. 이러한 결과는 무엇보다도 인간을 단지 자연적인 실재로만 간주하려는 경향을 잘 드러내 준다. 그 결과 인간에 대한 이해는 오직 자연적 본성 안에서만 이루어져야 하는 것으로 간주되었다. 현대 인본주의는 인간 존재에 대한 각별한 관심 그 이상으로, 인간 인격을 상대화하고 축소시켜 버리는 모든 형태의 사상들을 전적으로 거부하고 있다. 그 결과, 이러한 전망 안에서 인간은 오직 절대적인 가치로 자리 잡게 되었으며, 하느님에게는 그 어떠한 자리도 내어 줄 수 없게 되었다. 마치 자연본성적인 차원만 있는 인간에게 '초월성' (trascendenza)에 대한 어떠한 언급도 적용할 수 없듯이 하느님의 자리는 없어지고 만 셈이다. 이러한 경향의 이면에는 마치 '초월성'이라고 하는 것은 인간 존재의 절대성을 위협하는 부정적인 차원으로 간주하려는 배경이 숨어 있다.

이러한 인간에 대한 개념은 인간을 대상화하려는 모든 형태의 사상과 사조를 통해 인간을 해체시키면서 하루가 다르게 변화하고 있는 문화 속에 인간을 함몰시켜 버릴 위험에 노출되어 있다. 이제 이러한 상황 가운데 인간을 이해하는 유일한 기준은 인간의 절대성만을 충족시켜 줄 수 있는 형태 안에 국한되어 버렸다. 사실, 인본주의를 통해서 형성된 인간 조건은 어떤 의미에서 상당히 드라마틱하다고 할 수 있다. 비합리적으로 인간 자신을 높이 치켜세우려는 열기는 오히려 인간을 모든 상황 가운데 '노예'로 전락시켜 버렸고, 인간 존재의 진정한 가치를 구성하는 여러 요소들을 완전히 해체시켜 버렸다. 그러나 인간을 우상화하려는 수많은 시도들 이면에는, 마치 구름이 바람에 흩날려 버리듯, 그 이전에는 확실하게 여겨졌던 사실들이 더 이상 절대적인 의미를 갖지 못하게 된 현상이 자리 잡고 있었다. 인류가 그토록 바라고 또 꿈꿔 왔던 승리는 어느새 사라져 버리고 깊은 절망의 늪 가운데 허우적거리는 신세가 되었다고나 할까? 현대 인간학을 통해서 인위적으로 만들어진 인간에 대한 상(像)은, 그가 절대자에게 의존한다고 하는 근본적 사실을 받아들이지 않고 그 자신이 절대적이라고 하는 점을 더욱 강조함으로써 절대자를 떠난 인간의 모순과 무의미함을 정당화하려는 듯이 보이지만, 그럴수록 인간은 오히려 더욱 공허해지고 소외된 존재로 남게 된다는 사실을 우리에게 보여 주고 있다. 하지만 이처럼 현대 인간학을 통해서 드러나는 소위 인간 존재를 '절대화'하려는 경향은 오히려 인간으로 하여금 그 자신의 진정한 '품위'(dignita)와 제반 피조물에 대한 그의 '주인 됨'(signoria)의 지위로부터 자기 자신을 소외시켜 버리는 결과만을 낳게 되었다. 그러나 더욱 놀라운 것은 현대 사조가 모든 형태의 초월적이고 객관적인 가치로부터 인간을 소외시켜 버리도록 만드는 근본 동기이다. 인간에게서 신적인 차원을 배제하는 것은 무엇보다도 몇몇 사람들의 불신에서부터 초래된 결과라고 할 수 있는데, 이는 신자들 편에서 신앙을 살고자 하려는 원의가 막바지에 다다랐기 때문이다. 그러나 우습고도 또 불합리한 것처럼 보일지 모르지만, 사실 이러한 부정적인 상황은 공교롭게도 우리로 하여금 구체적인 일상을 살아가는 우리들의 삶 가운데 깊이 새겨야 할 신앙에 대한 보다 체계적인 성찰을 함에 있어서 우리 존재가 터해야 할 뿌리와 또 지향해야 할 전망이 무엇이어야 하는지, 그리고 그것이 얼마나 중요한지를 진지하게 성찰하도록 우리를 초대하고 있다.

언뜻 보면 현대 인간학과 신학적 인간학의 전망은 서로 정면으로 충돌하는 것처럼 보일 수 있다. 그러나 그리스도교는 인간에 대한 관심을 기울이지 않을 수 없고, 또한 '근본 선택'(opzione fondamentale)을 하는 인간의 자유가 갖는 도전적인 측면을 간과해서도 안 되며, 더 나아가 인간이 갖고 있는 주체적인 차원, 즉 인간은 역사의 주인이며 동시에 '자기 건설'(autocostruzione)의 주인공임을 또한 잊어서도 안 된다. 인간에 대한 이러한 요청 앞에서 그리스도교는 자기 충족감에 빠지거나 자기 방어만을 하는 수구적인 입장을 견지하지 말아야 한다. 오히려 이러한 제반 인간 문제에 대해서 정말이지 진지하게 자신을 개방하고 동반자로 다가서야 한다. 현대 인간학과 그리스도교적 인간학 사이의 충돌과 서로에 대한 무관심이 생산적인 만남과 대화로 변화되기 위해서는 무엇보다도 먼저 그리스도교가 인간에게로 발걸음을 되돌려야 한다. 그렇게 될 때 그리스도교는 비로소 인간에게 그가 해결하고자 하는 제반 문제들에 대한 진정한 해답을 줄 수가 있다.

사실, 현대의 문화적 인간학은 그리스도교가 인간을 배제한다는 선입견 때문에 그리스도교에 대한 어떠한 관심이나 필요성도 보여주지 않는다. 이렇게 극단적으로 치닫는 현대의 인간학적 전망은 마치 인간을 한쪽 구석으로 추방시켜 버린 듯한 그리스도교적 인간학의 전망에 대한 역반응이라고 할 수 있다. 무엇보다도 극단적으로 표출되는 무신론적인 전망은 하느님을 인간으로부터 유리시켜서 부각시키려는 신중심주의와 맹목적 신앙주의가 빚어낸 산물이다. 인간과의 연관성을 배제한 상태에서 하느님을 말한다는 것은 흡사 인간을 하느님으로부터 배제하는 것과 진배없다. 그리스도교는 이러한 경고를 통해서 만일 그리스도교가 인간을 제외한 채 오로지 하느님에게만 관심을 갖는다면 인간에 대한 어떠한 봉사도 해줄 수 없다는 사실을 직시해야 한다. 사실, 신학은 이러한 면들을 고려할 줄 알아야 한다. 왜냐하면 신학은 그리스도교 내에서 현대라고 하는 맥락 안에 처한 인간이 제기하는 다양한 요청들에 대해 공감하고 동시에 책임을 갖고 그 문제에 대한 올바른 해답을 제시할 줄 알아야 하기 때문이다. 신앙과 계시에 대한 학문인 한에서 신학은 모든 신학적인 주제들을 '인간을 향한 구원 역사'라고 하는 관점 안에서 재정립할 수 있어야 하며, 더 나아가 모든 신학의 기준으로서 신학적 인간학을 취해야 한다. 그러므로 이 모든 것은 다음과 같은 진리를 우리에게 가르쳐

준다: 즉, 인간이 하느님 그리고 그리스도와 맺는 관계는 결코 인간을 위협하거나 소외시키지 않을뿐더러, 오히려 인간이 자기 자신의 참된 존재 의미를 발견하도록 이끌어 주는 근본 바탕이 된다. 그러므로 인간에 대해 논함에 있어서 고려해야 할 중요한 포인트는, 신앙과 계시에 대한 체계적인 학문으로서의 신학은 인간 존재의 신비에 관해서 과연 계시 말씀이 무엇을 이야기하는지 겸손하게 귀 기울일 줄 알아야 한다는 점이다. 이렇듯 겸손하게 귀 기울이는 자세를 깊이 내면화하는 가운데 신학은 인간 존재의 신비에 대해 보다 깊이 있고 올바른 이해에 도달할 수 있다.

II 자연 신학(teologia naturale)의 관점에서 바라본 인간학

비록 오랜 기간의 신학사 안에서 '인간'이 언제나 중요한 주제로 다뤄지기는 했지만, 그렇다고 신학 영역 가운데 인간에 대한 논의가 항상 조직적이고 체계적으로 표현되었던 것은 아니다. 근대에 와서야 비로소 인간에 대한 체계적인 신학적 학술서들이 나오기 시작했다. 그간 작업이 이루어지지 못했던 데에는 그만큼 오랫동안 이 분야에 대해 논의할 필요성이 절실하지 못했기 때문이다. 따라서 종교적인 관점이 지배적이었던 역사적 상황 속에서 고려되었던 유일한 가치는 오직 '저 세상'(천국)뿐이었다. 그 결과 초자연적인 실재에 관한 강조가 극에 달하면서 이제 현세에 존재하는 실재들은 논리적으로는 존재하지 않는다고 하는 견해로까지 확장되기에 이르렀다.[1] 하지만 인문주의의 출현과 더불어 이성과 신앙 사이에 단절이 생기기 시작하고, 이에 다급해진 신학은 인간 존재에 대한 신학적인 묘사를 좀더 체계적으로 전개시켜야 할 필요성에 직면하기 시작했다. 이에 대해 좀더 분명하고도 정돈된 시각을 갖기 위해서 우리는 먼저 인간에 대한 신학적인 논의가 어떻게 형성되어 갔는지 그간의 과정을 다시 한번 살펴보기로 하겠다. 사실 이러한 논의가 전개되기 시작한 시초부터 그 바탕은 다분히 이성적인 시각이었다고 하겠다. 이러한 전망은 대략 16세기를 기점으로 해서 좀더 분명하게 드러나기 시작했는데, 이 시기는 역사적으로 보면 제2의 스콜라 신학의 전성기와 맞물리는 때였다. 신학적

1) G.Colzani, *L'uomo in Cristo Gesù,* p.6.

인간학의 출발점으로 '이성'적 관점을 선택했다는 것은, 이미 교부 시대 당시부터 뿌리내렸던 인간에 대한 이성적인 이해의 발전이 새롭게 조명되고 완성되기에 이르렀다는 것을 의미한다.

1. 교부 시대

무엇보다도 인간에 대한 교부들의 논의는 지극히 신앙의 관점 안에서 이루어졌다고 할 수 있다. 인간에 대한 그들의 사상은 지극히 성서적이었다. 그러나 비록 그들이 인간에 대해 신앙의 관점에서 수많은 설명들을 시도했다고는 하지만 결코 체계적인 신학적 인간학을 전개시켰던 것은 아니었다. 왜냐하면 그들의 사상 안에서 인간이란 주제는 자신들의 신학을 전개하는 데 있어서 중심축이 아니었기 때문이다. 교부들은 언제나 간접적으로만 인간을 언급했을 뿐, 그것도 하느님, 그리스도 그리고 구원에 대한 논의 안에서만 이루어졌다. 교부들의 인간 이해에 있어서 두드러진 점 가운데 하나는, 인간에게 있어서 가장 중요한 측면은 그가 하느님과 맺고 있는 수직적인 관계성이라는 점이다. 그러기에 교부들이 바라본 인간이란 결국 하느님과의 관계 안에 깊이 뿌리내린 존재로서, 인간은 하느님, 그리스도, 세상과 갖는 관계의 총화라고 말할 수 있다. 다시 말해서 교부들의 인간학은 인간 구원을 이야기하는 한에서 신론과 그리스도론에 종속되어 드러나고 있는 셈이다. 사실, 교부 시대를 특징짓는 주된 주제는 그리스도의 본성에 관한 문제들이었다. 그들에게 있어서 중요한 것은 그리스도론적인 문제들로, 바로 이 전망 안에서 인간에 대한 관심이 드러나고 있는 것이다.

무엇보다도 교부들의 관심을 끌었던 주제는 예수 그리스도의 궁극적인 정체성이 무엇인가 하는 문제였다. 왜냐하면 예수 그리스도가 완전한 신성과 인성을 갖는 하나의 주체일 때 비로소 인간을 향한 하느님의 구원 계획이 실현될 수 있기 때문이다. 그러므로 다음과 같은 귀결이 뒤따르게 된다. 만일 성부께서 당신 자신을 온전히 인간에게 선물로 내어 주심에 있어서 그 중개자인 예수가 실재적인 인간이 아니었다고 가정한다면, 하느님의 약속은 일종의 거대한 속임수에 지나지 않을 것이다. 교부들이 이러한 전망 안에서 인간을 이야기하는 것은 무엇보다도 구원론적인 관점에서 예수 그리스도의 정체성을 확고하게 정립하기 위해서였다. 이러한 사실이 인간에 대해서 시사하는 바는 다음과 같다. 즉, 인간에게 있어서 구원자이신 그리스도 그리고 그분을 통해서 맺는 하느님과의 관계 이상으로 중요한 것은 없다고 하는 점이다.[2]

그러나 대략 4세기 말부터 그리스도에 대한 교부들의 관심은 더 이상 우주론적인 차원에 머물지 않고 인간을 죄로부터 해방시키신 그리스도라고 하는 영역으로 옮아가게 된다. 다른 한편, 인간이 그리스도와 맺는 관계는 오직 구원이라고 하는 전망 안에서만 다루어졌고, 따라서 인간이 죄로부터 해방되기 위해서는 그가 예수 그리스도와 맺는 관계가 필수적인 요소로 이해되기에 이르렀다. 다시 말해서 이러한 관계없이 인간이 죄로부터 자유로워진다는 것은 도저히 이해될 수 없었던 셈이다. 우주론적인 관점에서 이해된 그리스도(Cristo cosmico)가 죄를 중심으로 이해된(amartiocentrismo) 그리스도로 변화되는 과정은 그렇게 해서 시작되었다. 이제 이렇게 인간의 죄와 그로

---

2) G.Gozzelino, *Vocazione e destino dell'uomo in Cristo,* p.129.

부터의 해방이라고 하는 전망에서 출발한 그리스도에 대한 이해에 또 다른 이해가 덧붙여지게 되었는데, 그것은 인간이 창조 당시에 하느님과 맺고 있었던 관계가 완전히 손상되었으며 이렇게 완전히 타락한 인간을 그리스도께서 구원하신다고 하는 전망이었다. 그 결과 전체 인류는 더 이상 예수 그리스도 안에 근거한 존재가 아니라 생물학적으로 볼 때 원죄를 지은 아담과 하와의 직계 후손이며 이러한 인간이 맺는 그리스도와의 관계가 문제시되었다.[3]

사실, 교부들은 예수 그리스도의 궁극적인 정체성을 명확히 규명하려는 논의 가운데 오히려 성서적인 메시지를 제거해 버리는 결과를 낳고 말았다. 그들은 그리스도교적인 신앙을 그 당시의 사고방식에 접목시켜 가는 가운데—비록 교부들이 그리스도교 교리가 헬레니즘화 되어 가는 것을 피하려고 주의했던 것은 사실이지만—자신들의 관점을 성서에 바탕을 둔 구원 경륜적 입장에서 철학에 바탕을 둔 존재론으로 바꾸어 버렸다. 이러한 일련의 과정을 통해서 우리는 교부들이 문화적인 변화 속에서 어떻게 신학을 접목시키려고 노력했는지 엿볼 수 있다. 이러한 교부들의 시도는 16세기 이후 다시금 방법론적 차원에서 취해진다.

2. 중세 시대

중세 신학자들은 비록 사목적인 관심보다는 주로 사색적인 입장에서 보다 깊은 연구를 통해서 인간을 이해하려고 노력했지만, 그들의 관

3) 같은 책, p.130.

심 역시 교부들의 인간학적인 전망인 신앙의 관점에서 이루어졌다. 하느님과의 수직적인 관계성에 중점을 둔 인간에 대한 이해는 중세에도 변함없이 지배적인 인간관으로 자리를 잡아 갔다. 중세 신학은 교부들로부터 시작한 존재론적인 차원에서의 인간에 대한 이해를 본격적으로 발전시키기 시작했다. 이 시기에 보이는 신학적인 특징은 교부 시대에 비해 성서적인 메시지가 줄어들고 주로 철학에 바탕에 둔 논리를 전개해 나갔다고 하는 점이다. 중세 신학자들은 인간 존재를 접근함에 있어 영혼과 육신의 종합으로서의 인간을 이야기했으며, 이러한 이해는 교부들로부터 시작되었지만 여전히 중세까지도 미해결의 과제로 남아 있던 현안들이었다. 중세 신학자들은 이러한 문제를 해결해 나감에 있어서 본격적으로 희랍 철학에서 통용되던 여러 개념들을 차용하기 시작했다. 이렇게 성서적인 시각으로부터 존재론적인 관점에서 인간을 바라보려는 입장은 무엇보다도 신학이 문화적인 변화에 적응하려는 시도 가운데 드러난 결과라고 할 수 있다. 이러한 시각의 변화를 정당화하는 논거는 교부들에게서 드러나는 이유와 별반 다를 바 없이 역시 변화된 문화적 맥락 안에서 그리스도교적인 메시지의 가치를 효과적으로 드러내기 위함에 있었다. 그러므로 중세 신학에서 바라본 인간에 대한 이해 역시 구원론적인 시각의 틀을 벗어나지 않았다. 그래서 당시 신학자들에게 있어서 인간을 이해하는 핵심 코드는 인간이 하느님 그리고 그리스도와 맺는 관계였다.

중세 시기의 신학적인 성찰에 있어서 엄밀한 의미에서 제반 신학 주제들과는 구별된 독립적인 인간학이란 존재하지 않았다. '인간'이라고 하는 존재는 단지 중요한 여러 신학적인 주제들을 전개하는 가운데 함께 언급될 뿐이었다. 당시의 모든 신학적인 주제들을 보다 깊이 있게 그리고 독창적으로 다루었던 토마스 아퀴나스 역시 창조, 물질 세계, 인간 본성 그리고 의화 등을 논하는 가운데 '인간'을 언급하고 있을 뿐이다. 이처럼 중세에 인간학 그 자체에 대한 논의가 부족했던 데에는 무엇보다도 그 당시 '신 중심'(Deo-centrismo)의 사고로 인해 현세 실재들에 대한 관심이 부족했던 탓도 있다. 사실 중세 신학은 이러한 현세 실재들을 다루는 데 있어서 다분히 소홀했다. 당시 통념에 따르면, 인간이 몸담고 있는 현세란 단지 천국에 들어가기 위해서 대기해야 하는 대합실 정도로만 여겨졌으며, 인간 역시 이 천상 본향을 향해 걸어가는 여정자로 간주되었다. 중세적인 사고방식은 근본적으로 지극히 종교적이었다. 그렇기 때문에 존재하는 유일한 실재는 오직 '천상', 즉 초본성(soprannaturale)뿐이고, 반면 현세는 존재하기는 하지만 논리적으로는 비존재(非存在), 즉 실재하지 않는 것으로 여겨졌다.[4]

그러나 15세기에 들어서 일어나기 시작한 인본주의적 현상들은 사회 전반에 커다란 영향을 미치면서 모든 형태의 사상과 인식을 혁신하기 시작했다. 인본주의를 말한다 함은 소위 '거룩함'이 중심이었던 중세적 세계관으로부터 모든 형태의 '거룩함'을 제거해 버리는 것을 의미했다. 이는 다시 말해서 세상과 인간을 바라보는 일원적인 관점으로부터 탈피해서 모든 것을 재평가하겠다는 말이기도 하다. 철학 분야이건 또는 역사나 과학의 영역이건 간에 인본주의에 있어서 모든 관심은 인간 자체에 집중되어 있었다. 이런 과정을 거치면서 이제 육체가 없이 하늘에 붕 떠 있는 것 같은 중세적인 인간의 이미지는 새로운 모습으로 갈아입게 되었다. 즉, 인간은 이 세상에서 살아가도록 그리고 이 세상을 지배하도록 운명지어진 존재라는 것이다. 또한

4) G.Colzani, 앞의 책, p.6.

인간의 자유에 대한 극찬은 인간으로 하여금 이 현세에서의 인간의 활동과 삶이 그저 먼 미래에나 있을지도 모를 관상적인 삶에 비해 결코 뒤지지 않을 것이라고 하는 믿음을 갖게 해주었다.

인본주의가 갖는 또 다른 핵심 요소 가운데 하나는 인간이 세상과 갖는 관계에 있다. 그것은 **역사적**이고 **인간적**이며 **자연적**이라고 하는 3가지 특징을 내포한다. **역사적**이라 함은 인간이 과거로부터 자신을 분리하거나 역으로 관계를 맺는다는 점을 강조하려는 차원을 일컫는다. 반면, **인간적**이라고 함은 제반 문학과 예술 안에서 인간 존재의 가치를 재인식한다는 것을 의미한다. 또한 한 가지 짚고 넘어갈 것은 인간의 **자연적**인 측면이다. 이것은 곧, 인간은 자연적인 존재이며 이렇게 자연적인 한에서의 자신의 본성을 알아야 하고, 더불어 자연 안에서의 자기 자신을 이해해야 한다는 것을 의미한다.[5] 이렇게 인간이 지니고 있는 본성적인 가치에 대한 깊은 인식은 우리에게 두 가지 의미를 일깨워 준다. 하나는, 이러한 인본주의적 사고방식으로 인해 그 이전까지 중세를 지배해 왔던 종교적인 사고방식과 원칙들이 상실되었다는 점이요, 다른 하나는, 이러한 변화는 두 가지의 존재 질서 방식을 말하는 효시가 되었다고 하는 점이다. 우리는 이것을 소위 '본성'(naturale)과 '초본성'(soprannaturale)으로 부른다.

3. 근 대

이제 "근대와 더불어서 변화된 새로운 사고방식과 시각들이 자리 잡기 시작했으며 이러한 흐름은 오늘에 이르러 정점에 도달하게 되었

5) N.Abagnano, *Dizionario di filosofia,* Utet, p.868.

다."[6] 이렇게 사고방식의 틀이 변화하게 된 이면에는 모든 관심이 인간에게로 집중되어 드러나는 현상이 자리 잡고 있었다. 이 시대는 무엇보다도 모든 분야에 있어서 소위 '인간학적인 전환'이라고 부르는 사고의 전환이 두드러지게 드러났다. 이러한 사실은 우리에게 중세적인 사고방식이라고 할 수 있는 종교적이고도 형이상학적인 감성, 즉 인간은 하느님과의 관계 안에 근거한 존재라고 하는 시각에서 현세적이고 현상적인 감성—여기서는 무엇보다도 인간 상호간의 관계에 각별한 중요성을 두고 있다—으로의 전환이 이루어지고 있음을 보여 주고 있다.[7] 신학도 바로 이러한 사고의 전환을 통해 새롭게 전개되고 있는 것이 현실이다. 또한 신학은 문화적인 변화를 통해 끊임없이 자극을 받으면서 동시에 점점 더 세속화되어 가는 인간에 대한 이해 앞에서 자신의 입장을 확실히 밝히도록 요청받고 있다. 이렇게 신학은 현실적인 상황을 통해 자극받는 가운데 구체적으로 인간학을 논하기 시작했다. 이러한 인간학적인 전환에 있어서 출발점은 여전히 이성에 있었다. 그러나 이러한 선택은 단지 신학이 문화적인 변화에 적응하기 위한 '방법'이라는 의미 그 이상으로 신학적인 논의 이후에 일어나게 될 교회의 내적인 변화를 예견하게 해주었다. 이러한 선상에서 일어난 "개신교의 종교 개혁은 전통 신앙으로부터의 단절뿐만 아니라, 더 나아가 현대 세계를 지탱하는 토대이자 근간인 이성과 더불어 가속도가 붙었던 세속화의 과정에 제동을 걸기도 했다."[8]

이러한 상황에 직면해서 이제 가톨릭 신학 역시 꿈틀대기 시작했

---

6) G.Gozzelino, 앞의 책, p.139.

7) 같은 곳.

8) G.Colombo, *Soprannaturale*, in *Dizionario teologico interdisciplinare,* Torino, p. 294.

는데, 무엇보다도 신앙에만 집중해서 전개되었던 것이 이러한 관점에서 분리되어 문제의 본질 그 자체를 해명하려는 소위 '자연 신학'(teologia naturale)이 발전되기 시작했다.[9] 현대에 들어서 인정되기 시작한 인간의 자연적인 본성에 대한 전망을 받아들이기 시작하면서 이제 신학은 인간학을 하나의 분리된 독립적 영역으로 발전시키기 시작했다. 이러한 전망 안에서 인간은 이성적으로 인식 가능한 존재로 소개되고 연구되기에 이른다. 결국 이러한 선상에서 논의되어지기 시작한 인간학은 다분히 철학적인 색채를 띠게 되었다. 그럼으로써 이제 "자연 신학이라고 하는 용어는 철학적으로 규명하기 힘든 진리들을 추인하기 위해서 계시된 사실들을 통해 설명하는 치외법권적인 분야로 자리 매김 하기에 이른다."[10] 이제 인간학 분야에서 자연 본성적인 전망을 선택하게 됨으로써 과거로부터의 단절 그 이상으로 중요한 의미를 인간 존재에 결부시키는 계기가 되었다. 이것은 다름 아닌 "인간 존재의 순수한 자연 본성적인 운명이 있는지에 대한 가능성에 관한 논의로써, 인간 존재의 목적이 필연적으로 참행복 직관을 향해 있는 것만은 아니라고 하는 견해이다. 그럼으로써 종래의 전통 신학에서 회자되었던 인간 존재의 목적인 참행복 직관, 즉 삼위일체 하느님과의 초자연적인 통교는 오직 초자연적인 은총의 도움을 통해서만 가능하다고 여겨졌는 데 반해, 이제 인간은 은총의 도움 없이도 자연적으로 도달할 수 있는 행복의 상태를 누릴 수 있다고 보기 시작했다. 이는 모든 상황 안에서 인간이 사랑하고 인식할 수 있는 능력을 충만하게 실현해 나갔을 때 결과적으로 도달하게 되는 상태로 보

9) 같은 곳.

10) G.Colzani, 앞의 책, p.6.

았다."[11]

이렇게 자연 본성적인 지평 안에서 인간을 이야기하는 가운데 생각지도 못했던 '순수 본성'(natura pura)이라고 하는 개념이 생겨나기 시작했다. 이 개념은 17세기경의 신학자들(특히 수아레스 F.Suarez)이 주도적으로 거론하기 시작했다. '순수 본성'이라는 개념을 창안하게 된 데에는 한편으로 자연적인 인간에 대한 관심을 드러내는 측면이 있었다. 다른 한편으로, 이 개념은 인간이 초자연적으로 고양된다고 하는 전망을 거스르지도 않았다. 그러기에 '순수 본성'은 인간이 하느님을 통해서 조건 없이 신적인 참행복 직관에로 운명지어졌다고 하는 사실을 표현하는 데 아주 유효적절한 개념이었다. 사실상, 이 개념을 통해서 인간에게도 순수하게 자연 본성적인 운명이 있을 것이라고 하는 가능성이 언급되기 시작했다. 왜냐하면 인간 존재의 최종적인 목적(fine ultimo)이 피조물로서의 자신의 본성에 따른 자연적인 행복일 수도 있기 때문이다. 그렇지만, 만일 인간 존재의 최종적이고도 궁극적인 목적이 자연적(naturale)인 것이 아니라 초자연적(soprannaturale)인 것이라고 한다면, 인간이 그 초자연적인 최종 목적에 이른다 함은 오직 하느님께서 자유롭게 주도권을 행사하는 가운데 인간에게 은총을 베푸실 때에만 가능한 일이다.[12] 이처럼 '순수 본성'이라고 하는 가상적인 개념은 인간 존재의 초자연적인 목적이 지니는 '무상성'(gratuità)을 우리에게 잘 보여 주었다. 따라서 '인간학'은 이 개념과 더불어 보다 체계적인 논의를 발전시킬 수 있게 되었다. 그리고 이러한 전망은 역사적으로 보면 이중 목적을 갖는 인간 존재에 대한 논의에 물꼬를

11) G.Colombo, 앞의 책, p.294.

12) 앞의 책, p.295.

트는 계기가 되었다.

그러나 이러한 인위적 개념을 고안한 사람들에 대한 비난이 일어나기도 했는데, 이는 무엇보다도 그들이 가상적인 개념을 가지고 유일한 실재 영역인 역사적 차원의 신비를 확정지으려고 주장했기 때문이다. 하지만 역사는 검증될 것 같지만 사실상 검증될 수 없는 가능적인 가설들을 가지고는 설명되어질 수 없다. 더 나아가 그들이 비난받았던 또 다른 이유는 '초본성'(soprannaturale)이란 개념을 검증할 수 있는 것으로 여긴다는 데 있다. 그들은 이 '초본성'을 마치 인간에 대한 정의에 있어서 인간 본성 위에 덧붙는 피상적인 것처럼 간주함으로써, 인간은 '초본성'을 제외한 순수 본성 자체만으로 이루어진 실재로 보았다.[13] 그러나 '본성'(natura)이라고 하는 전망을 선택한 것이 결코 신학이 다른 새로운 학문과의 접점을 찾거나 그 전망에 일정 부분 동의했다고 하는 말은 아니다. 오히려 신학은 이성이라고 하는 요소를 취함으로써 신앙과 학문 사이의 단절을 심화시키고 신앙 세계를 불필요한 것으로 만들어 버리는 결과를 낳았다. 그럼으로써 종교적인 차원은 이제 단일한 원칙을 잃어버렸을 뿐만 아니라 새로운 학문과의 관계에 있어서도 양자택일의 지위를 상실하고 오히려 인간에게 일종의 위협적인 차원으로 다가오기 시작했으며 그 결과 자연적인 인간으로부터 소외되기 시작했다.

반면, 이성을 선택함으로써 점점 더 초월적인 가치에 대한 약화가 일어나기 시작했으며, 이에 따라 인간의 신비에 대한 깊은 이해도 점점 옅어지게 되었다. 이 새로운 상황 속에서 '초월성'(trascendenza)은 더 이상 인간 본성을 근거 짓고 그 본성에 의미를 부여하는 실재가

13) 같은 곳.

될 수 없었고, 오히려 그것과는 별개의 것으로 취급되면서 결국 다른 질서에 속한 것으로 취급되기 시작했다. 초월성의 현존이란 인간에게는 자신의 피조성을 구원할 수 있는 가치라기보다는 일종의 위협으로 여겨졌다. 그러나 이 초월성의 빛이 사라져 버린 이후 인간 존재가 갖는 깊은 신비로움에서 뿜어 나오는 매력 또한 사라져 버렸다. 이러한 결과에 직면해서, 만일 인간학을 체계화하기 위해서 필요하다면 '순수 본성' 개념을 신학이 사용할 수도 있었을 것이다. 하지만 이 개념은 신앙과 새로운 학문이 서로 조화를 이루기에 적절한 개념은 아니었다. '순수 본성' 개념이 '초본성'이 갖는 절대적인 무상성을 드러내기 위해 나름대로 효과적이었던 반면에, 외재주의(estrinsecismo)의 위험을 피하지는 못했다. 즉, 초본성이 인간 본성에 단순히 첨가되는 듯한 인상을 피할 수가 없었다. 그러므로 우리는 다음과 같이 말할 수 있다. '순수 본성'이란 가정이 한편으로는 초본성이 갖는 무상성을 강조하고 있다면, 다른 한편으로는 초본성이 마치 인간 본성과는 다른 여분의 실재처럼 무용지물이 되어 버렸다는 것이다.

이러한 결과는 새로운 자연주의적 학문에 또 다른 부수적인 결과를 초래했다. 신학자들의 사고에는 '순수 본성'이 단지 이성적인 논리의 추론을 통해 유추한 인위적인 개념으로 자리 잡은 데 반해, 자연주의적 학문들은 '순수 본성'만이 실재하는 유일한 질서라는 결론을 내린 것이다. 따라서 인위적인 개념인 이 순수 본성을 믿게 되면서 실제로 인간은 **순수 본성**만을 지닌 실재라고 확신하게 되었다. 그래서 인간을 초월하거나 인간 밖에 있는 모든 것은 무용지물이거나 오히려 인간의 자아실현에 있어서 해가 된다고 여겼다.

Ⅲ 인간학의 세속화

17~18세기는 순수 '자연적'인 인간학과 그리스도교 인간학의 분리가 거의 끝나 가는 시기였다. 인본주의와 실증주의 학문에 있어서 자연적 인간학은 인간의 고유하고 참된 가치는 그 자신의 자연 본성 안에 있다고 하는 사실을 증명할 수 있는 유일한 길이었다. 이러한 인간학의 고유한 특징을 우리는 '세속화'라고 말할 수 있다. 그것은 이 인간학이 스스로 충만하며 모든 형태의 신적인 초월성으로부터 독립되어 있기 때문이다. 그러므로 이제 인간을 이해함에 있어서 하느님과의 관계성은 어떠한 의미도 없고 또 인간 이외의 그 무엇으로부터 아무런 영향도 받지 않아야만 했다. '하느님의 모상'인 인간의 자리는 이제 '세속화된' 인간 형상에게 자리를 내어 주어야만 했다. 이러한 인간은 종교적인 사실들을 오로지 이성의 범주 안에서만 이해했으며 '하느님의 은총'을 아무런 근거도 없고 또 어떠한 유용성도 없는 실재로만 여겼다. 이렇듯 신앙과 이성 사이의 틈은 중세 인본주의 현상을 통해 시작되었고 근대에 들어와서는 더욱 벌어졌으며 현대에는 넘어서기 힘든 심연이 되어 버렸다. 현대 인간학을 통해 묘사된 인간 형상은 완전히 세속화된 모습이며 종교적인 영역과는 철저하게 단절된 모습이다. '세속화된' 인간은 종교적인 영역으로부터 분리됨으로써 축소된 자신의 가난한 모습에 대해 결코 당혹스러워 하지도 않았고, 피조물로서 가져야 하는 한계나 자신의 실수로 인한 실패에 두려워하는 기색도 전혀 없었다. 오히려 그 반대로 세속화된 인간은 이 현세에서 자신의 행복을 건설할 수 있다고 깊이 확신하기 시작했다.

이러한 인간에 대한 완전한 세속화는 소위 말해 근본주의 인간학—즉, 수직적인 의미에서의 모든 형태의 언급을 완전히 제거해 버리려는 철저히 세속화된 인간학—이라는 이름의 인간학적인 형태의 기원을 이루게 된다. 이 인간학의 요청은 모든 형태의 인간적인 필요들을 만족시키는 데 있어서 걸림돌이 되는 모든 객관적 사실들을 제거해 버리는 것이었다. 근본주의 인간학의 좌표 안에서는 억압되었던 이상들, 새로 창조된 신화들, 무너져 버린 모델들 그리고 세분되어 분석된 인간 인격 등이 논의된다. 이것들은 다름 아닌 인간만이 최고라고 하는 사실을 드러내는 데 필요한 요소들이었으며, 여기서 파생되는 다양한 요청들을 충족시켜 주는 '법칙'이기도 했다. 이렇게 제안된 인간학은 사실 당대의 여러 사조들, 즉 프로이트(Freud)가 주장한 인간 분석에서부터 마르쿠제(Marcuse)의 자유주의, 스튜어트(Stuart)의 개인주의, 라캉(J.Lacan)의 프랑스 구조주의, 니체(Nietzche)에서 시작해서 사르트르(Sartre)와 하이데거(Heidegger)에 와서 구체적인 이론으로 정립된 실존적 허무주의에 이르기까지 당대의 다양한 문화적인 요소들이 하나의 커다란 물줄기를 형성한 결과가 아닐 수 없다. 근본주의 인간학에서는—특히 프로이트(Freud)와 라이히(W.Reich)—무엇보다도 인간은 섹스와 쾌락에 대한 충동들을 자유롭게 해방시킴으로써 자신을 실현해야 한다고 보았다.[14] 마르쿠제의 자유주의에 따르면, 인위적인 창조와 감각의 원천으로서의 선택이야말로 인간의 자아실현을 위한 바탕이라고 한다. 그런데 인간은 생물학적으로 볼 때 '자신을 확장해 나가는 자유로운 존재'라고 정의 내릴 수 있다. 그에 따르면, 인간은 이를 위해서 생산성이라는 이름 아래 인간의 자발성

14) C.Nanni, *Il mistero dell'uomo,* p.14.

과 본능을 억압하는 '도시의 불편함'에서부터 해방되어야 한다고 말한다.

반면, 스튜어트에 의하면, 그는 객관적인 체험에서 직접적으로 드러나는 필요들에 관심을 기울여야 한다고 보았다. 하지만 이러한 전망은 인간 인격을 자신의 수많은 필요성 안에서 해체시켜 버리는 결과를 낳고 말았다. 새로운 근본주의는 그 인간학적인 바탕을 인간이 갖는 '필요성'과 자유주의에 두었다. 이는 본질적으로 라캉의 프랑스 구조주의와 연관되어 있다. 새로운 근본주의는 비(非)체계적인 인간의 모습, 즉 뿌리도 없고 언급할 만한 그 어떤 연관된 개념도 갖고 있지 않은 존재로 묘사된다. 비(非)체계적인 인간 조건은 구조주의에서 인용하는 '지하경'(地下莖, rizòma: 땅속에 있는 줄기의 총칭) 식물의 모습을 통해 설명된다. "지하경 식물은 뿌리도 줄기도 없는 식물로서, 그 식물의 줄기는 마치 뿌리와 같고 뿌리는 줄기처럼 작용한다. 그리고 땅속에 은밀히 가지를 치면서 예상하지 못한 곳으로 뻗어 나간다. 나무가 아닌 한에서 지하경은 모든 높은 것, 상위의 실재, 수직적인 것에 대한 거부를 의미한다. 그리고 어떠한 규범도 없고 어떠한 가치 체계도 성문화되지 않았음을 의미한다. 뿌리가 없는 한에서 지하경은 전통적으로 내려오는 모든 이성적 바탕을 거부하고 모든 것을 하나로 축소하려는 경향을 거부한다."[15] 반면, 비체계적인 인간의 모습은 허무주의 운동을 통해 소개된 인간 모습과도 일맥상통한다. 여기서는 어떠한 진리도 절대적인 가치도 인정되지 않으며, 오직 '무'(無)만이 제반 사물과 인간 실존의 유일한 실재라고 말한다.

우리는 지금까지 근본주의적 성향을 가진 일련의 인간학적 경향들

15) 같은 책, p.16.

을 검토함으로써 '본성', 즉 엄밀한 의미의 어휘가 뜻하는 바 '아래'에 이르렀다. 이것은 '순수 본성'(natura pura)이라고 하는 이성적인 작품으로 인해 시작된 일련의 인간학적 경향들이었다. 이제 이것과 더불어 본성 신학(teologia naturale)은 이중적인 목적을 갖는 인간학을 잉태하기에 이른다. 이중적인 목적에 있어서 하나는 인간의 자연 본성이 갖는 목적인 데 반해, 초자연적인 목적은 자연적 목적과는 별개로 고유한 것이며 여기에 이르기 위해서 반드시 은총이 필요하다. 그리고 이 목적은 인간 본성에 덧붙여 첨가된 것으로 드러난다. 이러한 이중 목적의 인간학은 신학적 인간학에 적지 않은 문제를 야기할 뿐 아니라 이에 대한 해결도 만만치 않다.

Ⅳ 그리스도론적인 전망 안에서 바라본 인간학

근본주의적 인간학을 통해 야기된 공허하고 황량한 인간에 대한 이해는 새로운 전망을 통해서 회복될 기미를 보이지 않았다. 그럼에도 불구하고 인간이 갖는 객관적인 가치에 대한 제거가 한편으로는 인간 존재의 무의미함을 정당화했지만, 다른 한편으로 인간이 갖는 종교적인 갈망까지 다 없애지는 못했다. 따라서 비록 현대 과학과 기술이 인간 본성이 갖는 절대적인 가치를 조장하기도 했지만, 동시에 더욱더 강렬한 종교적인 의미와 신적인 실재에 대한 필요성을 제기하게 했다. 그러므로 그리스도교, 특히 신학은 신적인 계시와 신앙에 대한 보다 깊은 학문적인 심화를 통해서 인간이 갖는 이러한 종교적 특성들에 대해 깊은 관심을 보여야 하며, 더 나아가 이를 발전시키기 위해 노력해야 한다. 그럼으로써 신학은 인간이 별 볼일 없는 존재가 아니라 초월을 향한 무한한 가능성을 지닌 존재이며, 거기에 도달함으로써 자신을 충만하게 실현시킬 수 있는 초월적인 비전을 가진 존재임을 제시해야 한다.

신학은 단순히 문화적인 변화에 순응하면서 그 틀 안에서만 인간 이해에 접근해서는 안 된다. 신학은 인간의 선택에 대해 책임을 갖고 접근해야 한다. 앞서 보았듯이, 신학이 문화적인 변화에 순응하기만 할 때 오히려 종교적인 것과 세속적인 것, 신앙과 이성 사이의 단절은 더욱 심화되기만 한다. 그러므로 인간에 대한 선택이 참다운 빛을 발휘하기 위해서, 신학은 인간 존재가 갖는 진정한 의미를 발견하도록 부추겨야 하며, 그러기 위해서 동시에 신학은 진정한 인간 이해의 지평에 도달할 수 있는 토대가 되는 중요한 실재를 가리킬 수 있어야 한다. 이 중요한 실재는 객관적인 특성을 지녀야 하며 인간 본성이 갖는 피조성을 견고한 바탕 위에 정초할 수 있는 것이어야 한다. 이 실재의 빛 안에서 신학은 인간의 신비를 심도 있게 분석할 수 있어야 하며, 그 신비는 다름 아닌 신적인 계시가 보여 주는 것이어야 한다. 그 실재란 다름 아닌 예수 그리스도이시다. 따라서 만일 신학이 신적인 계시에 관한 학문이기를 바란다면 무엇보다도 먼저 그리스도와의 관계 안에서 인간을 연구해야 한다. 인간을 이해할 수 있고 그의 운명을 발견할 수 있는 유일한 전망은 바로 그리스도이기 때문이다. 신학은 이러한 과제를 바라보면서 동시에 문화적인 변천의 소용돌이 속에서 스스로를 정비하고 오히려 새로운 문화를 창출해야 할 것이다. 그럼으로써 신학은 인류가 물려받은 지식과 지혜를 더욱 풍요롭게 해야 한다.

제 2 장

인간에게 있어서 신적인 차원

인간 존재의 의미와 중요성은 그리스도의 신비라고 하는 빛 안에서 밝히 드러날 수 있다. 그러나 그럼에도 불구하고 본질적인 측면에서 인간을 이해하기 위해서는 인간 존재가 갖는 신적인 차원에 대해서도 다루어야 한다. 이러한 신적인 차원은 인간 존재의 기원으로서의 '영원으로부터 결정된 하느님의 계획'을 우리에게 드러내 보여 줄 뿐 아니라 인간 존재가 갖는 구조적이며 본질적인 성격을 다시금 생각하게 해준다. 우리는 이러한 작업을 무엇보다도 신적인 계시의 빛 안에서 진전시킬 수 있다. 하느님의 계시는 하느님께서 영원으로부터 인간을 원하셨기 때문에 그가 이 땅에 태어날 수 있었고, 더 나아가 인간을 그리스도 안에서 당신과 합일하도록 부르신다는 점을 우리에게 말해주고 있다. 인간이 하느님과 맺는 관계는 '인격적'이며 '존재론적'이라는 사실과 이 관계야말로 인간 존재의 기초를 구성한다는 점을 우리는 '계약'이라고 하는 개념을 통해서 명확히 알 수 있다. 더 나아가 인간이 '하느님의 모상'(imago Dei)으로 창조되었다고 하는 점을 통해서 우리는 이 사실을 더 명확히 알 수 있다. '계약'이란 개념이 우리로 하여금 하느님께서 왜 인간을 그토록 사랑하고 그에게 충실하신지에 대한 이유를 설명해 준다면, '하느님의 모상'이란 주제는 인간이 '관계적인 존재'라고 하는 특성을 갖는다는 점과 더불어 이러한 인간은 오직 '하느님과의 관계' 안에서만 올바로 이해될 수 있다고 하는 점을 우리에게 시사하고 있다.

앞서 언급한 바와 같이, 인간에게 있어서 신학적인 차원을 다루기 위해 우리는 무엇보다도 하느님의 아들이신 그리스도께서 강생하신 역사적 사건을 그 출발점으로 삼아야 한다. 신학적 인간학은 그리스도야말로 인간 존재가 가질 수 있는 진정한 의미의 원천이라는 사실을 그 근간으로 하고 있다. 그리스도의 신비는 인간 이해에 있어서 근본적인 원천이자 최종 목적이다. 왜냐하면 그리스도는 전 우주의 기원이자 최종 목적이기 때문이다. 이는 인간에게도 해당되는 말이다. 그러기에 그리스도는 하느님의 계획 안에서 차지하는 중요성만큼이나 역시 인간 존재의 실현에 있어서도 핵심적인 요소로 드러나고 있다. 이러한 전망 안에서 바오로 사도는 성부 하느님께서 온 우주를 창조하실 때 그리스도 안에서 그리스도를 통해서 그리고 그리스도를 향해서 창조되었다고 명백히 언급하고 있다. 그리스도는 인간의 신비를 열어젖히는 데 있어서 핵심 열쇠인 셈이다.

신학적 인간학은 '예수 그리스도'라고 하는 역사적 사건에 의해 특징지어지고 인도되기 때문에 '그리스도적'이라고 할 수 있다. 우리는 바로 이 '강생'으로부터 한 가지 명백한 사실을 알 수 있다. 즉, 강생 사건은 인간을 향한 하느님의 구원 계획을 완성하는 결정적인 계시 사건이며, 이로써 우리에게 인간 존재의 신비를 총체적으로 이해할 수 있는 길이 열렸다고 하는 점이다. 우리에게 있어서 '그리스도의 강생'은 하느님의 '인간적인 차원'을 드러내 주며 동시에 인간에게 있어서 '신적인 차원'을 계시하는 사건이기도 하다. 강생은 '인간적인 형태' 안에 하느님께서 당신 자신을 드러내시면서 동시에 인간이 지니고 있는 신적인 측면을 우리로 하여금 깨닫게 해준다. 하느님께서 당신 자신을 결정적으로 계시하기 위해 인간적인 형태를 취하셨다는 것은, 인간 존재가 갖는 신적인 차원의 실현이야말로 그의 최종적이고 궁극적인 목표라고 하는 점을 우리에게 드러내 주고 있다. 그러므로 그리스도의 강생 사건은 '하느님의 모상'인 인간이 갖는 신적인 차원이 무엇이고 그것이 얼마나 풍요로운지를 깨닫게 해주는 유일한 열쇠인 셈이다. 인간이 '하느님의 모상'이라고 하는 것은 그가 유래하는 기원이 자신을 초월하는 신적인 것이며, 나아가 그가 하느님과 갖는 떼려야 뗄 수 없이 깊은 인격적인 관계를 드러내는 것으로서, 인간이 하느님과 갖는 이 관계야말로 인간 존재의 핵을 구성하는 요소이며 참된 인간 존재의 의미를 알고 또 실현하기 위해서 필수적인 것이다. 다시 말해서 그리스도의 강생이라고 하는 빛은 우리로 하여금 이러한 인간의 근본 요소들에 대한 인식 없이는 하느님과의 계약 관계 안에 존재하는 인간에 대한 완전한 이해가 있을 수 없다고 하는 점을 밝히 드러내 주고 있다.

인간이 '하느님의 모상'이라고 하는 사실은 인간이 하느님과 맺고 있는 관계야말로 그 존재를 떠받쳐 주는 바탕임을 드러내 준다. 그러므로 이러한 인간의 모습은 우리로 하여금 인간이 '무엇을 통해서'(per che cosa) 또 '무엇 안에서'(in che cosa) 하느님과 닮고 있는가 하는 질문을 하도록 이끌어 준다. 인간에게 있어서 어떤 측면이 하느님과 닮았는가 하는 점을 규명하는 것은 매우 중요한데, 왜냐하면 이것은 인간이 어떻게 하느님과 인격적인 사랑의 관계를 맺고 있는가를 이해하는 데 있어서 중요한 요소를 우리에게 보여 주기 때문이다. 또한 '그리스도의 강생'이 인간을 향한 하느님의 자기 통교가 현실화한 역사적인 사건이라 한다면, 이것은 또한 역으로 하느님을 향한 인간의 궁극적인 자아실현이 가시적으로 드러나도록 이끌어 주는 역사적인 계시 사건으로도 말할 수 있다. 강생 사건은 하느님께서 사랑으로 당신 자신을 인간에게 선물로 내어 주시는 사건이며, 동시에 인간이 갖는 근원적인 자아실현의 욕망에 상응해서 이 원의를 충만하게 이루어 주기 위해 하느님께서 보여 주신 최종적인 응답이라고 하겠다.

그러므로 그리스도 강생의 신비는 하느님께서 당신 자신을 인간에게 최종적인 목적, 다시 말해 인간이 향유할 수 있는 궁극적인 참행복(beatitudine definitivo)의 대상으로 충만하게 내어 주고 계시다는 사실을 우리로 하여금 깨닫게 해준다. 그리고 이는 인간이 터하고 있고 바로 그곳에서 자신을 실현하도록 부름을 받은 역사적인 시공간이야말로 하느님의 은총이 머물고 현실화되는 장소임을 우리에게 잘 보여 준다. 이를 통해서 우리는 비록 인간이 피조물에 불과하지만 하느님께서 얼마나 고귀한 품위를 그에게 선물로 주시면서 그를 창조하고 꾸며 주셨는지를 잘 알 수 있는 것이다.

I 인간학의 기초로서의 예수 그리스도[1)]

1. 하느님의 계획 안에서 그리스도가 차지하는 중요성

앞서 우리는 신학적 인간학이 올바로 정초하기 위해서는 그리스도와의 연관성에 깊이 뿌리를 내려야 한다는 점에 주목했다. 그러므로 신학적 인간학은 근본적으로 '그리스도적'일 수밖에 없다고 했다. 이렇게 올바른 인간 이해를 위한 그리스도론적인 차원은 사실 구원론(soteriologia)적인 시각에서보다는 시초론(protologia) 또는 '하느님의 계획'(progetto di Dio)에 그 근거를 두고 있다. 하느님의 계시가 우리에게 구원 역사에 대한 이해를 제공해 준다고 하는 전망은 그 구원 역사가 어떠한 단계를 거쳐 구체적으로 현실화되는가 하는 점과 깊은 관련을 갖고 있다. 이러한 맥락에서 '창조'는 하느님의 영원한 구원 계획이 시간 안에서 가시적으로 드러나는 첫 번째 현실화된 사건으로서의 가치를 갖는다. 이와 더불어 세상 안에서의 인간 역사는 그리스도의 강생 사건 안에서 절정에 이르며 하느님의 구원 계획이 완전히 실현되는 전기를 맞게 된다. 결과적으로 인간 존재는 하느님께서 그리스도 안에서 원하셨고 그래서 그를 선택하고 불러 주신 '최종 목적'(fine ultimo)에 이르기 위해서 인간이 자신을 방향 짓는 가운데 충만한 구원에 이를 수 있다. 이 최종 목적은 구체적으로는 그리스도

1) 참조: I.Biffi, *Cultura cristiana. Distinguere nell'unito,* Jaca Book, Milano, 1983, p.13.

안에서 하느님과 사랑으로 합일하는 것이며, 이 합일이야말로 인간의 의지 작용이 궁극적으로 지향하는 바이자 인간이 체험하는 모든 역사적인 사건들이 정점에 이르게 되는 최종적인 단계라고 하겠다.

그러므로 이러한 '창조' 사건이 갖는 깊은 의미에 대한 온전한 이해는 하느님의 계시를 통해 인간이 처한 역사적 상황이 재조명될 때에만 비로소 가능한 셈이다. 이는 다시 말해, 인간의 역사적 실존을 정당화하는 근본적인 토대는 '아래로부터'가 아니라 '위로부터'(dall'alto) 오는 것이다. 성서는 우리에게 신적인 계시가 갖는 그리스도론적인 차원에 대해 잘 알려 주고 있다. 즉, 신적인 계시는 우리로 하여금 모든 우주 만물의 기원은 하느님에 의해서 '그리스도 안에서' 결정된 영원한 구원 계획 안에 있다는 것을 알려 준다. 사실 하느님의 유일한 계획은 다름 아닌 '그리스도' 자신이시다. 그러므로 그리스도는 인간 구원 계획에 있어서 원천이자 길이요 최종 목적이다. 이처럼 하느님의 계획 안에서 그리스도가 갖는 중요성은 하느님의 자유로운 결정과 선택에 근거하는 것이다. 하느님은 오직 당신의 자유롭고도 영원한 결단을 통해서 이 현세의 역사적인 차원이 그리스도 안에서 비로소 의미와 근거를 갖도록 하셨으며 역사에 대한 진정한 이해는 오직 그리스도와의 관계 하에서만 가능하도록 하셨다. 바로 이 때문에 우리는 하느님의 계획이란 다름이 아니라 그리스도 자신이라고 말할 수 있는 것이다. '창조' 그리고 이 창조가 완성되어 가는 모든 역사적 과정은 하느님의 계획인 '그리스도'의 신비가 드러나고 현실화되어 가면서 완성되는 것 이외에 다른 것이 아니다.

이렇게 그리스도가 갖는 중요성은 '창조'의 의미와 목적을 이해하는 데에 있어서 결정적이다. 만일 이 '창조'가 그리스도 밖에서 고려된다면 이는 무의미할 수밖에 없다. 그것은 곧 아무 의미도 목적도 없는 어떤 존재를 가정하는 것과 다를 바 없기 때문이다. 그러므로 '창조'에 있어서 그리스도가 중심축이 된다는 것은 존재론적인 근본 바탕이다. 이러한 그리스도 중심성은 단순히 구원론에서 기인하는 것이 아니라 그리스도를 모든 피조물의 근원이자 바탕으로 삼길 원하신 하느님의 자유로운 결정에 그 뿌리를 두고 있다. '창조'는 오직 그리스도 안에서 그리스도를 통해서 그리스도를 향해서 원해진 한에서 그 의미를 갖는 것이다. 그러므로 그리스도가 갖는 중심성이라고 하는 것은 '창조'가 이루어지기 위한 중심축인 셈이다. 창조는 오직 '그리스도 안에서' 이루어질 때에만 가능한 것이다. 그리스도는 창조된 모든 형태의 피조물에 앞서 영원으로부터 선재(先在, preesistente)하는 분이시다. 이처럼 신학적 인간학이 그리스도론적인 전망 안에 위치해 있지 않다면, 인간 존재의 깊은 신비에 대한 어떠한 의미도 캐낼 수 없다. 또한 신학적 인간학을 구성하기 위한 유일한 실재인 그리스도론적인 전망을 말하는 신적인 계시와도 멀어질 수밖에 없다. 신학은 그 특성상 하느님의 계시에 전적으로 의존해 있으며, 이러한 신학은 결국 인간학의 바탕으로서 '예수 그리스도'를 제시하고 있다.[2)]

2. 인간을 향한 하느님의 계획이 충만히 계시된 사건으로서의 '강생'

궁극적이고 최종적인 목적은 모든 원인을 있게끔 하는 제1원인인 한에서 인간 존재와 그가 행하는 모든 행위의 근거가 된다. 그리고

2) 같은 책, pp.33~41.

인간이 하는 모든 선택과 결단의 객관적인 기준이기도 하다. 그러므로 하느님과의 합일이야말로 인간 존재의 궁극적이고도 최종적인 목적이라고 하는 인식은, 우리로 하여금 인간을 향한 하느님의 결단이야말로 인간에 대한 하느님의 모든 행위와 구원 개입을 가능케 하는 원천이라고 하는 결론으로 이끌어 준다. 그러므로 만일 '하느님과의 합일'이 인간 존재의 최종 목적이라고 한다면 이것은 또한 인간의 모든 행위를 이해하게 해주는 기준이자 인간을 향한 하느님의 은총과 섭리를 이해하게 해주는 근본 개념이라고 말할 수 있는 것이다. 그것은 인간 존재가 유래하는 원인이자 시작이요, 동시에 인간을 방향 짓는 방향타 구실을 한다. 나아가 이 목적은 인간 의지 작용의 원인이자 근거이며 오직 하느님과의 관계 안에서만 비로소 인간이 누구인지를 이해할 수 있다고 하는 인간 존재 신비의 이해에 있어서 근본 바탕이기도 하다. 하느님께서 이미 역사 이전에 인간을 당신과 하나 되도록 원하셨다고 하는 그분의 결정을 전문 용어로는 '**예정**'(豫定, *predestinazione*)이라고 말한다. 그러므로 당신과 하나 되도록 인간을 예정하신 은총이 현실화되고 완성되는 것은 인간을 향한 하느님의 모든 구원 개입 행위에 있어서 유일한 근거라고 할 수 있다.

'하느님과의 합일'이라고 하는 것은 무엇보다도 인격적인 특징을 가지는 것으로, 그 자체로 이미 두 인격 사이의 '만남'을 지향하고 있으며 서로가 서로에게 속한다고 하는 개념도 전제하고 있다. 성서적인 용어를 빌리자면 이러한 '합일'은 두 인격이 '하나의 인격'으로 형성되는 것을 의미한다. 이러한 합일은 상호 인격 간의 존재론적인 차원에서의 동등성을 전제로 하며 또한 그것을 요청한다. 이러한 존재론적인 법칙은 하느님과 인간 사이의 합일에 있어서도 예외가 아니다. 그러기에 '**존재 질서 사이의 상호 동등성**'은 하느님과 인간 사이의 진정한 인격적인 합일을 말할 수 있는 본질적인 조건인 셈이다.

그러나 사실상 하느님과 인간 사이에는 존재론적인 면에서 볼 때 동등성이 있을 수 없다. 그럼에도 불구하고 이 '동등성'은 인격적인 합일을 언급하는 데 있어서 필수적인 요소이다. 그렇다면 하느님과 인간 사이의 동등성은 어떻게 가능한가? 하느님과 동등해지기 위해서 인간이 하느님의 차원으로 올라갈 수는 없다. 그것은 하느님께서 먼저 주도권을 갖고 인간의 차원으로 내려오실 때에만 가능한 일이다. 바로 여기에 '강생'이 갖는 근본적인 의미가 있다. 그리스도 강생의 참된 의미는 인간이 하느님과 합일되도록 불러 주신 인간을 향한 예정 은총이 이루어지도록 하느님께서 인간 편에까지 내려오셨다는 데에 있다. 강생의 의미는 바로 역사 이전의 인간을 향한 하느님의 계획이 구체적으로 현실화할 수 있는 길을 터 주었다는 데에 있는 것이다.

이렇게 우리는 인간을 향한 하느님의 구원 계획 안에서 강생을 이해함으로써, 하느님의 아들이신 그리스도의 강생은 인간을 죄로부터 구원하려는 데 그 근본 동기가 있는 것이 아니라 인간을 당신과 사랑으로 하나 되게 하시려는 하느님의 영원한 계획에서 유래한다는 사실을 알 수 있다. 그러므로 이 강생 사건은 모든 실재와 피조물을 능가하는 하느님의 전능하심이 드러난 사건이자 인간 구원을 위한 하느님의 계획에 당신 자신이 지극히 충실하시다고 하는 것을 극명하게 드러낸 사건인 셈이다. 더 나아가 이 강생 사건은 어떠한 것도—심지어 원죄라 하더라도—인간을 당신과의 합일로 불러 주신 하느님의 계획을 절대로 무효화시킬 수 없다고 하는 것을 천명한 사건이다. 그러기에 하느님은 죄로 인해 깊이 상처받은 인류의 인성을 취하시는 데에도 전혀 두려울 것이 없으셨다. 오히려 죄의 세력 하에 놓인 인성을 취하심으로 우리와 같은 인간이 되셨다 함은 죄에 대한 당신의 절대적인 우위와 더불어 당신의 무한하신 거룩함, 그리고 죄의 권세를 물리쳐 승리하시는 당신의 능력을 드러내는 계기가 된다.

인간을 향한 하느님의 계획이라는 전망에서 출발해서 이제 우리는 다음과 같은 결론을 얻을 수 있다. 즉, 하느님과의 합일을 향한 예정은 그 실현 과정 안에 인간을 죄로부터 구원하는 차원을 내포하고 있다는 사실이다. 그러므로 적어도 하느님의 의도는 인간을 단지 죄로부터 자유롭게 하는 것만이 아니라 당신과 하나 되도록 인간을 불러주신 당신의 구원 계획을 실현하는 것이다. 이러한 계획을 실현하기 위해서 하느님은 당신의 아들인 그리스도의 강생과 더불어 역사 안에서의 그분의 구원 업적을 통해서 실제적으로 죄를 대면하는 것을 두려워하지 않으셨으며 오히려 죄의 권세를 극복하셨다.

3. 강생: 하느님의 인간적인 차원과 인간의 신적인 차원이 교차하는 곳

그러므로 하느님의 아들이 강생하신 사건은 인간 존재를 비추고 인간에게 참된 존재 의미를 드러내 주는 계시 사건이다. 이 사건은 인간이 하느님과의 합일을 향해 신화(神化)할 수 있는 길을 그에게 터주었을 뿐 아니라, 인간 본성이 갖는 신적인 차원을 우리에게 계시해 준 사건이다. 즉, 인간 본성은 그리스도의 강생과 더불어 하느님과 친교를 나누는 은총을 향해 개방될 수 있는 능력을 갖게 되었다.[3] 여

[3] 인간이 신화(神化)할 수 있는 은총을 무상으로 부여받았으며 그러한 은총이 이미 인간

기서 우리는 인간을 정의하고 인간이 자리한 실재적인 은총 질서가 무엇인지를 좀더 구체적으로 규명할 필요가 있다. 그러므로 인간에 대한 보다 깊은 이해를 위해 강생 사건이 지니는 결정적인 역할이 무엇인지를 알아듣기 위해서 우리는 이 사건이 갖는 명백한 특징 가운데 하나인 하느님께서 인간의 형상 안에 가시적으로 드러나셨다고 하는 측면에 대해 주의 깊게 살펴보아야 할 것이다.

3.1. 하느님의 인간적인 차원

무엇보다도 '강생' 사건은 강생 사실 그 자체보다도 인간 본성이란 하느님의 계획이 인간적인 형태 안에서 완성되어 드러난 영역이라는 점을 우리에게 시사해 주고 있다. '강생', 즉 하느님께서 인간적인 형태를 취하셨다는 것은 당신이 역사 가운데 극명하게 당신 자신을 가시화하셨다는 것을 의미한다. 그러므로 인간 본성은 단순히 하느님이 만나셨던 실재나 또는 그에게 당신을 계시하고자 했던 대상으로서의 실재가 아니라 하느님께서 가시적으로 당신 자신을 드러내시는 계시 그 자체라고 하겠다.

하느님의 아들께서 강생하셨다는 것은 분명하게 "하느님과 인간이 긴밀하게 합치되어 있으며, 신적인 현현(顯現)의 완성은 이러한 당신의 계시가 인간적인 형태를 취하셨을 때임을 우리에게 가르쳐 주고 있다."[4] 그러므로 그리스도 강생의 빛 안에서 바라본 인간의 본성은

안에 가능적으로 내재하고 동시에 인간을 초월해 있다고 하는 인간의 신적인 전망을 설명하기 위해서 '강생'으로부터 출발하고 있는 사람은 알파로(J.Alfaro)이다. 그의 저서 *Cristologia e antropologia,* pp.256~397을 참조하라.

4) I.Biffi, 앞의 책, p.33.

하느님의 자기 계시가 가시화된 형태라고 볼 수 있다. 또한 하느님의 아들 예수 그리스도는 강생하신 한에 있어서 보이지 않는 하느님을 완전하게 드러내 주는 '하느님의 모상'(Imago Dei)이시다. 보이지 않는 하느님께서 인간 예수의 얼굴 안에서 드러나고 있는 것이다. 하느님께서 영원으로부터 언제나 인간 본성을 그토록 사랑하셨다는 사실을 우리는 강생하신 하느님의 아들 인간 예수 안에서 충만하게 알 수 있다.

강생 사건에 있어서 뼈대를 이루는 축은 하느님의 인간적인 차원이 드러나고 있다는 사실이다. 이러한 하느님의 인간적인 차원은 하느님 자신께서 이미 영원으로부터 당신 자신을 우리에게 가시적으로 드러내시려 했다는 점을 우리에게 잘 보여 주고 있다. 이러한 전망에서 하느님이요 동시에 인간이신 그리스도는 하느님의 계획이 역사 안에서 현실화된 결정적 사건인 셈이다. 즉, 그리스도는 인간 본성이야말로 하느님께서 영원으로부터 준비하신 신비가 가시적으로 드러난 형상임을 우리에게 가르쳐 주고 있다.

3.2. 인간에게 있어서 신적인 차원

강생의 첫 번째 측면인 하느님의 인간적인 측면과 긴밀히 연관되어 있는, 그리스도의 강생에서 드러나는 또 다른 중심축은 인간 본성의 최종적인 목적에 관한 것이다. 여기에서 우리는 다음과 같은 사실을 알 수 있다. 즉, 인간 존재의 진정한 의미와 품위는 하느님에 의해서 계획되고 원해진 인간의 최종 목적에 대한 인식에서 드러난다는 점이다. 신적인 계시는 우리에게 인간 의지 작용의 궁극적인 목적은 다름 아닌 하느님 자신이라고 가르쳐 주고 있다.

이렇듯 한편으로 인간이 하느님의 자기 계시의 정점으로 드러난다면, 다른 한편, 인간의 신화(神化)는 인간의 궁극적인 존재 이유로 드러난다. 그리스도 강생의 신비는 한편으로 모든 것의 원천이신 하느님께서 당신 자신을 계시하는 궁극적인 형태로 인간적인 차원을 선택하셨다는 것을 보여 준다. 그러나 다른 한편, 강생은 인간으로 하여금 인간 존재 자신에 대한 궁극적인 이유와 더불어 충만한 존재 의미를 갖게 해주는 사건임을 알 수 있다. 하느님의 인간적인 차원과 인간의 신적인 차원은 본질적으로 깊이 연결되어 있는 것이다. 강생은 하느님이 인간과 갖는 내밀한 관계성을 드러내 주는 사건이자, 역으로 인간을 향한 하느님의 계획이 어떤 내용인지를 충만하게 드러내 주는 사건이라고 하겠다.

4. 인간 존재의 품위를 계시하는 강생 사건

4.1. 인간 이해의 출발점으로서의 그리스도적인 측면

그리스도의 강생 사건은 하느님의 인간적인 측면과 인간의 신적인 측면이 드러나는 가운데 보이는 그리스도적인 차원의 중요성을 우리에게 명백히 가르쳐 주고 있다. 예수 안에서 인간이 되심으로써 하느님은 그리스도 안에서 인간 본성을 통해 당신 자신을 가시적으로 드러내길 원하셨다. 그럼으로써 하느님은 그리스도 안에서 당신 자신을 인간 존재의 근본 이유이자 최종적인 목적으로 인간에게 선물로 내어 주신다. 하느님은 그리스도 안에서 당신을 인간에게 드러내 주시고 동시에 인간의 모습은 그리스도 안에서 하느님의 모습으로 변화된다. 하느님께서 그리스도 안에서 우리 각자가 되셨듯이, 우리는 그 분 안에서 신화(神化)되는 것이다. 강생은 하느님의 인간적 차원과 인간의 신적인 차원 모두가 그리스도 안에 근거한다고 하는 점을 분명히 보여 준다. 그리스도 안에서 하느님의 인간적 형태가 현실화하며 동시에 인간은 자신의 신적인 차원을 깨닫고 하느님이야말로 자신의 최종 목적임을 발견하게 된다.

더 나아가, 강생 사건은 인간 구원에 대한 역사적인 전망—이것은 그리스도의 신비와 같다—이야말로 신적인 차원을 지닌 인간의 모습을 이해하게 해주는 올바른 해석의 열쇠라고 하는 것을 우리에게 가르쳐 주고 있다. 인간은 자신을 향한 하느님의 계획이 실현되는 정도에 따라 진정한 자기 존재의 의미를 실현해 나갈 수 있다. 그러므로 인간을 정의하고 그의 참된 품위를 발견하기 위해서는 육화하신 하느님의 아들 안에서 하느님과의 깊은 인격적인 관계를 맺는 것이 필요 불가결하다는 점을 받아들여야 한다. 왜냐하면 하느님은 오직 그리스도 안에서 그리스도를 통해서 그리고 그리스도를 향해서만 인간을 위한 구원 계획을 준비하셨기 때문이다. 그러기에 강생하신 그리스도는 하느님의 구원 계획이 인간에게 계시된 사건이며 이 계획은 오직 그분 안에서만 충만하게 실현될 것이다.

그러므로 강생은 단지 인간을 향한 하느님의 영원한 계획의 충만한 계시이자 실현일 뿐 아니라 인간에게 심오한 인간 자신의 신비를 충만히 계시한 사건이기도 하다. 우리는 강생 사건으로부터 하느님은 인간이 당신 자신을 드러내는 형상이 되도록 원하셨으며, 동시에 인간은 자기 존재 구조의 핵으로서 신적인 차원을 가지고 있다는 점을 알 수 있다. 만일 인간 본성이 갖는 목적이 보이지 않는 하느님을 이 땅에 가시적으로 드러내는 것이며 또한 인간이 자기 존재의 충만한 실현을 오직 하느님 안에서 이룰 수 있다고 한다면, 이 말은 곧 참된 인간 존재론은 직접적으로 하느님 안에 그리고 하느님과의 인격적인 관계 안에 자리한다는 것을 의미한다. 이처럼 인간 존재의 뿌리가 하느님과의 관계 안에 자리하고 있다면, 인간 존재의 기원과 최종 목적을 하느님 밖에서 상정하는 것은 있을 수 없는 일일 것이다.

4.2. 인간의 존재론적인 바탕인 하느님

이러한 사실로부터 우리는 인간 존재가 갖는 가치와 그 존재의 밀도는 하느님의 의지로부터 기인하며 이 인간 존재는 하느님을 향하고 있음을 보게 된다. 이처럼 강생은 인간을 향한 하느님의 계획이 총체적으로 드러난 사건이다. 영원한 말씀께서 인간 예수 그리스도가 되시면서 하느님의 신비로운 계획이 감추어져 있는 '두루마리의 일곱 봉인'을 열어젖히신 것이다(묵시 5,5.9). 그럼으로써 그분은 우리로 하여금 인간 존재 전체는 하느님과의 인격적인 관계 안에 터할 뿐 아니라, 인간은 하느님과 떨어져서 한시도 존재할 수도 없고 또 보이지 않는 하느님을 이 땅에 가시적으로 드러내는 성사(聖事)라고 하는 자신의 모습을 떨쳐 낼 수도 없다는 것을 계시하신다.

만일 강생이 하느님의 신비를 충만히 계시하는 사건이라고 한다면, 그것은 동시에 인간에게 인간 존재의 신비를 충만하게 계시하는 사건이라고도 말할 수 있다. 그러나 인간 본성을 당신을 드러내는 가시적인 형상으로 선택하신 하느님의 결정은 강생이라고 하는 그 순간에만 묶일 수는 없다. 만일 그렇다면 하느님의 결정은 당신의 자유로운 사랑의 결단에 의한 것이 아니라 단지 죄 때문에 이루어진 것에 불과하기 때문이다. 오히려 강생은 인간에 대한 충만한 하느님 사랑의 표현이기 때문에 인간을 향한 하느님의 계획은 당신 밖의 그 어느 실재로부터 기인하는 것이 아니요, 그 원천은 오직 하느님의 자유롭고도 영원한 사랑에서부터 왔다는 것을 알아야 할 것이다.

4.3. 적 용

① 하느님의 파트너로서의 인간

이처럼 강생 사실은 하느님이 인간이 되기 위해서 영원으로부터 인간을 선택하시고 원하셨다는 점을 우리에게 가르쳐 주고 있다. 그럼으로써 인간 존재가 갖는 또 다른 가치에 주목하도록 우리를 초대하고 있다. 그것은 하느님께서 인간을 당신의 파트너로 원하셨다는 사실이다. 인간은 하느님의 동반자로서 그분 앞에 설 수 있는 능력을 부여받았다. 인간이 하느님의 파트너라고 하는 사실은 그가 하느님과의 통교로 부름을 받았다고 하는 그의 소명을 구성하는 근본 토대이자 동시에 그가 다른 피조물들과는 근본적으로 구별되는 그만이 갖는 초월성과 품위의 근거이다. 더 나아가 하느님께서 인간을 당신의 파트너가 되도록 원하셨다는 것은 '하느님과의 통교'라고 하는 자신의 소명을 온몸으로 받아 안고 살아감으로써 비로소 그가 자기 존재의 참된 의미를 발견하고 그 존재 의의를 실현할 수 있음을 의미한다. 그와 반대로, 만일 인간이 하느님의 파트너라고 하는 자신의 소명에 충실히 응답하지 못할 때, 그는 자기 존재의 의의를 상실하고 말 것이다.

② 신성불가침(sacralità)의 특성을 갖는 인간 존재

인간은 하느님을 떠나서는 더 이상 존재할 수 없다. 그리고 하느님을 떠나서 인간 스스로가 보이지 않는 하느님의 인간적 형상임을 자처할 수도 없다. 바로 이 두 가지야말로 인간이 본질적으로 신성 불가침적인 존재라고 하는 특성을 이야기할 수 있는 원천이다. 그러므로 우리는 다음과 같이 말할 수 있다. 인간을 침해하는 것은 "마치 하느님의 인간적인 측면을 침해하는 것과 진배없다.(…) 하느님을 건드리지 않고서 인간을 건드린다는 것은 불가능하다. 왜냐하면 하느님은 인간적인 형상 안에서 당신 자신을 드러내시기 때문이다." 강생하신 하느님의 아들 예수 안에서 실현된 신성과 인성 사이의 떼려야 뗄 수 없는 밀접한 관계 또한 인간에 대한 모든 형태의 억압이 가질 수밖에 없는 중차대함과 잔인함을 이야기해 주고 있다. 인간이 갖는 신성불가침의 특성은 그의 본성에 있어서 어떤 외적인 특징이 아니라 존재 구조를 떠받치는 본질적인 측면이다.

③ 인간의 향상: 하느님 사랑의 드러남

하느님은 인간을 마음대로 이용하기 위해서 그를 창조하신 것이 아니라 그가 그 자신이 됨으로써 자신의 고귀한 품위를 지니게 하기 위해서였다. 그러므로 우리는 우리 자신을 하느님의 사랑이 드러나는 가시적인 형태라고 하는 관점에서 바라볼 때에야 비로소 하느님이 우리에게 바라시는 의도에 맞게 우리 스스로를 대할 수 있다: "인간을 향한 하느님의 사랑 그리고 하느님과 인간 상호간의 사랑, 이것이야말로 하느님이 인간이 되신 강생 사건 안에서 드러난 인간을 향한 하느님의 계획을 완성에로 이끄는 길이다."[5] 그러므로 인간을 향한 하느님의 모든 은총 행위와 개입 이면에는 그를 향한 당신의 사랑이

[5] I.Biffi, 앞의 책, p.35.

전제되어 있음을 알 수 있다. 이러한 하느님의 사랑이 극명하게 드러나는 것은 다름 아닌 당신보다 무한히 낮은 상태에 있는 인간의 지위에까지 내려오시는 당신의 '자기 비움'(kenosis)의 모습 안에서다.

그러므로 진정으로 사람을 위한다는 것은 단지 소극적으로 그가 어떤 형태로든 도구화되는 것을 막는 것뿐 아니라 더 나아가 그가 지니고 있는 고유한 신적인 품위를 어떻게 하면 증진시키고 완성시킬 수 있는지를 배려해 주어야 함을 의미한다. 이러한 관점에서 인간 해방과 증진을 바라본다면, 하느님으로부터 받은 인간의 진정한 품위를 꽃피울 수 있도록 이끌어 주는 것이야말로 참으로 그를 위한 길인 셈이다. 인간 스스로가 하느님의 파트너로서 갖는 과제를 인지할 때, 그리고 그러한 자신의 소명을 실현시켜 갈 때 비로소 인간을 향한 하느님의 사랑은 열매를 맺게 될 것이다.

④ 하느님을 향한 예배의 장소인 인간 존재

인간 안에 현존하는 하느님을 배제한 채 보이지 않는 하느님께 드리는 모든 형태의 예배와 사랑은 공허하고 무의미할 수밖에 없다. 그러므로 '인간이 갖는 품위를 존중하지 않는 모든 형태의 행동들'—모든 형태의 예배와 봉헌, 희생, 윤리적인 행동 등—은 하느님께도 받아들여질 수 없는 것이다. 인간을 존중하지 않는 자세가 내포된 예배는 오히려 '하느님을 모독'(이사 1,11.13)하는 것이며, '단지 입술로만 그리고 인간적인 잔꾀를 부리는 예배'(이사 29,13)일 뿐이다. 하느님께 대한 참된 예배는 정의를 세우고, 억눌린 자를 일으켜 세우며, 고아를 돌보아 주고 과부를 보호해 주는 것이다(이사 1,17).

5. 결 론

인간 존재가 갖는 신적인 차원이 한편으로 인간의 위대함을 보여 준다면, 다른 한편으로 우리는 여기서 인간을 향한 하느님의 사랑이 어느 정도까지 인간을 향해 내려왔는가를 잘 알 수 있다. 이러한 의미에서 하느님이 당신과의 합일이라고 하는 최종 목적을 위해서 인간을 선택하셨다고 함은 이 합일이 두 존재 질서 사이의 동등함이 요구되는 바에 따라 하느님의 강생이 이어지게 됨을 우리에게 잘 보여 준다. 그러나 이러한 하느님의 자기 비움(kenosis)은 인간이 요구할 수 있는 것이 아니며 오직 하느님의 자유로운 의지에 의해서만 실현되는 것이다. 왜냐하면 오직 하느님만이 당신과 인간 사이에 가로 놓인 형이상학적인 심연을 좁힐 수 있기 때문이다. 만일 하느님께서 인간에게까지 내려오지 않으신다면 인간은 결코 그분께로 나아갈 수 없다. 이렇게 해서 하느님의 강생은 인간에게까지 내려오시는 하느님의 자기 비움의 모습과 더불어 인간의 나약함까지 받아 안으시는 사랑을 통해서 표현되고 있다.

5.1. 하느님의 '자기 비움'(kenosis)으로서의 인간

이제 우리는 인간이 하느님의 파트너로 부름을 받았다고 하는 사실로부터 '인간'이야말로 하느님께서 이 땅에 역사하실 수 있는 유일무이한 공간이라는 점을 알게 된다. 이러한 사실은 한편으로 하느님을 향한 인간의 '상승'(innalzamento)의 길이 열렸음을 의미하며, 또 다른 한편으로는 인간이라고 하는 형상을 통해서 하느님의 '자기 비움'이 계시되고 있음을 의미한다. 그럼으로써 인간은 비록 하느님이 아님에도 불구하고 하느님의 사랑으로 인해서 하느님의 현존이 밝히 드러나는 역사적인 공간이 되었을 뿐 아니라, 더 나아가 하느님께 사랑의 응답을 드리고 예배를 봉헌할 수 있는 거룩한 장소가 되었다. 따라서 강생 사건을 인간을 향한 하느님의 관심과 호의가 충만히 드러나는 사건으로 받아들인다면, 또한 이 강생은 인간이 지니는 최상의 품위를 보여 주는 사건이라고 말할 수 있다. 인간은 단지 하느님에 의해 '이용되기 위해서' 하느님의 파트너로 불린 것이 아니다. 그것은 인간이 하느님의 파트너가 됨으로써 자신의 고유한 품위를 갖고 충만하게 자기 자신이 되도록 하기 위함이다.

다른 한편, 하느님께서 인간을 당신의 파트너로 불러 주셨다 함은 하느님 편에서는 단순히 "인간을 향한 관대함 그 이상으로 당신의 겸손"[6]을 드러내 주는 것이다. 하느님은 당신의 전능하심을 단순히 제반 피조물들을 창조하는 가운데 드러낼 뿐 아니라 더 나아가 인간의 한계와 무능력함 가운데 당신 자신을 내어 놓으면서 드러내신다. 그러기에 하느님의 창조 사업은 당신의 전능하심과 영광을 드러내 줌과 동시에 또한 당신의 무한하신 겸손을 반영하는 거울이기도 하다. 사실 하느님은 인간을 당신의 파트너로 창조하시면서 아직 존재하지 않는 그러면서 또한 존재할 아무런 권리조차 없는 인간을 존재에로 불러 주셨을 뿐 아니라, 그 자체로는 사랑스러울 아무것도 없고 또 사랑할 수 있는 아무런 능력도 없는 인간을 사랑하시면서 당신의 사랑에 참여하도록 불러 주셨다. 그러므로 인간 존재가 갖는 위대함은 전적으로 당신 자신을 무한하게 낮추시는 하느님의 모습, 즉 하느님의 '자기 비움'에 그 뿌리를 두고 있다.

---

6) A.Hayen, *Affidato agli uomini,* p.69; I.Biffi, 앞의 책, p.35.

5.2. 하느님의 '나약함'(vulnerabilità)으로서의 인간

보이지 않는 하느님을 가시적으로 드러내는 '형상'으로서의 인간은 그가 하느님과 갖는 깊은 관계성을 우리에게 보여 줄 뿐만 아니라 나아가 하느님에게 있어서 어떻게 '나약함'을 이야기할 수 있는가를 잘 보여 준다. 하느님의 자기 계시가 인간적인 형태를 취한 모습인 "인간 존재는 어떤 의미에서는 하느님의 나약한 모습"[7]이기도 하다. 그것은 인간이 그 자체로 늘 부족하고 제약을 받는 피조물이기 때문이다. 하느님은 존재 그 자체로 이미 완전하시지만 인간이 되심으로써 어떤 면에서는 나약하게 되셨다. "하느님은 그 자체로 어떠한 죄로부터도 물듦이 없으시다. 하느님은 하느님이시다. 그러기에 하느님이 나약하시다고 하는 것은 인간을 통해 취하신 당신의 모습을 의미한다."[8]

---

7) 같은 곳.

8) 같은 곳.

II 하느님의 모상으로서의 인간

인간 존재 자체와 그의 구체적인 실존적 모습은 하느님의 신비를 가시적인 형태로 드러내며 반영하고 있는 '하느님의 모상'이라고 하는 특징을 갖고 있다. 그러므로 '하느님의 모상'으로서의 인간은 신학적 인간학에 있어서 근본이 되는 주제로서, 이를 통해 우리는 인간 존재의 깊은 신비에 접근할 수 있고 또 그가 누구인지를 깊이 이해할 수 있는 열쇠를 가질 수 있다. 무엇보다도 '하느님의 모상'이란 주제는 '하느님과의 깊은 관계성'을 내포하는 것으로, 인간의 신비뿐만 아니라 제반 모든 피조물이 갖는 신비를 이해하기 위해 중요한 요소가 아닐 수 없다. 만일 우리가 '하느님의 모상으로서의 인간'이라고 하는 성서적인 표현을 진지하게 받아들이고 또한 그 표현이 의미하는 교의적인 측면을 고려한다면, 인간을 정의 내릴 수 있는 열쇠가 '아래로부터'나 '세상으로부터' 또는 '인간 스스로에게서' 올 수 있는 것이 아니라 오직 '위로부터' 온다는 것을 받아들여야 할 것이다. 그러므로 이렇게 '위로부터' 출발해서 인간에 대해 논한다면, 신학적 인간학은 이미 그 자체로 인간에 대한 하느님의 구원 계획이라고 하는 범주 안에 놓여 있음을 알 수 있다.

하지만 신학적 인간학에 있어서 '하느님의 모상으로서의 인간'이란 주제가 갖는 중요성에도 불구하고, 우리가 보고자 하는 두 번째 장의 목적은 단순히 '하느님의 모상'에 대한 신학이 아니다. 우리는 이 주제를 통해서 인간을 정의 내릴 수 있고 그의 신비를 이해하며 또한 그가 갖는 진정한 품위가 무엇인지 그리고 인간 존재의 진정한 의의가 무엇인지를 이해할 수 있는 확실한 출발점이 무엇인지에 대해서 차분히 음미하게 될 것이다. '하느님의 모상'이란 주제는 인간이 하느님과 갖는 깊은 존재론적인 관계, 그리고 그가 갖는 신적인 차원을 우리에게 밝히 보여 주고 있다. 인간이 하느님과 갖는 관계의 본질을 이해하기 위해서 인간 안에 내재한 신적인 차원의 중요성을 고려하면서, 이제 우리는 특별히 구약성서의 가르침 아래 전개되는 '하느님의 모상'으로서의 인간이라고 하는 주제를 다루고자 한다.

1. 구약성서의 가르침

1.1. 창세 1,26~27에 드러난 '하느님의 모상'으로서의 인간 창조

인간이 하느님의 모상이라고 하는 것은 창세 1,26~27에 나오는 성서적인 표현이다. 이 성서적인 언명은 인간의 기원을 둘러싼 신비에 대한 구약 신앙적인 관점에서 시도한 설명이다. 인간이 어디서부터 유래했는지에 대해 설명해 주는 신앙적 관점의 시도인 한에서, 이 성서적인 표현은 우리로 하여금 구약성서 인간학에 대한 보다 깊은 성찰을 통해서 종교적이고도 영성적인 면에서의 인간 이해에로 나아가도록 초대하고 있다. 한편, 이 언명에 대한 보다 올바른 이해를 도모하기 위해 우리는 이 언명을 역사적인 차원이나 교도권의 가르침에 준해서 접근하기 이전에 먼저 신앙의 차원에서 바라보아야 한다.

인간에 대한 구약성서의 가르침 가운데 이 표현은 무엇보다도 '테올로그우메논'(theologûmenon), 즉 신학적인 가치를 갖는다. 사실 인간의 기원에 관한 이 언명은 통상적인 구약성서의 가르침과는 좀 다르다. 다시 말해서 이 표현은 인간에 대한 구약성서의 가르침에 비해서 다소 유리된 시각을 견지하고 있다는 뜻이다. 구약성서 안에 깊이 드러난 하느님의 '초월성'에 대한 관념은 인간학적인 개념에까지 깊이 각인되어 영향을 미치고 있다. 예를 들어, 구약성서에서 드러나는 인간은 흙이며 재에 불과하다. 그러기에 인간은 그와 엄청난 심연을 마주하고 있는 하느님의 거룩하심으로 인해 압도된 보잘것없는 피조물로 소개되고 있다. 인간이 얼마나 하느님으로부터 멀리 떨어져 있는가? 인간은 감히 하느님과 어떤 종류의 공통점을 갖고 있다고도 말할 수 없다.

구약성서의 이런 일반적인 가르침을 전제로 하고 우리는 '하느님의 모상'이라고 하는 테올로그우메논적인 표현을 발견하게 되는 셈이다. 그러나 바로 이 언명이야말로 인간의 기원에 관한 심오한 신비를 드러내 주는 의미심장하고도 중요한 신앙 안에서의 설명을 대변하는 말이다. 구약의 신앙은 이렇게 영적인 긴장감 가운데 인간 안에 내재한 신비의 문턱을 기웃거리면서 뛰어난 종교적인 감성을 갖고 인간이 하느님과 갖는 내밀하고도 직접적인 연관성에 대해 감지하고 있는 것이다. 다시 말해서 인간 존재가 내포한 모든 가치는 그가 존재론적으로 하느님께 의존해 있다고 하는 사실 안에 숨어 있음을 본능적으로 깨달은 것이다. 바로 이 사실을 표현하기 위해서 성서는 '하느님의 모상'으로 만들어진 인간이란 언명을 종교적인 맥락 안에서 언급하고 있다.[9)]

사실 이 표현은 신앙이 점진적으로 성숙해 가는 가운데 드러난 열매 가운데 하나로서, 문헌상으로는 사제계 전승에 속한다. 그러므로

---

9) 참조: *Tob, AT,* vol.1, p.53, 각주 r.

이 표현은 무엇보다도 하느님의 창조 행위 가운데 드러나는 인간과 하느님 사이의 고유한 관계성을 지시하고 있다. 사제계 전승의 신학적인 전망은 야휘스트계 전승과는 판이하게 다르다. 야휘스트계 전승과 달리 사제계 전승은 인간 창조를 일련의 창조 행위에 있어 정점에 두고 있으며 그럼으로써 인간 창조야말로 모든 창조의 완성으로 보고 있다. 인간 창조에 대한 설화에 있어서 사제계 전승은 야휘스트계 전승의 중심 주제로 드러나는 인간 창조의 '재료'와 '생활한 숨'이 무엇인지에 대한 언급이 전혀 없다.

사제계 전승을 보면 전체 창조 설화 가운데 드러나는 우주의 여러 요소들과 살아 있는 다양한 피조물들의 창조는 '인간 창조'라고 하는 엄청난 사건을 준비하는 단계에 불과하다. 하느님의 세상 창조는 점진적으로 이루어지고 있으며 동물들의 창조 바로 직후 멈춰 선다. 이 시점에서 하느님은 예외적인 모습을 보이시면서 당신이 하실 특별한 사건을 아주 장엄하게 선포하고 계신다: "하느님께서는 '우리 모습을 닮은 사람을 만들자!(…)' 하시고, 당신의 모습대로 사람을 지어 내셨다. 하느님의 모습대로 사람을 지어 내시되 남자와 여자로 지어 내시고(…)" (창세 1,26~27).

하느님께서 인간을 창조하는 표현 안에는 인간이 하느님과 갖는 직접적인 관계가 그의 본질적인 부분으로 자리 매김 하고 있음을 강하게 드러내 주고 있다. 하느님은 우주 창조에 있어서 살아 있는 것과 비물질적인 것 모두 '말씀'의 '중개'를 통해서 창조하고 계신 데 반해, 인간 창조는 '직접적'으로 이루어지고 있다. 즉, 제반 피조물들의 창조는 '말씀'에 의해 이루어진 반면, 인간 창조는 하느님 자신에 의해 손수 이루어지고 있는 것이다. 다른 피조물들의 창조는 하느님께서 말씀하시니 그대로 된 반면(창세 1,1~4), 인간 창조에 있어서는 "우리 모습을 닮은 사람을 만들자"(창세 1,26)라는 구절 안에 드러나 있듯 말씀 그 이상의 것이 필요하셨던 것이다.

1.2. 유사함의 장소

도대체 인간의 어떤 측면이 하느님을 닮았는가 하는 점을 규명하기 위해서는 무엇보다도 앞서 언급한 창세 1,26~27을 어떻게 해석하는가에 대해 주목해야 한다. 이 점을 위해서는 먼저 이 구절이 내포하고 있는 문화적인 배경을 염두에 두어야 한다. 메소포타미아 문화권 안에서 발굴된 몇 가지 문헌에 따르면 '모상'(Imago)이라는 표현은 이미 그 당시 고대 근동 지방에서 사용되던 용어였다. 이 문헌에는 인간을 창조하기 이전에 청동으로 된 탁자 위에 자신의 모습을 스케치하는 어떤 신에 대해서 이야기하고 있다. 여기서 알 수 있듯이 이 신에 의해 만들어진 새로운 피조물, 즉 인간은 '신의 모상'으로 정의되고 있다.[10] 그렇다고 해서 이러한 근거를 들어서 이와 연관된 성서 표현이 단지 신화적인 의미만을 지니고 있다는 것은 아니다. 무엇보다도 이러한 성서 표현이 유래했다고 여겨지는 고대 근동 지방의 사고방식을 고려해 볼 때 이 표현이 담고 있는 보다 깊은 의미를 캐낼 수 있다고 생각한다. 이를 염두에 둘 때 우리는 다음과 같이 말할 수 있다. 인간의 어떤 측면이 하느님과 닮았는가를 드러내는 여러 가지 해석들을 곧이곧대로 받아들이기는 힘들다는 것이다. 어떤 해석은 인간의 '인격성'(personalità) 아니면 '인간의 자유'가 혹은 그가 지닌 '품위'나 '자유롭게 윤리적인 행동을 할 수 있는 능력'에 근거해서 하느

10) G. von Rad, 앞의 책, p.165, 각주 53.

님을 근본적으로 닮았다고 한다. 솔직히 말하자면 도대체 인간의 어떤 요소가 하느님을 닮았는지 구체적으로 집어내기란 쉽지 않다. 그렇다고 인간이 지니는 영적인 면과 육적인 면 그 자체만을 들어서 하느님과 닮았다고도 말하기 어렵다.

만일 인간이 하느님과 닮았다고 하는 것을 표현하기 위해서 인간의 영과 육 가운데 한 가지만을 선택해야 한다면 무엇보다도 그가 갖는 육체적인 측면으로 기울어져야 할 것 같다. 이 점은 그저 단순하게 인간 육체가 하느님의 외적인 모습이나 육체성을 드러낸다는 것을 의미하지는 않는다. 그것은 인간의 육체성으로 대변되는 인간 본성 안에 하느님의 본질이 어느 정도 그림자처럼 드리워져 있다고 하는 것을 말한다. 바로 이 점은 인간 본성이 아래로부터 유래한 것이 아니요, 초월적인 세계와 어떤 공통점이 있다고 하는 사실을 우리에게 가르쳐 준다. 하느님과의 유사함이 순전히 영적이기만 하다는 오해를 종식시키는 사제계 전승에 속하는 두 개의 성서 구절을 살펴보기로 하자. 창세 5,1~3과 창세 9,6이 그것이다. 창세 5,1~3은 다음과 같이 언급하고 있다:

> "아담의 계보는 이러하다. 하느님께서 사람을 지어 내시던 날, 하느님께서는 당신 모습대로 사람을 만드시되 남자와 여자로 지어 내셨다. 그 날 하느님께서는 그들에게 복을 주시며 그 이름을 아담이라 지어 주셨다. 아담은 백삼십 세에 자기 모습을 닮은 아들을 낳고 이름을 셋이라 하였다."

여기서 주목해야 할 부분은 "아담은 백삼십 세에 자기 모습을 닮은 아들을 낳고 이름을 셋이라 하였다"라는 표현이다. 우선 이 구절은 첫 인간의 육체적인 후손을 이야기하고 있다. 이 구절에 의하면 '셋'은 아담의 모상과 유사함에 따라 태어난 인물이다. 이 구절을 통해서 우리가 추론할 수 있는 사실은 '하느님과의 유사함'(similitudo Dei)은 단지 아담에게서 그치지 않고 모든 세대, 즉 아담의 모든 후손들을 포함하는 보편적 개념이라는 점이다. 이러한 사실은 또 다른 텍스트인 창세 9,6에서 결정적으로 드러나고 있다. 이 구절은 다음과 같다: "사람은 하느님의 모습으로 만들어졌으니 남의 피를 흘리는 사람은 제 피도 흘리게 되리라." 이 구절은 아담의 아들인 카인의 살해를 금지하고 있는데, 이는 그가 하느님을 닮은 존재이기 때문이라고 말하고 있다. 인간의 육체에 해를 입히는 사람은 하느님의 영광 그 자체를 모독한다는 뜻이다.

그 외 다른 여러 성서의 증언들은 인간이 하느님과 닮았다고 하는 측면을 단지 육체나 영에만 국한된 것으로 제한시키려는 여러 시도들이 사실상 근거 없는 것임을 입증해 주고 있다. 예를 들어, 시편 8,5~6을 보기로 하자: "그를 하느님 다음가는 자리에 앉히시고 존귀와 영광의 관을 씌워 주셨습니다. 손수 만드신 만물을 다스리게 하시고 모든 것을 발밑에 거느리게 하셨습니다." 내용적인 면에서 볼 때 이 구절은 창세 1,26~27의 표현과 매우 유사하다. TOB 성서에 의하면 이 구절의 내용은 다음과 같이 표현된다: "그를 천사들보다는 조금 못하게 만드셨지만 거의 하느님에 가깝게 만드셨습니다. 그리고 그에게 존귀와 영광의 관을 씌워 주셨습니다." 이 구절이 한편으로 '하느님의 모상'으로 만들어진 인간을 표현하고 있다면 다른 한편으로는 우리로 하여금 하느님과 인간 사이의 유사함이 단순히 영적인지 아니면 육체적인 면도 포함하는지에 대해서 새삼 되돌아보게 해준다. 시편 8,6에 따르면 인간은 하느님으로부터 '카봇'(kabôt)을 부여받았다. '카봇'

은 존귀와 영광을 의미하며 그 자체로 오직 하느님께만 유보된 것이었다. 이제 이 두 가지가 인간에게도 속한다는 것은 그가 지닌 내적인 능력과 '위대함'이 돋보이는 대목으로서, 인간은 이를 통해서 신비적으로 하느님을 닮았다고 말할 수 있다.

1.3. 인간이 '하느님의 모상'으로 창조된 목적

인간이 어떤 면에서 하느님과 닮았는가 하는 문제와는 달리, 성서의 여러 구절들은 무엇 때문에 인간이 하느님을 닮았는가 하는 점에 대해서 보다 분명히 이야기하고 있다. 창세 1,26은 인간이 하느님을 닮았다고 하는 사실과 함께 그가 모든 피조물들을 통치하는 사명을 부여 받았다는 점을 긴밀히 연관시켜서 표현하고 있다. 마치 하느님께서 인간에게 무슨 사명을 맡기기 위해서 당신과 닮게 창조하셨다는 것처럼 언급되고 있다. 이 구절 다음에 오는 28절에서는 이에 대해 좀더 부연 설명을 하면서, 보다 강한 어조로 인간에게 맡겨진 사명을 표현하고 있다.

> "하느님께서는 그들에게 복을 내려 주시며 말씀하셨다. '자식을 낳고 번성하여 온 땅에 퍼져서 땅을 정복하여라. 바다의 고기와 공중의 새와 땅 위를 돌아다니는 모든 짐승을 부려라!' "

그러므로 인간이 하느님의 모상과 유사함으로 창조되었다고 하는 것은 모든 피조물에 대한 인간의 지배권을 표현하는 것이다.[11] 사제

11) *TOB, AT,* vol.1, p.53, 각주 r.

계 전승에서 모든 창조 작업은 인간을 향해 방향 지어져 있으며 인간은 제반 피조물을 지배하고 다스리는 중심으로 자리 잡고 있다. 그러기에 사제계 전승이 말하는 창조 세계는 그토록 인간의 통치를 필요로 하는 세상이다.[12] 그러므로 인간이 하느님의 모상과 유사함으로 창조되었다고 하는 사실은 하느님께서 그를 이토록 방대한 우주 가운데 당신의 대리자로 보내셨다는 점을 밝히 보여 준다. 이렇게 인간은 창조 세계 가운데 드러나는 인격화된 하느님 현존의 징표로서 그분의 주권과 특권을 행사하도록 부름을 받은 존재이다.

1.4. '하느님의 모상'의 영속성

앞서 우리는 창세 5,3과 9,6을 통해서 본래 인간이 지니고 있는 하느님과의 유사성은 모든 세대에 걸쳐 유효하다는 점을 보았다. 성서는 인간이 하느님의 모상이라는 사실이야말로 인간을 정의 내리기 위해 요청되는 가장 본질적인 요소라고 분명히 가르쳐 준다. 그러기에 인간은 자신이 범한 원죄로 인해서 하느님의 모상과 유사함을 잃어버릴 수 있다고 하는 관념은 구약성서와는 전혀 상관이 없는 사실이 아닐 수 없다. 창세 5,3은 분명히 언급하길 하느님과 아담 사이에 존재하는 유사함은 그의 아들인 셋에게도 전해진다고 한다. 하지만 노아의 홍수 이전에 나오는 선조들의 목숨이 줄어들게 된 사실은 신학적으로 볼 때 하느님께서 인간에게 주신 능력이 쇠퇴하는 것으로 보아야 할 것이다. 이러한 쇠퇴가 물론 인간이 지니고 있는 하느님과의 유사함을 완전히 잃어버렸다고 하는 것은 아니지만, 적어도 이러한

12) G. von Rad, 앞의 책, p.170.

유사함이 점점 희미해지고 손상되었음을 드러내 주고 있다. 다시 말해, 이는 인간에게 있어서 하느님과 갖는 유사함이 약해져 버렸다는 것을 의미한다.

2. 신약성서의 가르침

신약성서 안에 드러난 '하느님의 모상'이라는 주제는 앞으로 다루게 될 제2부에서 인간의 그리스도적인 차원을 설명하면서 자주 언급하게 되겠기에 여기서는 간략하게 중요한 요점만을 다루기로 하겠다. 우선 이 주제에 대한 논의에 있어서 한계를 두어야 할 점은 '하느님의 모상'이라고 하는 주제는 고유하게, 또 직접적으로 먼저 그리스도를 지칭하고 있다는 사실이다. 바오로 사도의 가르침에 의하면 인간을 '하느님의 모상'(imago Dei)이라고 말할 수 있는 것은 오직 그가 '유일하고 완전한 하느님의 모상'(Imago Dei)이신 그리스도 안에서 창조된 존재이기 때문이다(콜로 1,15 참조).

신약성서가 표현하고 있는 '모상'이란 주제는 대체적으로 은유적이다. 신약성서는 이 어휘를 통해서 실재 자체가 본질적인 면을 지닌 채 가시적으로 표현되고 있다는 것을 말하고자 한다.[13] 전체 신약성서 가운데 공통적으로 드러나는 이 용법은 특히 히브 10,1[14]에 나오는 '그림자'(skiá)와 '모상'(eikón)이란 두 개념의 대조를 통해서 보다

---

13) 참조: G.Kittel, *Eikón,* in *GLNT,* pp.178~180.

14) "율법은 장차 있을 좋은 것들의 그림자(skiá)일 뿐이고 사물의 실제 모상(eikón)이 아니기 때문에 해마다 그들이 계속해서 바치는 같은 제사를 통해서는 가까이 가는 사람들을 완전하게 할 수 없습니다."

분명히 드러나고 있다. 이 구절에 따르면, 모세의 율법은 장차 다가올 좋은 것들의 그림자에 지나지 않고 실재 그 자체를 드러내지 않을 뿐더러 다가올 것들의 본질을 보여 주는 모상과도 다르다.

2.1. 참된 하느님의 모상(Imago Dei)이신 그리스도

바오로 사도 역시 하느님의 모상으로 대변되는 구약성서의 인간학적인 특징을 잘 알고 있다: "남자는 머리를 가려서는 안 됩니다. 그는 하느님의 모상(*eikón*)이요 영광(*doxa*)이기 때문입니다"(1고린 11,7). 그러나 이 주제에 관해 사도가 공헌한 보다 근본적인 면을 우리는 그리스도 중심적인(cristocentrica) 전망을 보여 주는 몇몇 구절 안에서 잘 찾아볼 수 있다.[15] 2고린 4,4과 콜로 1,15에서 예수 그리스도는 '하느님의 모상'(Imago Dei)으로 언급되고 있다. 이 두 구절은 원형(prototipo)과 모상(imago) 사이의 긴밀한 관계를 드러내고 있는데, 여기서 그리스도는 '신적인 조건을 갖는 분'(신적인 형상 안에서)이며 더 나아가 '하느님과 동등하신 분'(필립 2,6)으로 소개되고 있다. 이 사실에 근거해서 우리는 그리스도를 보는 이는 또한 하느님 아버지를 본다고 말할 수 있다(요한 14,9). 예수님이야말로 보이지 않는 하느님을 드러내는 완전한 하느님의 모상이라는 사실은 바오로 사도가 콜로 1,13에 드러나는 '사랑의 아드님'으로서의 예수님을 소개하는 또 다른 표현 방식이기도 하다.

비록 바오로 사도가 정의하는 '하느님의 모상'으로서의 그리스도가 창세 1,27에 나오는 개념과 어떤 연관성을 갖고 있지 않다 하더라

15) J.L. de la Peña, 앞의 책, p.74.

도, 적어도 사도가 이 개념을 통해서 의도하는 바는 아담과 그리스도 사이에 존재하는 정체성의 차이에 대한 관심이었다. 다시 말해서 "바오로는 그리스도를 의미하는 '하느님의 모상'(Imago Dei)이 결코 하느님께서 당신의 모상을 그리스도 안에 심어 주셨다는 말은 아니다. 그가 표현하고 싶은 것은 하느님께서 당신의 모상(Imago Dei)으로 그리스도를 우리에게 선물로 주심으로써 우리는 이 모상을 통해 하느님이 어떻게 행동하시는지 그리고 무엇을 원하시는지 구체적으로 알 수 있게 되었음을 말하고자 한다. 따라서 바오로가 언급하는 하느님의 모상(Imago Dei)으로서의 그리스도라는 표현은 그리스도를 단지 어떤 신적인 본성을 지니고 신적인 힘을 지닌 분으로서만 소개함으로써 그리스도의 인격을 둘러싼 여러 가지 불확실한 면들을 종식시키려는 의도를 갖는 것이 아니다. 그것은 단순히 교회 공동체로 하여금 '하느님의 모상'이라는 개념을 통해서 그리스도가 상징하는 것이 무엇인지를 이해시키기 위해 차용된 표현 방법일 뿐이다."[16]

2.2. 그리스도 안에서 '하느님의 모상'(imago Dei)인 인간

1고린 11,7에서 바오로는 인간을 '하느님의 모상'[17]으로 표현하고 있다. 그러나 그가 이 구절에서 의도하는 바는 창세 1,27에 나오는 표현과 같지 않다. 우리는 이를 1고린 11,7과 1고린 15,45.49[18] 사이의

---

16) A.Schlatter, *Theol. Der Ap.*, p.299: G.Kittel, 앞의 책, p.181에서 인용.

17) "남자는 머리를 가려서는 안 됩니다. 그는 하느님의 모상이요 영광이기 때문입니다."

18) " '첫 사람 아담은 자연적 생명체가 되었다'고 성서에 씌어 있습니다. 마지막 아담은 생명을 주는 영이 되었습니다. (…) 우리가 흙으로 빚어진 그 사람의 형상을 지녔듯이, 장차 우리는 천상에 속한 그분의 형상을 지니게 될 것입니다."

대조를 통해서 보다 구체적으로 살펴볼 수 있다. 바오로가 창세 1,27에 언급된 인간이 하느님과 갖는 유사함을 1고린 11,7에서 단순하게 표현하고 있다고 한다면, 1고린 15,45에서는 이러한 유사함을 순전히 육체적인 인간성에 속한 것으로 표현하고 있다. 왜냐하면 이 구절에서 아담은 '살아 있는 존재'로 언급되고 있는데, 이 말은 "인간이나 동물 모두에게 사용하는 표현이기 때문이다."[19] 이러한 내용은 1고린 15,49에도 잘 드러나고 있다. 1고린 11,7에서 바오로가 현세의 구체적인 삶으로부터 유추해서 우리 안에 있는 '하느님의 모상'을 이야기하고 있는 반면, 1고린 15,49에서는 '흙으로 빚어진 사람의 모상'(창세 5,3에서 드러나는 표현)이라는 말을 통해서는 현세적으로 조건 지어진 실재를, '천상에 속한 그분의 모상'이라는 표현을 통해서는 그리스도인이 도달하게 될 미래적인 상황에 속한 새로운 실재를 소개하고자 했다.

여기서 우리가 보아야 할 사도 바오로의 가르침은 다름 아닌 그리스도 안에서 새롭게 변화된 인간 조건이다. 이 '새 인간'(uomo nuovo)은 천상 인간의 원형이신 그리스도의 모상을 따라 점점 더 성장해 가야 한다. 바오로 사도에 따르면 이러한 인간의 성장은 참되고 완전한 하느님의 모상이신 그리스도와의 관계가 깊어 감으로써 이루어진다. 사실, 로마 8,29에서 언급하는 바오로 사도가 소개하는 인간상은 하느님의 아들 예수 그리스도의 모습을 더욱더 닮도록 운명지어졌다. 다시 말해서, 그리스도인은 그리스도와 한몸이 됨으로써 그분 안에서 가시적으로 당신 자신을 계시하신 하느님을 실제적으로 닮도록 부름을 받은 것이다. 그러므로 그리스도의 모상을 닮아 간다는 말은 곧 실

19) *TOB. NT,* vol.3, p.534, 각주 1.

제적으로 하느님의 모상이 된다는 것이며, '천상 인간'을 따라 산다는 말은 예수 그리스도를 통해서 하느님 안에서 산다는 말이기도 하다.

3. 신학적인 심화

3.1. 인간의 종교적인 차원

'하느님의 모상'은 인간 존재론의 기초를 세우는 데 있어서 보다 심도 깊은 인간에 대한 이해와 정의를 위해 매우 중요한 주제이다. 이 주제의 심화를 통해서 우리는 인간 존재가 지니고 있는 '관계적인 특징'을 발견하게 된다. 즉, 인간은 오직 '관계' 안에서만 이해될 수 있는 존재이며, 더 나아가서 누군가 다른 '타자'(un altro)와의 관계를 통해서만 이해 가능한 존재인 것이다. 그리고 인간이 관계적인 존재임을 규정짓는 이 '타자'는 근본적으로 '하느님'이어야 한다는 사실을 알게 될 때, 인간이 지니고 있는 이 관계성은 종교적인 차원으로 승화되며, 이러한 종교적 차원은 인간 존재를 규정짓는 근원이자 구체적인 인간 실존에 대해 말할 수 있는 근거가 된다. 이처럼 우리는 '하느님의 모상'이란 주제 — 인간 실존의 기원과 의미에 대한 논의를 시도하는 한에서 — 를 심화·발전시킴으로써 근본적으로 '인간은 누구인가' 하는 그의 정체성을 이해하기 위한 최종적인 근거를 그가 지닌 종교적인 차원 안에서 발견하게 된다. 그러므로 신학적 인간학의 구도 안에서 인간이 갖는 종교적 차원은 인간 존재(essere)와 실존(esistenza)을 결정짓는 구조적인 요소로서, 인간의 존재 구조를 형성하는 여타 다른 모든 요소를 하나로 묶는 핵심 열쇠라고 할 수 있다.

성서적인 영감을 통해서 보게 되는 중요한 사실 가운데 하나는 인간 존재의 신비를 둘러싸고 있는 하느님의 은총으로서, 이 은총이 인간 실존의 역사적인 질서를 형성하는 데 근간이 된다는 점이다. 이러한 점에서 인간 실존은 곧 '은총 안에서의 실존'으로 드러난다. 이는 다시 말해서, '인간 실존'이란 하느님께서 당신의 사랑 가득한 의지를 통해서 자유롭게 그리고 무상으로 인간을 위해 내어 주시는 은총 안에서 이해되어져야 한다는 말이기도 하다.

'하느님의 모상'이란 주제는 우리로 하여금 하느님과의 직접적인 관계 안에서 이해되는 인간 존재의 기원과 기초를 발견하도록 초대하고 있다. 이렇게 하느님과의 깊은 관계 안에 정초한 인간 실존은 '부름을 받은 존재'로 구체적으로 드러나게 된다. 다시 말해서, 인간은 하느님으로부터 부름을 받은 가운데 시작하는 존재인 것이다. 이러한 인간 조건들을 진지하게 받아들인다면 '하느님의 모상'이란 주제는 단지 이 광활한 우주 안에서 하느님을 대리하는 징표로서의 인간을 드러내 줄 뿐 아니라, 무엇보다도 그가 하느님과 갖는 긴밀하고도 인격적인 관계성을 보여 준다. 그러므로 '하느님의 모상'이 한편으로는 하느님을 가시적으로 표현한다면, 이 개념은 또 다른 면에서 인간이 하느님과 맺고 있는 관계성을 객관적으로 드러내 주며 동시에 하느님의 모습을 참행복 직관(visione beatifica)하는 가운데 인간은 완성된다는 점을 잘 보여 주고 있다. 한마디로 인간이 '하느님의 모상'이라는 사실은, 인간의 진정한 위대함은 그가 충만하게 신화(神化)되는 가운데 드러난다는 것을 보여 준다.

3.2. '하느님과의 관계'를 통해 규정된 인간 존재

3.2.1. '의존성'의 객관적인 가치

'하느님의 모상' 아니 더 구체적으로 말해서 '하느님의 모상(imago)과 유사함(similitude)'이란 주제는 하느님과의 관계야말로 인간 존재의 바탕이자 그를 규정짓는 핵심 요소임을 우리에게 가르쳐 준다. 인간이 하느님과 닮았다고 하는 언명은 인간을 이해함에 있어서 그가 하느님으로부터 유래했으며 그분에게 전적으로 의존하고 있다는 점을 상정하게 하지 않을 수 없으며, 또한 인간은 그분을 향해 방향 지어져 있고 운명지어져 있다는 것을 인정하도록 우리를 이끌어 준다: "하느님께 의존하는 존재인 인간은 그분으로부터 출발해서 그리고 그분을 향해 자신을 방향 짓는 가운데 자신 스스로를 이해해야만 한다." 이 언명은 인간 존재의 일부분이 아니라 존재 전체에 관계되어 있는데, 그것은 "인간이 이러한 의존성을 받아들이지 않을 때 자기 자신임을 거부하는 것이기 때문이다. 인간은 하느님과 '더불어' 존재이다. 그러므로 그가 이러한 의존성을 거부할 때 그는 자기 자신을 근원으로부터 분리시키게 된다."[20] 그러므로 인간이 갖는 '의존성'과 '관계성'은 인간을 규정하는 데 있어서 함께 고려해야 할 본질적인 요소들이 아닐 수 없다.

이처럼 인간이 하느님과 갖는 인격적인 관계의 특징은 인간 존재 구조의 본질적인 면을 우리에게 설명해 주고 있을 뿐 아니라, 인간에 대한 존재론적인 이해에 있어서 그가 하느님에 대해 의존 관계에 있다는 사실을 객관적인 논거를 통해 받아들이도록 이끌어 준다. 그러

20) K.Rahner, *Uomo, III. Sul concetto teologico di uomo,* in *Sac. Mun.,* vol.8, p.559.

므로 '하느님에 대한 의존성'은 인간에게 있어서 본질적인 가치를 이루는 부분이라고 말할 수 있다. 바로 이 점이야말로 인간의 진정한 품위와 위대함을 형성하는 근본 토대인 것이다. 이러한 두 가지 인간의 특징은 그가 맺고 있는 하느님과의 관계로부터 유래하는데, 무엇보다도 이 특징들은 인간 편에서 하느님께 대한 전적인 의존성과 더불어, 이 관계에서 유래하는 은총의 역동성을 충실하게 받아들일 것과 그가 하느님께로 다시 돌아가야 할 것을 요청하고 있다. 그러기에 "인간은 하느님 없이는 있을 수도 없고 진정한 품위를 가질 수도 없는 존재이다."[21]

이 모든 것으로부터 우리는 다음과 같은 사실을 알 수 있다. 즉, 인간이 하느님께 대해 갖는 존재론적인 의존성은 그가 '자기 스스로 존재하는 것이 아니요'(*non per sé*) '~에서부터 유래하는 존재'(*da sé*)임을 명백히 보여 주고 있다. 다른 한편, 이 의존성은 인간 인격이 지니는 보다 위대하고 값진 존재 의의를 드러내 준다. 그러므로 그가 하느님께 의존해 있다고 하는 것은 인간을 향한 하느님의 변치 않는 충실함과 함께 그에 대해 하느님께서 언제나 지속적이고도 직접적인 관심을 보여 주신다고 하는 그분의 호의를 확실히 보장해 주는 칭호라고 할 수 있다. 이처럼 '하느님의 모상과 유사함'이라는 주제는 인간 존재에 대한 보다 심도 깊은 이해의 틀을 우리에게 제공해 준다. 여기서 우리는 서로 함께 공존하고 있는 두 가지 전망을 발견할 수 있다. 즉, 그것은 인간이 하느님을 닮았으면서도 동시에 완전하게 닮지는 않았다는 것으로서, 이러한 면에서 볼 때 그는 신적인 기원을 가지고 있으면서 동시에 이것을 완성시켜 나가야 하는 과제를 안고 있음을

21) W.Seibel, 앞의 책, p.550.

보게 된다.

3.2.2. 관계적인 존재로서의 인간

우리는 '하느님의 모상과 유사함'이란 주제를 심화하면서 인간 존재 구조가 본질적으로 갖고 있는 '관계성'은 그가 하느님과 맺는 관계의 원천임을 보았다. '하느님과의 관계'는 인간 존재의 유일한 원천이자 근거인 셈이다. 이러한 사실로부터 우리는 인간을 오직 하느님과의 관계 안에서만 비로소 규정할 수 있는 존재라고 말할 수 있다. '하느님과의 관계'는 인간 존재에 있어서 중심축이자 엄연한 하나의 객관적인 사실이다. 그러므로 '하느님의 모상과 유사함'이란 주제는 인간이 하느님과 갖는 관계의 존재론적인 밀도를 드러내 주는 것으로서, 인간을 **'관계적인 존재'**로 정의 내리도록 우리를 인도해 준다. 인간을 이렇게 정의 내릴 수 있는 것은 하느님께서 인간을 창조하셨을 뿐 아니라 그에게 당신과의 관계를 선물로 주셨기 때문에 가능하다. 다시 말해서, 그에게 당신 자신을 내어 주시면서 인간이 자기 자신을 이해하는 기점으로서 당신과의 관계를 설정해 주신 것이다. 이러한 사실로부터 우리는 다음과 같이 말할 수 있다: "인간은 본성상 하느님을 향해 방향 지어져 있으며, 오직 그분과의 관계를 통해서만 진정 인간일 수 있다."[22] 이러한 인간의 존재론적인 특성상, 인간이 하느님과 갖는 관계는 그가 세상과 그리고 다른 존재들과 더불어 갖는 관계에 있어서 근원이 된다.[23]

더 나아가 인간이 하느님과 갖는 유사함은 인간에게 있어서 '초월

22) 같은 곳.

23) G.Gozzelino, *Vocazione e destino dell'uomo in Cristo,* p.104.

성'을 말할 수 있는 근거이기도 하다. 그럼으로써 인간은 이 세상과 그 밖에 여타 존재들과는 본질적으로 다른 그만의 고유함을 지니게 된다. "인간은 현세의 모든 피조물과는 같은 차원에 속하지 않으며 이를 초월한다."[24] 인간에게 있어서 '하느님과의 관계'는 존재 형성의 중추적인 요소로서, 그 자신을 자신의 근원으로 이끌어 주고 모든 현세적인 가치 위로 고양시켜 주는 생활한 힘이라고 할 수 있다. 그러므로 '하느님과의 관계'는 인간이 자신의 근원이자 신적 원형(prototipo divino)인 하느님과의 합일을 통해 완성에 이를 수 있다는 사실을 보여 준다.

3.2.3. 하느님의 자기 계시로서의 인간

하느님과의 관계가 한편으로는 인간 구원의 원천인 인간이 하느님께 대해 갖는 의존성을 보여 준다면, 다른 한편으로는 이 관계를 통해서 하느님은 또한 인간 안에서 당신 자신을 중개하고 계시한다는 사실을 보여 준다. "인간을 통해 드러나는 하느님의 자기 계시는 모든 가시적인 피조물을 통해 당신을 드러내는 계시 양식을 훨씬 초월한다. (…) 인간은 하느님의 신비를 독특한 방식으로 반영하는 존재다. 그리고 인간 정신의 심연이야말로 하느님이 어떤 분이신지를 가시적으로 보여 주는 공간이기도 하다. 하느님은 순수 인격이시면서 완전한 사랑과 자유를 지닌 분이다. 오직 인간이야말로 가시적인 세계 안에서 하느님이 '인격적인 정신'이심을 알게 해주는 유일한 공간이다. 왜냐하면 인간은 존재(essere)와 실존(esistenza) 그 자체가 하느님을 요청하고 있기 때문이다. 반면, 숭고하고 신비에 쌓여 계신 하느

24) 같은 곳.

님에 비해 상대적인 자주성을 갖는 인간 정신은 어떤 면에서 그러한 신적인 본성을 드러내는 데 한계를 갖는 것도 사실이다."[25]

3.2.4. 인간의 유일한 가치이자 선이신 하느님

무엇보다도 먼저 우리가 하느님과 갖는 관계는 우리로 하여금 절대적인 가치를 지닌 것과 상대적인 가치를 지닌 것 사이를 구별하게 해준다. 그럼으로써 상대적 실재는 오직 절대적 실재와의 관계를 통해서만 '가치를 부여 받는다'는 사실을 명백히 깨닫게 한다. 여기서 절대적인 가치는 다름 아닌 하느님이시다. 다른 여타의 피조물들은 하느님과의 관계에 힘입어 존재하는 한에서 그분으로부터 자신을 가치있게 해주는 풍요로움을 나눠 받는다. 인간이 참으로 가치 있는 존재라고 하는 것은 그가 절대 유일의 가치인 하느님과의 친교로 부름을 받았다는 사실 때문이다. 그러므로 인간이 가치 있다고 하는 것은 절대 가치인 하느님과의 본질적인 관계를 통해서라고 할 수 있다.

만일 하느님이 인간이 갖는 가치의 원천이라고 한다면 또한 하느님은 인간이 지니는 유일하고도 고유한 선(善)이시다. 그러기에 하느님 밖에서는 인간 인격에 대한 조건 없는 수용을 가능하도록 하는 그 어떤 절대적인 힘을 지닌 선함도 있을 수 없다. 그러므로 하느님 밖에서 인간에게 어떤 선을 제시하면서 거기에 순종할 것을 기대한다면, 그것은 하느님에 대한 거부일 뿐만 아니라 더 나아가 인간을 파멸의 길로 이끄는 첩경이라고 할 수 있다. 사실, '죄'라고 하는 것은 다름 아닌 하느님을 거부하는 것으로서, 하느님 대신에 그 자체로는 절대적일 수 없는 어떤 가치를 선택하고 받아들이는 행위이다. 그러

[25] W.Seibel, 앞의 책, p.551.

나 그것은 동시에 인간 자신을 거스르는 행위이기도 하다. 왜냐하면 인간은 죄를 지으면서 동시에 하느님으로부터 자신을 분리하며, 오직 하느님과의 관계에서만 올 수 있는 자기 존재의 진정한 의미를 거부하기 때문이다. 우리는 바로 여기에서부터 올바른 의미의 인간의 자아실현을 이야기할 수가 있다. 인간이 하느님과 갖는 관계의 존재론적인 특징은 근본적으로 인간의 증진을 표방하며 궁극적으로는 하느님과의 내밀한 인격적 통교라고 하는 복음적인 내용을 포함하고 있다. 이 복음은 이 세상의 그 무엇과도 견줄 수 없는 인간 인격의 품위와 가치는 오직 하느님과의 관계에 터하고 있다는 것을 보여 준다.

3.2.5. 인간의 정체성

다른 피조물들과는 달리 인간이 갖는 초월성은 그가 영적인 존재라고 하는 그의 정체성에 뿌리를 두고 있다. 인간의 영(spirito)은 그의 본성이 근본적으로 '대화적'(dialogica)인 특징을 갖고 있음을 말할 수 있는 근거이다. 이로써 인간은 하느님으로부터 무엇인가를 받아들이기도 하고 그분께 자신을 통교할 수 있는 능력도 갖게 된다. 한마디로 '영'(spirito)은 무한과 유한을 실제적으로 결합시키는 다리인 셈이다.[26]

3.2.6. 인간의 신성함(sacralità)에 대한 복음

마지막으로 인간의 종교적인 차원은 그가 갖는 신성함의 특징을 보여 준다. 이러한 신성함은 사실 '하느님과의 친교'라고 하는 절대적인 가치에 준해서 여타의 세속적인 가치들을 선택하도록 인간을 격려하

26) G.Gozzelino, 앞의 책, p.145.

는 요소로서 오늘날 특히 재평가되어야 할 부분이다. 신성함이 사라진 오늘날의 세속적인 인간은 절대적인 가치와의 관계 밖에 사는 한, 뿌리 없이 살아갈 수밖에 없다. 그러므로 이러한 인간은 자신의 양심으로부터 하느님을 멀리하면서 자기 존재의 의미를 상실하는 가운데 죽음을 자초하고 있다. 하느님의 모상인 한에서 인간은 자기 자신을 손상치 않고는 결코 자기 존재 구조 안에 깊숙이 각인되어 있는 하느님을 지워 버릴 수 없다.[27]

3.3. 인간의 초월적인 풍요로움과 한계

3.3.1. 풍요로움

하느님의 모상이란 주제는 한편으로 인간 존재가 하느님으로부터 본질적으로 부여받은 요소인 신적인 차원을 강조하고 있으며, 다른 한편으로는 그럼에도 불구하고 여전히 그가 지닌 피조물로서의 성격을 재확인해 준다. 인간이 하느님의 모상이란 사실은 무엇보다도 그가 자기 자신에게서 유래할 수 없으며 그 스스로 생겨나지도 않은 존재라는 점, 오히려 그는 하느님으로부터 유래하고 하느님을 향해 운명지어져 있다는 것을 밝히 드러내 준다. 그러기에 인간이 하느님과 갖는 관계는 인간 존재의 근거로서, 그로 하여금 자신이 속한 세상을 넘어서 자신의 근원인 하느님께로 되돌아가야 한다는 일종의 요청으로 드러난다. 즉, 인간은 우연유에 속한 이 세상을 초월하고 자기 자신으로부터 나와서 하느님을 맞아들일 준비를 해야 하며 동시에 그분으로부터 받아들여지도록 자신을 준비해야 한다. 단지 이것만으로는 부족

27) 같은 책, p.147.

하다. 인간이 지닌 '초월성'은 그 자체로 풍부한 내용을 지닌 함축성 있는 실재로서, 인간을 하느님께로 방향 지어 주는 역할을 한다. 왜냐하면 만일 인간의 '초월성'이 그의 기원을 가리킨다면 그것은 동시에 인간을 방향 지어 주면서 이끄는 실재이기도 하기 때문이다.

그러므로 인간은 '초월성'에 대한 자각을 통해서 근본적으로 자기를 넘어서는 분, 자신을 완성시켜 가는 여정에 있어서 최종적 대상이자 선물로 주어지는 바로 그분을 향해 방향 지어져 있다. 이렇게 인간이 자기 자신으로부터 나와서 자신을 초월하도록 부름을 받았다는 사실은 피조물에 불과한 그가 구원에로 부름을 받았다는 것을 지시하고 있다. 이러한 의미에서 인간이 하느님과의 인격적인 친교 관계를 맺고 있다는 사실, 그리고 그가 하느님을 향해 갖고 있는 초월성이 자신 안에 내재한다는 사실은, 인간을 방향 짓는 힘이자 그를 초월에로 고양시켜 주는 힘이라고 말할 수 있게 해준다. 그러므로 인간이 갖는 초월성은 자기 존재의 근원에 대한 향수를 인간 안에 끊임없이 불러일으켜서 근원을 향한 갈증과 배고픔을 갖게 만든다. 따라서 인간이 갖는 초월을 향한 소명은 그가 유한한 것으로 자기를 채우도록 창조된 존재가 아니라, 무한하신 하느님을 통해서만 자신을 채우고 충만히 실현되도록 조성되었음을 명백히 보여 준다.

3.3.2. 피조적인 측면

한편, 하느님과의 유사함(similitudo)은 인간으로 하여금 자기 자신으로부터 나와 하느님의 초월성 안에서 충만한 자아실현을 이루도록 부름 받았다는 사실을 내포하고 있지만, 인간의 피조성(creaturalità)을 명백해 보여 주기도 하기에 역설적이게도 인간이 하느님과 닮지 않았다고 하는 측면을 가리키기도 한다. 인간은 창조된 실재로서 모든 자기 존재의 무게를 하느님과의 관계 안에 정초해야만 하며, 그럼으로써 그분을 향해서 자신을 방향 짓게 하고 궁극적으로는 그분께 도달해야만 한다. 이러한 사실은 분명 인간이 자신의 행복을 실현하는 데 있어서 자기 자신은 이 행복의 원천도 목적도 아님을 밝히 보여주고 있다. 이는 인간의 충만한 행복이 오직 그가 지닌 하느님을 향한 '초월성'이 현실화되는 가운데 드러나며, 이것은 다시 말해서 하느님과의 인격적 관계가 충만히 실현되는 상태를 의미한다. 그러나 이는 또 다른 면에서 볼 때 피조물로서의 인간이 지닌 한계와 가난함이 드러나는 상태이기도 하다.

인간은 궁극적인 행복에 도달하기 위해 필연적으로 자기 자신으로부터 나와서 하느님을 향한 초월성을 향해 자기 자신을 온전히 열어젖히고 순종해야만 한다. 계시의 가르침에 따르면, 인간의 참된 행복은 하느님을 온전히 소유하는 가운데 있는 것이 아니라—왜냐하면 이는 불가능하기 때문이다—무엇보다도 먼저 그분에 의해 온전히 사로잡히는 가운데 있다. 인간은 참행복 직관의 상태 가운데 비로소 자신이 지닌 존재론적인 가난함을 하느님의 초월적인 풍요로움으로 채울 수 있다. 다시 말해서 인간 전 존재가 하느님에 의해 사로잡히는 그때야말로 인간의 충만한 신화(神化)가 이루어진다.

3.4. 유사함의 장소

하느님의 모상과 유사함인 한에서, 인간은 고유한 방식—인격적인 영(spirito)인 한에서—으로 하느님을 계시하는 장소라고 말했다. 이제 우리는 인간을 하느님의 모상이라고 할 때 도대체 인간의 어떤 측면이 하느님과 닮았는지를 규명해야 한다. 만일 인간을 하느님의 모상이라고 할 때 그 원형이신 하느님이 인격적인 영적 존재라고 한다면, 그 닮음은 "인간의 영(spirito)과 육(corpo) 모두를 아우르는 그의 인격적인 품위"[28] 가운데 있다고 할 수 있다. 왜냐하면 인간에게 있어서 '모상'(imago)이라 함은 그 자체로 어떤 질적인 실재를 지칭하는 것이 아니라 인간을 존재론적으로 규정하는 것이기 때문이다. 인간 그 자신이 모상이다. 즉, 인간 전 존재가 하느님의 모상인 것이다.

인간은 인격(persona)인 한에서 하느님의 모상으로 드러난다. 왜냐하면 그는 오직 인격인 한에서 자기 자신이기 때문이다. 그러므로 인간은 다른 존재들로부터 그 존재 의미를 부여받는 것이 아니라, "인격인 한에서 그 자체로 자신의 고유한 의미를 지니고 있으며 더 구체적으로는 자유를 통해서 자신을 실현함으로써 인격적인 존재가 되어간다."[29] 인간은 오직 하느님의 동반자로 부름을 받았기 때문에 인격적인 존재라고 할 수 있다. 사실, 인격이란 개념은 인간 전 존재를 포괄하는 것으로서, 인격의 어느 일부분만 하느님을 닮거나 어떤 질적인 상태 또는 다른 그 무엇이 '모상'(imago)이라고 할 수 없다. 만일 인간이 인격인 한에서 하느님의 모상이라고 한다면, 인간 존재의 그 어느 부분도 이 모상에서 제외되어서는 안 된다. 왜냐하면 인간 인격이라 함은 그의 영과 육 모두를 아우르는 것이기 때문이다.

3.4.1. 인격적인 전망

육체 없이 또는 육체 밖에서 인간을 인격이라고 말할 수 없다. 오히려 육체는 '인간 인격의 육체' 이외의 다른 그 무엇으로도 존재할 수

28) 같은 곳.

29) 같은 곳.

없다. 그러기에 인격적인 전망 안에서 볼 때 '하느님의 모상과 유사함'은 인간 전체에 해당되는 말이다. 즉, 인간 인격을 결정짓는 제반 요소들 가운데 그 어느 것 하나라도 경시되어서는 안 된다. 이제 우리는 인간 육체가 '하느님의 모상'을 가시적으로 드러내는 실재라는 점에 대해 좀더 구체적으로 접근하고자 한다. 사실, 육체가 인간 인격을 결정짓는 요소 가운데 하나라고 한다면 그것은 또한 인간을 '하느님의 모상과 유사함'이라고 말할 수 있는 장소라고도 말할 수 있다. 인간학에 의하면, 실제적으로 육체적인 존재인 인간에게 있어서 육체를 통한 체험 없이 인격 전체가 어떤 체험을 한다는 것은 있을 수 없다. 왜냐하면 인간 인격은 자기 실존을 무엇보다도 육체를 통해서 그리고 육체 안에서 살기 때문이다.

그러기에 마르셀(G.Marcel)[30]은 육체에 대해 언급하면서 육체를 '가지다'(avere)라고 하는 개념은 육체가 지니는 인격적인 의미를 총체적으로 드러내 주지 못한다고 말한다. '소유' 개념을 육체에 적용하는 것은 육체를 마치 인간 밖에 존재하는 일종의 대상으로 전락시켜 버리기 때문이다. 그러기에 마르셀은 말하길 엄밀한 의미에서 나는 육체를 '가지고' 있는 것이 아니라고 한다. 왜냐하면 그것은 마치 내가 어떤 물건이나 대상을 소유하고 있는 것처럼 그렇게 육체를 소유하고 있다는 말 이외에 다른 것이 아니기 때문이다. 사실, "소유하고 있는 모든 것은 인간 인격에 비추어 볼 때 이질적인 것이며 인격을 해체할 수 있는 가능성을 지닌 말이다." 이 용어에 비해 보다 더 적절한 표현은 '존재'(essere)라고 하는 말이다. 이러한 의미에서 우리는 "다음과 같이 말해야 한다. 즉, '나는 나의 육체이다.' 또는 '나는 육체

30) F.Gevaert, *Il problema dell'uomo,* pp.66~68.

적이다.' "[31] 이렇게 말함으로써 나의 육체는 내 자신과 동일시된다. 즉, 육체는 "내 안에서 체험되는 나 자신"[32]인 것이다. 개별적인 손이 어떤 물건을 집는 것도 아니요 그렇다고 눈이 보는 것도 아니며 귀가 듣는 것도 아니다. 물건을 집고 대상을 보고 소리를 듣는 것은 다름 아닌 나 자신이다. 그러므로 영적인 활동과 육체적인 활동을 통합시키는 주체로서의 인간 인격에 있어서 육체적인 인간은 '유기체적인 면'과 '인간적인 면'이라는 두 가지 관점 하에서 고려되어야 한다.

유기체라고 하는 측면에서 볼 때, 인간 육체는 생활(生活)한 피조물들의 세상에 속한다고 할 수 있다. 이러한 측면에서 보면 인간 육체가 지닌 여러 기관들은 객관적인 면들을 지니고 있음을 알 수 있다. 따라서 인간 육체는 동물학자, 생물학자, 생리학자, 화학자, 의사 등의 관심과 연구 대상이 될 수 있다. 하지만 유기체적인 측면은 단지 인간 육체성의 일부분에 국한된 차원만을 대변해 줄 뿐, 인간 인격을 대변하는 육체로서의 측면을 보여 주지는 못한다. 다시 말해서, 여기에는 인간적인 측면이 결여되어 있다. 이 두 번째 측면은 인간 육체성의 깊이를 구체적으로 보여 주는 데 있어서 필수 불가결한 부분이다.

그러므로 "유기체로서의 육체가 총체적인 인간 인격의 실현에 참여하고, 역으로 인격이 육체 안에서 육체를 통해서 자신을 표현하고 실현하는 한에서 육체는 '인간적'(umano)이라고 할 수 있다."[33] 육체가 지닌 인간적인 의미는 "이 육체야말로 총체적인 인간 인격의 육체라고 하는 사실에서 유래한다. 다시 말해서, 이 육체가 인격에 의해

[31] 같은 책, p.67.
[32] 같은 곳.
[33] 같은 곳.

취해지고 인격 안에서 통합되며 인격은 유기체로서의 인간 육체와 공동 운명에 있다는 사실로 말미암아, 인간 육체는 '인간적'이라는 의미를 부여받는 것이다."[34] 인간 인격은 육체와의 통합된 체험을 통해서 육체 안에서 자기 자신을 표현하고 실현할 수 있는 공간을 발견하게 된다. 우리는 육체가 인격 실현에 총체적으로 참여한다는 사실을 통해서 "인간의 육체는 이 세상 안에서 인격을 가시적으로 드러내며 실현시켜 가는 한에 있어서 인격과 동일시할 수 있다."[35]

이제 이러한 사실로부터 우리는 다음과 같은 결론에 도달한다. 즉, 인간이 하느님과 닮았다고 하는 것은 육체적인 측면을 제외하지 않는다는 것이다. 만일 '하느님의 모상'이 인간 인격의 품위를 드러내준다면, 그리고 인간 인격이 육체 안에서 육체를 통해서 자신을 드러내고 통교하며 실현시킨다고 한다면, "하느님과의 유사함은, 육체 안에서 인간 인격의 품위가 가시적으로 드러나는 한에서, 육체를 포함한다."[36]

3.5. 하느님 모상의 불멸성

인간 안에서 반영되는 하느님의 모상은 그 자체로 어떤 질적인 것이나 외적인 속성이 아니다. 그것은 인간 존재의 본질적인 요소로서 결코 인간에게 없어서는 안 될 것이다. 이 요소가 없으면 인간은 자기 존재의 의미를 잃어버릴 수밖에 없다. 인간은 하느님의 모상을 가지고 있는 것이 아니라 인간 그 자신이 하느님의 모상이다. 인간에게

34) 같은 책, p.71.
35) 같은 책, p.73.
36) W.Seibel, 앞의 책, p.552.

의미를 부여하고 인간을 인간이게끔 하는 것은 다름 아닌 그가 '하느님의 모상'이라는 사실에 있다. 그러기에 "만일 이 하느님의 모상이 파괴된다면 인간의 본질적인 총체성 또한 손상된다. 그리고 더불어서 하느님의 모상에 상응하는 인간 인격이 지닌 영성적 특성 또한 파괴될 것이다."[37] 더 나아가, 만일 죄가 하느님의 모상이나 하느님과의 관계를 파괴한다면 인간은 더 이상 하느님 안에서 존재할 수 없다. 그리고 자신의 존재 근거를 하느님 아닌 다른 그 무엇에다 정초해야 할 것이다. 그러기에 '모상'(imago)은 "인간이 하느님과 맺는 본질적인 관계로서, 결코 잃어버릴 수 없으며 인간이 살아 있는 한 언제까지나 남아 있는 존재의 핵(核)이 아닐 수 없다."[38]

37) 같은 곳.
38) 같은 곳.

III 인간의 충만함으로서의 하느님

우리는 이 장에서 인간의 참된 의미이자 궁극적인 충만함으로서의 하느님을 드러내고자 한다. 지금까지 다룬 두 가지 주제를 통해서 우리는 하느님의 인간적인 차원이 인간이 갖는 신적인 차원과 매우 밀접하게 연결되어 있으며, 전자는 후자의 원천이 된다는 점을 보았다. 즉, 하느님의 인간적인 지평은 인간이 갖는 신적인 차원과 만나고 있는 것이다. 이렇게 두 가지 차원이 긴밀하게 연결되어 만나는 가운데 다음과 같은 의문이 제기된다. 즉, 인간 존재의 근거와 바탕을 형성하는 존재론적인 요소는 무엇인가 하는 점이다. 무엇보다도 그것은 인간이 하느님과 갖는 인격적인 관계의 틀이기도 하다. 다시 말해서 이 요소는 인간 존재 구조 전체를 지배하는 근본 바탕인 셈이다. 우리는 이를 성서 안에서 찾아볼 수 있다.

1. 성서적인 언급들

1.1. 구약성서

첫 번째 성서 구절로 우리는 시편 17,15을 들 수 있다: "**나는 떳떳하게 당신 얼굴을 뵈오리이다. 이 밤이 새어 당신을 뵙는 일, 이 몸은 그것만으로 만족합니다.**" 우리는 이 구절에서 하느님을 믿는 이가 그분의 정의를 신뢰하면서 그분 앞에 자신을 내어 보이는 모습을 보게 된다.

여기서 그는 자신의 최고 행복이야말로 하느님과 함께 사는 것이며 동시에 하느님의 얼굴을 관상함으로써 그 행복을 맛볼 수 있다고 고백하고 있다.[39]

그 다음 구절로 우리는 이사 60,19을 들 수 있다: "낮에는 해가 너를 비출 필요가 없고 밤에는 달이 너를 비출 필요가 없으리라. 야훼가 너의 영원한 빛이 되고 너의 하느님이 너의 영광이 되리니." 이사야 예언자가 이 장에서 말하는 구원은 모든 창조가 완성되는 상태로 드러나고 있다. 하느님은 피조물들을 조건 없이 당신의 은총을 통해서 선택하셨고 역사적으로는 바로 이 피조물들이 당신 계약의 동반자로 드러난다. 이에 대한 이사야 예언자의 메시지는, 피조물들의 구원이 자신 스스로에게 있지 않고 야훼께서 그들과 함께 세우신 계약에 의존한다는 사실을 보여 주고 있다. 위의 구절에 의하면, 구원의 성취는 피조물들 위에 더 이상 해가 비추지 않는 상태를 의미한다. 다시 말해서, 해나 달 또는 다른 빛들을 통해서가 아니라 하느님께서 직접 모든 피조물들을 비추실 때 구원은 완성된다는 것이다. "피조물들은 하느님의 현존을 통해 비추임 받을 것이며(…) 다른 빛들은 더 이상 제 역할을 할 필요가 없을 것이다."[40]

그러므로 창조가 이 목적에 도달하게 될 때 계약은 완성될 것이다. 이 목적이란 하느님께서 피조물들 안에서 직접적으로 현존하는 것이며, 그분의 영광과 빛이 더 이상 중간 피조물들을 거쳐서 통교되지 않고, 모든 피조물들을 직접 비추게 되는 상태를 말한다.

---

39) 참조: S.Rinaudo, *I salmi: preghiera di Cristo e della Chiesa,* p.132.

40) Marietti, *La Bibbia,* vol.2, p.771.

1.2. 신약성서

신약에 관계되는 구절은 요한 17,24과 1고린 13,21 그리고 2고린 3,18 등 세 개로 국한해서 살펴보기로 하겠다.

우선, 요한 17,24을 보면 다음과 같다: "아버지, 원하옵건대 아버지께서 저에게 주신 그들도 저와 함께 제가 있는 곳에 있게 하시고, 아버지께서 세상 창조 전부터 저를 사랑하셨기 때문에 저에게 주신 영광을 그들도 보게 하소서." "그리스도의 영광에 대한 관상은 성부와 성자를 하나로 묶어 주는 사랑에 대한 앎이기도 하다."[41] 그리스도는 성부께 당신께서 허락하신 이들이 또한 당신의 영광을 관상할 수 있도록 청하고 있다. 즉, 예수께서는 성부께 성부와 성자를 일치시키는 사랑과 영광을 당신의 제자들이 보고 참여할 수 있도록 청한다. 왜냐하면 제자들 역시 성자처럼 성부로부터 왔기 때문이다. 제자들은 성부로부터 왔으며 성부는 그들을 성자에게 '맡기셨다.'

예수께서는 구체적으로 제자들이 다른 어떤 피조물의 중개 없이 직접 성부를 참행복 직관할 수 있기를 바라셨다. 이러한 예수님의 청원은 성부와 성자를 일치시키는 사랑 안에 "모든 인간 삶의 근거와 목표가 있다는 사실을 통해서 정당화된다."[42] 부활하신 예수께서는 영광 가운데 성부 오른편에 계시면서 인격적인 충만함과 최종적인 완성의 모습을 계시하신다. 이는 인간이 진정 무엇을 원해야 하고, 또 그의 최종적인 행복의 상태는 어떤 것인지를 우리에게 분명히 보여 주고 있다. 예수께서는 인간의 선재(先在) 상태와 최종적인 모습으

41) *TOB, NT,* vol.3, p.347, 각주 d.

42) 같은 곳.

로서 영광 중에 성부 오른편에 계신다. 성부 하느님께서는 인간 예수님을 모든 인간의 모델이자 인간 창조의 중개자, 그리고 그의 궁극적인 목적이 되게 하셨다. 그것은 인간이 성부와 성자를 일치시키는 두 분 사이의 사랑에 대해서 알고 관상하는 가운데 자기 존재의 충만함에 이르게 하기 위함이다.

1고린 13,12에서는 다음과 같이 언급하고 있다: "지금은 우리가 거울을 통해 어렴풋이 보고 있지만 그때는 얼굴과 얼굴을 마주 대할 것입니다. 지금은 내가 안다 해도 부분을 알 뿐이지만 그때는 내가 이미 하느님께 온전히 알려진 것처럼, 나도 온전히 알게 될 것입니다." 초본성(soprannaturale) 인간학에 관계되는 이 구절의 신학적인 내용은, 인간 의지 작용의 최종 목적이자 인간을 향한 하느님의 예정 은총이 지향하는 것은 다름 아니라 하느님을 "얼굴과 얼굴을 마주하고 바라보는 것"이며, 그럼으로써 그분을 "온전히 아는 것"이라고 하는 점이다. 여기서 우리는 다음과 같은 사실을 알 수 있다. 즉, 인간이 더 이상 그 어떤 피조물의 중개를 통하지 않고 하느님과 얼굴을 마주해서 보게 될 때 비로소 그는 진정한 행복에 이르게 되고, 또한 바로 그때 자신의 진정한 존재 의의를 완전히 성취하게 될 것이라는 점이다. 하느님을 대면해서 본다는 것은 우리 존재의 시작에서부터, 그리고 우리 실존의 밑바닥에서부터 우리를 이미 아시는(로마 8,29) 우리를 향한 하느님의 앎이 완성에 이른다는 것을 말한다. 우리는 하느님께서 우리를 미리 아시는 그 앎 안에 우리 존재를 뿌리박고 있기 때문에 존재할 수 있다. 그러므로 우리 실존은 그 자체로 우리가 하느님의 예지(豫知, preconoscenza)—이 하느님의 앎은 우리 존재가 궁극적으로는 '하느님을 얼굴을 대면해서 보는 것' 또는 하느님을 직접적으로 참행복 직관하는 것을 최종적이고 유일한 목적으로 하고 있음을 우리가 존재하기 이전에 하느님께서 이미 알고 계시다는 것을 말한다—안에 기초하고 있다는 것을 계시하는 사건인 셈이다.

하느님을 직접 본다고 하는 것은 사실상 그분을 완전하게 안다고 하는 말과 같은 의미이다. 하지만 하느님을 '완전하게' 알 수 있는 것은 그 이전에 먼저 하느님께서 우리를 알고 계시다는 사실을 통해 확실히 보장받을 수 있다. 그러기에 우리의 실존은 우리를 향한 하느님의 예지(豫知)에서 유래한다고 할 수 있다. 결국 우리 실존은 하느님을 직접적이고도 완전하게 알도록 부름을 받았다. 성서, 특히 지혜문학서 계통의 사고방식에 따르면, 내가 누군가를 안다고 하는 것은 단지 지적인 차원에서 아는 것 그 이상을 의미하는 것으로, 내가 아는 그 상대방과 인격적인 관계를 통해서 살아 있는 체험을 한다는 것을 의미한다.[43] 그러므로 성서에 의하면, 우리가 하느님을 완전하게 알도록 예정되었다는 것은 우리가 하느님과 깊고 내밀한 친교를 위해서, 더 구체적으로는 그분과 직접적인 인격적 관계를 살도록 하느님께서 우리 존재를 당신 마음에 두고 원하셨다는 것을 의미한다. 인간은 하느님으로 온전히 그 자신이 '채워지도록' 하느님을 향해서 창조되었다. 다시 말해서 그는 하느님을 통해서 충만하게 실현되도록 부름을 받았다.

만일 이것이 인간 존재를 구성하는 유일한 근거이자 그 실존을 지탱하는 의의라고 한다면, 이제 인간에게 필요한 것은 인간 자신의 궁극적 행복인 하느님을 관상하고 그분과 일치할 수 있도록 하느님 쪽에서 먼저 당신 자신을 인간에게 계시하시는 것이다.[44] 인간은 하느

---

[43] C.Laudazi, *Dio in noi: L'inabitazione trinitaria,* nel vol. *Vivere alla presenza di Dio,* p.95.

[44] K.Rahner, *Grazia. III. Sulla teologia della grazia, in Sacramentum Mundi,* vol.4,

님께 온전히 그리고 자유롭게 자기 자신을 내어 맡기고 자유로이 그분에게 사로잡히도록 자신을 내어 놓는 가운데 이 하느님의 구원 계획을 받아들여야 한다. 그러므로 하느님 예지(豫知)의 완성이라고 할 수 있는 참행복 직관은 "지극히 내면적인 영적 체험이자 생활한 체험이다."[45]

다음으로, 2고린 3,18은 다음과 같이 말하고 있다: "우리는 모두 너울을 벗은 얼굴로 거울을 보듯 주님의 영광을 바라보는 가운데 그분과 같은 모상으로 모습이 바뀔 것이니, 영이신 주님으로 말미암아 영광에서 영광으로 모습이 바뀔 것입니다." 사도 바오로의 이 구절은 우리에게 다음과 같은 사실을 전하고 있다. 즉, 인간은 피조물 가운데 하느님의 영광을 반영하도록 그분의 거울과 모상으로 창조되었다는 점이다. 앞서 고찰해 보았듯이, '모상'(imago)이 된다는 것은 하느님의 신비를 가시적으로 반영한다는 말이다. 그러기에 '하느님의 모상'인 인간이 지닌 근본적인 사명은 창조된 이 세계 가운데 주님의 영광을 가시적으로 반영하는 것이다. 그러나 인간은 이러한 사명을 단지 도구적인 차원에서 실현하는 것이 아니라 능동적으로 그리고 인격적으로 실현한다. 사실, 인간은 이 모상을 단지 어떤 질적인 것으로 자신 안에 지니고 있는 것이 아니라 인간 존재 그 자체가 모상이다. 바로 이 점 때문에 인간은 창조된 세계 안에서 주님의 영광을 반영하고 가시적으로 보여 주는 것이다.

인간이 이 세상에서 주님의 영광을 드러내는 가운데 해야 하는 능동적인 역할은 '반영하다'는 어휘를 통해서 잘 드러난다. 그것은 다른

p.375.

45) J.Alfaro, *Cristologia e antropologia,* p.380.

존재자들에게 자기 자신을, 그리고 자신이 가지고 있는 것을 밖으로 드러내는 것이다. 그러므로 우리는 하느님의 모상인 한에서, 마치 거울이 받은 상(像)을 그대로 비추듯이, 우리의 실존 안에서, 그리고 실존을 통해서 이 세상에 우리 자신을 '반영하고' 가시적으로 보여 준다. 하지만 거울은 모상이 아니다. 거울은 형상을 반영할 뿐이다. 반면, 우리는 모상이요 그러기에 하느님의 영광인 우리 자신, 하느님을 닮은 우리 자신을 반사할 수가 있다.

그러므로 '주님의 영광'을 반사하는 우리의 활동은 하느님으로부터 오는 것, 즉 우리가 그분의 모상이라고 하는 사실을 표현하는 것 그 이상으로 하느님께서 당신의 영광을 위해 우리를 원하셨다는 점도 드러내고 있다. 또한 우리 존재는 주님의 영광에 참여하고 그것을 향해 예정되었음을 가시적으로 보여 주기도 한다. 그러기에 인간은 주님의 영광을 반사하는 가운데 자기 존재의 완성을 향해서 성장할 수 있다. 즉, 우리가 완전히 신화(神化)되어 가는 가운데, 우리는 부활하신 주님처럼 변용되어 가며 이처럼 우리의 원형이신 주님의 모습처럼 변용되어 가는 가운데 우리 존재는 실현되는 것이다. 그제야 하느님께서는 더 이상 어떤 피조물을 통해서 인간을 비추시지 않고 그를 직접 비추시며, 그럼으로써 인간을 충만하게 사로잡으실 것이다.

2. 신학적인 심화

이렇게 성서적인 근거들을 통해서 우리는 인간을 향한 하느님의 계획이 당신과의 인격적인 친교를 향한 계획임을 알 수 있었다. 그러므로 하느님에 대한 직접적인 참행복 직관은 하느님의 사랑으로부터 유래하는 인간을 향한 당신의 예정 은총의 결과임을 알 수 있다. 오히려 예정 은총은 인간 실존의 본질적인 구성 요소이며 최종적인 근거라고 할 수 있다. 바로 여기서부터 유일한 질서, 즉 인간을 창조하고 나아가 그를 존재하게 해주는 어떤 질서를 말할 수 있는데, 그것은 다름 아닌 '은총의 질서'이다. 인간을 향한 하느님의 예정 전망 안에서 인간의 실존을 구성하는 참된 바탕은 바로 '은총'이다. 만일 하느님께서 '은총' 또는 '인간을 향해 당신을 통교하시려는 당신의 사랑 가득한 의지'를 통해 인간 창조를 계획하고 그 인간을 이제 존재에로 불러 주셨다고 한다면, 이 은총은 또한 인간에게 그 존재의 참된 의미와 가치를 부여할 수 있는 유일한 실재라고 하겠다. 그러므로 인간이 만일 하느님과의 통교를 거부하거나 이를 잘못 이끌어 간다면, 이는 자기 자신을 거부하거나 파괴하는 것이기도 하다.

2.1. 인간의 유일한 '공간'으로서의 하느님

인간이 오직 하느님과 함께할 때에만 비로소 자기 자신일 수 있다고 하는 확신에서, 이제 우리는 다음과 같은 결론에 이를 수 있다. 즉, 인간은 오직 하느님을 언급할 때에만 그 자신을 규정할 수 있다는 사실이다. 이는 무엇을 말하는가 하면, 인간이 자기 자신의 존재 의미를 발견하고 실현할 수 있는 것은 하느님 안에서가 아닌 다른 그 어떤 것으로도 불가능하다는 것이다. 그러므로 인간이 자신의 참된 의미를 오직 하느님 안에서 찾고자 한다면, 그는 자신을 온전히 하느님께 의지하고 그분과 지속적으로 관계를 맺어야 한다. 이처럼 하느님이 인간에게 고유한 그의 존재 의의를 주실 수 있는 분이라는 말은 또한 그에게 있어 하느님은 유일한 존재 목적이라는 말이기도 하다.

이러한 점에서 우리는 인간이 신적인 생명에 참여하는 것, 더 구체적으로는 세 위격 간의 관계에 참여하는 것은 하느님께서 인간을 창조하신 다음에 따라오는 최종 결과가 아니라, 하느님께서 인간을 원하고 그래서 존재하게 한 근본 이유라는 점임을 알 수 있다. 오히려 하느님께서 역사의 시간과 공간 가운데 인간을 위해 행하시는 모든 은총 개입은, 영원으로부터 당신 사랑으로 인간을 위해서 준비하신 구원 계획에 대해 당신께서 지극히 충실하시다는 것을 가시적으로 드러내고 있다. 인간을 당신과의 내밀한 친교에로 예정하신 것은 인간 존재의 기원, 그리고 그와 함께하는 모든 하느님의 구원 개입을 설명할 수 있는 참되고 유일한 실재이다. 그러므로 하느님과의 친교는 인간 의지 작용의 최종적인 목적으로서, 바로 인간 존재의 유일한 행복이다. 이렇게 인간이 하느님을 참행복 직관하는 것은 하느님께서 그를 위해 영원으로부터 자유롭게 결정하신 당신의 계획을 충만히 그리고 최종적으로 실현하는 상태라고 하겠다. 이제 인간은 자신을 향한 하느님의 선택이야말로 자기 존재의 기원이라는 사실을 알게 되는데, 그는 이러한 전망 안에서 하느님이 자신을 위해 준비하신 계획에 당신 스스로 충실하다는 사실을 드러내는 표징들을 잘 알아들어야 한다. 그러므로 역사 안에 존재하는 인간은, 시간과 공간 안에 하느님의 모상으로 실존하는 한에서, 하느님께서 당신과의 통교를 위해 준비하신 영원한 구원 계획이 역사의 장 안에서 가시적으로 드러나서 구체화되도록 자기 실존을 꽃피워 나가야 한다. 인간은 오직 이 목적에 도달함으로써 자기 존재의 소명을 충만히 실현시킬 수 있으며 최종적인 자신의 행복에 이를 수 있다. 결론적으로, 인간은 결코 하느님을 떠날 수 없는 존재이며, 오히려 그에게 있어서 하느님은 그가 자기 자신을 충만히 실현할 수 있는 유일한 '공간'이라고 하겠다.

2.2. 인간의 궁극적인 행복으로서의 하느님

비록 하느님이 인간에게 있어서 유일한 궁극적인 행복의 대상이지만, 그분은 언제까지나 인간에게는 이해될 수 없는 신비로 남아 계시다. 또한 인간은 자기 자신이 하느님과의 통교 안에서 유래했으며 그 신적 통교를 향해 운명지어졌다는 사실을 안다. 그러나 다른 한편으로 인간이 이 목적에 이르는 것은 오직 하느님의 은총을 통해서만 가능하다는 것을 그는 또한 알고 있다. 그러므로 하느님은 인간 존재의 기원이자 목표이며 동시에 이 최종적인 목적에 도달하기 위해서 인간이 거쳐야 할 역사적인 길이기도 하다. 하느님께서는 인간이 자신의 최종 목적에 도달할 때까지 걸어가야 할 '길'이 되어 주신다. 그러므로 인간은 이 길을 통해서 하느님께서 그를 위해 미리 준비하신 궁극적인 목적을 향해서 걸어야 한다.

그러기에 은총이란 인간 실존이 자신을 실현해 가는 지평일 뿐 아니라 이 실존을 지탱케 해주는 생활한 힘이기도 하다. 하느님께서는 인간에게 당신 스스로 인간의 최종 목적이 되는 은총을 베푸셨을 뿐 아니라, 그가 당신을 더욱더 닮고 참행복 직관할 수 있기 위해 걸어가는 역사의 여정에서 언제나 그의 곁에 현존해 계시는 은총도 베푸신다. 이렇게 우리는 하느님의 계획을 통해서 인간을 조명해 볼 수 있다. 인간은 그 자신만으로는 존재할 만한 어떤 권리나 하느님을 향해 운명지어져야 할 아무런 권리도 갖고 있지 못하다. 그는 오직 은총을 통해서만 하느님을 자신의 목적이자 의미로 가질 수 있다.

하느님께서 아래로 내려오시는 만큼 인간은 들어 올려진다. 하느님은 그 무엇인가를 가지고 계시기 때문이 아니라 존재 그 자체로 복되시다.[46] 시작도 마침도 없으신 하느님께서는 당신 자신을 인간에게 최종 목적으로 내어 주신다. 인간은 피조물로서의 자기 존재에 부합하는 목적을 가질 수도 있었지만, 하느님의 은총을 통해서 자기 본성에 적합한 능력을 전적으로 초월하는 초자연적인 목적을 향해 창조되었다. 이러한 인간 실존의 바탕을 구성하는 은총의 그림을 완성하기 위해서 우리는 또 다른 측면에서 신학적인 성찰을 해야 한다. 즉, 인간 존재의 기원인 하느님과 사랑의 친교, 그리고 그의 최종적이고 유일한 목적인 하느님께 대한 참행복 직관에 덧붙여서 우리는 인간을 향한 하느님의 은총 개입의 중요성을 부각하기 위한 또 다른 요소를 살펴보아야 할 것이다.

계시 진리는 말하기를, 인간이 실제적으로 참행복 직관을 향해 운명지어지기 위해서는 하느님과 통교할 수 있는 능력을 갖추어야 한다고 지적한다. 다시 말해서 그분의 말씀을 듣고 더불어서 그분을 받아들일 줄 알며 그분에 의해 매료될 수 있는 능력이 있어야 하는 것이다. 그러나 이렇게 인간이 하느님을 향해 운명지어진 것은 오직 은총을 통해서만 가능하다: "실재하는 존재를 아는 것은 오직 하느님의 지성에만 자연스러운 일이다. 이는 모든 창조된 지성의 능력을 초월하는 것이다. 그러므로 만일 하느님께서 은총을 통해서 창조된 지성에게 인식의 대상으로 다가가면서 동시에 이 지성과 하나 되지 않는다면, 창조된 지성은 하느님의 본질을 볼 수 없다."[47]

만일 은총 질서가 인간 존재가 자리하고 있고 하느님께서 원하신 유일한 질서라고 한다면, 이 질서는 또한 인간의 유일한 구원이자 참된 충만함이라고 할 수 있는 최종적인 행복에 효과적으로 도달하기

46) *S.Th.*, II-II, q.3, a.1, ad.1.

47) *S.Th.*, I, q.12, a.4.

위한 유일한 질서이기도 하다. 결론적으로 말해서, 하느님의 은총을 통해 인간에게 허락된 궁극적인 행복은 이미 그 자체로 존재하는 인간에게 제시된 그 무엇이 아니고 오히려 인간의 의지 작용 자체의 동기가 될 뿐 아니라 인간 존재가 그 자신만의 고유한 의미를 갖게 되는 원천이다. 이는 오로지 하느님께서 인간에게 당신 자신을 그의 최종 목적으로 내어 주길 원하셨기 때문에 가능하다. 만일 하느님께서 인간의 최종 목적이라고 한다면, 그분은 또한 인간 의지 작용의 기준이자 원천이기도 하다.

인간은 하느님의 사랑 가득한 구원 계획을 통해서 궁극적인 행복을 향한 원의를 채워 줄 최종 목적을 자기 자신이나 다른 여타의 피조물 가운데 두지 않고 하느님께 두도록 고귀한 품위와 더불어 창조되었다. 인간은 자연적이고 한계 지어진 행복을 위해서 창조되지 않았다. 그는 자신의 무한한 영적인 열망을 완전히 해소시켜 줄 궁극적인 행복을 향해 창조되었다. 만일 최종 목적이나 궁극적인 행복이 인간에게 충만한 의미를 줄 수 있다면, 그에게 충만한 의미를 주고 의지 작용의 근거가 되며 그가 존재하는 근본 이유에 토대가 되어 주는 최종적 근거는 신적인 행복이 아닐 수 없다. 하느님께서 당신의 은총으로 인간에게 그의 최종 목적으로서 참행복 직관을 허락하셨다고 한다면, 인간에게 있어서 이러한 은총 질서 밖에서의 행복은 결코 상정할 수 없는 것이다.

계시의 전망 안에서는 오직 그의 최종 목적이자 궁극적 행복인 하느님으로부터 출발해야만 비로소 인간을 이해할 수 있다. 따라서 인간에게 있어서 하느님과의 관계가 본질적이라는 것은 결국 인간 존재가 하느님으로부터 유래하고 하느님에 의해 창조된 존재이며 하느님을 향한 존재임을 의미한다. 그러므로 우리가 '초본성'(soprannaturale)이라고 부르는 것은 '본성'(natura)

위에 덧붙은 실재가 아니라, 이미 본성의 원천이자 본성을 정당화하는 근거라고 하겠다. 이처럼 인간 본성은 전적으로 '초본성'을 통해서 그 가치를 부여받게 된다.

2.3. 행복의 '형이상학적' 필요성

목적은 모든 원인들 가운데 근본 원인이며, 모든 지성적 피조물의 의지 작용의 유일한 근거이기도 하다. 만일 인간의 유일한 목적이 하느님이라고 한다면, 이는 동시에 인간이 창조된 유일한 근거여야만 한다. 그리고 만일 최종 목적이 인간을 창조한 동기를 구성하며 인간 실존을 위한 참된 의미라고 한다면, 이 목적에 도달하는 것은 '시작'(principio)을 궁극적으로 완성하는 것 이외에 다른 것이 아니다. 왜냐하면 피조물의 궁극적이고 최종적인 목적이 결코 '시작'과 다르지 않기 때문이다. 만일 최종 목적에 완전히 도달하는 것이 시작 안에 씨앗처럼 잠재적으로 있는 가능성이 충만하게 개화되어 드러나는 것이라고 한다면, 최종적인 완성 또는 행복은 결국 목적을 시작과 다시 연결해 주는 것이라고 할 수 있다. 목적이 시작을 완결 지었다고 하는 의미를 갖는다면, 이 목적은 다름 아닌 시작이 충만함에 이르렀음을 의미한다. 이러한 의미에서 인간이 최종적인 목적에 도달하지 못했다고 하는 것은 그가 추구해야 할 참된 행복을 잃어버렸음을 의미하며, 그것은 동시에 인간 존재가 자신의 고유한 의미를 상실했다는 것을 뜻하기도 한다.

그러므로 목적은 시작의 근거라고 말할 수 있는데, 이 시작은 목적과 다를 수 없으며 그러기에 자신의 최종 목적과는 전혀 다른 어떤 실재를 향해서 방향 지어질 수도 없다. 만일 행복이란 것이 '시작'이 목적에 도달하는 가운데 있으며, 최종 목적이 인간 실존의 근거이자 인간에게 진정한 의미를 주는 실재라고 한다면, 인간 존재에게 있어서 행복은 형이상학적 질서 가운데 있다고 말할 수 있다. 즉, 인간의 행복은 인간 존재의 바탕을 구성하는 핵심 요소인 것이다. 그러므로 인간의 역동적인 존재 구조에 있어서 이 행복은 근본적이며 본질적이라고 할 수 있으며, 그가 하느님과 만나기 위한 근본 동기가 된다: "인간이 하느님의 말씀에 순종하고 그분을 받아들이는 것은 그가 진실로 행복하길 원하기 때문이다. 인간이 행복을 추구한다는 것은 이 행복을 그에게 보여 주고 선물로 줄 수 있는 바로 그분과의 만남의 정체성을 규명하는 가운데 자기 자신의 완성을 바라는 것을 의미한다."[48] 그러므로 인간은 행복을 향한 원의를 충만히 해소하면서 자기 자신을 실현시켜 갈 수 있다. 왜냐하면 인간에게 있어서 행복에 대한 필요성은 단순한 감정이 아니라 그 존재를 구성하는 본질적인 가치를 갖기 때문이다.

인간이 갖고 있는 행복을 향한 형이상학적인 갈망은 참행복 직관 가운데 채워질 수 있으며, 이는 그 자신의 영적, 지적인 본성을 통해서 이해될 수 있다: "참행복(至福, *beatitudine*)이란 다름이 아니라 지적인 본성이 바라는 바 완전한 선을 의미한다."[49] 만일 인간이 다른 피조물에 비해 보다 영적이고 지적인 본성을 갖는다면, 그는 자신이 갖는 지적인 기질에 해당하는 유일한 참행복만을 향해 방향 지어졌다고 할 수 있다: "지적인 피조물 가운데 보다 더 완전한 존재는 지적 작용을 통해서 어떤 의미에서는 모든 것들을 그 자신 안에 소유하는 존재를 말한

48) G.C.Vendrame, *Orizzontalismo/Verticalismo*, in *NDS*, p.1112.

49) *S.Th.*, I, q.26, a.1.

다. 그러므로 모든 지적인 피조물들의 참행복은 이해하는 데에 있다."[50] 따라서 인간 본성은 자신이 갖고 있는 이해하고자 하는 열망을 만족시키는 가운데 참행복에 도달할 수 있다. "인간의 궁극적인 행복은 지성의 작용이라는 인간의 가장 고차원적인 작용을 통해 성립되는 것이기 때문에, 만일 창조된 지성이 하느님의 본질을 볼 수 없다면 인간은 결코 행복을 얻지 못하게 될 것이다."[51] 결과적으로 인간은 자기 실존의 의미를 잃어버리게 될 것이다. 그러므로 우리는 다음과 같이 말할 수 있다. 즉, 인간에게 있어서 자기 전 존재를 하느 님— 철회할 수 없는 하느님의 영원한 계획을 통해서 인간은 하느님과의 인격적인 합일을 향해 불렸고 그 안에 그의 참된 행복이 있다고 하는 한에서—께로 향한다는 것은 그만큼 중요하고도 본질적인 요소라는 것이다.

이제 인간의 최종 목적과 참행복 사이의 관계를 다시 논하기로 하자. 만일 인간의 최종 목적 또는 참행복이 하느님과 동일하다고 한다면, 이러한 개념들은 인간에게 있어서 단지 그의 본성적인 영역에서부터 분리해서 추출해 낼 수 있는 그런 외적인 실재들이 아니라, 그의 존재를 구성하는 근본적인 원리이자 근거라고 말할 수 있다. 사실 인간 실존은 이미 은총에 의해 결정지어져 있다. 따라서 그는 하느님을 지향하지 않을 수 없으며 그분을 자기 존재의 충만이자 완전한 실현의 장으로 받아들이지 않을 수 없다. 이러한 선상에서 이제 인간에게 있어서 참행복은 최종 목적과 동일하기에, 하느님에 대한 참행복은 인간에게 있어서 형이상학적인 절박함이라는 특징을 갖게 된다.

---

50) *S.Th.*, I, q.26, a.2.

51) *S.Th.*, I, q.12, a.1.

왜냐하면 그것 없이 인간은 자기 존재의 고유한 의미를 상실하기 때문이다. 이제 좀더 계시의 전망에 입각해 고찰함으로써 우리는 다음과 같이 언급해야 할 것이다. 즉, 인간의 궁극적인 참행복은 오직 하느님과의 인격적인 친교 안에만 있다. 이 점이야말로 인간이 하느님을 필요로 하는 부정할 수 없는 형이상학적 절박함을 우리에게 보여준다. 만일 인간이 이를 부인한다면 그가 지닌 행복을 향한 갈망은 헛될 것이고 결국 자기 스스로를 파멸의 길로 이끌 뿐이다. 인간이 지닌 하느님을 향한 형이상학적 필요성은 인간 존재의 기원이 하느님과의 직접적인 관계로부터 연유한다는 사실에 근거한다. 만일 하느님이 인간의 시작이라면, 그분은 또한 인간의 최종 목적이기도 하다.

한편, 인간의 최종 목적은 신적인 참행복에 있는데, 이 참행복이야말로 인간 존재 의미의 유일한 근거이자 그의 행동이 어디를 지향해야 할지 그 방향성을 제시해 주는 근거이다. 그러므로 하느님에 대한 참행복 직관(visione beatifica)이 은총을 통해서 인간에게 최종 목적으로 주어졌다면, 인간의 자연적 목적은 모든 인간적인 활동의 기원이 되는 시작이자 이 활동에 방향성을 부여해 주는 동기라고 할 수 있다. 참된 참행복은 인간이 지닌 영적인 본성의 원의가 완전히 충족되는 것이다. 이 영적인 본성은 인간이 태어나면서 본질적으로 갖는 것으로써, 그가 지닌 **자연적인 원의**(*desiderio naturale*)에서 기인하는데, 이 영적인 본성은 충만히 실현되어야 한다. 행복을 향한 인간의 원의는 천성적으로 타고난 기질로서 헛될 수도 좌절되어서도 안 된다. "왜냐하면, 자연적인 원의는 인간 존재의 목적을 드러내는 것으로서, 목적을 향한 자연적인 움직임이 이 원의에 있어서 본질적이라는 점을 부인하지 않고서는 이 자연적인 원의가 지닌 가치를 부인할 수 없기 때문이다."[52] 그러므로 인간에게 있어 이 자연적인 원의는 본질적이며,

이 원의가 지향하는 인간의 유일한 자연 본성적인 목적은 "인간 본성의 한계와 능력을 초월하는 신적인 참행복에 의해 구성되어 있다."[53]

52) P.J.Wfbert, *L'âme humaine,* p.395.

53) *S.Th.*, I, q.23, a.1.

제 3 장

인간에게 있어서 그리스도적인 차원

I 인간의 신비를 밝히는 빛이신 그리스도

자기 자신과 우주를 이해하려는 인간 지성의 열망은 합당한 원의로 간주되어야 한다. 오히려 그것은 인간이 가져야 할 의무이기도 하다. 그럼에도 불구하고 인간 지성은 이토록 복잡한 실재 앞에서 일종의 당혹감에 그만 압도되어 버린다. 왜냐하면 인간 지성은 자신을 능가하는 '신비'(mysterium) 앞에서 어떠한 자신의 능력도 이 신비를 이해하는 데 적합하지 않음을 깨닫게 되기 때문이다. 결국, 인간 지성은 이 신비를 깊이 꿰뚫을 수 있는 적절한 해석의 열쇠를 찾을 수 없음을 발견하게 된다. 하지만 우리는 무엇보다도 인간을 이해하기 위한 참된 빛은 진리로부터 온다는 것을 이해해야 한다. 그 이외의 것은 모두 인간의 위대함을 밝히 드러내는 데 있어서 불충분하고 또 적합하지도 않다. 그러므로 이 점에 대해 진실로 솔직해진다면 다음과 같이 말하지 않을 수 없다. 즉, 인간에 대한 충만한 진실은 결코 인간으로부터 올 수 없으며 더욱이 다른 어떤 사람이나 사물로부터도 오지 않는다고 하는 점이다. 그것은 오직 위로부터, 즉 하느님의 계시로부터 온다. 이 계시 앞에서 인간 지성은 오직 진실한 겸손의 자세를 갖고 계시 진리를 받아들여야 한다. 왜냐하면 겸손하게 이 계시 진리를 듣고 받아들일수록 인간에 대한 이해는 더욱 명백해지고 밝히 드러나기 때문이다. 그러므로 인간 지성은 하느님의 계시로부터 오는 빛을 받아들일 때에만 비로소 인간 자신의 신비에 대한 참된 이해에 도달할 수 있다. 한편, 인간의 기원과 그 의미 그리고 최종 목적을 밝혀 줄 수 있는 참된 계시는 다름 아닌 그리스도와 그분의 신비에 있다.

1. 인간 이해의 출발점으로서 그리스도의 중심성(centralità)

그리스도는 삼위일체론에서 종말론에 이르기까지 모든 신학에 있어서 유일한 출발점이자 더 나아가 인간학적인 논의를 최종적으로 결정짓는 본질적이고 근본적인 열쇠라고 할 수 있다. 인간학은 그리스도론적인 해석의 열쇠와 더불어 해석되고 이해될 때에야 비로소 그 깊은 존재론적인 밀도와 풍요로움을 드러낼 수 있다. 그러므로 그리스도 중심성은 절대적인 가치를 갖는 것으로서, 그리스도에 대한 언급은 인간학을 구성하는 핵심 요소가 아닐 수 없다. 신학은 자신의 원천인 성서로 되돌아가기 시작하면서 서서히 그리스도론이야말로 인간 신비에 대한 빛을 던져 줄 것이라는 사실을 알기 시작했다. 이렇게 그리스도가 신학의 중심으로 들어서면서 계시가 우리에게 알려준 사실은 하느님의 계획이라는 전망 안에서 '창조'와 '역사'가 새롭게 조명되기 시작했다는 점이다. 하느님의 계획 안에서 볼 때 창조는 그 자체만으로 이야기될 수 있는 것이 아니라, 하느님의 계획이 역사 안에서 현실화하기 시작하는 첫 번째 단계이다. 그리고 역사는 인간이 그리스도 안에서 충만함에 이르기 위한 구원의 과정이 펼쳐지는 장으로 드러난다. 이렇게 인간 역사는 하느님 계시의 역사이자 인간 구원을 위한 하느님의 계획의 역사이기도 하다.

그리스도의 신비는 인간을 향한 하느님의 구원 계획에 있어서 바탕이 된다. 이 구원 계획은 구체적으로 창조 업적을 통해서 드러나기 시작하며 하느님에 대한 참행복 직관에 이르러 완결된다. 신적인 계시는 우리에게 그리스도야말로 창조의 원천이며 중개자이며 최종적인 근거임을 가르치고 있다. 사실 그분은 모든 창조된 실재들의 의지 작용이 지향하는 유일한 목적으로서, 역사가 의미를 갖게 되는 유일한 원천이기도 하다. 그리스도의 신비는 인간의 신비를 이해하기 위한 본질적 요소가 아닐 수 없다. 이처럼 인간에게 있어서 그리스도적인 차원은 단지 그가 그리스도와 갖는 관계에 대해 이해하는 것으로만 국한되지 않고 인간이 천성적으로 타고난 존재론적인 구조와 깊은 관련이 있음을 알 수 있다. 이처럼 인간은 자신의 모든 결정 이전에 이미 본질적으로 그리스도적인 존재인 것이다.

2. 근원에 이르기 위한 길로서의 역사

창조 개념을 계시의 틀 안에서 다시 이야기함으로써, 또는 창조를 선택 개념과 함께 논함으로써 우리는 하느님께서 원하신 유일한 질서는 다름 아닌 계약의 질서요, 이 질서 안에서 창조와 구원은 그리스도 안에서 그 정점을 갖는 두 단계로 드러남을 보게 된다. 하느님께서 계약을 통해 원하신 그리스도는 이제 영원하고 결정적인 계약 그 자체가 되며, 이를 통해서 하느님은 모든 피조물들을 창조하기 원하셨다. 이제 우리는 인간을 하느님의 원대한 계획의 틀 안에서 바라보아야 하겠다. 이러한 계획은 우리의 역사 안에서 구체화될 때, 아니 우리의 역사가 될 때 보다 구체적으로 알아들을 수 있다. 역사는 마치 우리를 향한 하느님의 자기 계시가 수록되어 있는 책과도 같다. 아니, 역사는 하느님의 업적을 읽어 낼 수 있는 유일한 책이다. 역사는 계시처럼 자기 자신을 넘어서서 보게 해주며, 우리를 우리 자신과는 비할 데 없이 무한히 큰 근원으로 인도해 준다. 그 근원은 존재 자체로서, 그분은 우리에게 사랑 가득한 구원 업적과 활동을 이야기하고 드러내 준다. 그러기에 오직 구원 역사에서 출발할 때에야 비로소 진정한 인간 존재의 의미와 그 신비에 도달할 수 있다.

역사—구원의 현실화로 이해되는 역사인 한에서—로부터 출발해서 인간의 신비에 대한 이해에 도달하는 것은 하느님의 말씀의 빛에 의해 비추어진 인간 신비의 전망 안으로 들어가는 것을 의미한다. 모든 구원 경륜의 전망은 바로 그리스도에 초점이 맞춰져 있으며, 이 전망 자체가 이미 인간에게 있어서 절대적인 가치이자 궁극적인 의미요 근거인 그리스도적인 차원을 우리로 하여금 발견하도록 이끌어 주고 있다. 만일 구원에 관한 성서의 개념들에 충실하고자 한다면 우리는 다음과 같이 말해야 할 것이다. 즉, 구원 경륜의 역사를 통해서 인간의 신비에 대한 이해에 접근하는 것은 적합할 뿐 아니라 당연히 그래야 한다는 것이다. 사실, 성서에 따르면 진정한 구원의 의미는

"인간의 본질적인 소명이 끊임없이 현실화"[1]되는 가운데 드러난다. 오히려 우리는 **구원을 인간 소명이 실현되는 역사**로 정의할 수 있다. 인간 소명이 실현되는 길에 있어서 역사를 통해 드러나는 의미심장한 사건은 다름 아닌 그리스도이다. 사실 하느님의 계획은 모두 그리스도를 중심으로 이루어져 있으며, 그리스도는 역사의 궁극적인 의미이자 근거로서 그 계획의 한가운데 놓여 있다. 그러므로 **그리스도는 또한 인간 존재의 신비에 이르는 최종 근거**이기도 하다.

따라서 인간 존재가 그리스도 안에 있다는 사실은 역사적인 지평 안에서의 이해도 동반하게 된다. 이러한 이해에 있어서 출발점은 무엇보다도 구원 역사 안에서 실제로 현실화하는 구체적으로 실재하는 하느님의 계획이다. 이러한 전망은 그리스도 안에서의 인간에 대한 신학적 논의가 모든 가정적인 허식으로부터 자유로워져야 함을 요구한다. 그리고 그리스도 안에서 구체적으로 드러나고 현실화된 하느님의 계획을 진지하게 고려할 것을 요청한다. 이러한 논의의 출발점이 단지 "만일 인간이 죄를 짓지 않았다 하더라도 하느님이 강생하셨겠는가?"(D.Scotus)라고 하는 식의 질문에 단순히 답하는 가운데 이루어져서는 안 된다. 그것은 더 나아가 구체적으로 그리스도 안에서의 창조를 염두에 두면서 시작해야 한다.

인간 존재를 그리스도적인 차원에서 바라보는 관점은 우리에게 구체적으로 '초본성'(soprannaturale)의 문제에 대해 새롭게 바라보도록 초대하고 있다. 만일 계약 안에서 전 우주와 역사의 진정한 의미와 최종적인 근거를 발견할 수 있다면, 계약이라고 하는 유일한 질서 안

---

[1] G.Gozzelino, *Vocazione e destino dell'uomo in Cristo. Saggio di antropologia teo- logica fondamentale,* p.27.

에서 연속적으로 이어지는 여러 단계를 특징짓는 것은 '단일함'이라고 말할 수 있다. 전체 질서를 단순히 이원론적으로 가르는 것은 올바로 실재에 접근하지 못하게 할 뿐이다. 무엇보다도 근원과 최종 목적을 하나의 연속선상 안에서 바라보아야 한다. 시작과 목적은 서로 다른 것이 아니기 때문이다.

그리스도적인 차원은 우리로 하여금 인간이 단지 그 자체로 존재하고 이어서 하느님이 그에게 최종 목적을 부여하시는 것이 아니라, 인간 존재 자체가 이미 하느님으로부터 원해진 존재며, 인간이 나아가야 할 여정은 다름 아닌 하느님으로서, 하느님이야말로 그의 최종 목적임을 우리에게 보여 준다. 하느님은 인간 창조 이전에 이러한 목적을 상정한 후에야 비로소 그를 존재에로 불러 주셨다. 이러한 그의 소명은 시간 안에서 구체화되고 실현되어 간다. 인간은 시간의 질서 안에서 창조된 존재이지만 영원(eternità)을 향해 부름을 받았다. 여기서 영원이라 함은 단순히 인간이 시작한 지평인 시간성(temporalità)에 상반되는 개념이 아니라, 시공에 속한 피조물에 최종적이고 궁극적인 의미를 부여하는 마지막 단계이자 정점을 뜻한다. 인간은 유한한 시간성 안에서가 아니라 영원한 참행복 가운데 자신의 충만한 의미를 성취하도록 창조된 존재이다.

이제 이 시점에서 비록 논리적인 면에서 볼 때 그리스도적인 차원이 인간이 그 자신의 목적인 하느님을 향해 존재하고 있다는 사실을 우리에게 보여 주긴 하지만, 그렇다고 이 문제를 비약해서 본성(natura)과 초본성(soprannatura) 사이의 관계 문제에 대해 여기서 다루고 싶지는 않다. 이 주제는 마지막 장에서 다룰 예정이다. 여기서는 인간 존재를 특징짓는 구성적인 틀인 그리스도적인 차원을 보다 깊이 설명하고자 한다. 이에 대한 논의는 다음과 같이 두 부분으로 나눌 수 있다. 하나는, 선택과 창조에 대한 하느님 계획의 전망 안에서 그리스도가 차지하는 중심적인 위치(centralità)를 소개하기 위해 성서적인 근거들을 제시하는 것이요, 다른 하나는, 인간 존재와 실존이 갖는 그리스도적인 본성에 대해 언급하는 것이다. 우리의 논의가 이루어지는 바탕은 다름 아닌 구원 경륜의 전망이다. 즉, 구체적으로 실재하는 하느님의 계획으로서, 이 계획에 따라 모든 것이 그리스도 안에서 그리스도를 통해서 그리고 그리스도를 향해서 선택되고 창조되었다고 하는 점이다.

II 하느님의 계획 안에서 그리스도의 위치

구조적인 면에서 볼 때 이 두 번째 장은 먼저 성서적인 면을 다루고 이어서 신학적인 심화를 하는 식의 고전적인 방법으로 주제를 전개하지는 않겠다. 무엇보다도 여기서는 성서적인 언급과 병행해서 동시에 신학적인 해석을 가할 것이다. 이 논의의 초점은 하느님의 선택과 창조 사이의 연관성이다. 우선, 우리는 '선택'과 '창조'를 하느님의 심중에 영원으로부터 있었던 인간을 향한 당신의 계획이 현실화되는 역사로 보고자 한다. 이러한 사실은 이미 구약성서의 계시 안에서도 분명히 잘 드러난다. 구약성서, 특히 여러 예언서의 메시지는 다음과 같은 점을 우리에게 보여 주고 있다. 무엇보다도 이스라엘은 자신의 역사를 야훼의 현존이 머무는 장소이자 그분의 주도적인 행동에 대한 체험의 장으로 여겼다. 이러한 선상에서 이제 그들은 '창조'를 단지 하느님의 업적으로 이해할 뿐 아니라, 하느님께서 그들로 하여금 당신과 친교를 나누도록 원하신 당신의 결정이 가시화된 사건으로 이해했다. 그러므로 하느님이 이스라엘과 맺은 계약은 하느님께서 온 세상과 맺으신 보편적인 계약을 드러내는 징표일 뿐 아니라 창조, 특히 인간을 창조하시는 하느님의 의지를 드러내는 계시라고 할 수 있다. 그러므로 계약의 질서는 하느님께서 원하신 유일한 질서이며, "이 질서에 있어서 첫 번째 단계가 다름 아닌 창조"로서, 이 창조는 온 우주의 알파요 오메가이며 중심이고 목적이신 그리스도 안에서 완성될 것이다.[2)]

하지만, 비록 구약성서에서 이스라엘이 선택과 창조, 계약 사이의 관계에 대해 잘 알고 있었다는 점을 보여 주고는 있지만, 그럼에도 불구하고 우리는 관심을 신약성서로까지 확장시켜 보아야 한다. 이에 대한 신약성서의 언급들 가운데 직접적으로 그리스도 안에서의 창조와 선택에 대해 표현하고 있는 구절들을 살펴보기로 하자. 신약성서 안에는 시초(proton)에 관해 강조해서 보여 주는 다양한 구절들이 있다.[3] 여기서는 사도 바오로의 콜로 1,15~20과 에페 1,3~4 그리고 로마 8,28~30 구절에 한정하기로 한다. 이 구절들을 통해서 우리는 그리스도 안에서의 창조와 선택 그리고 예정 사이에 존재하는 긴밀한 관계를 밝힘으로써 일련의 시초론(protologia)을 전개해 나가겠다.

1. 콜로 1,15~20: 선재하시는 그리스도와 창조의 근원

"그분은 보이지 않는 하느님의 모상이시며 모든 조물의 맏이시로다. 과연 하늘과 땅 위에 있는 만물은 그분 안에서 창조되었도다. 보이는 것들과 보이지 않는 것들, 권좌들이나 주권들이나 권력들이나 권세들이나 만물은 그분으로 말미암아, 그분을 위해서 창조되었도다. 그분은 만물에 앞서 계시고 만물은 그분 안에서 존속하는도다. 그분은 몸의 머리, 교회의 머리시로다. 그분은 으뜸이시며 죽은 자들 가운데서 맏이시로다. 이는 만물 가운데 첫째가 되시기 위함이다. 과연 하느님께서는 기꺼이 그분 안에 온갖 충만함을 머무르게 하시고, 그분으로 말미암아,

---

2) 참조: G.Gozzelino, 앞의 책, p.274; H. de Lubac, *La rivelazione e il senso dell'uomo, Opera omnia,* vol.14, 257s; M.Cerini, *Il progetto di Dio sull'uomo e il suo compimento in Cristo,* nel vol. *La Chiesa salvezza dell'uomo,* I, pp.17~25.

3) 참조: 요한 1,1~3; 1고린 8,6; 히브 1,1~3.

그분을 위해서 만물을 화해시키셨도다. 그분으로 말미암아 그분 십자가의 피로 말미암아 평화롭게 하셨도다. 땅 위에 있는 것들이나 하늘에 있는 것들이나!"

이 구절은 일종의 그리스도 찬가로서 초기 그리스도교 공동체에 그 기원을 두고 있으며 후일 사도 바오로가 이를 새롭게 각색한 것이다.[4] 통상 주석학에서는 이 찬가를 두 부분으로 나눈다. 15절부터 17절까지는 창조의 주제를 다루고 있고, 그 다음에 이어지는 18절부터 20절까지는 예수 그리스도의 업적을 통해 이루어지는 구원적인 '새 창조'라는 주제를 발전시키고 있다.[5] 첫 번째 부분에서 그리스도는 '창조에 있어서 맏아들(primogenito)'로 소개되며 그분의 선재(先在, preesistenza)와 더불어 창조에 있어서의 그분의 중개(仲介, mediazione)에 대해서 말하고 있다. 한편, 두 번째 부분에서는 그리스도를 '죽은 이들 가운데서 부활한 첫 사람'으로 소개하며 새로운 창조의 시작에 대해 설명하고 있다.[6]

이 찬가에서 드러나는 역동적 움직임의 한가운데는 그리스도가 있다. 즉, 모든 것이 그리스도와 전 우주 사이의 관계를 축으로 해서 돌고 있는 것이다. 그래서 모든 것은 그분 안에서 창조되었고 그분으로부터 생겨나고 있다고 말한다. 창조는 오로지 그리스도 안에서만 존재하며 그분을 향해 있다. 그러므로 그분 밖에서는 아무것도 존재할 수 없다. 예수 그리스도 안에서 과거와 미래가 하나로 이어지며, 바로 이 정점에서 모든 존재자들은 자신을 이해할 수 있는 궁극적인 근

4) 참조: G.Gozzelino, 앞의 책, p.48.

5) 참조: M.Serenthà, 앞의 책, p.121.

6) 참조: G.Gozzelino, 앞의 책, p.48.

거를 발견하게 된다.[7]

15절에서 17절을 보면, 창조와 관련해서 예수 그리스도의 선재에 대해서 말한다. 이런 맥락에서 볼 때 창조에 있어서 책임을 갖는 진정한 주체는 다름 아닌 그리스도라고 할 수 있다. 이 단락에서는 무엇보다도 예수님의 신성이 강조되고 있는데, 이 그리스도의 신성은 역사와 별개의 것이 아니라 역사의 시작인 창조 때부터 긴밀한 연관성을 갖고 있으며, 이 그리스도는 보이지 않는 하느님의 모습을 드러내 주는 분으로 드러난다.[8] 우선, 이 구절들은 모든 우주 위에 군림하시는 그리스도의 수위성(primato)에 대해서 강조하고 있다.[9] "**모든 조물의 맏이시로다. (…) 그분은 만물에 앞서 계시고 만물은 그분 안에서 존속하는도다.**" 보는 바와 같이, 모든 만물은 그리스도를 통해 질서를 얻고 있다. 그래서 그분은 모든 피조물의 모형인(causalità esemplare)—'그분 안에서'—일 뿐 아니라 능동인(causalità efficiente)—'그분을 통해서'—이며 목적인(causalità finale)—'그분을 향해서'—이기도 하다. 이 모든 것은 그리스도가 '하느님의 모상'(Imago Dei)이기 때문에 가능하다. 그리스도 안에서 그리고 그분의 역사 안에서 하느님은 가시적으로 드러나셨다. 하느님의 비가시성이 예수 그리스도의 인성(人性) 안에서 가시화되고 역사화 되어 드러나게 되었다.[10] 두 번째로, 이 구절들은 예수 그리스도 안에서 하느님의 모습이 가시적으로 드러난 사실에 대해 분명하게 강조하고 있다. 이러한 측면 또한 '하느님의 모상'이라는 주제와 긴밀하게 연

---

7) J.Huby, *S.Paolo. Le epistole della prigionia,* p.41.

8) 참조: M.Serenthà, 앞의 책, p.121.

9) 참조: T.Ballerini, *Epistola ai Colossesi,* in AA.VV., *Introduzione alla Bibbia,* vol. V/2, p.35.

10) 참조: M.Serenthà, 앞의 책, p.121.

결되어 있다. 아담이 아닌 그리스도야말로 참된 하느님의 모상인 것이다. 그리고 그분 안에서 모든 만물은 참된 안정을 찾고 있다. 그리스도가 참으로 '하느님의 모상'이라는 사실은 그분이 성부와 충만한 친교를 나누는 성자요, 자신의 의지가 아닌 성부의 뜻을 이루시는 분임을 알게 해준다.

두 번째 부분인 18절부터 20절에서는 창조에 앞선 그리스도의 선재에 대해서 다루고 있다: "창조의 동기는 구원의 동기에로 확장되는데, 이는 모든 만물이 예수로부터 자기 존재의 항구성을 물려받기 때문이다. 그러기에 창조와 구원은 서로 함께 이야기해야 하는 하나의 실재이다."[11] 이러한 바오로 사도의 가르침 이면에 있는 의도는, 세상과 역사 그리고 창조와 구원은 오직 그리스도 안에서 참된 의미를 찾을 수 있다는 것을 말하기 위함이다. 예수 그리스도의 인격이 지니는 가치는 단지 미래에만—종말론적으로—한정되어서도 안 되고 그렇다고 현재에만 국한되어서도 안 된다. 그것은 역사로 인해 제한되어서는 안 되며, 오히려 모든 역사를 향해 확장되어야 한다. 모든 것은 그분 안에서 그분을 통해서 그리고 그분을 향해서 있는 것이다.[12] 그리스도야말로 창조된 모든 것에 의미를 주며 근거가 되어 주신다. 왜냐하면 그분은 자신의 존재 의미와 근거를 당신을 통해 존재하는 다른 어떤 피조물로부터 받지 않으시고, 오직 당신 자신 안에 지니고 계시기 때문이다.

11) 참조: G.Gozzelino, 앞의 책, p.48.
12) 참조: M.Serenthà, 앞의 책, p.122.

2. 에페 1,1~14: 하느님 계획의 핵심인 그리스도

"하느님의 뜻으로 그리스도 예수의 사도가 된 바오로가 에페소에 사는 성도들에게, 곧 그리스도 예수를 믿는 이들에게 인사합니다. 우리 아버지 하느님과 주 예수 그리스도로부터 은총과 평화가 여러분에게 내리기를 빕니다. 우리 주 예수 그리스도의 아버지 하느님께서 찬양받으시기를 빕니다. 그분은 그리스도 안에서 하늘의 온갖 신령한 축복으로 우리를 축복하셨습니다. 그분은 세계를 창건하시기 전에 그리스도 안에서 우리를 뽑으시어 사랑으로 당신 앞에서 거룩하고 나무랄 데 없도록 하셨습니다. 그분은 또한 당신 뜻의 그 호의로 예수 그리스도를 통하여 우리로 하여금 당신의 아들 되는 자격을 얻도록 예정하시어 사랑받는 그이 안에서 우리에게 선사하신 당신 은총의 영광을 찬양하게 하셨습니다. 그리스도 안에서 당신 은총의 부요함을 따라 우리는 그이의 피로 말미암아 속량되고 범행들을 용서받게 되었습니다. 그분은 우리에게 온갖 슬기와 깨달음의 은총을 넘치게 하시어 당신 뜻의 신비를 우리에게 알려 주셨습니다. 이는 당신 속으로 마음먹으신 당신 호의로 하신 것이니 역사를 완성으로 이끄시어, 하늘에 있는 것이든 땅 위에 있는 것이든 만물을 그리스도 아래에 모으시려는 것입니다. 그이 안에서 우리는, 당신 뜻으로 의도하신 대로 만물을 주재하시는 하느님께서 마음먹으시고 예정하신 덕분에 상속자로 뽑히기까지 하였습니다. 그리하여 당신의 영광을 찬양하게 하시려고 우리로 하여금 일찍부터 그리스도께 희망을 거는 사람들이 되게 하셨습니다. 그리스도 안에서 여러분도 진리의 말씀을, 곧 여러분을 위한 구원의 복음을 듣고 또한 그이를 믿어서 약속의 성령으로 날인되었습니다. 성령은 우리가 받을 상속의 보증으로서, 하느님의 차지인 우리가 속량되어 그분의 영광을 찬양하게 합니다."

바오로 사도의 이 구절들은 "세상과 역사에 대한 하느님의 구원 계획에 대해, 더 구체적으로는 창조된 모든 실재들이 지향해야 할 궁극적인 목적과 의미를 지탱해 주는 근거인 '예정'(predestinazione) 은총에 대해서 설명해 주고 있다."[13] 다시 말해서 하느님은 인간을 창조하시면서 그를 위해서 구원 계획을 갖고 계셨다는 것을 우리에게 알려 주고 있다. 여기서 이 구원 계획의 주체이자 원천은 다름 아닌 '우리 주 예수 그리스도의 아버지'(3절)로 불린다. 하느님에게 부여된 이 이름은 인간에게 베푸신 당신의 '축복'과 깊은 연관성 하에서 소개되고 있는데, 이는 세상과 인류를 향한 당신의 계획이 예수 그리스도와 관계가 있음을 보여 주고 있다. 무엇보다도 하느님의 계획은 인간이 당신의 충만한 '사랑'(agape) 가운데 당신의 자녀가 되길 원하신 '친교'와 '사랑'의 계획이다. 이 구원 계획의 중심에는 그리스도가 계시며, 모든 이들은 바로 그분을 통해서 하느님의 자녀가 되도록 선택되었다(4~5절).

인간을 향한 하느님의 계획은 예정(predestinazione) 계획이라고 할 수 있다. 하느님께서 인간을 선택하신 은총은 사실 인간 창조에 선행하며 이는 무엇보다도 당신의 자유로운 의지에 기인한다. 하느님께서 인간을 당신의 자녀가 되도록 미리 선택하신 것은 '그리스도' 안에서 이루어졌다. 이러한 면에서 볼 때 하느님의 의도는 인간을 창조하시면서 육화하게 될 성자 예수 그리스도 안에서 이미 그들을 당신의 자녀로 삼기로 하셨다는 것을 의미한다. 모든 사람은 바로 이 목적을

13) G.Gozzelino, 앞의 책, p.49.

위해서 있는 것이다.

그 다음으로 6절의 내용은 우리에게 인간을 향한 하느님의 예정 계획이 무엇인지를 잘 보여 주고 있다. 그것은 인간 실현을 위한 전대미문의 놀랍고도 사랑 가득한 계획이다. 이는 다음과 같이 정의되고 있다: "사랑받는 그이 안에서 우리에게 선사하신 당신의 은총." 이 은총이 현실화하는 것은 하느님의 은총이 역사 안에서 드러나는 것과 더불어 인간이 이 하느님의 영광을 찬양하는 가운데서, 라고 바오로 사도는 말하고 있다. 인간은 은총을 통해서 하느님의 거룩함(santità)을 향해 예정되었다. 역사 가운데 드러난 하느님의 구원 개입들이 바로 이 목적을 지향하고 있음을 앎으로서, 우리는 인간을 향한 하느님의 사랑을 보다 넓은 전망 안에서 이해할 수 있다.

반면, 인간의 죄는, 그것이 하느님의 성성(聖性, santità)을 근본적으로 반대하지만, 하느님께서 인간을 위해 마련하신 사랑 가득한 계획—인간을 당신의 거룩함에로 예정하심—이 수포로 돌아가게 하는 어떠한 힘도 행사하지 못한다. 오히려 그 가운데서도 하느님의 당신 계획에 대한 충실함은 변함없이 이어지고 있다. 그러므로 그리스도는—하느님께서 우리를 미리 선택하신 근본 동기이자 우리를 향한 예정 은총의 목적인 한에서—"우리를 죄로부터 구원하시는 도구이기도 하다." 이 모든 일에 있어서 척도는 그리스도 안에서 우리를 위해 베푸시는 하느님의 사랑과 은총이다(7절).

8절부터 10절에서 바오로 사도는 중심 주제를 보다 광범위하게 전개시켜 나가고 있다. 여기서 언급되는 것은 하느님께서는 당신의 사랑 가득한 의지로 인간을 향한 계획을 '미리 정하셨다'(prestabilito)는 점이다. 인간 구원을 위한 이러한 그분의 의지는 우주의 중심이 되는 예수 그리스도 안에서 구체화되고 있다. 강생하신 성자야말로 하느님의 계획을 이루고 있는 다양한 요소들을 하나로 묶어 주는 중심축이 되는 것이다. 즉, 선택, 하느님의 자녀가 되는 것, 죄로부터의 구원 등이 그리스도 안에서 일련의 연관성을 갖게 된다. 그러므로 그리스도는 전 우주의 중심으로서 이 모든 것을 하나로 묶어 주는 원리이며 동시에 영원으로부터 하느님의 심중(心中)에 있었던 계획을 역사 안에 계시해 주는 모체가 된다. 이 하느님의 계획은 오직 '때가 찼을 때', 즉 결정적인 은총의 시간(kairói)에 이르렀을 때 드러나고 통교된다.

이러한 시간의 충만에 있어서 새로운 점은 우주의 중심이 역사 안에서 구원하시는 그리스도의 역할과 인격 안에 있다고 하는 것이다.[14] 역사 가운데 그리스도의 현존을 통해서 하느님의 계획은 더 이상 비밀스러운 그 무엇으로 남아 있지 않고 이제 충만하게 계시되고 있다. 그러므로 일련의 구원 사건들로 엮어진 역사는 다음의 이중적인 차원을 갖게 된다. 하나는 이 모든 사건을 완성으로 이끌며 여기에 충만한 의미를 부여하는 주체이신 그리스도를 관상할 수 있다는 점이다. 다른 하나는, 하느님은 당신의 구원 계획을 강생을 통해서 드러내고 역사화 하시는데 그 한가운데에 바로 그리스도가 있다는 점이다.

14) 참조: 같은 책, p.50.

3. 로마 8,28~30: 인간을 향한 하느님 예정 은총의 내용인 그리스도

"하느님을 사랑하는 이들, 곧 하느님 결정대로 부르심을 받은 이들에게는 만사가 선하게 이루어져 간다는 사실을 우리는 알고 있습니다. 그분께서는 미리 알아 택하신 이들을 당신 아드님 모습과 한 모양이 되도록 예정하셨으니, 이것은 그 아드님이 많은 형제들 중에서 맏아들로 있게 하시려는 것이었습니다. 그분은 당신이 예정하신 이들을 또한 부르셨고, 부르신 이들을 또한 의롭게 하셨으며, 의롭게 하신 이들을 또한 영광스럽게 하셨습니다."

이 본문 역시 창조된 모든 피조물들의 최종적 근거이자 이들을 목적으로 인도하는 은총으로서의 하느님의 계획 또는 예정에 대해서 설명하고 있다. 우리에게 관심 있는 부분은 무엇보다도 인간이 자기 존재의 궁극적 의미인 그리스도를 향해서 예정되었다고 하는 사실이다. 하느님께서 인간을 창조하기로 작정하신 것은 그 이전에 이미 당신께서 그를 사랑 가운데 예정하셨기 때문이다. 위의 본문에서도 보는 바와 같이, 하느님은 인간을 선택하기 전에 먼저 인간을 예정하셨다. 그리고 하느님은 인간 한 사람 한 사람을 미리 알고 계셨다. 이 앎은 단순히 당신의 지성으로 아는 것이 아니라 사랑으로 아는 것이다. 하느님은 그렇게 예정한 사람들을 부르신다. 그리고 그들을 의롭게 하시며 마지막에 영광스럽게 하신다. 우리는 이를 다음과 같은 일련의 도식으로 이해할 수 있다.

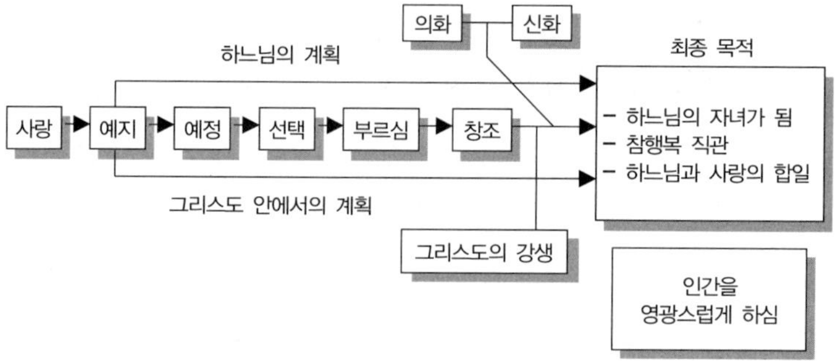

선택 은총의 바탕이자 원천은 예지(豫知, preconoscenza)로서 말 그대로 미리 아는 앎이다. 즉, 하느님은 영원으로부터 인간의 선익을 위해 미리 보시고 준비하시며 선택하신다는 말이다. 이 앎은 하느님께서 인간의 선익을 위해 좋은 것들을 미리 보신다는 말이요 그래서 그것을 미리 준비하심으로써 모든 것이 당신의 예정대로 이루어지도록 안배하신다는 것이다. 하느님은 인간이 그리스도 안에서 영광스럽게 변화되길 원하셨고 "영원으로부터 그를 알고 계셨다." 그래서 그를 선택하시고 존재에로 부르셨다. 그리고 그를 의롭게 하신다. 다시 말해서 당신의 의로움에 참여케 하신다. 그리고 그를 영광스럽게 하신다. 그럼으로써 이제 예정은 구체적인 현실이 된다.

29절부터 30절은 점진적으로 예정의 실현을 향한 다양한 단계들에 대해 설명하고 있다. 이 단계들이 이어지는 것은 전 우주적인 환희가 작열하는 가운데 하나의 교향곡이 연주되는 것과도 같은데, 이 단계의 정점은 인간이 그리스도 안에서 실재적으로 하느님의 영광에 참여하게 되는 순간이다. 이러한 여러 국면들을 이어 주는 실재는 단순한 논리나 시간적인 경과가 아니다. 각 국면들은 인간을 향한 하느님의 예정 계획이 현실화되기 위한 하느님의 활동을 드러내고 있다.

하느님의 예지는 우리에게 이 단계들의 원천이 무엇인지를 보여 주는데, 인간은 끊임없이 이 원천에로 되돌아가야 하며 이 원천과 관계를 맺어야 한다. 이 원천이란 다름 아닌 예정으로서, 이 예정은 인간을 위한 하느님의 예지에 선행하는 사랑 가득하고 호의에 찬 성격을 보여 주고 있다. 인간을 향한 부르심은 하느님께서 그를 향한 당신의 예정을 역사 가운데서 현실화하기 시작하는 행동이며 나아가 인간으로 하여금 이 예정을 역사화 할 수 있도록 능력을 갖게끔 하는 하느님의 개입이기도 하다.[15)]

인간을 향한 하느님의 예정이 역사적이고 실존적인 구체성을 갖게 되는 것은 그가 육화하신 '성자의 모상'을 이루게 될 때이다. 이 형상은 육화하신 성자의 모습을 가시적으로 '다시 복사'하는 것이다. 이러한 형상화는 단순히 윤리적인 차원만이 아니라 존재론적인 차원을 내포하고 있다. 우리가 성자의 '모상'을 닮도록 예정되었다는 것은 성부께서 그리스도를 원하신 이유이기도 하다. 그러므로 우리는 다음과 같이 말할 수 있다. 성부께서는 인간이 예정되고 이 예정이 현실화될 수 있도록 보장하기 위해서 그리스도를 원하셨다. 만일 그리스도를 향한 인간 예정이 육화하신 성자의 실제 모습에 참여하는 의미를 갖는다면, 이 전망에서 그리스도는 '맏아들'이 되신다. 즉, 성부께서는 모든 이가 그리스도 안에서 그리스도와 같은 모습을 지니길 원하셨다. 그러므로 그리스도는 '수많은 형제들 가운데 맏아들'이 되시며 우리는 맏이이신 그리스도 안에서 성부께 입양된 자녀가 된다.

이처럼 모든 사람과 그리스도의 관계는 본질적인 것으로서, 사람들은 그리스도 안에서 육화하신 하느님의 아들 그리스도의 형제로

---

15) 참조: H.Schlier, *Lettera ai Romani,* p.449.

존재하지 않을 수 없다. 다른 한편, 인간의 실존은 역사 안에서 그리스도의 '맏아들 됨'을 현실화하는 모습이기도 하다. 이러한 사실은 그리스도의 신비가 아직은 역사 안에서 완전히 현실화되지 않았다는 점을 드러내 주기도 한다. 그리스도가 맏아들로 존재하는 가운데 역사 가운데 당신의 맏아들 됨을 완전히 실현할 때, 즉 역사 안에서 그리스도를 닮은 하느님의 자녀로서의 모습이 마지막 한 사람에게까지 실현될 때, 그리스도는 당신의 신비를 완전히 드러내게 될 것이다. 그제서야 모든 이들이 그분 아래에 있게 될 것이고 바로 그때야말로 역사가 충만에 이르게 될 것이다. 이처럼 인간을 향한 하느님의 예정이 그리스도론적인 전망 안에서 이루어진다고 할 때, 우리는 이 안에서 그리스도의 선재(先在)만이 아니라 그분의 절대적인 중심성(centralità)을 보게 되며, 무엇보다도 인간을 향한 하느님의 계획 안에서 인간이 그리스도와 갖는 관계가 본질적이라는 사실을 알 수 있다. 하느님께서 인간을 위해 예정하신 계획에 대해 충실하신 것은 절대적이며 철회할 수 없는 것이기도 하다. 왜냐하면 하느님의 결정은 그 어떤 장애물에 의해서도 변화될 수 없으며 당신께서 결정하신 대로 그렇게 되어져야 하기 때문이다. 당신의 계획에 절대적으로 충실하시다는 것은 하느님의 하느님이심에 기인한다. 쉽게 이야기하면 그분은 이렇게 결정하셨다가 그 다음에 어떤 이유로 그 계획을 철회하는 변덕스러운 분이 아니시란 말이다. 그러므로 그분의 계획은 무슨 일이 있어도 실현되어야 한다. 따라서 인간의 죄가 하느님의 구원 예정 계획을 수포로 돌아가게 할 수는 없다. 오히려 죄 가운데 놓인 인간에게 있어서 하느님의 예정은 더할 나위 없는 당신의 충실하심이 드러나는 근거로서, 하느님은 죄 중에 있는 인간을 죄로부터 구원하시며 그를 의화시키신다. 역사적인 관점에서 볼 때, 인간의 역사는 죄로 점철되어 있기에 그리스도의 파스카 신비를 통해서 이루어지는 인간의 의화는 인간에 대한 예정이 실현되는 역사적인 길이자 현실화된 모습이라고 할 수 있다. 그러므로 예정 은총은 그리스도의 파스카 신비 사건을 이해하게 해주는 해석의 열쇠라고 하겠다. 그리스도의 파스카 신비와 더불어 죄인인 인간은 새롭게 은총의 질서 안으로 들어오게 되며 예정의 실현을 향해 자신을 쇄신할 수 있게 된다. 다시 말해, 인간은 성자시며 '맏아들'이신 그리스도께서 누리시는 영광에 참여할 수 있는 것이다.

III 그리스도 안에 실존하는 인간

우리는 계시를 통해 인간이 '그리스도 안에 존재하는 하느님의 피조물'[16]임을 알았다. 또한 그리스도야말로 하느님께서 인간을 택하고 창조하는 데 있어서 원천이 된다는 점도 알았다. 하느님은 세상 창조와 인간 창조에 있어서 중개자요 목적으로서 그리스도를 원하셨다. 우리는 앞선 논의를 통해서 그리스도야말로 인간의 궁극적인 의미와 충만한 존재 의의를 설명해 줄 유일한 원천임을 알 수 있었다.

1. 그리스도의 은총 아래 존재하던 본래 인간

만일 인간이 역사 안에 실존하고 또 실존할 것이라면 이는 그가 오직 그리스도 안에서 부르심을 받았으며, 또 그리스도를 향해 존재하기 때문이다. 그러므로 우리는 다음과 같이 말해야 한다. 하느님의 계획이란 전망에서 볼 때 그리스도 밖에서 상정된 사람은 아무도 없다. 비록 이론적으로나마 그리스도 밖에 인간이 존재할 가능성에 대한 그 어떤 반대 이론도 막을 수는 없다. 그런 인간이 존재할 수는 있었을지도 모른다. 하지만 하느님의 계획 안에서 현실적으로 존재하는 구체적인 인간은 그렇지 않다. 그러기에 만일 그리스도 밖에 그 어떠한 시간성이나 공간성도 허용하지 않는다면, 논리적으로는 소위 말해

16) 참조: G.Gozzelino, 앞의 책, p.27.

서 '본래적인 상태'에 있었던 첫 번째 인간이 그리스도 밖에 존재했으리라고는 상상할 수도 없다.

계시 사실과 교부들의 전통의 빛 안에서 볼 때 교회 교도권의 가르침은 언제나 첫 인간의 본래 상태는 하느님과 더불어 생명의 친교를 나누고 있었다고 전한다. 왜냐하면 창조의 하느님은 또한 계약의 하느님, 즉 결정적인 계약인 그리스도의 하느님이기 때문이다. 사실 인간이 그리스도를 목적으로 하고 있다는 것은, 그리스도가 육화하신 성자이며 가시적으로 드러난 완벽한 하느님의 모상인 한에서, 그리스도를 통해서 하느님과의 친교를 향해 운명지어졌다는 것을 뜻한다. 또한 인간이 그리스도를 향해 운명지어졌다는 것은 동시에 그가 삼위일체의 신적인 삶을 향해 목적 지어졌다는 것을 의미한다. 육화하신 하느님의 아들의 생명이 성부의 생명과 같고, 또한 이 두 분 사이에 있는 통교의 영이 지니는 생명과 같기 때문이다. 하느님은 당신이 인간과 더불어 나누는 생명의 통교를 그리스도 안에서 이루시기 원하셨으므로 인간이 하느님과 나누게 될 통교는 오직 그리스도 안에서만 드러나고 실현된다. 그러기에 첫 번째 인간이 누리던 은총은 그리스도의 은총(gratia Christi), 즉 그리스도 자신이시다.

하느님께서 인간을 그리스도 안에서 원하신 것은 인간 존재와 그가 하는 모든 결정 이전에 인간을 향한 당신의 사랑과 호의 가득한 예정 은총 가운데 인간의 기원이 있음을 의미한다. 그러므로 그리스도는 인간의 결정이나 죄에 종속될 수는 없다. 왜냐하면 그리스도는 하느님의 뜻 안에서 이루어진 유일한 하느님의 계획을 중개하는 분이자 현실화하는 분이기 때문이다. 그러기에 그리스도께서 행사하시는 모든 선택과 결정은 또한 성부 하느님의 의지이기도 하다. 이러한 하느님의 의지는 이를 거스르는 인간의 어떠한 적대적인 행동보다도

훨씬 더 크고 능력이 있으시기에 그분의 결정은 당신이 원하시는 그대로 되어야 한다.[17]

더 나아가서, 만일 그리스도 안에서 그분을 향해 존재하는 것이 현존하는 그리고 앞으로 존재하게 될 모든 피조물의 참된 궁극적인 근거라고 한다면, 첫 번째 인간이 그리스도 밖에서 존재했다고 가정할 때, 우리는 그가 누렸을 것이라고 상정되는 하느님과의 생명의 친교를 이해할 수가 없다. 오히려 다음과 같이 말해야 할 것이다. 즉, 실재하는 모든 피조물들이 갖는 유일한 존재 의미의 최종적인 근거는 오직 그리스도인 한에서, 첫 번째 인간은 아무런 존재 의미도 갖지 못했을 것이다.

강생이란 하느님의 아들께서 육신을 취하심으로써 이 세상에 가시적으로 드러나신 사건을 말한다. 이 사건이 갖는 구원적인 의미는 무엇보다도 인간을 향한 하느님의 계획이 그리스도 안에서 이루어졌다는 사실에 대한 계시에 있다. 이 사건 안에서 우리는 하느님의 인간적인 차원뿐 아니라 인간이 갖는 신적인 차원이 있으며, 이 둘은 불가분리적으로 깊이 연관되어 있다는 사실을 알 수 있다. 무엇보다도 강생은 하느님의 인간화(umanizzazione)와 인간의 신화(divinizzazione)가 역사 안에 총체적으로 계시된 사건이며, 이 사건을 통해서 영원으로부터 하느님의 심중(心中) 안에 있었던 인간을 향한 계획이 가시적으로 드러났다. 즉, 강생은 성자이신 그리스도가 영원으로부터 언제나 하느님-인간이시며 인간-하느님이심을 알 수 있도록 해준다.

단지 이것만이 아니다. 강생은 또한 구체적으로 현존하는 인간이 속한 질서가 오직 '은총' 질서임을 알려 준다. 왜냐하면 하느님께서

17) 같은 곳.

그렇게 원하셨기 때문이다. 인간이 속한 이 질서는 은총을 통해서 존재하며, 인간은 바로 이 은총을 통해서 하느님과의 친교에로 방향 지어졌다. 사실, 창조가 현존하는 계약 질서 밖에서 계획될 수도 있었다. 그리고 인간 실존 또한 하느님과의 생명의 통교에로 방향 지어지지 않을 수도 있었다. 하지만 하느님은 인간과 제반 피조물에게 은총을 베푸시기 위해 그렇게 하지 않으셨다. 하느님은 인간을 은총 안에서 그리고 은총을 통해서 원하셨고 이는 강생 사건을 통해 충만히 드러났다. 또한 하느님은 인간을 선택하시면서 당신 자신을 인간적인 형상을 통해서 결정적으로 계시하셨다. 하느님은 당신을 드러내기 위해 인간적인 형상을 원하셨고 그래서 인간이 존재하는 것이다. 우리는 이 모든 것을 바로 강생 사건을 통해서 알 수 있다. 그러기에 강생은 단지 구원적인 의미만을 갖는 것이 아니라, 더 나아가 우리로 하여금 인간이 하느님의 지평 안에 있으며 하느님은 인간 존재의 최종 목적이자 궁극적인 의미임을 알게 해준다.

또한 강생은 시간 안에서의 하느님의 실존적인 조건이 신적-인간적이며, 인간의 실존적인 조건은 인간적-신적이라는 것을 계시해 주는 사건이다. 이는 인간의 객관적 상황이 실존적인 면에서 볼 때 필연적으로 그리스도의 은총을 통해서 결정되었다는 것을 의미한다. 그러므로 구체적으로 존재하는 하느님의 계획은 언제나 그리스도 안에, 즉 그리스도의 은총 안에 있었다고 하겠다: "만일 아담이 누리던 은총이 그리스도를 통해서 주어지지 않았고 그분을 향해 그가 존재하지 않았다면, 그리스도는 아담과는 별개로 존재하는 다른 질서에 속한 구원자일 뿐이다. 그렇게 되면 그리스도는 더 이상 절대적인 분도 아니요, 모든 것이 그분을 통해서 그분을 향해서 창조되지도 않았을 것이다. 그렇다면 하느님께서는 이 모든 창조에 있어서 그리스도와는 전혀 관계없는 어떤 다른 원칙을 사용하셨을 것이다. 그리고 그리스도의 은총은 단지 아담 안에 있었던 단순한 필요성만을 채워 줄 뿐이므로 아담의 후손인 우리들 역시 그리스도와는 깊은 관련을 가지지 못했을 것이다. 그렇게 되면, 아담의 후손인 우리들의 관점에서 볼 때 더 큰 영향력을 미치는 이는 그리스도가 아니라 바로 아담이 될 수밖에 없다. 그러나 성서의 증언에 의하면 그리스도는 아담과는 비교할 수 없을 정도로 위대하시며 모든 것에서 첫째 자리를 차지하신다. 그러므로 아담의 질서는 그리스도의 질서에 귀속되어야 한다."[18]

2. 하느님과의 계약을 통해 그리스도 안에서 원해진 인간 존재

"성서의 근본 메시지는 인간이 하느님의 동반자가 되는 소명을 이야기한다. 그리고 그 소명은 구원 역사가 주님이신 그리스도 안에서 구체화되는 가운데 실현된다."[19] 인간이 하느님의 동반자라고 하는 그의 특징은 우리로 하여금 하느님께서 왜 인간을 그토록 원하셨는지 알 수 있게 해준다. 즉, 하느님은 인간이 당신 계약의 수혜자가 되기를 원하셨다. 그러므로 인간은 하느님의 영원한 계획이 그리스도 안에서 현실화되는 구체적인 모습이라고 할 수 있다. 인간에게 있어서 그가 하느님과의 계약을 통해 원해졌다는 사실은 무엇보다도 그가 오직 하느님으로부터 출발하고 그분을 지향할 때 자신의 존재 의미를 올바로 알아들을 수 있다는 말이기도 하다. 이처럼 하느님과의 관

18) W.Seibel, 앞의 책, p.572.

19) 같은 책, p.69.

계성은 인간 전 존재를 아우르는 본질적인 요소가 아닐 수 없다. 이러한 사실은 우리로 하여금 인간이 하느님께 대해 갖는 의존성이야말로 구원의 원천이요 자신의 충만한 실현을 위해 걸어야 할 유일한 길임을 알게 해준다. 만일 인간이 하느님께 대한 의존성을 거부한다면 그 존재 의미는 상실되고 그 인생은 실패할 수밖에 없다.[20] 이렇게 그가 하느님께 대해 갖는 의존성은 구체적으로는 그리스도께 대해 갖는 의존성으로 드러난다. 인간 존재와 그가 갖는 모든 특징들은 오직 이 의존성 안에서 이해될 수 있다. 즉, 인간을 그리스도께 대한 존재론적인 의존적 관계성 안에서 이해할 때, 우리는 그가 성령 안에서 하느님과의 대화를 위해 부름을 받은 존재임을 알 수 있다. 이 대화는 오직 그리스도와의 의존적인 관계성을 통해서만 가능하다.[21]

그러므로 우리가 인간에 대한 숙고를 전개해 나감에 있어서 가져야 할 진정한 바탕은 단순히 그가 피조물로서 하느님에 대해 갖는 의존적 개념이 아니라, 그가 하느님과 갖는 계약이요 더 나아가 그가 하느님의 생명에 참여한다는 사실이다. 계약의 전망은 인간이 그리스도 안에서 하느님께 대해 갖는 존재론적인 의존성이 지니는 구원론적인 가치를 이해하게 해주는 유일한 가능성이다. 인간은 오직 이 전망 안에서 자기 자신과 더불어 그가 그리스도 안에서 하느님께 대해

20) "인간은 하느님께 의존하는 존재이다. 그러므로 오직 그분으로부터 출발해서 그리고 그분을 목적으로 지향함으로써만 자신 스스로를 이해할 수 있다. 이러한 진술은 마치 인간 안에 무엇인가 삽입되어 있는 것처럼 또는 그 곁에 다른 수많은 부수적인 것이 있는 것처럼 '부분적'인 의미로 이해되어서는 안 된다. 인간이 하느님께 대한 의존성에 도달하지 못하거나 자유롭게 이를 거부할 때 그 존재는 실패하는 것이다"(K.Rahner, *Uomo. III. Sul concetto teologico di uomo,* in *Sac.Mun.*, vol.8, p.559).

21) 참조: E.Bailleux, *A l'image de fils primiernè,* in *Revue Thomiste* 76(1976), pp. 181~202.

갖는 의존성, 그리고 그가 하느님을 지향하고 있다는 사실에 대한 가치를 올바로 이해할 수 있다. 만일 계약이 인간 존재의 근거이자 의미라고 한다면 또한 그것은 창조의 유일한 바탕이자 인간 실존을 이해하게 해주는 참된 전망이 아닐 수 없다. 그러므로 계약의 질서는 창조와 인간을 이해할 수 있는 근본 바탕이다. 하느님께서 당신 계약에 충실하다는 것은 창조와 인간 그리고 역사를 보장하는 기초이다. 하느님은 이 계약을 통해 모든 것을 원하셨다. 이렇게 하느님은 창조를 원하셨고 그 안에서 인간을 원하셨다. 특별히 하느님은 인간이 당신과 맺은 계약의 동반자가 되는 특별한 지위를 부여하셨다. 이는 하느님의 자유로운 의지에 기인하는 것으로서 철회할 수 없는 특징을 지니며, 따라서 결코 수포로 돌아갈 수도 없다. 이와 반대로 만일 이를 철회할 수 있다고 가정한다면, 창조의 존재론적인 바탕은 무너질 것이며 인간의 궁극적인 존재 이유마저 상실하게 될 것이다.

그러므로 신학은 창조의 근거로서 계약이란 주제를 택하면서, 인간이 계약 이전에 선재(先在)하는 것이 아님을 알게 해준다. 그렇다고 인간이 시간 안에 나타났다고 해서 하느님의 정신 안에 있던 계약이 시작되었다고 할 수는 없다. 사실, 계약은 인간을 향한 하느님의 의지 작용의 근거이긴 하지만 그것이 시간 안에서 실현되기 위해서는 먼저 인간의 창조가 이루어져야만 한다. 성 토마스는 말하길, 실행에 있어서 첫 번째는 지향에 있어서는 마지막이다. 이러한 전망에서 볼 때, 만일 계약이 인간에 대한 하느님의 의지 작용의 유일한 근거를 이룬다면, 그것은 또한 인간을 존재케 해주는 유일한 실재이기도 하다. 이처럼 계약 질서는 인간을 이해하게 해주고, 또 그가 자신을 실현할 수 있게 해주는 유일한 역사적인 질서라고 하겠다.[22]

3. 그리스도 안에서 창조된 인간

계약은 인간과 창조에 대한 하느님의 의지 작용의 근거가 된다. 그러므로 계약은 인간이 그리스도 안에서 하느님과 갖는 관계를 이해하기 위해서 하느님의 계획을 그 이해의 출발점으로 삼아야 한다. 따라서 하느님의 계획 안에서 이해된 인간은 그 존재론적인 근거를 '**그리스도 안에서**' '**그리스도를 통해서**' 그리고 '**그리스도와 함께**'라고 하는 정식 안에 둔다. 그것은 그리스도야말로 계약의 결정적인 실현 사건이기 때문이다. 그리스도는 하느님의 영원하고 결정적인 계약이기 때문에 하느님은 그분 안에서 그분을 통해서 그리고 그분을 향해서 모든 것을 원하셨다. 신약성서의 여러 구절들이 증언하는바, 성서는 '하느님의 모상'과 '모든 피조물 가운데 맏이'라고 하는 표현을 통해서 성서는 그리스도가 전 우주 가운데 차지하는 첫 번째 자리에 대해서 언급하고 있다.

3.1. 보이지 않는 하느님의 모상이신 그리스도

콜로새서는 '하느님의 모상'이란 칭호를 통해 그리스도에게 계시의 독특한 역할을 부여하고 있다. 즉, 그리스도의 인성(人性)은 보이지 않는 하느님을 가시적으로 반영하고 있다는 것이다. 그리스도는 이러한 당신의 임무를 "하느님의 아들이 인간이 되심으로써 갖게 된 역사적인 인격"[23] 안에서 드러내고 계시다. 우리가 역사의 예수 안에서

22) 참조: G.Gozzelino, 앞의 책, p.70.

23) P.Benoit, *Les épitres de la captivité,* p.57.

알 수 있는 것은, 그분의 인성은 하느님께서 당신을 시공 안에 충만히 계시하기 위해 원하신 도구라는 점이다. 그러므로 **예수 그리스도는 하느님께서 인간 가운데 존재하기 위해 선택하신 인간적인 형태로서** 당신의 계시가 완전히 실현된 모습이라 하겠다. 인간적인 형태는 하느님의 계시, 즉 하느님께서 이 땅에 오신 것을 결정적으로 드러내는 모습인 것이다. 그러므로 우리는 예수 그리스도 안에서 하느님의 계획이 우리에게 가시적으로 드러나는 가운데 충만하게 현실화되었음을 알 수 있다. 하느님은 영원으로부터 당신 계획에 따라 피조물들에게 당신 자신을 계시하기 위해 인간적인 형상을 선택하셨다.

따라서 한편으로 강생이 하느님의 구원 계획을 결정적으로 완성하는 사건이라면, 다른 한편으로는 성자께서 그리고 하느님 자신이 시공 안에 존재하는 방식이 결정된 사건이라고 할 수 있다. 이제 영원한 말씀이신 성자께서는 강생하신 분으로, 즉 보이지 않는 하느님이 인간적인 형태 안에 가시적으로 드러난 분으로 계신다. 구체적으로 성자께서는 강생하신 한에서 이제 충만하게 'eikón tou theou', 즉 성부의 가시적인 모상으로 존재하시며 또 앞으로도 영원히 존재하실 것이다. 하느님의 모상으로 존재한다는 것은 육화하신 성자의 새로운 존재 양식이다. 그리스도는 성자로서 강생을 통해 성부 앞에서 마치 그분의 완전한 모상으로 존재하시며, 모든 피조물들 가운데서 보이지 않는 하느님을 가시적으로 드러내 주신 분이다. 예수 그리스도는 "우리에게 성부를 보여 주셨다. 그럼으로써 성자께서는 우리에게 성부를 알게 해주시는데, 이러한 그분의 중개는 동시에 우리가 피조물로서 존재하게끔 하는 중요한 요소이기도 하다."[24]

24) J.N.Aletti, *Colossiens,* p.86.

이러한 언명들이 갖는 풍요로운 내용들은 우리로 하여금 '보이지 않는 하느님의 모상'이란 표현이 보여 주고 있는 인간과 창조에 대해 갖는 중요성을 다시 한번 생각하게 해준다. '모상'으로서 존재한다는 것은 무엇보다도 하느님과 창조 사이를 하나로 묶어 주는 그리스도의 위치를 강조하고 있다. 이러한 그분의 위치는 위대한 창조 업적 가운데 육화하신 하느님이신 그리스도께서 갖는 중개의 직분을 통해서 드러나고 있다. 여기서 말하는 그리스도의 **능동적인 중개**는 육화하신 성자야말로 창조를 확실히 보장해 주는 분으로서 그분은 모든 피조물의 모형인(causa esemplare)이며 동시에 능동인(causa efficiente)임을 의미한다. 왜냐하면 성부께서는 그리스도를 모든 피조물이 지향하는 궁극적인 의미로 원하셨기 때문이다. 그러므로 성부께서 그리스도를 창조의 원천으로 삼으신 한에서, 중개란 본래 고유하게 그리스도에게만 속한 것이다.

예수 그리스도는 인간의 형상을 하신 하느님으로서, 성부께서는 그분을 창조 사업에 있어서 영감을 불어넣는 유일한 모델로 삼으셨다. 그러므로 제반 피조물들은 그리스도께서 완전한 하느님의 모상으로 존재하는 한 그분과의 관계 안에서만 오직 그 존재가 정당화될 수 있고 의미를 가질 수 있으며 그 궁극적인 존재 이유와 존재가 보장되고 지속될 수 있다. 그리스도가 능동적인 중개를 하기 때문에 그분은 또한 창조주이신 하느님과 피조물 사이를 연결하는 역할도 하신다. 그리스도가 하느님의 모상이며 동시에 인간의 형상을 하신 하느님이시므로, 피조물들은 그리스도와의 관계 안에서 그 존재 근거를 가질 수 있으며 그 스스로를 이해할 수 있는 해석의 열쇠를 발견할 수 있고 나아가 자신을 원하신 창조주 하느님을 만날 수 있는 길을 찾을 수 있다. 또한 그리스도께서 하느님의 모상이며 동시에 인간의 형태를 띤 하느님이시라는 사실은 그분이 피조물에 앞서 계신 분, 즉 선재하신 분(preesistente)임을 알 수 있게 한다. 이는 그분 밖에서는 그 누구도 존재할 가능성이 없음을 의미한다. 만일 그 반대가 가능하다면, 그것은 그리스도 이외의 그 어떤 존재를 상정하고 하느님의 비가시성이 그 존재를 통해서 중개될 수 있다고 하는 또 다른 억측을 낳게 된다.

3.2. '맏아들'로서의 예수 그리스도

콜로 1,15에 언급되는 '만물에 앞서 태어나신 분' 또는 '맏아들'이란 주제는 '하느님의 모상'이란 표현이 갖는 내용의 풍부함에 깊이를 더해 준다. 이 주제는 하느님께서 원하신 유일한 질서 안에서 인간이 그리스도와 갖는 관계가 인간 존재의 창조에 있어서 본질적인 구성 요소임을 보여 준다.[25] 하느님의 모상인 그리스도께서 모든 피조물에 앞서 선재하신다는 것은 그분이 성부로부터 발출하는 육화하신 성자라는 말이기도 하다. 성자께서는 육화하신 분으로서 성부로부터 발출하셨기에, 성자는 성부께서 다른 모든 사람들을 낳고 존재하게 하는 원천이 되신다. 만일 그리스도가 육화하신 하느님의 아들인 한에서 성부와 같은 하느님이시라면, 하느님은 그리스도의 모습과 더불어 우리 가운데 현존하신다고 할 수 있다. 바로 이 때문에 그리스도는 하느님께서 모든 피조물들을 이끌어 내시는 유일한 원천이시다. 그러므로 하느님은 그리스도를 모든 피조물과 인간에게 있어서 본질적이고도 필요 불가결한 핵심 요소로 원하셨다.

25) 참조: G.Gozzelino, 앞의 책, p.71.

그리스도의 맏아들 됨이 갖는 고유함은 단지 그분의 존재가 시간적으로 피조물보다 선행한다는 데 있지 않고 또 제일 먼저 창조되었다는 데에도 있지 않다. 그것은 그분이 모든 피조물에 비할 바 없이 탁월하시다는 데에 있다.[26] 무엇보다도 그분이 첫 번째이신 것은 창조의 원천이시기 때문이다. 이것은 그분이 단지 일련의 창조 가운데 첫 번째가 아니라 창조의 원인이라는 의미에서 첫 번째라는 말이다. 그리스도께서는 여타의 피조물들을 낳고 창조하기 위해서 모든 것에 앞서 성부로부터 발출하셨다. 성부께서는 그리스도가 모든 사물의 모형인이 되길 바라셨다. 그래서 피조물들 가운데 그분을 닮지 않은 그 어떤 것도 없으며, 성부께서는 창조 때 그분으로부터 영감을 받으셨다. 그 어떤 것도 성부께서 그리스도와 함께 창조하지 않은 것이 없다. 그리고 그분으로부터 나오지 않은 것도 그분을 향하지 않는 것도 없다.

다시 한번 더 그리스도의 유일함, 즉 창조에 있어서 그리스도의 능동적인 중개와 원인성, 보장 등에 대해서 살펴보기로 하자. 만일 그리스도께서 다른 피조물들을 창조하시기 위해 성부로부터 발출하셨다면, 그분의 현존은 창조가 지속되기 위한 보장이다. 왜냐하면 창조는 하느님의 모상이자 맏이이신 그리스도가 연장되고 지속되는 것이기 때문이다. 창조 없이 모상이신 그리스도는 표현되지 않은 채 남아 계실 것이다. 따라서 우리는 그분의 존재 의미에 대해서도 알 수 없을 것이다. 만일 그리스도가 창조를 정당화하며 창조에 참된 의미를 부여하는 분이라면, 그리스도의 존재에 참여하지 않는 어떠한 피

26) 참조: T.Ballerini, *Epistola ai Colossesi,* in AA.VV., *Introduzione alla Bibbia,* vol. V/2, p.35.

조물도 존재하지 않을 것이다. 창조에 있어서 그분이 갖는 유일한 능동적 중개의 위치는 전 우주 가운데 그분의 절대적인 수위성에 대해서 부각시켜 주며 또한 피조물이 그리스도와 갖는 본질적인 관계에 대해서도 잘 보여 준다. 바로 이 관계는 피조물에게 있어서 존재 구조의 본질에 속하며 그가 갖는 그리스도적 차원이야말로 자신을 정당화하는 원뿌리라고 할 수 있다. 따라서 그리스도와의 관계에 근거한 창조는 그 존재론적인 요청상 자신에 대한 그리스도의 '주인 됨'을 필요로 할 뿐 아니라 그분을 자신의 유일한 구원으로 간주하게 한다.

그리스도 안에서 그리스도를 통해서 이루어진 창조는 이제 성부의 영광을 반사하는 거울이 된다. 더 나아가, 성부께서 단지 그리스도 안에서 그리스도를 통해서 만물을 창조하셨을 뿐 아니라 그분을 향해서 창조하셨다면, 창조는 성부께서 육화하신 성자께 드리는 선물의 의미도 갖는다. 그리스도는 그 선물을 받아 마치 성부의 인격적인 선물처럼 사랑하시고 보존하신다. 그러므로 창조된 만물에 대해 그리스도께서 '주인 됨'을 행사하시는 것은 그 피조물들을 배려하고 구원하시려는 깊은 의미가 담겨 있으며, 동시에 성부의 사랑에 대해 응답하려는 그리스도의 모습도 담겨 있다.

3.3. 그리스도적 차원

창조에 있어서 그리스도적 차원은 구원에 있어서도 중요한 위치를 갖는다. 왜냐하면 그리스도는 새로운 창조의 시작이자 바탕이기 때문이다. 여기서도 그리스도는 역시 "죽음에서 부활한 이들 가운데 맏이"(콜로 1,18)로 소개되고 있다. 이 새 창조에 있어서도 그분의 능동적 중개의 지위는 강조되고 있는 것이다. 이는 다시 말해 그리스도께서는 맏이인 한에서 부활하셨음을 의미한다. 여기서 강조되는 것은 시간적인 측면이 아니라 그분의 탁월함이다. 그리스도께서는 다른 모든 이들의 부활의 원천이자 창조의 원천이요 부활의 보증으로 부활하신 분이다. 만일 그리스도께서 부활하셨다면 우리 역시 부활할 것이다. 왜냐하면 그분의 부활은 개인적인 부활이 아니라 '맏이'로서의 부활이기 때문이다. 그리스도의 부활은 본질적으로 창조의 충만함에 속하는 사건으로서 이를 통해 창조는 보다 명백하게 자기 존재의 궁극적인 근거와 정당화의 근거로서 그리스도적인 차원을 드러낸다.[27]

그러므로 그리스도의 절대적인 수위성으로 특징지어지는 창조는 시간과 더불어 시작되는 그 무엇이거나 또는 막 시작하려는 순간이 있고 그 나머지가 남아 있는 식이 아니라, "인간과 세계 역사의 근본 바탕으로 영원히 남아 있다."[28] 결국 모든 것은 오직 그리스도 안에서 비로소 그 자신의 항구함을 가질 수 있다. 이는 그리스도가 단지 시작하는 시점에만 있는 그 무엇이 아니며, 나아가 역사는 오직 그리스도의 역사로 읽혀질 때에만 비로소 이해 가능하다는 것을 의미한다.[29] 즉, 창조로부터 시작되는 역사는 그 자신의 바탕을 이루는 근본 요소인 그리스도적 차원이 드러나는 사건의 역사라고 하겠다. 그러므로 전 우주에 있어서 그리스도가 갖는 수위성의 전망은 점점 더 넓어지며, 인간과 제반 피조물들에게 있어서 그리스도적 차원은 점점 더 깊이 드러나고 있다. 만일 그리스도와의 관계가 인간과 우주에 있어서 핵심적인 구성 요소라고 한다면, 그리스도와의 계약 또는 그리스도를 향한 지향성은 인간의 자유로운 결정 이전에 이미 하느님 편

---

27) E.Lohse, *Le lettere ai Colossesi e a Filemone,* p.108, 각주 98.

28) M.Serenthà, 앞의 책, p.345.

29) 참조: 같은 곳.

에서 인간을 원하신 유일한 근거가 아닐 수 없다. 이렇게 인간이 하느님과 더불어 갖는 존재론적인 관계성은 인간 존재가 갖는 고유한 소명에 대해서 이해하도록 우리를 초대한다.

하느님께서 인간을 당신과의 계약을 통해 그리스도 안에서 그리스도를 통해서 원하셨다 함은 구체적으로 그가 당신과 함께 생명의 친교를 이루도록 그를 원하셨다는 말이다. 그것은 또한 인간은 오직 은총 안에서 은총을 통해서만 존재할 수 있다는 말이기도 하다.[30] 사실 인간이 그리스도 안에서 하느님과 생명의 친교를 나누도록 창조되었다는 것은 하느님께서 인간과 통교함에 있어서 철회하지 않는 당신 계획에 대한 보장으로서 그리스도를 원하셨다는 뜻이다. 다시 말해서, 그리스도는 하느님께서 인간을 위해 준비하신 결코 '후회하지 않으시는' 당신의 계획에 대한 충실함의 표시이다.[31] 결국 인간은 그리스도적인 차원에 힘입어 이제 자기 존재의 궁극적인 목적으로서, 삼위일체적인 참행복 직관을 누리고 계신 육화하신 하느님의 아들 그리스도께서 지니셨던 같은 목적을 나누어 받게 되었다.

4. 그리스도와의 관계 안에서 규정된 인간

"존재하는 모든 인간은—선험적으로 그리고 자신이 의식하기 이전에—그리스도와의 관계를 통해서 규정될 수 있으며 사실 그렇게 규정되어 있다."[32] 그리스도와의 관계는 존재론적인 질서에 속하는 것

30) 참조: W.Seibel, *L'uomo come imagine soprannaturale di Dio e lo stato originale dell'uomo,* in *Mys. Sal.*, vol.4, p.553.

31) M.Serenthà, 앞의 책, p.345.

으로서, 결코 신앙을 받아들였다거나 세례를 받았다 해서 새롭게 창조되는 것이 아니다. 이 기회들은 단지 인간이 존재론적으로 지닌 그리스도와의 관계성을 외적으로 드러내 주며, 나아가 이에 대한 개인적이고 공동체적인 동의를 드러내 줄 뿐이다.[33] 결과적으로 그리스도와의 관계를 지니지 않는, 순수한 자연적 인간은 존재하지 않았으며 존재하지도 않을 것이다.[34] 실제적으로 존재하는 인간은 이렇게 존재 구조상 그리스도와의 관계를 통해 규정되어 있으며 그리스도화(cristico) 하도록 부름을 받았다. 따라서 참된 인간의 의미 ―그의 인격성의 핵심이며 존엄성의 최종적인 근거 ―는 본질적으로 그리스도 안에서 그리스도를 통한 그리스도 안에서의 존재성 안에 있다. 이는 육화하신 하느님의 아들인 예수 그리스도를 침해하지 않고서는, 더 나아가 그리스도와 긴밀한 관계 안에 있는 하느님을 침해하지 않고서는 인간을 침해할 수 없는 이유인 것이다. 이러한 그리스도와의 관계성은 우리로 하여금 인간이 그리스도 안에 존재할 뿐만 아니라 그분으로부터 유래한다는 것을 깨닫게 해준다. 그리스도는 인간을 이해하는 데 있어서 핵심 열쇠요 원형인 것이다. 우리는 이러한 정의를 에페 1,3~5에 나타난 바오로 사도의 가르침을 통해서 밝혀 보고자 한다.

"우리 주 예수 그리스도의 아버지 하느님께서 찬양받으시기를 (빕니다). 그분은 그리스도 안에서 하늘의 온갖 신령한 축복으로 우리를 축복하셨습니다. 그분은 세계를 창건하시기 전에 그리스도 안에서 우리

32) G.Gozzelino, 앞의 책, p.71.

33) 참조: 같은 곳.

34) C.Caffarra, *Viventi in Cristo,* pp.46~47.

를 뽑으시어 사랑으로 당신 앞에서 거룩하고 나무랄 데 없도록 하셨습니다. 그분은 또한 당신 뜻의 그 호의로 예수 그리스도를 통하여 우리로 하여금 당신의 아들 되는 자격을 얻도록 예정하시어 (…)."

이 구절에 의하면, 그리스도 안에서의 인간 예정의 원천은 성부께서 그리스도 안에서 인간을 '선택'하셨다는 사실에 있다. 이 '선택'은 세상이 창조되기 이전에 그리스도 안에서 하느님 아버지를 통해서 이루어졌다. 그리스도 밖에서 존재할 수 있는 시간과 공간은 없다. '창조'와 특히 이 세상의 역사 안에서 '강생하신 성자의 오심'은 하느님께서 영원으로부터 그리스도 안에서 원하셨던 구원 계획의 충만한 계시인 것이다.[35] 하느님께서 그리스도 안에서 우리를 선택하신 것은 무엇보다도 하느님의 조건 없는 사랑에서부터 오는 선물이다. 바오로 사도는 이 '선택' 은총을 '영적인 축복'으로, 즉 영적인 본성으로 불렀다: 그것은 그리스도와 성령 안에서 우리에게 주신 '선'(善)인 것이다(에페 1,3).[36] 하느님께서 우리를 그리스도 안에서 '선택'하신 '선'은 그분께서 우리를 위해서 영원으로부터(ab eterno) 원하신 것이었다. 하느님께서 그리스도 안에서 우리를 선택하신 은총은 우리를 위한 하느님의 '인격적인' 사랑과 더불어 우리 존재의 본성(本性)과 질(質)을 잘 보여 준다.

우리 존재는 하느님의 '선택' 은총을 통해서 그리스도 안에서 선재(先在)한다: "우리는 하느님으로부터 선택된 한에서, 그리스도 안에서 선재했었으며 무엇보다도 선택된 자로 선재한다."[37] 그러므로 영원은

35) H.Conzelmann, *Lettere minori di Paolo,* p.121.

36) 참조: H.Schlier, *Lettera agli Efesini,* pp.46~48.

37) 같은 책, p.52.

우리의 기원이다: "그리스도 안에서의 우리 존재는 모든 것에 앞서 영원으로부터 있었다. 그리고 이것이 우리 존재의 첫 번째 형태이다."[38] 우리는 모든 것에 앞서 있었다. 왜냐하면 그리스도 안에서의 영원한 선택은 우리 존재의 '형태'이기 때문이다. 그리스도 안에서의 선택은 우리가 시간 이전(pre-temporalità)에 그리고 이 세상 이전(pre-mondanità)에 선재했다는 데 대한 근거일 뿐만 아니라, 바로 인간 존재의 구조적인 특징이기도 하다. 인간을 구조적으로 특징짓는 것은 바로 그리스도 안에서의 '선택'인 것이다. 인간에게 있어서 "그가 그리스도 안에 존재한다는 사실은 단지 그가 세상 안에 피조물로서 존재하는 것만이 아니라, 모든 것에 앞서 영원히 하느님으로부터 그리스도 안에서 선택된 존재임을 의미한다."[39]

나아가 이러한 '선택'은, 영원함 안에서의 인간의 기원과 그 존재의 질을 드러내 줄 뿐만 아니라, 그 존재의 목적도 표현한다. 선택받은 우리의 원래 상태에 있어서 우리는 하느님께서 우리에게 선물로 주신 최종 목적을 향해 존재한다: "선택된 한에 있어서, 선택된 존재는 그 자체로 방향 지어져 있고, 개방되어 있으며, 지향되어 있다."[40] 더 구체적으로 말해, **그리스도 안에서의 선택의 목적은 육화하신 하느님의 아들인 그리스도와 동일한 상태를 향해 예정된 것에 있다.** 선택된 한에서, 인간 존재는 본질적으로 그리스도를 향한 존재이다. 따라서 인간은 그리스도를 향한 예정을 통해서 규정되어 있다: 즉, 인간은 "그분을 향해 미리 규정된 존재인 것이다." 그럼에도 불구하고 인간은 존재함으로써 목적을 취하는 것이 아니라, 이미 그리스도를 향해 미

38) 같은 책, p.53.
39) 같은 책, p.54.
40) 같은 책, p.55.

리-규정된 상태에서 존재하게 되는 것이며, 이러한 의미에서 인간이 존재한다고 하는 것은 그리스도 안에서 선택된 그의 선존재(先存在) 구조를 가시화하는 것이라고 할 수 있다.

하느님께서 인간을 그리스도 안에서 선택하신 목적은 인간 형태 안에 자신을 드러내신 성자 안에서 같은 하느님의 자녀가 되게 하려는 데에 있다. 인간에게 있어서 하느님의 자녀가 되는 예정은 어떤 한정되고 제한된 의미를 지니는 것이 아니다. 그 내용은 매우 풍부하다. 왜냐하면 선택된 이들을 위한 예정은 인간 존재와 실존을 본질적인 면에서 규정하는 충만하고도 결정적인 의미의 근거이기 때문이다. 인간은 선택되고 예정된 한에서 모든 것에 앞서 영원히 성자 안에서 하느님의 자녀로 존재한다. 이러한 그리스도와의 관계를 통해 인간은 인간이 되신 "하느님의 아들(*Figlio*) 안에서 하느님의 자녀(*figlio*)"라고 정의할 수 있다.

이렇게 그리스도 안에서의 선택 은총은 성자 안에서 하느님의 자녀가 되는 절대적인 예정 안에서 해명될 수 있다. 그러므로 인간이 그리스도와 갖는 존재론적인 관계는 인간에게 있어서의 그리스도적 본성을 강조할 뿐만 아니라, 그리스도 안에서 하느님의 자녀 됨의 상태를 발견하게 해준다. 인간에게 있어서 그리스도적인 존재가 된다고 하는 것은 육화하신 성자 안에서 하느님의 양자(養子)가 되는 실존적인 형태 안에서 드러난다. 우리가 그리스도와 더불어 갖는 관계는 하느님께서 우리에게 원하신 목적인 우리가 성자 안에서 당신의 자녀가 되는 지위를 발견하게 해준다.

인간이 그리스도와 갖는 관계에 있어서 존재론적인 특징, 그리고 이 관계가 인간을 규정하는 데 있어서 기초가 된다는 사실은, 우리가 입양(入養)으로 하느님의 자녀가 되는 데에 있어서 그리스도가 모형인

(*causa esemplare*)일 뿐 아니라 능동인(*causa efficiente*)[41]이라는 사실에서도 잘 드러난다. 콜로 1,16에 보면, 그리스도는 우리가 하느님의 자녀가 되는 데에 있어서 직접적인 능동인으로 언급되고 있다. 여기서 다시 한번 중개자로서의 그리스도의 위치가 드러나는 셈이다. 육화하신 그리스도의 활동을 통해서 우리가 그분 안에서 하느님의 자녀로 예정되기 위해 선택되었다는 것은, 우리로 하여금 그리스도야말로 하느님 아버지 앞에서 우리의 선택을 위한 원천으로 서 계실 뿐만 아니라, 이 선택과 예정을 현실화하시는 분임을 깨닫게 해준다. 그러므로 그리스도는 우리 선택에 있어서 중개 역할을 하시며 이 선택을 보장하는 분이시다. 그리고 이렇게 부름을 받은 우리 존재에 있어서 궁극적인 의미가 되어 주신다. 결국, 그리스도는 하느님 아버지께서 영원으로부터 우리를 당신의 자녀로 선택하기 위해 영원으로부터 하느님 아버지께서 원하신 분이다. 그리스도는, 하느님께서 우리를 선택하셨을 뿐만 아니라 오늘도 선택하고 계시며 내일도 그리고 언제까지나 우리를 선택하시리라는 하느님 사랑에 대한 보장이다. 그러므로 그리스도는 단지 도구적인 것을 넘어서 성부와 더불어 작용의 주체이며 원인이시다. 성부는 그리스도 안에서(in Cristo) 그리스도를 통해서(per mezzo di Cristo) 그리스도와 함께(con Cristo) 우리를 선택하신다. 그리스도 안에서 그리스도를 통해서 이루어진 우리를 향한 선택 은총은 역사적으

41) 참조: 이 콘텍스트에서 그리스도가 모형인이라 함은, 본래적인 의미에서 그리스도가 하느님의 아들이라는 사실이 우리가 하느님의 자녀가 되는 데에 있어서 원형이자 모델이라는 의미에서 그러하다. 그리고 그리스도가 능동인이라 함은 ―능동인은 어떤 존재가 있게 하도록 작용하는 원인이 되는 주체를 가리키는 용어이다 ―우리가 하느님의 자녀가 되는 데에 있어서 그 근본 원인은 그리스도 안에 있다는 말이다. 왜냐하면, 하느님은 우리를 그리스도 안에서 그리스도를 통해서 그리스도를 향해 선택하셨고 예정하셨기 때문이다. 그리스도야말로 우리가 하느님의 자녀가 되는 데에 있어서 근본 원인인 셈이다.

로는 하느님께서 우리를 입양으로 당신의 자녀가 되게끔 하시는 실존적인 형태 안에서 구체화된다. 인간은 자신이 결단하게 될 어떠한 종류의 자유로운 결정 이전에 앞서서 이미 이러한 상태에로 예정되었다. 이러한 선택의 현실화 과정 안에서도 그리스도의 중개 역할은 본질적이다. 바오로 사도는, 하느님께서 세상 창조 이전에 "그리스도를 통해서 그리스도를 향해서"(에페 1,5) 우리를 당신의 자녀로 예정하셨다고 언급하고 있다. "그리스도를 통해서 그리스도 안에서"라는 표현은 주석학자들에 의하면 콜로 1,16과 로마 8,29의 맥락 안에서 올바로 이해될 수 있다.[42] 즉, 하느님의 사랑하는 아들(Figlio)은 우리를 낳으시기(generare) 위해서 성부께로부터 낳음(generato)을 받으셨다. 육화하신 성자는 우리를 존재케 하시는 하느님 사랑의 원천이며, 성부와 더불어서 우리를 당신의 자녀로 있게 하는 분이시다. 우리에 대한 하느님의 '선택' 은총의 실존적인 형태인 하느님의 자녀 됨의 지위는 인간에게 있어서 본질적이며 필수적인 요소이다. 왜냐하면 인간은 성자이신 그리스도 안에서 그리스도를 통해서 원해진 존재이기 때문이다. 성부께서는 우리를 성자께로 이끄시기 위해 자녀로 삼으셨으며, 이를 위해 그리스도를 우리가 당신의 자녀가 되는 데 있어서 원형이요 모델로 삼으셨다.

그러므로 인간이 하느님의 자녀가 되는 것은 오직 그가 육화하신 성자를 향해서 원해진 것 이외에 다른 것이 아니다. 이렇듯 성자는 인간에게 있어서 최종 목적이며, 인간이 갖는 행복을 향한 깊은 원의를 충만히 채워 주는 유일한 참행복(beatitudine)이시다. 로마 8,29에 따르면, 인간의 최종적인 목적은 "성자와 같은 형상을 갖는 것", 즉 성자와 같은 존재 양상을 갖는 것이다(필립 2,7 참조).[43] 오직 이 전망 안에

42) 참조: 앞의 책, p.58 이하.

서 실존하는 인간 존재를 올바로 이해할 수 있으며, 그가 갖는 존엄성과 인격성의 근원을 알 수 있다. 역사 안에서 인간이 누리는 시간은, 구체적으로는 인간이 되신 성자 예수 그리스도를 통해서 우리가 받은 선택 은총과 자녀 됨의 은총을 현실화하는 시간이다. 즉, 우리의 역사는 그리스도를 통해서 그리스도 안에서 선택되고 자녀가 되어 가는 역사인 것이다. 나아가 우리의 역사는 인간 안에서 인간과 함께 인간의 역사가 되신 그리스도가 인간을 통해 '하느님의 자녀 됨'과 '선택 은총'을 현실화하는 과정이기도 하다. 그럼으로써 인간은 이제 성부로부터 사랑받고 낳음을 받은 성자 그리스도의 역사가 되는 것이다.

43) 참조: H.Schlier, *Lettera ai Romani,* p.448.

IV 예정 은총의 활동

하느님의 구원 경륜 안에서 예정 은총 활동은 그 이후에 뒤따라오는 하느님의 모든 구원적인 결정과 개입의 원천이요 근거이다. 이 예정 은총은 다른 모든 피조물들을 이해하기 위해 최종 목적이 갖는 위치처럼, 인간 이해에 있어서도 같은 위상을 갖는다. 즉, 예정 은총은 인간에 대한 하느님의 구원 계획과, 이를 실현하기 위한 전체 구원 역사에 있어서 모든 하느님의 개입을 정당화하는 유일한 근거요 모든 원인들 중의 원인이다. 따라서 예정 은총은 인간의 시작과 기원이 오직 하느님뿐이라고 하는 사실을 드러내 주며, 나아가 그를 그리스도 안에서 존재하도록 부르신 분도 하느님이심을 잘 보여 준다. 그러므로 예정 은총은 그리스도 안에서 인간을 향한 하느님의 계획에 있어서 근본 원인이다.[44] 따라서 예정 은총은 또한 그리스도의 파스카 신비의 동기이기도 하다. 이처럼 하느님의 구원 계획에 대한 보다 깊이 있는 이해를 통해서 살펴볼 수 있는 또 다른 중요한 사실은, 인간에 대한 하느님의 계획의 유일한 원천은 오직 하느님의 사랑뿐이라는 점이다. 인간은 오직 이 하느님의 사랑 안에서 살아감으로써 궁극적으로 충만하게 자신을 실현할 수 있으며, 바로 이 하느님의 사랑이 인간적인 형태로 가시적으로 드러난 분이 바로 성자 예수 그리스도이시다.

나아가 하느님의 예정에 대한 결정이 형성되는 차원은 '무상성' (*gratuità*), 즉 은총을 베푸는 차원일 수밖에 없다. 이 은총을 베풂은

[44] G.Gozzelino, 앞의 책, p.73.

오로지 인간을 위한 하느님의 무상적인 사랑에서 나온다. 하느님이 이렇게 행하시는 근본 이유는 인간을 당신이 행하시는 모든 것의 수취인으로 삼기 원하셨기 때문이다: 하느님은 인간에게 '은총을 베풀기 위해서' 그리고 그에게 당신의 '신적(神的)인 무상성'을 가시적으로 드러내기 위해서 인간을 원하셨다. 예정 은총이 하느님의 모든 구원적인 제스처에 있어 근본 원인이 된다는 사실로 인해, 이 예정 은총은 모든 은총들 중의 은총이라고 할 수 있다. 즉, 그 이상 더 생각할 수 없는 가장 큰 은총으로서, 하느님이 인간에게 베푸실 수 있는 것을 더 이상 상상할 수 없는 최고의 은총인 것이다. 왜냐하면, 예정 은총은 인간이 당신과 하나 되도록 하기 위한 당신의 깊은 사랑에서 유래한 것이기 때문이다. 이 예정 이후에 이어지는 일련의 하느님의 제스처들은 예정 은총을 현실화하는 은총들일 뿐이다. 이 가운데 커다란 은총들을 열거하면, 그리스도 안에서 인간을 '선택'하심, 그리스도 안에서 존재하도록 부르심, 인간을 의화하심, 성령을 보내 주심, 그리스도 안에서 인간을 영광스럽게 하심 등이다. 그러나 인간을 향한 하느님의 예정 은총에 대한 보다 명확한 전망을 갖기 위해 성서의 가르침을 살펴보는 것이 좋을 듯싶다.

1. 성서의 가르침

여러 언사들을 통해서 우리는 예정에 대한 성서적인 사고를 접할 수 있다. 여기서 우리는 무엇보다도 먼저 구약성서에 있어서 '선택' 개념이 갖는 의미를 분석하고, 공관 복음 안에서 '나라'(Regno)가 무엇을 뜻하는지, 그리고 바오로의 신학 안에서 '신비'(mistero)가 무엇이며 마지막으로 사도 요한에게 있어서 '진리'(verità) 개념을 살펴봄으로써 '예정'에 대한 전체적인 윤곽을 잡아 보기로 하겠다.

1.1. 구약성서

예정에 대한 구약성서의 메시지를 살펴보기 위해 계약 개념과 밀접하게 관련된 '선택'이란 주제를 우선적으로 분석하는 것이 필요하다고 말했다. 이 하느님의 '선택' 은총을 분석하는 동기는 이미 서언에서 언급한 바 있다. 즉, 하느님께서 이루시는 모든 구원적인 제스처들은 그 근본 원인을 예정 은총에 두고 있을 뿐만 아니라, 이 제스처들은 하느님께서 역사 이전에 취하신 당신의 무상적 결정을 역사 안에서 현실화하는 것이다. 이런 점에서 '선택'은 구원 계획의 현실화 과정에 있어서 하느님께서 이루시는 첫 번째 제스처로서 매우 중요한 의미를 띠고 있다. 구약성서에 있어서 이러한 하느님의 선택 행위는 본질적으로 계약과 깊은 연관을 갖고 있다. 왜냐하면, 한편으로 '계약'이 이스라엘 백성을 선택하려는 하느님의 의지가 시간 안에서 가시적이고 구체적으로 드러나는 것이라고 한다면, 다른 한편 선택은 이스라엘 백성과의 관계에 있어서 계약의 무상성(gratuità)이 드러나는 사건이기 때문이다.

이렇게 '선택'이란 주제는 인류에 대한 하느님의 역사적인 계획 안에 유보되어 있다. 따라서 하느님의 '선택' 행위는, 이스라엘 백성을 통해서 하느님께서 인류 전체와 맺으시는 계약의 원천이 오로지 당신의 무상적인 주도권(iniziativa) 안에 있으며, 이러한 하느님 원의의 목적은 이스라엘 백성과의 계약 체결에 있다는 점을 명백하게 드러낸다: '선택'은 본질적으로 계약의 실현에로 방향 지어져 있다. 그러나 이 모든 과정 안에서 특별하게 부각되는 점은 하느님의 결정과 행위에 있어서의 무상적(*gratuità*)인 성격이다.

이 모든 점들을 우리는 하느님께서 선조들을 선택하는 과정에서 찾아볼 수 있다. 이미 아브라함에 대한 선택에서 그 주도권은 오직 하느님에게 있음을 볼 수 있다. 여기서 하느님은 인간들이 자기 스스로에게 이름을 부여하려는 자신들만의 계획(창세 11,4)을 거슬러 그에게 이름을 주실 것과 백성을 허락하시겠다는 약속(창세 12,2)을 하신다. 이러한 하느님의 자유로운 주도적 행위를 우리는 또한 하느님께서 아브라함의 아들들 중에 하나를 선택하시는 과정 안에서도 찾아볼 수 있다. 하느님은 그의 아들들 중에서 소실의 아들인 엘리에젤과 이스마엘을 포기하고 약속의 아들인 이사악을 선택하신다. 이러한 모습은 역시 이사악의 아들들에게서도 찾아볼 수 있다. 하느님은 장자권이 있는 에사오 대신 둘째 아들인 야곱을 선택하신다. 이 과정은 야곱의 아들들 중에서 한 아들을 선택하는 하느님의 모습에서도 보인다. 하느님은 많은 그의 아들들 중에서 오직 열한 번째 아들인 요셉을 선택하신다.

우리는 이 같은 점을 하느님께서 많은 백성 중에서 유독 이스라엘 백성을 선택하는 모습 안에서도 볼 수 있다. 이스라엘 백성에 대한 선택은 인간적인 면에서 볼 때 상식을 벗어난 것이었다. 사실상, 이스라엘은 백성을 이룬 것도 아니었으며, 당시의 다른 주변 백성들과 비교해 볼 때 백성으로서의 어떤 일관성도 지니지 못했었다. 이 백성의 존재는 오직 하느님의 선택으로서만 이루어진 것으로서(신명 9,5), 이는 당신의 무한하고 무상적인 사랑에 근거한 약속에 대한 충실하심을 드러내시는 것이었다(신명 4,37): '하느님은 여러분과 관계를 맺으셨으며 여러분을 선택하셨습니다. 이는 여러분이 다른 민족들보다

숫자가 많기 때문이 아닙니다. 사실 여러분은 모든 민족들 중에서 가장 보잘것없습니다. 이렇게 여러분을 선택하신 것은 바로 하느님께서 여러분을 사랑하기 때문입니다'(신명 7,7~8). 하느님께서 모든 민족들의 역사 위에 군림하신다는 관념은 예레미아 예언자 안에서 정형화되어 드러나는데, 그는 이를 위해 자기 마음대로 그릇을 빚는 옹기장이의 이미지를 빌려서 설명하고 있다.[45]

그러나 이러한 하느님의 선택 행위를 다른 사람들과 비교해 볼 때 어떤 사람들을 차별하신다거나, 또는 인간의 자유와 하느님의 전능하심이 서로 상충한다는 의미로 해석한다면 옳지 않다. 사실, 선택된 이는 계약에 의해 선택된 것이며, 하느님의 구원 계획은 모든 백성을 지향하고 있다. 따라서 선택된 이는 이러한 하느님의 보편 구원 계획에 협력해야 한다.[46] 이를 증명하기 위해서 우리는 제2이사야서의 몇몇 텍스트들을 열거할 수 있다. 이 본문들은 고난 받는 '야훼의 종'의 모습을 우리에게 상기시키고 있는데, 모든 이들의 죄를 씻기 위해 하느님께서 야훼의 종을 선택하심과 보편 구원을 위한 이 종의 사명, 특별히 사랑과 고통 안에서 자유로운 순명과 더불어 자신의 생명을 내어 주는 그의 모습이 잘 드러나고 있다(이사 42,1~7; 49,1~9; 50,4~10; 53,1~12).

---

45) " '너는 곧 옹기장이 집으로 내려가거라. 거기에서 너에게 일러 줄 말이 있다.' 말씀대로 옹기장이 집에 내려가 보았더니, 옹기장이는 마침 녹로를 돌리며 일을 하고 있었다. 그런데 옹기장이는 진흙으로 그릇을 빚어내다가 제대로 안 되면 그 흙으로 다른 그릇을 다시 빚는 것이었다. 마침 야훼의 말씀이 나에게 들려 왔다. '진흙이 옹기장이의 손에 달렸듯이 너희 이스라엘 가문이 내 손에 달린 줄 모르느냐? 이스라엘 가문아, 내가 이 옹기장이만큼 너희를 주무르지 못할 것 같으냐?' 야훼가 하는 말이다"(예레 18,2~6).

46) L.Serenthà, *Predestinazione*, in *DTI*, p.760.

1.2. 신약성서

1.2.1. 공관 복음

'예정'에 대한 공관 복음의 메시지가 발전되어 가는 과정을 살펴보기 위해서는 먼저 '나라'(*Regno*)라는 주제를 분석하는 것이 필요하다. 예수 그리스도의 설교에 있어 핵심을 이루는 이 주제 안에서 우리는 앞서 언급한 주제들이 교차하고 있음을 발견할 수 있으며, 나아가 이 주제들이 '나라'라는 주제 안에서 완성되고 있음을 알게 될 것이다. 이는 무엇보다도 '선택'이라는 주제가 '계약'을 향한 호의에 가득 차고 무상적인 하느님의 자세를 강조해서 드러내 주고 있다는 의미에서, 그리고 이 주제가 '부성'(父性, *paternità*) ―하느님의 주권을 부성이라고 하는 것은, 악독한 주인을 섬기는 종들에게 있어서 역사 안에 드러난 하느님의 자비 가득한 부성의 현존은 기쁜 소식이기 때문이며, 특별히 이 하느님의 부성은 모든 사람들을 사랑에 넘치는 당신의 주권 안에 모아들이며, 그들을 자유롭게 사랑스러운 당신의 자녀로 받아들이시기 때문이다―으로 표현될 수 있는 하느님의 '왕권'(*regalità*) 또는 '주권'(*signoria*)의 주제를 잘 드러내 주고 있기 때문이다. 우리는 이 사실을 '나라'를 선포하는 예수 그리스도의 말씀과 제스처 안에서 찾아볼 수 있다: 이 제스처는 죄인들과 함께 만찬을 하고, 병자들을 고치며, 죄인들을 회개와 신앙에로 초대하며 비유를 들려주시는 예수 그리스도의 모습을 통해서 볼 수 있다.

우리는 이처럼 부성 안에 함축된 은총 개념에서부터 출발해서 예정 개념을 찾아낼 수 있다. 사실, 인간 구원이 하느님의 사랑에 넘치는 부성에 의존한다는 사실은, 하느님의 구원 업적에 대한 '신비로움'(*misteriosità*)과 '예견할 수 없음'(*imprevedibilità*)이라는 성격을 부여하게 해주는데, 이는 하느님의 행동이 드러나는 여러 비유들을 통해서 잘 설명되고 있다. 그러므로 우리는 이를 통해서, 구원은 바로 헤아릴 수 없이 심오한 하느님의 사랑—여기에서부터 하느님의 모든 결정과 행동이 나온다—안에 근거하고 있음을 알 수 있다. 그러나 하느님께서 이렇게 행동하신다고 해서 인간 편에서 자유에 대한 책임이 평가 절하된다는 의미는 아니다. 오히려, 인간은 자기 스스로의 힘만으로 자신을 구원하려는 모든 헛된 희망을 거슬러서, 하느님을 자신의 궁극적인 희망으로 선택함으로써 보다 깊이 있는 자유의 삶을 살도록 불렸다. 나아가 인간의 궁극적인 희망이 하느님의 부성 안에서 응답될 수 있다는 사실은, 인간 구원에 있어서 무엇보다 중요한 것은 이 구원이 오로지 조건 없는 하느님의 사랑에서부터 유래하는 그분의 계획에 근거한다는 점을 우리에게 일깨워 준다. 여기서 우리는 '나라'라는 신약성서 주제가 '선택'이라고 하는 구약성서 주제를 완성하고 있음을 볼 수 있다.[47]

1.2.2. 바오로 사도 안에서

우리는 바오로 사도 안에서 '나라'라는 주제 대신에 '신비'(*mysterion*), 즉 하느님의 구원 계획이라는 주제를 발견할 수 있다. 하느님의 구원 계획을 '신비'로 언급하고 있는 대표적인 본문들은 다음과 같다: 1고린 2,7; 로마 16,25~27; 에페 1~3장; 콜로 1,9~2,4. 우리는 이 본문들을 통해서 '신비' 개념을 신학적인 면, 그리스도론적인 면, 교회론적인 면 등 세 가지 차원에서 보다 구체적으로 살펴볼 수 있다.

47) 참조: 앞의 책, p.761.

① 신적인 특징

바오로에게 있어서 '미스테리온'(*mysterion*), 즉 인간에 대한 구원 계획은 하느님의 사랑에서 유래하며 헤아릴 수 없는 하느님의 사랑에 가득 찬 주도권을 통해서 가시화되었다. 이러한 구원 계획의 전망 안에는 인간 자유를 축소시키거나 제거해 버리려는 의도가 조금도 없다. 오히려 이 안에는 성성(聖性)과 사랑의 삶을 향한 인간 자유에 대한 부르심이 있으며, 따라서 인간 자유에 대한 책임이 뒤따르고 있다. 그러나 이러한 전망에서 바오로가 말하려고 하는 요지는, 인간이 자신의 자유로서 공로를 쌓든 그렇지 못하든, 구원 역사의 한몫을 차지함에 있어서 인간 자유 의지는 하느님의 구원 계획을 특징짓는 무상성(gratuità)에 있어서 근본 요소가 될 수 없다는 것이다. 다시 말해, 하느님의 구원 계획은 인간의 공로(*merito*)에 의해 좌지우지될 수 없다는 말이다. 만일 그렇다면 이 구원 계획은 그 자체로 하느님의 무상성 위에 자리할 수가 없다. 즉, 이 계획에 있어서 하느님의 사랑에 가득 찬 무상의 선물이라는 성격이 박탈당한다는 말이다. 이렇게 하느님의 구원 계획에 있어서 무상성의 특징은 인간 자유를 기초 짓는 것이지 그 반대가 아니다: 바로 여기에 하느님께서 인간을 구원함에 있어서 사랑의 보편적인 성격이 드러나는데, 이는 그분의 사랑이 무조건적인(*incondizionata*) 사랑이기 때문이다. 어떠한 종류의 인간적인 조건도 하느님의 구원 의지를 무효화할 수 없다.[48]

② 그리스도론적 특징

바오로의 신학적인 전망 안에서 구원의 '신비'의 모든 것은 그리스도

48) 참조: 같은 책, p.762.

안에 집중되어 드러난다. 그리스도는 모든 구원 계획에 있어서 참된 기준점이 되는 것이다. 사실, 헤아릴 수 없는 하느님의 은총은 인간 자유와 비교해서가 아니라 그리스도 안에 드러난 측량할 수 없는 하느님의 자유에 대한 분석을 통해서 살펴볼 수 있다. 구원 신비에 대해 바오로가 언급한 텍스트를 통해서 볼 수 있는 것은, 인간의 운명은 그리스도의 운명을 닮아 가는 데 있다는 점이다. 하느님의 구원 계획은 바로 인간이 그리스도의 운명에 참여하는 것에 있으며, 이는 정말이지 놀랄 만한 사실이다. 이것은 인간의 모든 이해와 기대를 초월하는 전대미문의 사실로서, 인간이 그리스도와 같은 운명에 참여한다는 것은, 오직 하느님으로부터 선물로 주어진 신적인 삶에 그리스도가 누리듯이 참여함을 의미하기 때문이다.

이러한 구원 계획의 신비에 있어서 무상성은 무엇보다도 i) 인간을 향한 그리스도의 관계와 ii) 그리스도를 향한 성부의 관계 안에서 드러난다. 그러나 "하느님과 인간 사이의 관계 안에서 성부와 그리스도를 동일시함으로써 이러한 관계들을 단순화하는 것은 바오로 사도의 메시지를 오해하는 것이다. 그의 메시지에 의하면, 아무리 그리스도가 부활하고 영광 중에 계신 주님으로서 언급된다 할지라도 성부를 대신할 수는 없다. 그리스도는 오직, 인간을 향한 성부의 사랑을 드러내는 콘텍스트 안에서 언급되고 있다. 다음의 텍스트들은 이 점을 잘 보여 주고 있다: 1고린 3,23; 11,3; 15,28; 갈라 4,6; 로마 6,9~11; 8,29. 바로 이러한 전망 안에서 콜로 1,15~20의 그리스도 찬가를 올바로 이해할 수 있다." 이 찬가는 보다 광범위하게 구원 신비를 언급하는 텍스트 안에 삽입되어 있다(콜로 1,9~2,4).[49]

---

49) 같은 곳.

찬가의 두 구절 안에서 우리는 그리스도의 예정에 있어서 두 가지 측면, 즉 그리스도가 모든 만물에 앞서 첫째(*primato*)라고 하는 점, 그리고 이 예정은 강생과 파스카로 이어지는 구원적 목적을 갖는다는 점, 이 두 가지가 연관되어 있음을 발견하게 된다. 이는 한편으로 그리스도의 첫째성(primato)이 파스카의 신비 안에서 현실화하고 절정에 이르고 있음을 보여 준다면, 다른 한편에선 그리스도야말로 구원의 원천이요 인간 창조의 모델로서 구원적 활동이 전적으로 그분에게 위임되었다는 것을 보여 준다. 그러나 이 두 가지 가운데 무엇보다도 두 번째 측면은 그리스도의 예정을 보다 정확하게 설명해 주고 있다. 사실, 존재하는 모든 것은 그리스도 안에서 그리스도를 통해서 그리고 그리스도를 향해서 원해졌기 때문에, 그분은 십자가 위에서 당신 자신을 희생하심으로써 언제나 당신께 속했던 이 모든 것들을 구원하셨다. 한편, '파스카'의 그리스도는 하느님께서 죄인인 인간에게 허락하시는 자비와 구원의 운명을 계시하는 분이다. 왜냐하면 이 죄인인 인간이 하느님의 모상이자 자녀로 창조되었으며 동시에 이를 완성하도록 부름 받았다는 것은 인간이 죄를 지을 것을 아시면서도 하느님께서 영원으로부터 그렇게 인간을 원하셨기 때문이다. 따라서 그리스도는 모든 인간이 하느님의 자녀가 되는 데 있어서 책임을 지고 계시며, 결과적으로 인간에게 있어서 하느님의 모상과 자녀 됨을 손상시키는 죄 또한 책임지신다. 즉, 인류의 운명은 그리스도의 운명 위에 기초해 있으며 그리스도 운명의 가시화이기 때문에, 역으로 그리스도께서는 인류의 운명과 더불어 계시다고 할 수 있다.

③ 교회론적인 특징

앞서 언급한 바오로의 텍스트에 따르면, 구원 계획 또는 신비는 개별 사람들에 관한 것이 아니라, 직접적으로는 유대인과 이방인이 함께 형성하는 교회 안에 모인 인류 전체에 관한 것이다(에페 2,15 참조). 이러한 구원 신비의 공동체적 차원은 논리적으로 보면 예정에 있어서의 그리스도론적 특징과 연결되어 있다 왜냐하면 교회가 그리스도의 실제적인 몸인 한에서, 교회의 운명은 자신의 머리인 그리스도의 운명과 다를 바가 없기 때문이다. '미스테리온'(mysterion)과 관련된 텍스트들이 제시하는 전망 안에는 예정에 대해 직접적으로 언급하는 구절들이 잘 정돈되어 드러나고 있다. 특히 로마 1,4과 8,28~30이 그것이다. 로마 1,4은 그리스도의 예정을 언급하는데, 이 예정은 그리스도의 부활과 성령을 통해서 모든 사람들을 향한 소명과 관계를 맺고 있다(로마 1,5~7 참조). 반면, 로마 8,28~30은 인간에 대한 예정을 언급하고 있는데, 이 예정은 모상(imago)이라는 주제에 대한 언급과 더불어 그리스도와 관계를 맺고 있다(로마 8,29).

1.2.3. 사도 요한 안에서

바오로가 말한 '미스테리온'(mysterion), 즉 구원 계획은 그리스도 안에 모든 것이 집중되는 것으로서, 요한은 이를 '진리'(verità)라는 범주를 통해서 표현하고 있다. 다음은 현대 주석학자들의 견해이다. 이 주석에 의하면, '진리'에 대한 사도 요한의 주제에 의미를 부여하는 원래의 의미론적 배경은 희랍어(진리=드러냄)가 아니라 고전 히브리어(진리=충실함)로서, 특별히 후기 유대주의의 묵시적-지혜문학적인 배경이라고 한다: 진리=역사에 대한 하느님의 계획, 즉 하느님의 빛에서 본 역사의 의미인 것이다. 이 빛 안에서 볼 때 역사는 이스라엘 백성에 대한 하느님의 충실함이 드러나는 장(場)이다. 이러한 사도 요한의 전망 안에서 볼 때, 진리(verità)는 결코 하느님과 동일시될 수 없다. 진리는 역사적 사실로서, 구체적으로는 역사를 읽어 내기 위해 하느님에 의해 원해진 방법이다. 이에 반대되는 것은 역사를 읽어 내는 데에 있어서 독자적인 관점, 즉 자기 안에 갇힌 상태, 이기주의적인 관점으로 이해되는 죄를 의미한다.

반면, 예수 그리스도는 의미의 원천이신 하느님께 철저하게 순명하며 살았던 살아 있는 인격적인 역사로서 이러한 의미에서 그리스도는 진리와 동일시된다. 그러기에 사도 요한은 예수를 길이요 진리요 생명으로 소개하기도 한다(요한 14,6). 이러한 면에서 그가 예수를 특징짓는 이 세 가지 측면은 정당하게 강조되어야 한다. 우선, '길'이란 특징은 다른 두 가지(진리와 생명) 안에 흘러 들어가 희석되지 않고 근본적인 의미를 갖는다. 반면, '진리'와 '생명'이란 차원은 예수 그리스도를 이끌어 주는 어떤 목적이 아니라, 무엇보다도 당신 자신을 '길'로서 선포할 수 있게 해주는 근거이다: 즉, 예수야말로 '진리'요 '생명'이기 때문에 '길'이라는 말이다.[50)]

'사도 요한에 의한 진리'의 빛 안에서 볼 때 하느님의 구원 계획은 인간에게 있어서 자유를 배려하시는 하느님의 의지와 동일시된다. 하느님은 이를 통해 인간이 자신의 자유를 순명과 사랑 안에서 실현하도록 초대하신다. 이러한 의미에서 그리스도는 순명 안에서 당신의 자유를 충만히 실현시키심으로써 인간에게 모델과 표징이 되신다. 구원에 대한 사도 요한의 전망 안에서 볼 때, 그리스도 안에서 이루어지는 하느님의 구원 계획과 인간에 대한 하느님의 구원 계획 사이의 관계를 맺어 주시는 분은 '파라클리토'(Paraclito: 위로자), 즉 '진리의 영(靈)'으로 불리는 성령이시다.

50) 참조: I. de la Potterie, *Gesù Verità,* Marietti, Torino, 1973, p.119 이하.

2. 신학사적인 고찰[51)]

신약성서에서처럼 구약성서 안에서도 신학적인 해석을 위한 중요한 요소들이 드러나는데, 우리는 이를 통해서 오랜 세기를 통해 신학이 제공해 준 성서의 메시지에 대해 해석하는 내용들의 다양함과 더불어 그것이 갖는 의미와 가치 그리고 한계를 접할 수 있다. 신학적인 해석에 대한 인식을 통해서 우리는 성서에 드러난 언명과 신학적인 해석 간의 명백한 차이를 보게 된다. 사실, 역사적으로 볼 때 전통 신학은 예정을 다룸에 있어 둘로 양분되어 있었다. 즉, 그리스도의 예정을 먼저 다루고 그 다음에 인간의 예정을 다루었다. 그러나 이러한 방법은 양자간의 관계를 위협할 뿐만 아니라 각 예정이 갖는 보다 깊은 의미를 희석시켜 버리는 위험도 안고 있다. 우리는 여기서 교부시대부터 오늘날에 이르기까지 신학이 '예정'이란 주제에 대해 어떻게 성찰했는지 살펴보기로 하자.

2.1. 그리스도의 예정

2.1.1. 교부들의 성찰

첫 번째 단계로 우리는 먼저 교부들의 성찰을 들 수 있다. 교부들이 맞부딪힌 첫 번째 어려움은, 그리스도교적인 신관을 희랍 철학의 신관과 조화시켜야 하는 것이었다. 예정이란 주제와 관련해서 이러한 어려움은 두 가지 방향으로 분화되었는데, 이 방향의 분수령은 니케아 공의회에 의해 규정된 '동일 본질'(homoousia) 개념이다. 이러한

51) 이 고찰은 L.Serenthà, *Predestinazione,* in *DTI,* pp.764~770의 노선을 따른다.

일련의 신학적 성찰에 있어서 가장 커다란 어려움은 무엇보다도 하느님과 역사를 어떻게 연관짓는가 하는 것이었다.

■ **니케아 공의회 이전:** 이러한 난관은 우선 그리스도를 창조의 중개자로서 구원 역사의 측면에서 제시하는 가운데 드러난다. 이 전망에서 하느님과 그리스도 사이의 통교는 이해될 수 없는 것이었다. 사실 하느님과의 관계에 있어서 그리스도의 위치는 종속론[52]적으로(오리게네스 및 동방 교부들), 또는 양태론[53]적(modalista)으로(테르툴리아노 및 라틴 교부들) 이해되었다.

■ **니케아 공의회 이후:** 하느님을 역사와 연관시키는 데 있어서 갖는 어려움은 두 가지 상반된 경향 가운데 드러난다. 우선, 그리스도를 하느님이라는 측면에서 명백하게 제시함으로써 이루어진다. 이 전망 안에서는 그리스도와 역사 간의 관계 규명이 어려워지게 된다. 이로 인해 그리스도를 창조의 머리이자 목적이요 시작으로 여기는 관념이 사라지게 되었으며, 그리스도를 다만 구원과 연관짓게 되었다. 이러한 전망에서 보면, 그리스도가 강생하게 된 이유는 단지 인간을 죄로부터 구원하는 데 있었다. 이제 이 구원은 동방 교부들을 통해서는 신화(*divinizzazione*)로 이해되었고 그리스도의 강생과 부활은 이런 선상

52) 종속론에 의하면 성자와 성령은 성부로부터 낳음을 받았으며, 이 두 위격은 신적인 본성에 불완전하게 참여한다는 의미에서 성부보다 하위의 위격으로 머문다(참조: *NDT*, Ed. Paoline, p.1881).

53) 양태론자들은 유일한 하느님께서 삼위로 구분이 되는데, 이는 단지 외적으로 드러나는 행위의 측면에서만 그러하지 실제로는 늘 한 분의 하느님이 그 본질이라는 것이다. 이 이론에 의하면 성자와 성령은 모두 허상일 뿐이고 실제로는 성부로 일컬어지는 하느님 한 분만이 구원 역사 내내 활동하신 것으로 된다(참조: 같은 책, p.1876).

에서 논의되었다. 반면 라틴 교부들에게 있어서 구원은 무엇보다도 죄로부터의 자유를 의미했으며 그리스도의 수난과 죽음 역시 이러한 전망 안에서 이해되었다. 여기서 중요한 것은, 전 우주적 구원에 대한 하느님 계획 안에서 그리스도가 차지하는 위치에 대해 보다 광범위하게 언급되고 있는 성서 구절들을 통해 그리스도의 신비를 읽어 나가는 것이었다.

그리스도를 구원 경륜과 연관짓는 데에 있어서 봉착하게 되는 어려움들은 그리스도를 구성하는 요소들을 설명하는 신학적인 경향들 안에서도 그대로 드러난다: 특별히 알렉산드리아와 안티오키아 학파 사이에서 그러하다. 우선, 알렉산드리아 학파는 신화된 육체 안에 참으로 말씀이 변화되어 현존한다는 사실을 견지하려 했으나, 이 말씀이 육체와 더불어 이루어져 있다는 사실에 대해서는 등한시하려 했다. 반면, 안티오키아 학파와 라틴 교부들은 특별히 인간으로서의 예수가 갖는 측면을 보존하려 했다(이 노선에 있어서 극단적으로 치우친 이단이 네스토리우스주의[54]이다). 그러나 이러한 전망 안에서는 이 인간 예수를 말씀—이 말씀은 신적인 것으로서 통교 불가능한 것으로 여겨졌다—과 분리시키려는 경향이 있었다.

2.1.2. 중세 신학

일반적으로 중세 신학은 하느님의 구원 계획 안에서 그리스도가 갖는

54) 네스토리우스주의는 네스토리우스 콘스탄티노폴리스에서 유래한다. 그는 말씀(로고스)이 인간 예수의 본성에 있어서 유일한 주체라는 것을 부인한다. 따라서 예수 안에서의 신성과 인성 간의 위격적인 일치를 부인한다. 따라서 예수 안에는 두 개의 본성(신성과 인성)이 있으며 이 두 본성에 상응해서 두 개의 인격이 있다고 주장한다. 이 두 인격은 오직 윤리적인 면에서만 일치할 뿐이라고 한다(참조: 앞의 책, p.1877).

위치에 대한 질문을 던지는 가운데, 특별히 강생과 구원 사이에 존재하는 관계들을 확정지으면서 이에 대한 대답을 시도한다. 이 대답은 두 가지 가정적인 물음 안에서 구체화되는데, 그 첫 번째는 구원에서 강생에로, 두 번째는 강생에서 구원에로 이어지는 물음을 통해서이다. 우선, 첫 번째 질문은 하느님께서 인간을 구원하지 않으실 수도 있었겠는가? 또는 인간을 구원하시지만 강생이 없이 또는 다른 양상으로 그것을 이루실 수도 있었겠는가 하는 것이다. 두 번째 질문은 만일 구원의 필요성이 없었다고 한다면, 즉 만일 죄가 없었다고 한다면 그래도 강생은 도래했겠는가 하는 것이다.

보는 바와 같이, 첫 번째 질문은 강생이 없는 구원을 가정하며, 반면 두 번째 질문은 구원이 없는 강생을 가정한다. 겉으로 보기에 이 두 질문들은 가정적이기 때문에 어떠한 신학적인 중요함도 지니지 않는 것처럼 보인다. 왜냐하면, 신학은 구원에 대한 학문이요 이미 일어난 사실에 대한 학문이기 때문이다. 그러나 이 두 질문들은 실제로 일어난 사실, 즉 하느님의 구원 계획이 그 절정으로서의 강생과 파스카 사건 안에서 어떻게 역사적으로 실현되었는지를 보다 더 강조하기 위한 신학적인 서술 이외에 다름이 아니다. 그러므로 이 질문들의 대상은 가정적인 구원의 차원이 아니라 현실적인 것으로서, 첫 번째 질문은 구원에 있어서 하느님의 주도권이 어떤 외적인 필요에 의한 동기로부터 유래하지 않았음을 강하게 드러내고 있으며, 나아가 하느님 계획의 절대적인 무상성(*gratuità*)을 강조하고자 한다. 두 번째 질문의 목적은 하느님 계획의 무상성을 보존하고 동시에 말씀의 육화를 인정하면서도 하느님께서 원하시는 목적을 세분화하려는 데에 있다. 이제, 보다 구체적으로 강생의 목적과 필요에 대한 고전적인 주제들을 다뤄 보기로 하자. 우리가 다루는 주제 안에서 보다 관심을 끄는 것은 강생의 목적에 대한 논제이다.

이 논제에는 토미스트들과 둔스 스코투스주의자들 간의 대립이 응축되어 드러난다. 토미스트들에게 있어서 강생의 목적이 구원에 있었던 데 반해, 스코투스파 신학자들에게 있어서 강생은 죄로부터의 자유라고 하는 구원 개념을 훨씬 능가하는 커다란 가치를 지닌 것으로 여겨졌기 때문에 토미스트들과는 확연히 달랐다. 그들에게 있어서 하느님의 행위에는 이미 어떤 질서가 전제되어 있으며, 이 질서는 덜 가치로운 것을 향해 이루어질 수 없다고 간주되었다. 각각의 논제들을 증명하기 위해 적당한 성서 인용구들을 사용하지는 않겠지만, 그럼에도 불구하고 우리는 이 두 가지 서로 다른 신학적 노선이 결국에는 다른 것이 아님을 강조하고자 한다. 사실, 강생의 목적만을 드러내려 할 때에는 자칫 각 개별 목적들에 대한 전망을 잃어버릴 수 있다. 스코투스파 신학자들은 강생이 그 자체로 가치를 지니는 무조건적인 것이며, 하느님의 자유에 근거하고 있는 것으로 제시하는데, 구체적으로 이들은 강생의 구원적인 목적들에 대해 묻는 것을 유보하는 경향 위에 서 있다. 반면, 토미스트들은 하느님의 절대적인 자유를 보존하기 위해서, 강생의 목적에 대해 순수한 구원적인 측면만을 부여하는 경향이 있다. 그러나 사실 구원은 그 자체로 강생 없이도 도래할 수 있는 것으로 여겨지기 때문에, 단지 죄로부터의 인간 구원이라는 개념만으로는 강생의 목적을 보다 깊이 조명할 수 없다. 따라서 이 두 가지 노선은 상호간에 서로 보완되어야 하며 통합되어야 한다.

2.1.3. 두 신학 노선의 극복

이처럼 서로 다른 두 노선을 통합, 극복하게 되는 계기는 무엇보다도 토미즘과 스코티즘 간의 대립에 대한 비판과 더불어 그리스도 중심주의에 대한 재발견을 통해서였다.

① 양자간의 대립에 대한 비판과 그리스도 중심주의에 대한 재발견

스콜라 신학 제2기에 있어서, 몰리나(Molina)는 토미즘과 스코티즘 간의 대립을 상호간의 통합을 통해서 극복하려고 시도했다. 몰리나의 가정은 갈티에르(P.Galtier)[55]에 의해 소개되고 있다. 또 다른 시도는 비피(G.Biffi)[56]에 의해 이루어졌다. 이 두 저자들, 특별히 비피는 매우 중요하고도 의미심장한 언명들을 제공하고 있다. 그가 제시한 전망은 무엇보다도 앞서 언급한 가정들 안에서 잃어버려서는 안 될 것들을 깨닫게 해주며, 나아가 그리스도의 파스카 신비를 그 핵심으로 하는 하느님의 역사적인 구원 계획을 신중히 고려하도록 우리를 이끌어 준다. 따라서 하느님의 정신 안에서 세상에 대한 창조와 죄의 사실성을 서로 구분되는 상이한 두 요소로 간주하지 말도록 조언하고 있다. 하느님은 세상을 창조하시면서 동시에 인간에게 있어서 죄를 지을 수도 있는 자유를 허락하셨다. 따라서 하느님은 세상을 창조하시면서 죄를 예견하셨으며, 동시에 그리스도의 파스카 신비를 통해서 죄로부터 승리하시리라는 것도 예견하셨다. 몰리나는 파스카의 주님을 통해서 그분 안에서 그분을 향해서 역사가 창조되었다고 하는 것을 올바로 이해하기 위해서 시간에 대한, 그리고 시간의 초월에 대한 세심한 성찰을 제시하고 있다. 하지만 그는 죄와 더불어 강생의 목적을 죄로부터의 구원이라고 하는 사실에 더 큰 비중을 두고 있다. 이러한 관점으로부터 우리는 그러한 그의 시도가 실은 토미즘의 영향 아래 있음을 알 수

---

55) 참조: *Les deux Adams,* Paris, 1947.

56) 참조: *Fine dell'incarnazione e primato di Cristo,* in "ScuolC" 88, 1960, pp.241~260.

있다. 한편, 보네포이(G.F.Bonnefoy)는 스코티즘적인 입장에서 강생의 목적을 재해석하고 있다.[57]

② **새로운 초본성 신학**(*teologia del soprannaturale*)

구원 경륜에 있어서 그리스도 중심주의를 재발견하기 시작한 새로운 '초본성 신학'을 통해서 무엇보다도 그리스도의 우위성에 대해 보다 심화된 신학적 경향들이 태동하기 시작했다. 이 분야에 관한 한 대표적인 가톨릭교회 신학자들로는 메르쉬(E.Mersch), 발타사르(H.U. von Balthasar), 테이야르 드 샤르댕(Teilhard de Chardin), 그리고 라너(K. Rahner) 등이 있다. 비록 그들 사이에 의견의 차이가 있다고는 하나, 그럼에도 불구하고 이들의 공통된 입장은 그리스도와 인간 사이의 관계를 무용지물로 만들려는 흐름에 대해 반대하고 있다는 점이다. 이들은 모두 인간으로부터 출발해서 그리스도를 규정하지 않고, 그리스도에서부터 출발해 인간을 규정하려 한다.

③ **이들의 공통점들**

이들에게는 다음의 근본적인 두 가지 공통 요소들이 있다.

1) 이들에게는 일종의 '은총' 개념이 공통 요소로 자리 잡고 있는데, 이 개념에 의하면 초본성(soprannaturale)을 규정하기 위해서 본성(naturale)에서 출발하지 않고, 초본성을 본성에 의미를 부여하는 실재로 간주하고 있다. 궁극적으로 인간을 규정하는 그리스도의 은

---

[57] *Il primato di Cristo nella teologia contemporanea,* in *Problemi e orientamenti di teologia dogmatica,* vol.II, Milano, 1957, pp.123~235.

총처럼, 이 초본성 역시 은총이다. 이 개념은 하느님의 은총이 갖는 무상성처럼 초본성의 무상성을 언급하면서 동시에 창조된 인간 본성이 갖는 상대적인 자주성과 참된 일관성을 존중하고 기초짓는 능력을 강조하고 있다.

2) 이러한 그리스도교적 은총 개념으로부터 두 번째 요소인 그리스도와 창조 사이의 관계가 나온다. 즉, 그리스도는 창조 이후에야 상정되어질 수 있는 존재가 아니라, 하느님의 계획 안에서 함께 이해되어야 한다는 점이다. 즉, 그리스도는 창조에 있어서 첫 번째요, 기초이며 창조된 모든 것에 의미와 목적을 부여하는 분이다.

④ 개별 신학자들의 전망

1) **메르쉬:** 그는 제3차 콘스탄티노플 공의회의 그리스도론적인 직관을 발전시켰다. 예수의 말씀과의 합일은 그의 인성을 최대한으로 인간화시키며, 이는 모든 인간을 위해 의미 충만한 원천으로서 인성의 모델이 된다. 그러나 메르쉬를 통해 인간은 개별적이면서 동시에 사회적인 존재로 간주되었고, 이러한 인간의 모습은 통교를 위한 관계의 출발점으로 드러나고 있다. 그리고 그리스도는 위격적인 합일을 통해서 충만히 인간화되었기 때문에, 왜 그리스도가 개별적이고 구체적인 인성을 통해서 모든 인간들 가운데서 통교의 정점에 서 있는지를 이해할 수 있게 된다.

2) **발타사르:** 발타사르는 실존 철학의 요청에서부터 출발한다. 왜냐하면 이 철학은 인간과 세상에 대한 역사성을 설명해 주기 때문이다. 그럼에도 불구하고 이 철학적 시도는 넘어설 수 없는 한계를 지니고 있다고 그는 지적한다. 왜냐하면 여기서는 "스스로를 계시하고 활동하는 보편적인 주체를 설정하는 것이 필요하다고

말하는데, 이 주체는 동시에 보편적인 규범적 본질이기도 하다. 이 존재는 다름 아닌 하느님으로 언급될 수 있는데, 한편으로 하느님은 자기 자신을 중개하기 위해 어떠한 역사도 필요로 하지 않는다. 그렇다면 이 주체는 인간일 텐데, 인간은 자유로운 작용인으로서 이미 결정화된 개체이다. 그리고 동시에 그는 역사를 지배할 수 없다."[58] 그러나 철학적으로는 극복할 수 없는 한계가 하느님 편에서의 개입을 통해서는 가능하다. 하느님은 무상으로 한 주체 안에 신적인 인격과 인간 사이의 존재론적인 접속을 이루신다. 바로 이 사건이 그리스도 안에서 실현되는데, 그분 안에서 로고스(Logos, 말씀)는 더 이상 역사를 지배하고 역사의 의미를 결정하는 관념이나 가치, 규범들의 체계가 아니라 그분 자신이 역사로서 드러난다. 그리스도의 삶 안에서 현실적 요소는 '사실'로서만이 아니라 '필연'으로서 규범적 요소와 일치하는데, 이는 그 사실이 하느님을 드러내는 시간이요 하느님의 눈에는 참된 인간성을 위한 인간적-신적인 모델이자 원형이기 때문이다.

3) **테이야르 드 샤르댕:** 그는 우주 진화의 개념을 자신의 신학적 출발점으로 삼고 있다. 우선, 그는 그리스도를 재림(parusia)이라는 관점에서 소개하고 있다. 더 나아가 그는 그리스도를 전 우주의 오메가 포인트로 소개하면서 이 **'오메가 포인트'를 우주 진화 과정에 최종적인 의미를 부여해 주는 결정적인 사건으로 간주하고 있다.** 그러나 이렇게 재림하실 그리스도는 이미 진화 과정 가운데 나자렛 예수로서 존재하는 가운데 일종의 씨앗으로서 역사 안에 현존하고 있다. 이러한 진화 과정은 갖가지 어려움과 대립, 저항 특히

58) 참조: *Teologia della storia,* p.11.

죄를 극복함으로써 이루어진다. 따라서 진화에 있어서 참되고 유일한 의미인 그리스도는 저항과 반목에서 유래하는 고통과 죽음에 직면하게 되며, 실제로 역사의 그리스도는 십자가 체험을 통해서 영광에 다다른 분으로 드러나신다. 또한 진화 과정은 '초월'이란 개념이 없이는 설명될 수 없는 것으로서, 자유는 최종적으로는 이 초월에 의존한다. 나아가 테이야르 드 샤르댕에게 있어서 세상과 그리스도는 하느님의 섭리적인 행위 안에서 이해되는 일종의 합리적인 것이며 또한 임의적인 것에 대한 거부로 이해되는 일종의 필연적인 것으로 드러난다.

4) **라너:** 라너는 초월적인 인간학적 전제 위에서 그리스도 중심주의를 말하고 있다. 그는 인간에 대한 초월적이고 계시적인 인간학적 분석을 통해서, 절대자가 자신을 역사 안에서 계시함에 있어서 이 계시를 수용할 능력을 가진 수취인으로서의 인간을 제시한다. 라너는 무엇보다도 인간의 초월적인 존재 구조를 강조하는데, 이는 하느님 계시의 필연성을 언급하려는 것이 아니라—왜냐하면 이 계시는 언제나 하느님의 무상의 결정에 의존하기 때문에—하느님이 당신의 결정을 실현하도록 결심하게 하는 계시의 그리스도론적 인간학적인 특징을 언급하기 위해서이다. 다시 말해 인간이 '**말씀의 청자**'(*uditore della Parola*), 즉 하느님의 말씀을 들을 수 있는 능력이 있다고 해서 그 사실만으로 하느님이 필연적으로 말씀하셔야만 한다는 것은 아니다. 하느님은 당신 자신 안에 말씀(Verbo)을 간직하실 수 있으며, 이에 대해 인간은 헤아릴 수 없는 '**하느님의 침묵**'의 **청자**가 될 수 있는 것이다. 또는 이미 일어난 사실처럼, 하느님은 자비롭게 말씀하실 수 있으며, 이것이 바로 말씀으로서 인간이 되어 육화하신 하느님의 위격, 즉

그리스도인 것이다. 따라서 당신 자신을 드러내시는 가운데 구원 역사에 기원을 부여하는 하느님의 자유로운 결정을 통해, 이제 그리스도와 인간 역사 사이의 필연적인 관계가 설정된다. 이러한 의미에서 인간은 위격적인 합일(*unione ipostatica*)의 하부 구조로 정의될 수 있으며, 이 위격적인 합일은 인간 역사에 있어서 전대미문의 정점으로 드러난다. 이렇게 라너는 신학과 인간학 사이의 관계를 규명해 나가면서 선험적-초월적인 인간학적 측면들과 후험적-역사적인 그리스도론적 측면들 사이의 관계를 명확히 하고 있다.

이제 위의 진술을 요약하면서, 앞의 두 신학자(메르쉬와 발타사르)가 그리스도를 객관적인 콘텍스트 안에서 자리매김하려 노력했다고 한다면, 뒤의 두 신학자(테이야르 드 샤르댕과 라너)는 진화론적 이해와 인간의 초월적·선험적 이해의 콘텍스트 안에서 그리스도를 이해하려 했다고 말할 수 있다. 메르쉬의 객관적인 입장이 보다 자발적이며 전통적인 고전 신학에 깊이 연관되어 있는 반면, 발타사르에게는 보다 심사숙고한 흔적이 드러나는데, 무엇보다 그는 초월적인 인간학에서 드러나는 위험적인 여러 요소들에 대해 대립하는 논쟁적인 색채를 띠고 있다.

발타사르의 객관주의는 그의 신학 안에 드러나는 미학적인 개념과 연관성을 갖고 있다. 이에 따르면 그리스도 안에서 당신 자신을 드러내시는 하느님은 진(眞)이나 선(善)이라기보다는 아름다움(美)으로 언급될 수 있는데, 왜냐하면 이러한 하느님의 자기 계시 이면에는 예술품 안에서 보이는 것과 같은 조화롭고 일관된 '형상'을 창조하는 하느님의 자유와 무상성(*gratuità*)이 있기 때문이다. 그러나 이 '형상' 자체가 이런 아름다움을 정당화하기 위한 근거가 되어서도 안 되며 —왜냐하면 이 아름다움은 하느님의 자유, 무상성 그리고 궁극적으로는 하느님의 사랑 밖에서는 논의될 수 없기 때문이다 —'신앙' 자체가 이런 근거가 될 수도 없다. 단지 이 형상을 통해서 신앙이 만들어 내는 관상되어야 할 형상과 관상의 주체 사이에 존재하는 일종의 같은 본성을 지닌 형상에 대한 아름다움을 관상하도록 해야 한다. 그리스도의 십자가는 바로 이러한 아름다움의 요소로서, 하느님은 이를 통해 당신의 구원 계획을 실현하신다. 발타사르는 선이해(先理解)라는 측면에서 모든 선이해 또는 주관적인 조건은 대상에 대한 객관적인 명증성을 구성하는 데 있어서 결코 개입되어서는 안 된다고 주장한다. 그는 언급하기를 "선이해는 주체가 그리스도교적인 앎에 제공하는 새로운 그 무엇이 아니다. 그것은 하느님이 인간이 되신 강생 사건에 인간 실존과 인간의 일반적인 사고의 틀이 상응한다고 하는 단순하고도 객관적인 사실을 통해서 주어지는 것이다. (…)"[59]

2.2. 인간에 대한 하느님의 예정 은총

인간에 대한 예정 신학을 언급하기 위해서 우리는 교부들의 성찰을 참고할 필요가 있으며, 특별히 아우구스티누스의 견해를 잘 살펴보아야 한다.

2.2.1. 교부 시대의 개념

아우구스티누스 입장의 한계점은 무엇보다도 그가 펠라기우스와의 논

59) *La gloire et la Croix,* vol.I, p.393.

쟁에서 너무 많은 영향을 받았고 조건 지어졌다는 데에 있다. 아우구스티누스는 펠라기우스의 입장을 극복했다기보다는 그가 제시한 논제들에서 사용되는 용어들을 뒤집었다고 할 수 있다. 다음은 이 두 가지 상반된 입장을 간추린 것이다.

① 펠라기우스주의

이 현상에 대한 보다 깊은 이해를 위해서는 이를 당시의 교회적이고 신학적인 배경 안에 놓고서 살펴보아야 한다.

1) 교회적인 맥락은 5세기 교회, 즉 대중 안에 파고드는 교회를 배경으로 한다. 그 당시 교회가 지향했던 관심의 대상은 각 신자들이 그리스도인으로서 자유롭게 자신을 보다 내면화하고 개별화하려는 데에 각별한 주의를 기울이는 것이었다.
2) 신학적인 맥락은 안티오키아 학파의 그리스도론적인 배경이 주를 이루고 있었다. 이 신학 노선은 인류와 말씀(Verbo) 사이의 관련을 축소하는 가운데 인류의 독자성을 강조하려는 경향을 지녔었다.
3) 이제 이러한 맥락 안에서 펠라기우스의 사상이 형성되는데, 이에 따르면 인간의 자유는 그 자체로 어떤 가치를 갖고 있으며 나아가 하느님의 의지와 경쟁 관계의 위치에 있다는 것이다. 따라서 구원 역사에 있어서 은총 작용이 할 수 있는 것을 인간이 자신의 자유를 통해 스스로 할 수 있으며(펠라기우스주의), 인간 앞에 그리고 인간에게 속한 그 무엇이 신앙을 받아들일 수도 거부할 수도 있다고 보았다(세미펠라기우스주의).

② 아우구스티누스주의

아우구스티누스는 펠라기우스의 개념에 자극을 받아서, 그에게 있어서 문제가 되는 용어들을 뒤엎어 버린다. 그러나 그는 자신도 모르는 사이에 이 용어들을 받아들이고 있다. 그에게 있어서 자유는 결정적이고 일관성 있는 은총의 영향 하에서 하느님의 구원 계획 안에 삽입되어 있다. 펠라기우스가 주장한 이단적 교설에 대한 올바른 신앙의 반응이라고 할 수 있는 아우구스티누스의 대답은, 그러나 한편으로는 인간의 자유 존재 자체를 헛되게 할 수 있는 위험의 소지를 다분히 안고 있다. 이러한 그의 입장에서부터 다음의 두 가지 결과가 도출된다.

1) **자유에 대한 몰이해:** 아우구스티누스는 비록 자유에 대한 여러 정의를 내리지만, 그럼에도 불구하고 그것은 언제나 불충분한 것으로 남아 있을 수밖에 없었다.
2) **은총에 대한 몰이해:** 이는 하느님의 구원 의지를 축소시켜서 해석하고 있다는 의미에서 그러한데, 이는 그가 모든 인간이 다 구원에 이르지는 못할 것이라고 하는 것을 하느님의 구원 의지가 보편적이지 못하다고 하는 탓으로 돌리는 데서 엿볼 수 있다. 그러나 만일 이 시각을 죄로 인해 파멸로 예정된 인류의 측면에서 보면 옳지 못하다. 그 후, 그는 여러 가지 논거를 들어 계시된 진리를 통해 드러난 보편적 구원과 자신이 도달한 축소된 하느님의 구원 의지 사이의 화합을 시도해 보지만 별다른 성과를 보지 못한다.

2.2.2. 트리엔트 공의회 이후의 신학

트리엔트 공의회 이후의 신학은 '조력'(助力, *de auxiliis*) 은총에 대한 논쟁의 틀 안에서 예정에 대한 논제들에 대해 공개적으로 언급하기 시작했다. 우리는 이를 종합적인 전망 안에서 특히 몰리나(Molina)와 바녜스(Bañes)의 견해를 중심으로 소개하고자 한다. 왜냐하면 이 둘 사이의 논쟁 안에는 예정에 대한 서로 다른 시각의 차이가 집중적으로 드러나기 때문이다.

① 이 두 사람의 신학적인 노선은 그 당시 첨예하게 대립된 서로 상반된 두 가지 신학적인 전망을 대표하는 것으로서, 은총과 인간의 자유, 예정에 대한 서로 다른 두 가지 신학적 입장을 대변하고 있다. 그러나 문제의 본질 안으로 파고들어 가서 보면, 사실 몰리나(예수회 학파)와 바녜스(도미니코 학파) 간의 견해 사이에는 본래적인 의미의 대립은 존재하지 않았다. 다만 구원 역사를 서로 다른 관점에서 접근하면서 서로 다른 주제를 부각시키고 있을 따름이었다. 이에 대해 우리는 다섯 가지 측면에서 상호간의 견해를 종합·비교해 가면서 설명하고자 한다.

1) **자유:** 몰리나에 의하면 자유는 선택에 있어서 차별이 없는 상태인 반면, 바녜스에게 있어서는 이 자유가 이미 일정한 선택을 향해 결정되어 있는 것으로 이해되었다.
2) **은총:** 몰리나는 하느님에 의해서 충족 은총이 주어졌으며 이것이 후에 인간 자유의 개입을 통해서 효능 은총이 된다고 설명했다. 반면 바녜스는 은총이 하느님으로부터 주어질 때 이미 '충족 은총'과 '효능 은총'으로 구분되어 있다고 보았다.

3) **예정:** 몰리나에게 있어서 예정은 인간의 공로 이후에 예측되는(post praevisa merita) 것인 데 반해, 바녜스에게 있어서는 반대로 인간의 공로 이전에 이미 예견되는(ante praevisa merita) 것으로 드러난다.

4) **하느님의 앎**(*scienza*): 몰리나에게 있어서 하느님의 앎은 가능적인 것에 대한 앎과 실재적으로 일어난 일들에 대한 앎 사이의 중간적인 앎이다. 이 중간지(scientia media)는 특별히 하느님에게 있어서 미래적인 것, 즉 인간이 자신의 자유를 행사함으로써 어떤 결정을 내리는 가운데 실재적인 것으로 변할 수도 있고 반대로 그대로 남아 있을 수도 있다는 가능성들에 대한 앎이다. 반면, 바녜스에게 있어서는 중간적인 앎이 없다. 그에게 있어서 미래의 우연적인 가능성들은 모두 하느님에 의해 이미 결정된 것이다. 하느님은 미래에 실제적으로 일어날 것들과 그 밖의 우연적이고 가능적으로 일어나게 될 것 모두를 알고 있다고 보았다.

5) **하느님의 앎과 인간 자유간의 상충:** 몰리나에게 있어서 하느님의 은총은 인간의 자유와 상충하고 병행하는 데에 반해서, 바녜스에게 있어서 인간 자유는 이미 은총에 의해 결정되어 있다.

② 이처럼 상이한 결론에도 불구하고 서로 다른 두 신학적인 전망을 대변하는 이 두 신학자는 결국 매우 의미심장한 한 가지 측면에서 공통점을 갖고 있다. 이들은 인간의 자유와 은총 사이에는 본질적인 관련성이 없는 것으로 간주하고 있다. 이는 결과적으로 은총과 자유 사이의 관계에 있어서 다루어야 할 본래적인 문제는 도외시한 채 외적인 문제에만 집착하고 있음을 드러낸다고 할 수 있다. 여기서 잘못된 문제라는 것은 문제가 되지 않는 것—즉, 은총은 자유에 대해서 자유와

경쟁하는 어떤 힘이 아니라, 자유를 북돋아 주는 하느님의 힘으로서 자유와 긴밀한 관련을 갖는 것으로 이해해야 하는데, 이들은 이 관계를 보지 못한 채 문제시하고 있기 때문에―을 문제시하고 있다는 의미에서 그러하다. 진정한 문제를 숨기고 있다는 말은, 은총과 자유 사이의 관계는 **사실**(*fatto*)의 문제가 아니라, **양상**(*modo*)의 측면에서 다뤄져야 한다는 의미에서 그러하다. 다시 말해서 '**무엇**'(*che*)이 아니라 '**어떤**'(*come*)이란 측면에서 은총과 자유 사이의 관계가 다뤄져야 하는 것이다. 즉, 하느님의 자유와 인간의 자유 사이의 관계에 대한 문제는, 이 둘이 서로 다른 차원에 속함으로 인해 이들 사이에는 서로 간의 관계 문제를 결정적으로 풀어 주는 해결점이 없다는 의미에서 풀기가 어렵다. 그러므로 이렇게 철학적으로 규정할 수 없는 두 자유에 대한 신학적인 성찰은 계시를 통해 드러난 은총과 자유의 신비에 대해 대면해야 한다. 즉, **그리스도 안에서 현실화되어 드러난 은총과 자유의 방식을 직면하고 성찰해야 하는 것이다.**

2.2.3. 최근의 신학

한편, 최근의 신학은 예정을 논함에 있어서 그리스도론적인 차원을 복구시키고자 한다. 이러한 시도는 느리게 진행되었으며, **쉐벤**(Scheeben)과 **빌로트**(Billot)**의 사상 안에서 중간 단계를 거치면서 준비 과정을 거쳤다.** 비록 이들은 명시적으로 그리스도 중심주의적인 전망에 서 있지는 않지만, 아우구스티누스적인 개인주의적 입장을 극복하는 가운데 일반적이고 공동체적인 입장에서 예정을 평가하고 있다.

① **쉐벤:** 그는 구체적인 개별 인간들에 대한 예정을 보편적인 하느님의 구원 의지, 보편 예정의 뿌리 위에서 드러나는 결실로 보았다. 그

러므로 그에게 있어서 구체적 예정에 대한 아우구스티누스의 입장은 하느님의 보편 구원 의지를 제한하는 것으로 여겨졌다. 이에 반해, 쉐벤은 보편 구원 의지에서부터 출발해서, 구체적인 예정을 올바로 이해할 수 있는 적절한 콘텍스트를 찾아 나간다. 그는 구체적 예정과 보편 예정 사이의 연결점을 인간의 '자유'에서 찾았다. 그러나 이 양자를 중개하는 실재인 자유는 이미 그 자체로 일반적 예정 안에 포함되는 것으로서, 하느님은 이 일반적인 예정과 더불어 자유로운 인간을 원하셨다. 따라서 자유는, 은총과는 무관하거나 반대로 은총 그 자체와 일치하는 무엇이 아니라, 헤아릴 수 없는 은총의 풍부함을 표현하는 실재인 것이다. 다만 이러한 그의 견해에 있어서 부족한 점이 있다면, 하느님의 보편 구원 의지 안에서 그리스도 중심적인 전망이 부족하다는 것이다. 앞서 제시한 그의 견해에는 사실 그리스도의 자유 안에서 인간의 자유가 갖는 의미와 이에 대한 자리매김을 구체화할 수 있는 준비가 이미 마련되어 있었다. 문제는 양자 사이의 관계에 대한 보다 깊은 심화가 부족하다는 것이다.

② **빌로트:** 그는 몰리나와 바녜스의 두 신학적인 관점을 조화시키려고 시도했다. 그는 언급하길, 하느님께서 허락하신 가능한 섭리의 질서는 매우 많으며, 그 안에서 하느님의 은총에 대한 개별 인간들의 반응 또한 다를 수 있다고 한다. 따라서 하느님께서 어떤 질서를 택하시고 그 안에서 어떤 인간은 은총에 대해 '예'라고 응답하는 반면, 다른 질서 안에서 동일한 사람이 같은 은총에 대해 '아니요'라고 할 수도 있는데, 이러한 여러 질서에 대한 선택은 하느님께 달려 있다는 것이다. 그러기에 하느님의 이러한 선택은 인간의 공로 이전에 예측되는(*ante praevisa merita*) 것이다. 그러나 미리 선택된 질서 내에서 본다면 예정

은 인간 공로 이후에 예측되는(*post praevisa merita*) 것이다. 이러한 그의 입장에 있어서 장점이라고 한다면, 일반 예정의 틀 안에서 개별자들의 예정이 고려되고 있다는 것이다. 반면, 'ante praevisa merita'와 'post praevisa merita'에 대한 논의는 아직도 은총과 자유가 서로 충돌하고 있다는 인상을 준다. 따라서 이러한 그의 견해는 두 입장을 극복하기보다는 결점을 더욱 보태 주는 격이 되어 버렸다.

3. 현대 신학의 전망

3.1. 예정의 개념과 그 특징들

신학적 개념을 이해하는 데 있어서는 무엇보다도 그 용어가 유래하는 본래의 의미를 고찰하는 것이 중요하다. 예정에 대해서 성서, 특히 신약성서는 '프로오리제인'(proorízein)이라는 동사를 우리에게 제공해 주고 있다. 우리는 이를 '예정하다'(predestinare)라고 번역할 수 있으며, 이 용어가 하느님의 아들이신 그리스도(로마 1,4; 1디모 2,4~5)와 인간(사도 4,28; 로마 8,29; 1고린 2,7; 에페 1,5.11)에 대해 동시에 언급되고 있음을 발견하게 된다. '프로오리제인'은 '한계 짓다' '고정하다' '설정하다' '규정하다'[60]라는 개념을 포함하는 것으로서, 이들 동사의 주체는 언제나 하느님이시다. 오직 하느님만이 절대적인 방법으로 미리 정하시고, 규정하시고 설정하신다. "모든 피조물들의 운명의 주인이신 하느님은 그들이 방향 지어진 목적들을 설정하시며 거기에 이

[60] 참조: H.Schlier, *La lettera agli Efesini,* Editrice Paideia, Brescia, 1973, p.69.

르도록 그들에게 갖가지 수단들을 허락하신다. 예정으로부터 볼 수 있는 첫 번째 요소는 하느님의 결정하심이 영원하다는 사실이다. 이는 의심할 바 없이 일종의 독립적인 색채를 포함하며, 구체적으로는 피조물을 향한 하느님의 행위에 있어서 주도적인 측면을 내포한다."[61]

위에 언급한 텍스트는 예정을 이해하기 위한 또 다른 본질적인 요소를 우리에게 알려 준다. 즉, 인간 이전에 이미 그리스도에 대한 예정이 있다는 사실을 강조하는데, 이는 인간에 대한 예정은 그리스도에 대한 예정에 의존되어 있으며 이 예정과의 관계 하에서만 가능하다는 것을 의미한다. 무엇보다도 이 사실은 그리스도를 중심으로 인간에 대한 예정을 이해해야 한다는 점을 잘 보여 준다. 이는 두 예정 사이의 관계가 본질적이며 존재론적인 특징을 띠고 있음을 의미한다. 따라서 인간에 대한 예정은 그리스도의 예정과 본질적인 연관성을 갖는다. 나아가 이 두 예정은 상호간에 서로를 포함하는 관계에 놓여 있다. 그리스도에 대한 예정은 인간에 대한 예정 안에서 설명되기 때문에 본질적으로 연관되어 있으며, 인간에 대한 예정은 그리스도에 대한 예정 안에 기초할 때에만 의미를 갖는다.

이제 예정에 대해 요약해 보면, 예정에 대한 하느님의 행위는 "성령의 수여자이시며 육화하신 성자 안에서 인간을 그분과 같은 하느님의 자녀로 삼으시려는 하느님의 계획이라고 할 수 있다. 따라서 예정은 인간의 모든 숙고와 결단 이전에 이미 하느님의 헤아릴 수 없는 자유에서 기인하는 것으로서, 모든 인간 실존의 근거가 되며 그가 그이게끔 하는 본질적 요소로서 헤아릴 수 없는 하느님의 심오한 사랑

[61] J.M.Dalmau, *Predestinazione*, in *Enciclopedia della Bibbia*, vol.5, pp.856s.

에서 유래한다."[62] 하느님의 계획을 구성하는 요소는 시간 이전(pre-temporale)에 인간이 그리스도 안에서 당신과의 특별한 관계를 맺게끔 원하신 하느님의 결정으로서, 하느님은 이를 통해 인간이 그리스도의 예정에 참여하도록 하시며, 강생하신 성자 그리스도 안에서 인간이 양자로서 하느님의 자녀가 되도록 이끄신다. 그리고 인간이 성령의 선물의 수취자가 되어 부활하신 그리스도의 영광에 참여하도록 하신다. 이 계획의 실현을 위해 하느님은 인간에게 적절한 수단들을 마련해 주셨다: 생명의 말씀, 성사, 부활하신 주님의 구원 공동체인 교회를 선물로 주신 것이다. 그리스도의 예정에 참여하도록 하는 은총을 특징짓는 것은 무상성, 보편성, 본질적이면서 형언할 수 없이 커다란 결과 등이다.

3.1.1. 무상성

무상성이란 관점에서 볼 때, 예정은 "인간의 모든 기대와 이해를 훨씬 넘어서는 실재로서, 이는 인간이 그리스도 안에서 고유한 방법으로 하느님께 자신의 삶이 속해 있다는 것을 의미하고, 나아가 하느님의 자유로운 결정을 통해서 예정 은총이 인간에게 주어졌다는 것을 의미한다."[63] 따라서 예정이 갖는 무상성은 예정이 하느님의 인격적이고도 사랑에 가득 찬 선택에 기초하고 있다는 사실에 근거하며, 하느님은 이 선택을 통해서 근본적으로 우리의 생각, 행동과는 다른 방법으로 자기 자신을 드러내신다.[64]

62) G.Gozzelino, 앞의 책, p.79.

63) L.Serenthà, *Predestinazione*, in *DTI,* vol.2, p.762.

64) G.Colzani, *L'uomo nuovo,* p.133.

3.1.2. 보편성

사실, 예정은 모든 인간과 피조물에 관한 것이다. "그것은 하느님의 구체적인 계획이면서 동시에 예외 없이 모든 존재에 관한 것이고 그것들 안에서 예수 그리스도와의 연대를 설정한다."[65] 이렇게 그리스도는 "모든 인간을 향한 하느님의 구원 의지의 참되고 진실한 표명이 된다."[66] 이제 여기서부터 한 가지 분명한 사실이 드러난다. 즉, 한편으로 그리스도는 인간과 피조물이 갖는 의미요 근거이며, 다른 한편으로 인간은 피조물과 동시에 시간 안에서 그리스도의 신비를 현실화하고 투사하는 실재라는 점이다. 따라서 역설적으로 만일 그리스도께로 정향되지 않은 그 어떤 존재를 상정할 수 있다면, 그 존재는 아무런 의미도 없고 정당화될 수도 없이 그냥 존재한다는 것을 허용해야만 한다. 이러한 의미에서 존재하는 모든 것에 의미를 부여하는 것은 그 존재가 그리스도를 향해 있고 그분과 관계를 맺는 것임을 우리는 알 수 있다.

3.1.3. 형언할 수 없이 큰 결과

인간을 향한 하느님의 예정은 오류 한 점 없이 효과적인 은총이다. 그리스도를 향한 모든 존재의 예정의 근거요 원천인 그리스도와의 관계성은 피조물에게 있어서 존재론적으로 본질적이라고 할 수 있다. 그것은 결코 해소되거나 돌이킬 수 있는 성질의 것이 아니다. 예정은 인간이 본래적으로 가지고 있는 그리스도를 향한 존재론적인 방향성을 말한다. 그러므로 그리스도와의 관계성은 인간이 벌을 받는 상황

65) G.Gozzelino, 앞의 책, p.80.

66) G.Colzani, 앞의 책, p.133.

에 처해 있을지라도 그에게서 뗄 수 없는 것이다. 따라서 각 개별 인간에 대한 하느님의 계획은 비록 그들이 부족함과 한계를 가진 존재임에도 불구하고 하느님의 능력에 힘입어 오류가 없이 실현되어 간다. 이 하느님의 계획을 멈출 수 있는 유일한 장애는 인간이 자신의 자유를 통해 이 계획을 거부하는 것뿐이다.[67] 그러므로 인간을 그리스도와 합치시키는 계획인 예정 은총은 단죄된 이들—이들은 비록 그리스도를 닮도록 끊임없이 방향 지어져 있음에도 불구하고 자신들의 자유로 이 계획을 거슬렀기 때문에 단죄되었을 따름이다—안에서도 실현된다는 점에서 정말이지 헤아릴 수 없이 큰 결과를 초래한다.[68]

3.1.4. 기쁜 소식

무상성과 보편성 그리고 헤아릴 수 없이 큰 결과로 대변되는 예정의 특징들은, 이 예정 은총이 하느님께서 영원으로부터 우리를 사랑하셨고 그래서 그리스도와 더불어 당신을 충만히 계시하셨다고 하는 최고의 '기쁜 소식'임을 우리에게 잘 보여 준다. 이 소식이 좋다고 하는 것은 우리에게 주어진 구원이 결코 철회될 수 없는 것—왜냐하면 하느님의 자유로운 그리고 확고한 의지에서 유래하기 때문에—이기 때문이다. 기쁜 소식으로 인해 주어지게 된 이 즐거움은 또한 "이 구원이 모든 이에게로 확장되어야 한다는 것을 알고 나눔으로써 배가 된다."[69] 반면, 이와는 반대되는 상황이 일어나서는 안 되는데, 왜냐하면 이 경우 인간 존재 자체의 의미와 가치가 돌이킬 수 없이

67) 참조: G.Gozzelino, 앞의 책, p.80.

68) L.Serenthà, 앞의 책, p.773.

69) 같은 책, p.79.

위협받기 때문이다. 나아가 이 즐거움은 하느님의 예정을 통한 구원이 인간에게 있어서 보다 충만한 기쁨을 준다는 것을 아는 데에 있는데, 왜냐하면 강생하신 하느님의 아들의 모습에 상응해서 인간을 향한 예정이 구체화되기 때문이다.[70]

인간의 구원 여정에 있어서 마지막 말은 그가 온전히 그리스도께 속하는 존재 상태에 이르는 것이다. 그리스도야말로 육화하신 성자로서 성부 오른편에서 영광스럽게 계시는 분이며 그 자체로 온 인류를 아우르는 맏아들(Primogenito)이시다.[71] 이렇게 그리스도를 향해 우리 존재가 미리 방향 지어지게 된 것은 하느님께서 당신의 사랑(agape: 에페 1,4) 안에서 취하신 결정이다.[72] 그리스도를 향한 예정과 더불어 그리스도 안에서 우리를 선택하신 것은 순전히 하느님의 사랑 이외의 그 무엇도 아니다.

3.2. 그리스도의 예정과 인간 예정 사이의 본질적인 관계

신학적 인간학의 다른 모든 주제들처럼, 예정에 대한 신학적 성찰 또한 인간에 대한 하느님의 구원 계획이라는 틀 안에서 바라볼 때 올바로 이해할 수 있다. 앞서 우리는 이러한 틀 안에서 그리스도 중심성이 현저하게 드러난다는 사실을 보았다. 이러한 그리스도 중심성은 인간이 그리스도와의 연관성 안에서만 이해될 수 있고 규정될 수 있음을 드러내 줄 뿐 아니라, 나아가 그리스도의 모든 것에 참여하는 한에서 인간은 인간으로서 존재할 수 있음을 명백히 드러내고 있다.

---

70) 참조: 로마 8,29.

71) 참조: H.Schlier, *Lettera ai Romani*, p.448.

72) H.Schlier, *Lettera agli Efesini*, pp.56s.

우리는 계시 사실로부터 인간이 유일하게 선택되고 예정된 분이신 성자 예수 그리스도 안에서 그리스도를 통해서 그리고 그리스도를 향해서 원해진 존재임을 알 수 있는데, 인간은 그리스도의 선택, 아들 됨, 예정에 참여함으로써 존재하며, 그렇게 존재하는 한에서 인간은 하느님의 아들로서 그리고 그분으로부터 부르심을 받은 존재요 예정된 존재로 있게 되는 것이다.

인간에게 있어서 존재론적인 특징을 지니는 그리스도와의 본질적인 관계성은 인간 예정을 그리스도의 예정에 대한 참여로 이해하도록 이끌어 줄 뿐만 아니라, 나아가 그리스도의 예정이 본질적으로 인간 예정에로 방향 지어져 있다는 사실을 고려하도록 초대한다. 왜냐하면, 그리스도의 예정은 인간이 그리스도 안에서 하느님과의 인격적인 합일을 이루도록 원하신 하느님의 결정이 현실화할 수 있는 근거를 이루기 때문이다. 따라서 만일 한편으로 그리스도의 예정이 인간 예정의 근간을 이룬다면, 다른 한편으로 인간 예정은 그리스도 예정을 구체적으로 드러내 준다고 할 수 있다. 그리스도 예정에 대한 인간 예정의 본질적이고 존재론적인 의존이, 한편으로 인간 예정이 그리스도를 떠나서는 생각할 수 없다는 것을 깨닫게 해준다면, 다른 한편으로 그리스도의 예정은 인간이 하느님과의 인격적인 통교에로 원해져 있다는 사실을 통해 정당화된다는 점을 명백히 드러내 준다.

이렇게 예정에 대한 하느님 은총 행위의 두 가지 차원 사이의 본질적인 연관성은 인간에 대한 예정을 올바로 이해하기 위한 그리스도론적인 요소의 본질을 우리에게 밝히 보여 준다. 왜냐하면, 그리스도론적인 영역 밖에서 인간에 대한 예정은 무엇보다도 지고한 하느님의 의지와 인간의 죄 사이의 관계로 밖에 드러나지 않기 때문이다. 그리하여 하느님과 인간은 더 이상 우정과 통교적인 차원에서 함께 공존할 수 없게 되며, 서로 적대 관계가 될 뿐이다. 마찬가지로 만일 그리스도의 예정에 있어서 인간학적인 측면이 결여된다면, 즉 그리스도의 예정이 인간 예정과 근본적으로 연관성을 갖지 않는다면, 그리스도의 예정은 역사적-구원적인 목적성을 상실하게 된다. 이러한 맥락에서 본 그리스도의 예정은 인간과 연관성이 없거나, 있다 하더라도 인간은 그 안에서 단지 죄인으로 간주될 뿐이다.[73]

3.3. 인간에 대한 예정을 보장하는 원천으로서의 그리스도 중심성

위에서 우리는 인간 존재가 그리스도 존재에 참여하기 때문에 인간일 수 있다고 언급했다. 이는 곧 참된 인간 이해를 위해서 그리스도와 그리스도의 신비에 대한 언급은 필수적일 뿐 아니라, 그리스도 안에서 하느님과의 합일에로 방향 지어진 인간 예정에 대한 확실한 보장을 이해하는 데 있어서 본질적인 요소임을 의미한다. 특별히 우리는 계시의 빛 안에서, 하느님께서 인간을 당신과의 통교에로 예정하신 결정을 현실화하기 위해서 하시는 모든 제스처들이 실은 그리스도 안에서 이루어진 것들이며 그리스도의 신비에 대한 참여라는 것을 알게 된다. 바오로 서간 중 특별히 에페소서와 로마서를 통해서, 우리는 인간에 대한 예정의 현실화가 그리스도 안에서 하느님으로부터 선택된 순간부터 시작되었음을 발견할 수 있다. 이러한 예정은 우리가 역사를 통해 그리스도를 닮아 가는 가운데 구체적으로 현실화해 간다.

73) L.Serenthà, 앞의 책, p.759 이하.

하느님께서 예수 그리스도 안에서 인간을 선택하신 것은, 그것이 하느님의 최고의 행위로서 이 선택을 통해 하느님께서 인간을 당신과 하나 되도록 초대하시고 이를 역사적인 차원으로 취하는 한에서, 인간 예정에 대한 가르침에 있어서 핵심적인 부분을 구성한다. 에페소서의 서두에 나오는 언급들을 통해서 우리는 선택과 예정 사이의 본질적인 상호 관련성을 발견할 수 있다. '선택하다'는 희랍어로 '엑스-레게인'(ex-légein), '예정하다'는 '프로오리제인'(proorízein) 동사인데, 첫 번째 동사는 두 번째 동사에 의존되어 있다. 즉, 선택하는 행위는 예정하는 행위의 귀결인 것이다. 이는 주님이신 예수 그리스도의 아버지 하느님 편에서 우리를 선택하시는 이유가 바로 예정 은총을 현실화하기 위한 하느님의 의지에 있음을 시사한다. 이렇게 인간을 예정하고 선택하는 행위 모두는 사실 그리스도의 선택과 예정에 참여함으로써 이해될 수 있다. 따라서 바오로 사도의 메시지에 의하면, 그리스도 안에서 양자로서 하느님의 자녀로 존재하도록 예정된 것과 더불어 그리스도 안에서 하느님과 인격적이고 사랑에 찬 합일을 지향하는 인간에 대한 예정은, 하느님께서 우리를 그리스도 안에서 선택하는 가운데 역사 안에서 인간을 향한 당신의 계획을 실현하도록 인도해 준다.

하느님의 예정 은총과 선택 은총의 독특함은 인간이 단순히 예정되고 선택되었다는 사실에 있는 것이 아니라 바로 그러한 인간이 그리스도 안에 존재한다는 사실에 있다. 그리스도 안에서의 선택 은총을 통해 우리가 하느님의 양자로 예정되었다는 것은, 우리가 육화하신 성자 예수 그리스도의 아들 됨에 참여하고 나아가 성부와 성자 간의 충만한 사랑과 우정의 관계에 참여하기를 원하시는 철회하지 않는 하느님의 의지를 드러내는 것이다.

하느님과의 합일을 향한 인간 예정의 가치를 이해하기 위해 필수적인 그리스도론적 요소들은 로마 8,28~30에서 보다 명확히 드러난다. 인간의 예정이 그리스도의 예정에 참여하고 있다는 사실은 특별히 29절에서 잘 설명되고 있다. 여기서부터 우리는 하느님 계획의 실현은 무엇보다도 육화하신 성자의 모상을 우리가 충만하게 닮아 나감으로써 가능하게 된다는 것을 알 수 있다. 성자를 닮아 간다는 것은 성부와 성자 간에 존재하는 사랑의 관계에 참여하기 위한 역사적이고 실존적인 길이다. 왜냐하면, 성자의 모상을 닮아 간다 함은 그분의 존재와 그분에 대한 모든 것에 참여함을 의미하기 때문이다. 이에 관해서 쉴리에르(Schlier)는 자신의 로마서 주해서 안에서 잘 설명하고 있다. 그는 이 책에서 우리가 하느님과의 사랑에 찬 합일에 이르는 것은 그리스도의 생명에 참여함으로써 가능하다고 말한다: "시초에 하느님은 인간을 그리스도의 존재에 참여하도록 예정하셨다(이는 특별히 하느님을 사랑하고 그분의 부르심에 응답하는 이들에게 명백히 드러난다). 사실, 'sümmorfós tés eixonós'는 '(예수 그리스도와) 같은 형상을 가짐'을 의미한다. 반면 바오로는 'morfé'(=forma)라는 용어를 통해서 어떤 외적인 형태가 아니라 존재 양상을 지칭하고 있으며, 'eixón'(=imago)을 통해서는 존재가 드러나는 것에 대해 말하려 하고 있다. 그렇다면 그리스도의 'eixón'이란 무엇인가? 필립 3,21의 'to soma tés dóxses autou'에 따르면 이 'eixón'은 영광에 가득 찬 육체적인 존재를 의미한다. 즉, 그리스도의 영광에 참여함은 그리스도처럼 인간 육체 안에 그리스도의 영광이 차고 넘치는 상태를 가리킨다고 하겠다."[74]

---

[74] H.Schlier, 앞의 책, p.478.

다른 주석가는 동일한 텍스트에 대해 다음과 같이 해설하고 있다: '하느님께서 그리스도 안에서 인간을 예정하고 선택한 목적은 모든 형제들 중에서 맏이이신 그리스도의 모상을 인간 안에 다시 형성하기 위해서'(로마 8,29), 그리고 '예수 그리스도를 통해서 우리가 하느님의 아들이 되게 하기 위해서이다'(에페 1,5). 바오로는 "그리스도의 업적을 통해서 교회 공동체의 모든 일원들이 선택된 것에 대해 정당화하는 데 그치지 않고, 하느님의 구원 행위의 목적에 대해 언급할 때 그리스도를 그 중심에 놓고 있다. 즉, 단순히 선택된 사람들만을 말하는 것이 아니라 구체적으로 그리스도 안에서 선택된 이들을 말하고 있다. 이는 모든 형제들 중에서 그리스도가 맏아들이 되고, 그의 모상(eixón)이 믿는 이들 안에 형성되게 하기 위함이다."[75]

이 단락을 마무리 지으면서, 인간 예정을 그리스도의 예정에 대한 참여로서 간주하는 것은 그리스도를 상대화 하려는 어떠한 부정적인 의미도 있지 않음을 확실히 해 두고자 한다. 오히려 그 반대로 이는 그리스도 존재의 의미를 더욱 부각시켜 준다. 인간이 그리스도의 운명에 참여한다는 것은, 하느님께서 인간을 위해 미리 결정해 주신 전체 사건이 예수 그리스도라고 하는 사건과 불가분리적인 관계 안에 놓여 있다는 것을 의미한다. 다시 말해, 우리가 의화되고 영광스럽게 되는 것은 우리가 그리스도의 모상을 얼마나 닮아 가는가, 얼마나 그리스도의 존재에 참여하며 이것을 역사 안에서 얼마나 구체화시켜 나갈 수 있는가에 달려 있다. 더 나아가 하느님께서 우리에게 베푸신 예정 은총을 통해 우리가 영광스럽게 되리라는 것은, 우리가 그리스

75) M.Löhrer, *Azione di grazia di Dio come elezione dell'uomo,* in *Myst. Sal.,* vol.9, p.276.

도의 예정—이미 그리스도에게는 당신의 육체가 영광스럽게 되리라는 것은 성부와의 위격적인 결합을 통해서 그리고 성부의 성자에 대한 예정을 통해서 보장된다—에 참여한다는 사실을 통해서 보장된다. 따라서 하느님께서 그리스도에게 원하신 것은 또한 우리에게도 원하신다. 아니, 하느님은 그것을 인간이 성취하도록 하기 위해서 그리스도에게 원하신다. 그러므로 그리스도의 운명은 또한 인간의 운명이다. 한편, 예정은 여럿 있는 것이 아니라 그리스도에 대한 예정 하나만이 존재할 뿐이다. 인간은 이 그리스도의 예정에 참여하는 것이며 이를 통해 그리스도의 운명에 참여하는 것이다.

3.4. 예정을 현실화하기 위한 역사적인 길

앞서 우리는 우리에게 선사된 예정 은총이 그리스도 안에서 우리를 선택하는 하느님의 은총 행위를 통해서 역사적인 구체화의 여정을 걷게 된다는 사실을 보았다. 그러나 우리는 여기에서 구체적으로 예수 그리스도 안에서 우리를 선택하는 하느님의 행위가 어떻게 이루어지는지 물어야 하며, 더불어 이 여정은 그리스도의 선택이 실현되는 동일한 과정을 거쳐야만 한다는 사실을 고백해야 한다. 따라서 "하느님께서 예수 그리스도 안에서 우리에게 베푸시는 선택 은총은—성부에 대한 성자의 관계에 있어서—순명의 변증법 안에서 이루어짐을 말해야만 한다. 나자렛 예수의 역사적인 삶은 그분의 자유로운 선택을 통해 이루어졌는데, 이 자유는 성부께 순명하는 자세 안에서의 선택 행위를 통해 구체화되었다(요한 3,34; 5,30; 6,38 이하). 그러므로 예수는 순명과 비허, 죽음의 길을 택하신다(히브 10,5~9; 12,2 이하)."[76] 순명을 통해 그리스도가 걸었던 역사적인 여정은, 십자가 위에서 하느님으로부터 철저히 버림받는(마태 27,46) 체험과 함께 그에게는 인간을 위해서 스스로 '죄인이 되는' 자기 비움의 결과를 초래했다(2고린 5,21). 그리고 더 나아가 십자가 위에서 우리의 죄를 없애기 위해서 하느님에 대한 우리의 '거부'를 받아들이셨다. 이에 대해 바오로 사도는 다음과 같이 언급한다: "우리에게 불리한 빚 문서, 곧 그 조문들에 의해 우리를 책잡던 빚 문서를 말소하셨습니다. 그것을 십자가에 못 박아 (우리) 사이에서 치워 버리신 것입니다"(콜로 2, 14). 그리스도가 역사적으로 걸었던 순명의 길은 사실 우리에 대한 하느님의 예정과 선택이 실현되는 과정이다. 십자가 위에서의 그리스도의 자기 비움과 포기, 죽음이 아니었다면 우리의 구원을 위한 하느님의 계획은 실현되지 않았을 것이다. 그리스도는 십자가 위에서의 처절한 순명을 통해 주님이 되심으로써 모든 형제들 중에서 맏이가 되시리라는 당신의 운명인 하느님의 계획을 실현시키셨다. 이러한 그리스도의 운명의 실현은 또한 하느님의 계획 안에서 우리의 운명이 결정적으로 실현되는 것이기도 하다. 왜냐하면, 그리스도는 맏이가 되심으로써 삼위일체이신 하느님의 신적인 생명에 다른 모든 형제들도 참여하게 하셨기 때문이다. 이 단락을 요약하면서, 우리는 역사적인 차원에서 예정의 신비는 그리스도의 십자가 신비를 통해 비로소 이해 가능하게 되었으며, 나아가 이 십자가 신비와 동일시된다고 말할 수 있다.

76) 같은 책, p.278.

3.5. 인간에 대한 예정의 동기요 원천으로서의 하느님의 사랑

하느님께서 우리를 그리스도 안에서 당신과의 합일에로 예정하기로 결정하신 것은 당신의 독재적인 권위를 드러냄으로써 인간을 상대화시키려는 것이 아니라, 인간을 향한 하느님의 헤아릴 수 없이 깊은 사랑을 드러내는 것으로서, 특별하고도 커다란 '기쁜 소식'이다. 우선, 이 사랑은 하느님께서 예수 그리스도 안에서 우리를 선택하심으로써 예정 은총을 구체화해 나가는 역사적인 과정 안에서 잘 드러나고 있다. 이미 에페소서에서 바오로 사도가 언급한 바와 같이, 하느님은 무상의 사랑으로 시간이 시작되기 이전(pre-temporale)에 인간을 예정하셨다. 즉, 세상 창조 이전 인간이 존재하기 이전에 영원으로부터 하느님이 그를 사랑하셨기 때문에 그를 예정하시고 그래서 그를 선택하시고 창조하셨다. "여기서 중요한 것은 다름 아닌 하느님의 사랑 가득한 선택이요, 이 사랑에 기초해서 하느님은 인간을 예정하시고 그 예정에 변함없이 충실하시다.(…) 그러므로 하느님께서 우리를 그리스도 안에서 선택하신 것은 모든 것에 우선하는 우리를 향한 하느님의 무한한 사랑의 표현이 아닐 수 없다."[77] 우리는 하느님께서 그리스도 안에서 우리를 선택하신 은총이 역사적인 현실화 과정을 통해 구체화되는 것을 보면서, 유일하고 참된 예정의 근본 동기가 다름 아닌 하느님의 사랑임을 잘 알 수 있다. 이 예정은 앞서 언급한 바와 같이 구체적으로 그리스도가 십자가에서 죽음으로써 우리의 죄를 없애는 역사적인 과정을 밟으면서 성부께 대한 자유로운 순명을 통해 실현되었다.

---

[77] H.Schlier, *La lettera agli Efesini,* p.70.

이렇게 우리를 예정하는 무한하신 하느님 사랑의 전망 안에서 우리는 하느님이 당신 뜻에 따라 우리를 마음대로 지배하는 분이 아니라 전적으로 우리를 위한 존재(essere-per-noi)임을 알 수 있다. 하나뿐인 당신 성자 안에서 우리를 선택하심으로써 우리를 당신과의 인격적인 합일로 예정하신 하느님은, 예수 그리스도 안에서 당신 자신만을 위한 분, 즉 우리가 당신을 위해 존재한다는 것을 우리에게 알려주려는 이기적인 하느님이 아니라 우리를 위해 존재하는 분으로서 그분의 특징은 무상성(graziosità), 즉 언제나 우리를 위해 은총과 호의 그리고 자비를 베풀 준비가 되어 있다는 것이다. 하느님은 그리스도의 순명과 비허, 죽음이라는 역사적 과정을 통해서 인간을 향한 구원계획을 미리 준비하셨고, 이 모든 것을 헤아릴 수 없이 크고 숭고한 당신의 사랑 안에서 미리 정하셨다. 즉, 하느님은 우리를 위한 분(Dio per noi)으로서, 우리와 끊으려야 끊을 수 없는 유대를 통해서 우리와 함께하심으로써 우리에게 속하길 원하시며 또한 우리는 그분께 속하길 간절히 원하신다.

제 4 장

초본성에 대한 고찰과 초본성과 피조물의 관계 문제

그리스도와의 관계는 인간 존재와 실존에 있어서 존재론적인 기초를 구성할 뿐만 아니라, 나아가 그가 유래한 곳이며 동시에 그가 지향해야 할 초자연적인 세계와 인간과의 관계를 이해하는 데 있어서 핵심적인 열쇠가 된다. 만일 그리스도가 인간의 원천이요 모형인(causa esemplare)이라고 한다면, 그분은 또한 인간의 최종 목적(fine ultimo)이어야 한다. 그리스도를 인간의 최종 목적으로 말한다 함은 인간의 최종 목적이 초본성적인 차원에 속함을 의미한다.

그리스도론적인 실존은, 인간이 그리스도와 갖는 관계가 그의 피조물로서의 존재성에 있어서 본질적이고 구조적인 요소일 뿐만 아니라, 인간 존재가 필연적으로 그리스도를 향해 결정되어 있고, 초본성적인 목적이야말로 그에게 있어서 궁극적이고도 최종적인 목적임을 말하게 해주는 근거가 된다. 이러한 관점에서 이제 신학적 인간학은 그리스도 안에서의 존재와 실존에 관한 신학으로 드러난다. 이러한 그리스도론적인 존재론은 도대체 '초본성'이 무엇이며 초본성과 피조물과의 관계는 무엇인지에 대한 문제를 자리 매김 하도록 우리를 초대한다.

'초본성' 문제는 신학적 인간학에 있어서 매우 미묘하고도 어려운 논제다. 이는 '초본성'이란 실재 자체의 복잡성에 대한 어려움이라기보다는 역사적으로 이 문제가 왜곡된 길을 거쳐 왔기 때문이다. 신학에 있어서 '초본성'이 지니는 중요함을 우리는 절대로 간과해서는 안 된다. 이 점에 대해, 드 뤼박(De Lubac)은 다음과 같이 언급하고 있다: "초본성 개념은 그리스도교에 있어서 창조나 계시 또는 교회, 성사 개념처럼 본질적인 요소이다."[1] 이 문제는 현실적으로 아주 다른 두 가지 양상으로 논의되었다. 우선 고전적이고 전통적인 입장을 들 수 있다. 이 입장은 당시의 문화적인 상황을 출발점으로 삼아 지속적으로 문화적 변천 과정과 함께 변화하면서 끝난다. 이 입장에서는 구원의 무상성을 보존하는 것이 주 관심사였다. 그러나 이 입장을 따름으로써 인간학에 있어서 문제가 된 것은 인간이 이중적인 목적을 갖게 된다는 점이었다. 이러한 전통적인 입장과는 달리, 현대 신학은 이 문제에 새롭게 접근하고 있다. 그렇다고 전통적인 입장을 전적으로 거부하는 것은 아니며, 다만 이를 역사적-구원적인 전망 안에서 새롭게 이해하고자 한다. 이러한 입장에서 출발점으로 삼는 것은 무엇보다도 계약 개념이다. 신학은 이 개념을 통해서 역사적으로 실존하는 인간의 유일한 목적이 그리스도 안에서 구체화된다고 하는 신학적인 인간학을 기초 지었는데, 우리는 이를 그리스도 안에서의 존재론적 인간학이라고 부른다. 우리는 다음에서 초본성에 대한 위의 두 가지

1) H. de Lubac, *Spirito e libertà,* vol.13, dell'Opera omnia, p.13.

입장을 구분해서 소개하고자 한다. 교의적인 설명에 앞서 먼저 역사적인 고찰을 시도하겠다.

I 초본성 신학(teologia soprannaturale)

인간 존재가 두 가지 목적을 가지고 있다는 관점에서 인간학을 이해하기 위해서는 어떻게 해서 초본성 신학이 태동하게 되었는지를 살펴보아야 한다. 그 태동은 이미 기원후 4세기경부터 찾아볼 수 있다. 그러나 이 신학이 본격적으로 발전하게 된 시기는 8세기라고 할 수 있다.

1. 교부 시대

교부 시대에는 신학이 문화적인 차이에 따라 서로 다른 전망 안에서 발전되었고 이에 따라서 초본성에 대한 이해도 서로 달랐다. 첫 번째 전망은 사도 시대 이후부터 4세기까지, 그리고 두 번째 전망은 4세기 이후로 구분할 수 있다. 첫 번째 시기를 살펴보면, 당시 교부들에게 있어서 신학의 중심축은 창조와 계약 개념을 구원자이신 그리스도의 우주론적인 전망 안에서 조명하는 것이었다. 두 번째 시기는 이 전망에서부터 멀어지면서, 죄로부터의 해방이라고 하는 개념을 신학의 출발점으로 삼게 되었다. 그 결과 무엇보다도 먼저 그리스도 안에서의 인간 예정의 보편성이 소홀히 취급되었다. 이러한 전망의 결과들은 후에 중세 신학을 구성하는 근간이 되었다.

나아가 4세기 말엽부터 그리스도교는 당시의 문화적인 영향을 더욱 깊이 받기 시작했다. 이러한 경향은 이미 2세기에 시작되었는데,

당시 교부들은 희랍 철학이 주장하는 창조 교리를 부인하는 교설(anticreazionismo)을 거슬러 논쟁을 했었다. 이들은 성서에서부터 영감을 받아 신학을 발전시켰을 뿐만 아니라 희랍 철학에 커다란 관심을 가졌었다. 이는 교부들이 창조와 계약 개념 사이의 관계 문제를 그리스도교를 거스르는 적대자들과의 논쟁 속에서 고찰·발전시켰기 때문이다. 따라서 이러한 논쟁의 배경은 성서적인 면에서 우주론적인 면으로 옮겨지게 된다. 이 전망에 있어서 논쟁의 목적은 피조물의 궁극적인 근거와 의미를 추구하는 것이라기보다는 우주의 시작과 기원을 발견하는 것이었다. 그러나 이러한 논의 가운데, 창조 과정 안에서 그리스도의 중개 역할을 간과함으로써 그리스도론적인 전망을 무시한 신학이 들어서게 되었다. 따라서 창조주로서의 하느님에 대한 관념이 극대화된 반면 중개자로서의 그리스도 개념은 부수적인 것으로 치부되기에 이르렀다.

당시의 교부들은 비록 성서의 가르침에 대해 익숙했음에도 불구하고 당대의 문화를 신앙 안에 수렴시키기 위해서 신학이 당시의 철학적 사고방식에 개방되어야 할 필요성을 절감했다. 그러나 이러한 상황은 성서적인 바탕에 문화적인 색채를 간신히 조화시키는 것으로 끝나고 말았다. 이로 인해 이후 교부들은 이성적인 색채가 짙은 논쟁들과 관련된 신학 주제들을 해명하기 위해서 무엇보다도 성서를 논리적 근거로 사용하기 시작했으며 더 나아가 논리적인 비약으로 인해 성서의 본래적인 가르침을 거스르기도 했다.

1.1. 아우구스티누스의 개념

창조 교리에 관한 한 우리는 아우구스티누스(Augustinus)에게 있어서 철학적인 차원이 결정적인 요소로 작용했음을 쉽게 발견할 수 있다. 그의 작품에 있어서 우주 안에서의 그리스도의 수위성은, 물론 가끔 언급되고는 있지만, 그의 인간학적인 전망에서는 결정적인 요소로 자리 매김 되고 있지 못하다. 그에 따르면, 창조 개념은 계약 개념과는 구별된다. 나아가 창조와 선택 사이에는 이분법적 논리가 있다. 그의 이러한 신학적인 전망은 아우구스티누스 자신의 개인적인 체험과 더불어 펠라기우스(Pelagio)와의 논쟁이 준 영향이 크게 자리 잡고 있다. 이와 더불어 아우구스티누스는 죄를 중심으로 한 구원 역사의 전망(amartiocentrica)을 우리에게 안겨 주었다. 그러기에 그는 악으로부터의 자유를 위한 은총의 필요성을 강조하기 위해 죄 가운데 있는 인간 실존을 기본 출발점으로 삼았다. 그러므로 그의 전망 안에서 인간 구원을 위한 그리스도의 현존은 죄의 실재와 긴밀히 연결되어 있다. 그는 우리로 하여금 하느님 은총의 절대적인 무상성을 바라보도록 초대하는데, 우리는 이러한 은총의 특징을 구체적으로 예정 은총의 전망 안에서 찾아볼 수 있다. 이 전망에 있어서 구원은 오직 하느님께로부터 유래하고 있으며, 구원받지 못하는 것은 그 구원을 거부하는 사람의 탓일 뿐이다.

우리가 만일 예정 교리에 관한 아우구스티누스의 관점을 주의 깊게 살펴본다면, 이 교리가 역사적으로 죄 중에 처해 있는 인간 실존 위에서 구성되어 있음을 알게 된다. 이러한 맥락에서 예정 은총은 다름 아닌 원죄와 개인적인 죄로 인해 파멸될 인류 전체 가운데 하느님께서 구원될 이들을 선택하는 구원 행위로 이해되고 있다.[2] 여기서 우리가 쉽게 볼 수 있는 것처럼, 이러한 아우구스티누스의 전망은 사

[2] G.Gozzelino, 앞의 책, p.55.

실 성서적인 전망과는 아주 다르다. 성서적인 전망 안에서 이해된 예정은 무엇보다도 예수 그리스도 안에서 이해된 인간을 향한 하느님의 계획, 즉 시초론(protologia)에 기초하고 있다. 신약성서에 있어서 예정은 인간이 예수 그리스도, 즉 육화하신 성자에 참여함으로써 하느님의 자녀가 되도록 미리 정해져 있음을 의미한다.

아우구스티누스적인 개념 안에서는 사실 하느님의 정의와 자비라는 관점에서 동시에 예정이 논의되고 있다. 우선, 하느님의 자비는 '미리 선택된 이들'이라는 주제를 통해서 드러나고 있으며, 하느님의 정의는 하느님의 책임이 아닌 선조인 아담과 하와의 원죄 그리고 자신의 탓으로 인해 죄 중에 있는 모든 이들을 하느님께서 용서하심으로써 드러난다. '미리 선택된 이들'에 대한 선택은, 사실 모든 이들이 죄를 지었으므로 하느님의 은총이 아니었다면 그들 또한 죄 중에 파멸될 것이기 때문에, 결국 하느님의 이 선택 안에서 하느님의 자비로운 사랑이 드러난다고 하겠다.

나아가 인간을 하느님의 모상으로 풀어 나가는 아우구스티누스의 관점은 그의 신학에 있어서 커다란 비중을 차지하는 것이 사실이긴 하지만, 그는 이 주제를 주로 철학적인 관점에서 바라보았다. 이는 그의 삼위일체론 안에서 잘 드러나고 있다. 그는 삼위일체론적 관점에서 유비적으로 인간을 하느님의 모상으로 설명하고 있지만 그리스도와의 관계 안에서가 아니라 이성적인 탐구를 통해서 풀어 나가고 있다. 나아가 이러한 그의 철학적인 배경은 창조에 대한 논의, 즉 무로부터의 창조, 창조에 있어서 하느님의 자유에 대한 문제, 시간 안에서의 창조의 시작의 문제 등을 설명하는 데에 있어 기본 바탕이 되고 있다.

2. 중세 시대

이제 중세로 넘어와서 창조 교의는 그 자체로 그리고 그 자체를 목적으로 발전하게 된다. 바로 이 시기에 '초본성'(soprannaturale) 문제가 복잡한 형태를 띠게 되었다. 이 용어의 역사는 스토아 학파와 피타고라스 학파의 교설 안에 그 뿌리를 갖고 있다. 이미 그들에게 있어서 이 용어는 신(神)으로부터 유래하는 그 무엇을 가리키기 위한 '신적인'(*divino*) 것으로 간주되었다. 그리고 하늘 저편에 사는 이에게만 속한 유일한 그 무엇을 표현하기 위해서 '하늘 저편'(*sopraceleste,* 彼岸)이란 용어가 있었다. '땅 위'(*sopraterrestre*)는 이 현세를 초월하는 이들을 가리키기 위한 용어였다. '초인적인'(*sovrumano*)과 '기적 같은'(*meraviglioso*)은 천상적인 본성을 지닌 그 무엇을, 그리고 기적을 초래하는 무엇을 지칭하기 위해 사용되었다.

나아가 교회 내의 교부들 사이에서도 '초본성' 용어는 특별하고 기적적인 것을 의미했다.[3] 중세기 시작에 있어서 그리스도교 저술가들 중에 『천상의 단계와 신비 신학』(*Gerarchia celeste e Mistica teologia*)의 저자인 위(僞) 디오니시우스(Pseudo Dionysius)가 있다. 그는 하느님과 피조물 사이의 관계를 설명하기 위해 신플라톤 철학의 유출설—비록 이 전망에서 하느님의 자유 의지가 논쟁의 여지로 남긴 했지만—을 취했다. 사실, 그를 통해서 플라톤 철학 안에서 본성, 자연 너머의 것을 지칭하는 의미로 사용된 'soprannaturale'가 그리스도교 언어권 안으로 소개되었다.

그 후 스코투스 에리우게나(Scotus Eriugena, 810~877)는 앞서 언급

3) J.Auer, *Il vangelo della grazia,* p.259.

한 위(僞) 디오니시우스의 작품을 라틴어로 번역하였으며 그 밖의 다른 작품들도 주해하면서 서양 신학 안에 소개했다.[4] 그럼에도 불구하고 하느님과 세상과의 관계를 설명하는 데 있어 창조는 하느님의 표현이자 발전으로 설명되었다. 그 결과 이 개념으로 인해 하느님은 유한한 피조물의 하느님으로 강조되었으며, 창조의 필연성이 부각되었다. 이는 초본성 교의에 있어서 절대적인 무상성이라는 특징과는 크게 대립되는 부분이다.

2.1. 위대한 스콜라 신학자: 토마스 아퀴나스

13세기는 스콜라 신학이 절정에 달했던 시기였다. 이 시기 역시 아우구스티누스의 사상이 지배적인 영향을 미쳤다. 그러나 이 시기에는 토마스 아퀴나스의 작품을 통해 소개된 아리스토텔레스의 철학을 통해 새로운 신학적 전망이 소개되었다. 토마스는 창조가 하느님에게 의존하고 있다는 점을 네 가지 원인, 즉 능동인(causa efficiente), 목적인(causa finale), 모형인(causa esemplare), 형상인(causa formale)으로 설명하였다. 이러한 전망에서는 창조가 단순히 무(無)에서 존재(存在)에로의 이행 과정이라기보다는, 하느님과의 지속적인 관계로서 이 하느님과의 관계를 통해 세상은 존재하며 존재하기를 지속하는 것으로 이해할 수 있다. 토마스에게 있어 창조는 처음에 한 번 하느님의 행위로 끝나는 것이 아니라, 실재하는 존재자들의 지속적인 근거이다: 여기서 하느님은 '지속적인 창조'를 이루시는 분으로 소개된다. 토마

[4] C.Laudazi, *L'uomo aperto al soprannaturale,* nel vol. *Temi di antropologia teologica,* p.592.

스는 모형인과 목적인을 통해서는 창조와 삼위일체 간의 관계를 규명하기도 한다.

사실, 토마스 역시 아우구스티누스의 노선에 따라 죄를 중심으로 한 구원론(amartiocentrismo)과 예정에 대한 교의를 설명한다. 그러기에 그는 그리스도 강생의 동기를 설명하면서 무엇보다도 죄로 인한 강생의 동기를 언급하고 있다: "Si homo non peccasset, Filius hominis non venisset"(만일 인간이 죄를 짓지 않았다면 성자는 인간에게 오시지 않았을 것이다). 그는 계속해서 설명하길: "성서에서 강생의 이유는 언제나 첫 인간의 죄에 근거를 둔다. (…) 따라서 강생은 인간을 죄로부터 치유하기 위해서 하느님께서 베푸신 은총으로서, 죄가 없었다고 한다면 강생 또한 없었을 것이다."[5]

예정 은총에 대해서도 그는 전체적으로 아우구스티누스의 입장을 견지하고 있다. 그는 예정에 대해 설명하기를: "어떤 이들을 구원에로 인도하기 위한 하느님의 계획"[6]이라고 한다. 예정은 '*dilectio*'(선택적 사랑)[7]와 동일시되는데, 하느님은 이를 통해서 이 사람들이 아닌 저 사람들을 선택하시고 그들에게 구원을 위한 선물을 주신다.[8]

---

5) *S.Th.*, III, q.1, a.3, co.

6) *S.Th.*, q.23, a.2, co.

7) 사랑, 애정, 보살핌 등으로 번역할 수 있다. 이 *dilectio*는 일반적인 amore(사랑)와는 달리 사랑에 선택적인 개념이 포함되어 있다. 따라서 dilectio는 이것보다는 저것을 더 사랑하는 '선택적인 사랑'을 지칭한다고 할 수 있다(참조: *S.Th.*, I-II, q.26, a.3, co.과 ad.4를 보면 dilectio에 대한 자세한 설명을 볼 수 있다).

8) *S.Th.*, I, q.23, a.4, co.

2.2. 토마스 아퀴나스의 공헌

토마스는 '초본성'(超本性, soprannaturale) 개념의 의미를 학문적으로 정립하고 이를 우리에게 전해 주는 데 크게 공헌했다. '초본성' 개념은 그를 통해서 신학의 핵심 개념으로 들어오게 되었다. 왜냐하면 그는 '초본성' 개념을 통해서 '본성'(natura)의 신학적 개념을 명확하게 제시하고 있기 때문이다. 사실 그의 사상 정립 초기에 '초본성' 개념은 여러 가지 의미를 지니고 있었다. 즉, 인간 본성을 초월하는 실재들: 하느님, 천사들, 그리고 가끔은 영혼을 지칭하기도 했다.

'초본성' 개념을 설명함에 있어서 그는 무엇보다도 먼저 '본성' 개념에서부터 출발한다: "본성은 어떤 사물의 본질에 있어야만 하는 그 무엇을 의미한다."[9] 그는 이 개념에서부터 출발해서 '초본성'을 정의 내리길, 인간 본성에 본질적인 그 무엇이 아니라고 언급한다. 만일 '초본성'이 '본성' 안에 있다고 할지라도 '본성'은 그 자체로 '초본성'을 요청할 권리가 없었다. 그러기에 인간 본성 안에서의 '초본성'의 실재에 대한 근거는 절대적인 하느님 은총의 무상성 안에 있을 뿐이다. 토마스는 이 '무상성'을 '초본성' 자체와 동일시할 정도로 초본성의 특징으로 보았다. 이 무상성이라는 특징은 그 자체로 모든 종류의 채무(debito)를 제외한다: "은총은 채무 개념을 제외시킨다."[10] 또한 '초본성'은 하느님이 인간에게 나누어 주신 모든 신적인 실재를 포함한다. 그러기에 이 개념은 절대적으로 채무 개념을 제외시키며, 그 자체로 은총 개념을 내포하고 있다. 따라서 이 신적인 실재는 어떠한

---

9) *S.Th.*, I-II, q.10, a.1, co.

10) *S.Th.*, I-II, q.111, a.1, ad.2.

종류의 인간 행동을 통한 공로(merito)로 얻을 수 있는 성질의 것이 아니다. 오직 하느님의 은총을 통해서만 가능한 것이다.[11] 그러나 본성과 초본성의 관계를 서술하는 가운데 성 토마스는 본성과의 관계에 있어서 은총에 본성을 완전하게 해야 할 과제를 부여한다: "은총은 본성을 파괴하지 않고 오히려 완성시킨다." 그러므로 본성을 완성시킬 수 있는 은총의 능력으로 볼 때, 본성은 이미 은총 이전에 존재해야 함을 우리는 알 수 있다: "완성에 이르기 위해서 완전을 지향하는 가능적 실재가 전제되는 것과 같이, 은총은 본성을 전제로 한다."[12]

본성과 은총 또는 초본성과의 관계에 대한 이러한 토마스의 견해는 이미 4세기 말엽 교부 시대에 드러난 개념을 더욱 확고히 하는 것이었다. 즉, 본성 또는 창조는 그 자체로 결정된 견고한 그 무엇으로 간주되었으며, 그것이 있은 다음 그 위에 초본성 또는 은총이 첨가된다는 것이다. 이 견해는 후에 외재주의(estrinsecismo)의 싹이 되어 존재 질서를 본성과 초본성이라는 두 가지 차원으로 나누게 하였으며, 이 두 질서는 서로 다른 차원으로서 곁에 있으면서 동시에 병행해 존재하고 상호 관련성을 갖는 것으로 논의되었다.[13] 그러나 토마스는 '자연적인 원의'(desiderio naturale)를 언급하면서 이것을 '순명의 능력'(potenza obbedienziale)이라는 실재와 긴밀한 관련성을 갖는 것으로 설명함으로써 이러한 외재주의(estrinsecismo)를 피하고자 한다.

그는 자신의 작품 『이교도 대전』(*Summa contra gentile*)에서 다음과 같이 언급한다: "모든 지적인 피조물은 하느님을 볼 수 있는 능력

11) 같은 곳.

12) *S.Th.*, I, q.1, a.8, co.; I, q.2, a.2, co.

13) G.Gozzelino, 앞의 책, p.59.

이 있으며, 따라서 이들은 본성적으로 하느님의 본질을 보기 위한 원의(desiderio)를 지니고 있다."[14] 성 토마스는 주장하길, 이 원의는 우리의 노력이나 자유의 결과가 아니라 본성 그 자체에서 유래하는 것으로서, 모든 개인적인 선택이나 업적 이전에 존재한다. 인간의 활동 범주가 아닌 본성에 속하는 이 원의는 절대적인 가치를 지니는 것으로서, 자연적인 한에서 "이 원의는 헛될 수가 없다."[15] 만일 참행복 직관(visione beatifica)에 대한 이 '자연적인 원의'(desiderio naturale)가 헛되다고 한다면, 인간 본성 안에는 실현되지 못할 그 무엇인가가 존재한다고 말할 수밖에 없다.[16] 사실 "하나의 행위는 존재의 목적을 드러내 준다. 따라서 우리 안에 있는 목적을 향한 자연적인 움직임이 인간 본성에 있어서는 본질적인 것이기 때문에, 이를 부인하지 않는 이상 우리는 이 '자역적 갈망'을 부인할 수 없다."[17]

참행복 직관에 대해 인간 본성이 지니는 자연적인 원의가 헛될 수 없다는 확신은, 창조된 인간 본성 안에는 이미 초본성에 이를 수 있는 능력이 있다는 것을 말해 준다. 토마스에게 있어서 이 능력은 인간이 하느님의 모상으로 창조되었다는 사실 안에 뿌리박고 있다: "인간 영혼은 본성적으로 은총을 수용할 수 있는 능력(capax Gratiae)을 지닌다. 이미 아우구스티누스는 이에 대해 말하고 있다. '인간이 하느님의 모상으로 창조되었다는 사실 자체로 인해 그는 은총을 통해서 하느님을 수용할 수 있는 능력(capax Dei)이 있다.' "[18] 그러나 지

14) S.Thomas, 『이교도 대전』, I, 3, c.57.

15) *S.Th.*, I, q.75, a.6, co.

16) 참조: *S.Th.*, I, q.12, a.1.

17) P.J.Webert, *L'âme humaine*, pp.395s.

18) *S.Th.*, I-II, q.113, a.10, co.

성적인 피조물이 자신의 활동만으로는 참행복 직관에 다다를 수 없고 오직 은총을 통해서만 가능하다는 점에서, 하느님을 수용할 수 있는 이 능력은 수동적인 능력이라고 말해야만 한다. 수동적인 한에서 이 능력은 무한히 개방적이고 수용적인 잠재능력이라고 할 수 있다. 따라서 능동적인 인간 활동에 비해 더욱 광범위하고 자유롭다. 이러한 의미에서, 가능태가 현실태를 지향하는 것처럼, 창조된 지성은 참행복 직관을 지향한다고 하겠다. 이와 같이 인간의 수동적인 능력 또한 초본성에로 열려 있다고 할 수 있다. 다만 여기서 짚고 넘어가야 할 중요한 포인트는 참행복 직관을 향한 인간 본성의 잠재능력이 실현되는 것은 인간 본성을 통해서가 아니라 오직 은총을 통해서만 가능하다는 사실이다. 잠재적 또는 수동적인 인간 본성의 능력은 순명하는 능력과도 동일시할 수 있다. 이 능력은 본성적으로 하느님께 열려져 있으며, 하느님을 향한 인간의 본성을 거스르지 않는 한 인간은 하느님께 합당한 행동을 할 수 있는 능력을 하느님으로부터 선사받았다.[19]

초본성에 대한 토마스 아퀴나스의 전망을 마무리함에 있어, 우리는 그가 초본성에 대해 부여하는 정의가 성서로부터 영감을 받지 않았다는 점에 주목해야 한다. 그의 견해는 계약 개념이나 그리스도와의 관계성으로부터 출발하지 않는다. 그가 영감을 받은 원천은 우주론과 철학으로서, 그는 여기서부터 자신의 본성 개념을 형성하는 출발점으로 삼았다.[20]

---

19) 참조: C.Laudazi, 앞의 책, p.601.

20) G.Gozzelino, 앞의 책, p.59.

3. 근대 및 현대

현대는 무엇보다도 자연 과학의 탄생[21](베이컨), 그리고 새로운 대륙의 발견(콜럼버스), 천문학의 진보(갈릴레이)로부터 커다란 영향을 받았다. 나아가 이 시대에는 위에 언급한 중요한 사건들과 더불어 역사 비판에 대한 견해가 발전하기 시작했고 이로 인해 인간과 생명, 세상을 새롭게 바라보고 해석하는 데에 있어 신기원을 이룩하였다. 특별히 세상과의 관계에 있어서 인간의 개념은 일종의 혁명을 맞이하게 된다. 인간은 한편으로 새로운 차원에서 논의되기 시작했고, 또 다른 한편으로는 모든 것 위에 고양되기에 이르렀다.

무엇보다도 먼저, 인간은 초월적인 영역으로부터 단절되기에 이르렀으며, 이로 인해 인간을 다른 모든 피조물들과 본질적으로 구별하게 해주는 핵심 요소인 하느님과의 합일에로 불렸다는 그의 특별한 소명을 망각하기에 이르렀다. 결과적으로 인간과 세상 사이의 관계도 새롭게 설정되었다. 인간은 단지 수많은 존재자들 가운데 하나이며 그들에 비해 어떠한 초자연적인 우월성도 지니지 않은 평범한 존재일 뿐이었다. 무엇보다도 인간이 교회의 중개로부터 해방되었다는 사실은 그를 한껏 고취시켰다. 자연 과학은 이 중개를 굴욕적인 것으로 여겼다. 따라서 자연 과학은 인간이 그리스도교와 교회의 중개로부터 자유로워져서 '자기 충만'의 자세를 취하도록 자극했다.

이러한 인간에 대한 새로운 이해는 인본주의와 르네상스 시대를 거치면서 더욱 발전하게 된다. 이 당시의 모든 관심은 오로지 '자연적이고' '현세적인' 인간에 집중되었다. 즉, 인간은 그리스도와 그 밖

21) 참조: 같은 책, pp.60~65.

의 모든 종교적인 관련성으로부터 분리되어 생각되었다. 이러한 전망에 따르면 세속과 거룩함, 일시적인 것과 궁극적인 것 사이의 구별은 그리 중요하지 않았다. 인간에게는 오직 현세적인 것만이 적절한 것으로 여겨졌다. 종교적이고 거룩한 영역은 자연적인 실재에 속하지 않았기 때문에 결국 인간과는 아무런 관련이 없게 되었다. 이렇게 창조와 계약 개념 사이의 분리는 계몽주의를 통해서 더욱 가속도가 붙게 된다. 한편 인간학 안에서도 이러한 현상들이 일어났으며, 이는 특별히 브루노(G.Bruno)와 스피노자(B.Spinoza) 그리고 라이프니츠(G. M.Leibniz)의 자연 철학을 통해서 이루어진다.

3.1. 스콜라 신학의 제2기

새로운 문화적 환경으로 인한 도전 앞에서 스콜라 신학의 제2기 신학자들(D.Bañez, Giovanni di S.Tommaso, L.Molina, G.Vasquez, F.Suarez, L.Lessio 등)은 적절한 대답을 주지 못했다. 그들은 주로 전통적인 견해를 반복하고 재정리하기만 하는 한계점을 지녔다. 처음으로 새로운 전망을 보여 준 것은 인간에 대한 주제를 다룬 "*De Deo creatore*"(창조주 하느님에 대해)라는 작품이었다. 여기서 다룬 창조에 대한 분석은 대체적으로 그 이전의 개념에 머물렀고, 당시의 지배적 사조 중의 하나인 자연주의(naturalismo)의 영향을 많이 받았다. 이 작품의 배경은 자연 신학으로서, 이 작품의 문화적인 배경을 이룬 것은 피조물이 자신의 본성적인 이성의 조명을 통해서 진리에 도달할 수 있다고 하는 사조였다. 따라서 다시 한번 우리는 이 시점에서 창조와 계약 개념 사이의 엄격한 분리를 보게 되며 이 안에서 예정과 초본성의 주제 또한 다루어지고 있음을 보게 된다.

이 시기에 있어서 '**예정**' 교리는 아직 토마스에 의해 재정리된 아우구스티누스적인 노선에 머물러 있었다. 이 교리는 하느님의 자유의지에 전적으로 의존하는 두 가지 경륜(economia)의 틀 안에서 설명되었다. 하나는 은총의 질서로서, 원죄와 자신의 개인적인 죄로 인해 단죄된 사람들 가운데 어떤 이들만이 구원에로 예정, 선택되었으며 그 이외의 사람들은 죄 중에 버려져서 결국 파멸에 이른다는 것이다.

'**초본성**' 교리 또한 그리스도와의 연관성 안에서 논의되기보다는 그 출발점을 '본성'(naturale)에 두고 있었다. 이러한 제2의 스콜라 시기 가운데 지속되었던 주장은 인간 본성 안에서 '초본성'이 갖는 무상적인 성격과 이에 대해서 인간이 권리를 요구할 수 없다는 특징이었다. 초본성의 무상적인 특징은 바이우스(Baio) 논쟁을 통해 본격적으로 설명되었는데, 예수회 신학자였던 바이우스는 공개적으로 인간 본성 안에 창조될 당시의 원래 상태에로 돌아갈 수 있는 권리와 능력이 있다고 옹호했다. 이에 반해 초본성의 절대적인 무상성을 강조했던 일련의 신학자들은 '순수 본성'이라고 부르는 '도구' 개념으로 바이우스의 주장에 맞섰다. 이러한 가정을 주장했던 신학자들로는 카예타누스(Cayetanus, 1468~1534)라고 하는 토마스 데 비오(Thomas de Vio, 1468~1534)와 로베르투스 벨라르미누스(Robertus Bellarminus, 1532~1621) 그리고 그 이후 이 노선의 열렬한 옹호자가 된 수아레스(F.Suarez, 1548~1617)가 있다.

3.2. 계몽주의

17세기에 들어와서 얀세니즘 논쟁으로 인해 예정에 대한 논쟁이 다시 불붙기 시작했다. 얀세니즘은 아우구스티누스의 입장을 극단적으로

몰고 가면서 구원과 은총 분배의 보편성을 부정하고 나아가 예수 그리스도가 모든 이를 위해 죽었다고 하는 사실을 거부한다. 이 이단은 1653년 5월 31일 교황 인노첸시오 11세에 의해 칙서 "*Cum occasione*"를 통해서 단죄되었다.

17세기와 18세기를 판가름하는 보다 중요한 사실은 세속적인 인간학과 그리스도교 인간학 사이의 결별이다. 이는 앞서 언급한 '순수 본성'(natura pura) 이론으로 인한 결과였다. 이 '순수 본성' 이론은 이를 고안해 낸 신학자들에게 있어서 단지 초본성의 무상성을 더욱 강조하기 위한 수단에 다름이 아니었다. 반면, 세속 문화권에 있어서는 실재적 사실만이 유일한 가치를 지니는 것으로 간주되었다. 그 결과 계몽주의적 문화는 순수 이성이 다다를 수 없는 세계를 추방시켜 버렸으며 이와 더불어 초본성 개념 또한 그 의미를 상실하게 되었다. 비록 이 계몽주의적 문화가 하느님을 세상의 창조주로 인식한다고 하지만, 이 문화적 맥락 안에서는 하느님의 창조 행위가 시작에만 국한되며, 하느님은 창조와 더불어 피조물을 영원불변으로 인도하는 법을 설정해 놓으시고 피조물과는 동떨어진 분으로 남아 계실 뿐이다.

3.3. 19세기(신스콜라 신학의 시대)

19세기 가톨릭 교회 내에서는 역사적-구원적 개념을 복원하려는 일련의 시도들이 생겨나기 시작했다. 이 복원 작업의 핵심에는 '튀빙겐 학파'가 주도적인 역할을 했다. 이 학파는 창조에 대해서 언급하길, 만일 시초에 하느님의 창조 업적이 모든 존재 질서의 중심축인 그리스도의 구원 업적에 의해 이룩되는 새 세상과 통합되지 않는다면 완전하지 못할 것이라고 주장했다. 그러나 이러한 시도는 본성과 초본성을 가르는 전통적인 이원론을 견고히 하려는 신스콜라 학파의 발생으로 인해 표류하는 위기에 처한다. 이 이원론이 교회로부터 마지막으로 인정된 것은 제1차 바티칸 공의회에서였다. 여기서 주목을 끌었던 주제는 창조가 하느님의 자유에 근거한 무(無)로부터의 창조라는 점이었다: "세상의 시초에 하느님은 당신의 영광을 위해 그리고 당신의 완전함을 드러내시기 위해 자유롭게 세상을 창조하셨다."[22]

이에 대한 마지막 시도는 신스콜라 학파의 한 사람인 쉐벤(J. Scheeben, 1835~1888)에 의해, 특별히 그의 작품 "*De Deo creante et elevante*"(창조하시고 고양하시는 하느님)을 통해서 이루어졌다. 그는 이 작품 안에서 '창조'와 '고양'(elevazione)에 대한 자리 매김을 시도하고 있다. 그는 '고양'에 관해 말하면서 '본성'에 대한 은총의 무상성과 우위를 설명하고 있지만 그리스도론적인 전망은 부족하다. 제1부(De Deo creante)에서 그는 하느님의 창조 행위를 첫 단계에 놓고 있는데, 이는 구원적인 행위로서가 아니라 창조 행위 그 자체 안에서만 논의되고 있다. 이어서 하느님의 창조 행위에 대한 결과들로서 세상, 인간, 천사에 대해 서술되고 있다. 그는 언급하길 인간에게 있어서 '본성' 개념은 지배적인 것으로서 인간은 이 '본성'에 의해 설명될 수 있다고 말한다. 반면 그의 도식 안에서 인간이 갖는 하느님과의 구원적인 관계성은 소홀히 취급되고 있다. 제2부(De Deo elevante)에서는 무엇보다도 먼저 인간이 지녔던 자연적·초자연적인 선물들과 더불어서 그의 본래 상태가 소개되고 있다. 그러나 쉐벤은 이러한 초자연적인 선물들이 인간에게는 본질적이고 구조적인 것이 아닌 것으로 설명하고 있다. 이 점에서부터 인간에게 있어야 할 정당한 본래 상태, 그리

22) 참조: DS 3001-3003.

고 이 상태와의 연관성 안에서 원죄에 대한 설명이 발전하게 되었다. 그러나 여기에는 그리스도에 관한 어떠한 암시도 드러나지 않는다.

4. 초본성(또는 이중 목적)의 인간학

초본성 또는 초자연이란 용어가 인간의 이중 목적을 말하는 인간학과 연관되기 시작한 것은 제2의 스콜라 신학자들을 통해서이다. 현대 신학자들이 역사적인 인간 안에서 구원의 무상성(gratuità)에 대한 요청을 강하게 주장한 반면, 다른 한편에는 인본주의적인 그리고 르네상스의 영향을 받은 문화적 배경이 있었다. 이러한 맥락 안에서 이 제2의 스콜라 신학자들은 신학에 '본성적'인 차원을 부여하기에 이르렀다. 이때부터 '본성'에 대한 문제는 주된 신학적 토론의 영역이 되기 시작했다. 이렇게 '본성' 개념은 초본성이 본성을 초월하고 무상적인 특징을 갖는다는 것을 논하는 데 있어서 필수적인 출발점이 되었다. 초본성의 무상적인 차원을 변호하려는 신학적인 전망은 따라서 인간 본성의 기원이 초본성과는 상관없이 자연적인 차원의 목적만을 갖는다고 하는 결론에 다다르게 했다. 인간의 이중 목적에 대해 논하는 인간학의 시초는 당시 신학 안에서 일어난 다양한 논쟁들의 영향을 받았다. 이 시기는 신학의 '본성화'(本性化, naturalizzazione)와 더불어 창조와 계약 개념이 결정적으로 분리되는 시기였다.

4.1. 바이우스(Baio) 논쟁

이 시기의 신학자들을 보다 잘 알기 위해서는 M. 드 베이(M. de Bay)

의 견해를 살펴볼 필요가 있다. 그는 자신의 신학의 기초를 아우구스티누스의 노선에 정초한다. 이러한 아우구스티누스의 전망에 따라 그는 인간이 갖는 구원의 필요성에 대한 견해를 피력하기 위해 역사적인 인간 상황으로부터 출발한다. 인간에 대한 그와 아우구스티누스 사이의 공통점은 무엇보다도 죄인인 인간은 위로부터의 구원이 필연적으로 요청된다는 것이다. 그러나 이 둘 사이에 출발점은 같았지만, 드 베이는 '본성' 개념에 대한 이해에 있어서 아우구스티누스와 정면으로 대립한다. 바로 여기에서부터 아우구스티누스의 견해에 반대되는 노선을 따르는 바이우스의 견해가 태동되었다고 하겠다. 아우구스티누스에게 있어서 '본성'은 역사적-구원적인 가치를 지닌다. 그리고 이 용어는 첫 인간의 원래 상태를 지칭하기 위해 사용되었다.[23] 반면 바이우스에게 있어서 '본성'은 그 자체로 충분하고 그 자체를 통해 존재한다. 그리고 그 어떠한 근원적인 초자연적 선물이 필요 없는 인간 존재의 근본적 상태를 규정하는 용어였다.[24] 이러한 관점에서 아우구스티누스의 개념을 읽어 나간 그는 다음과 같은 결론에 다다른다: 만일 인간의 원래 상태가 '자연적'이라고 한다면, 이는 인간 본성에 필수적인 것이다. 더 나아가 부연 설명하길, 오직 본질적으로 본성에 속하는 것만을 '자연적'이라고 말할 수 있다는 것이다. 그러나 이는 아우구스티누스의 사상이 아니었다. 아우구스티누스는 인간이 하느님으로부터 독립되어서 자기 충만의 상태 안에 존재하는 전망을 전혀 허용하지 않았다. 반면, 바이우스는 원죄 이전의 인간이 구원을 위해서 창조주의 뜻에 자신을 완전히 내맡겨야 한다는 것을 허용하

23) H. de Lubac, *Il mistero del soprannaturale*, pp.37~58.

24) G.Muschalek, *Creazione e L'alleanza come problema di natura e grazia*, in *Myst. Sal.*, vol.4, p.201.

지 않았다.[25]

이를 좀더 구체적으로 살펴보기로 하자. 바이우스에 의하면 하느님의 은총은 원래 인간 상태인 '무죄한'(innocente) 인간과는 아무런 관련이 없다는 것이다: "인간의 원래 있어야 할 상태는 '자연적'인 상태로서 그 스스로 하느님의 법을 지키고 성령과 사랑(carità)의 활동에 긴밀히 연결될 수 있는 가능성 안에 존재했었다."[26] 따라서 인간은 원래 무죄한 상태가 그의 '본성'이기 때문에, 사랑, 성령, 그리고 그 외의 다른 초자연적인 선물들은 인간이 취할 수 있는 권리에 속했었다. 이렇게 은총이 인간 본성의 권리에 속했다면, 다른 한편 죄는 이러한 상태의 상실을 의미한다. 은총은 인간 본성의 완성을 표현하는 것으로서, 이것 없이 인간 본성은 불완전할 수밖에 없다. 따라서 구원 은총은 오직 원래의 상태로부터 타락한 인간 본성을 치유하는 기능만 있을 뿐이다. 다시 말해, 구원 은총은 인간 본성이 하느님의 수준에서 살 수 있도록 필요한 힘을 인간 본성에 다시 부여하기 위해 필요한 것이다. 이렇게 바이우스를 통해서 무상성(gratuità)의 차원은 초본성 신학에 있어서 본질적인 것이 되었다. 이에 대해 신학자 뒤셰스네(Du Chesne)는 바이우스에 대한 우리의 입장을 종합, 정리하고 있다: "사실, 바이우스는 '본성'에는 모든 것을 부여하면서 은총에는 아무것도 부여하지 않았다. 바로 이것이 그의 결점이요 허물이다."[27]

---

25) H. de Lubac, *Agostinismo e teologia moderna,* p.14.

26) G.Colzani, *L'uomo nuovo,* p.102.

27) H. de Lubac, 앞의 책, p.194.

4.2. 벨라르미누스의 신학

바이우스의 입장에 대해 비오 10세가 단죄한 이후로 바이우스에 맞서서 결정적인 역할을 한 신학자는 벨라르미누스(Bellarmino)였다. 그는 자신의 작품 "*Sententiae D. M. Barii refutatae*"에서 주장하길, 첫 인간에게 있어서 은총과 초자연적인 선물은 매우 필수적인 것으로서 만일 이것이 없었다면 그는 하느님과 통교할 수 없었을 것이라고 말한다. 그러나 그의 신학에 있어서 그가 비록 첫 인간에게 있어서의 초자연적 은총의 필요성을 역설했다 할지라도, 다른 한편 그는 자신도 모르게 '순수 본성'을 도구적 개념으로 사용하는 '창조' 개념에 개방되어 있었다. 비록 인간 정신(spirito)이 본성적으로 참행복 직관의 능력을 지니고 있다 하더라도 단지 이것만으로 하느님이 이러한 인간의 자연적 능력이 필연적으로 실현되도록 당신 자신을 강제하실 수는 없는 노릇이다. 하느님은 인간을 이런 능력이 없는 채로 만드실 수도 있었고,[28] 인간 본성은 은총 없이 존재할 수도 있었다.

벨라르미누스는 다른 작품인 "*De gratia primi hominis*"(첫 번째 인간이 누린 은총에 대해)에서 계속 이 주제를 다루고 있다. 여기서 그는 인간의 본래 상태를 다루면서 먼저 '본성'과 '초본성'에 대한 개념을 소개하고, 후에 인간 본성의 목적인 참행복 직관을 다룬다. 그는 이 주제에 대해 다음과 같이 언급하고 있다: "참행복 직관은 인간 본성의 목적으로서, 만일 인간에게 초자연적인 도움이 없었다면 도달하지 못할 그런 원의가 아니다. 참행복 직관에 대한 원의는 인간 본성에 자연스러운 것이다. (…) 인간이 자신의 힘으로 도달할 수 있는 것보

28) 같은 책, p.197.

다 더욱 고상한 목적을 위해서 창조되었다는 것은 인간 본성에 적합하다. 이 목적은 인간의 존엄성에 잘 들어맞는 것이다." 계속해서 언급하길: "인간이 이러한 최상의 목적에 도달하도록 필요한 수단들을 하느님이 인간에게 허락하셨다는 것은 정당한 것이다. 그렇다고 하느님이 이것들을 허락하지 않으셨다고 한들 모순될 것도 없다. 사실, 참행복 직관은 인간에게 있어서 자연적인 목적일 수 있지만, 반면 그에게 어울리는 목적이 아니며, 그것 말고도 그에게 적합한 자연적인 목적이 있다. 따라서 하느님은 인간을 자신의 본성보다 훨씬 높은 목적에로 고양시키지 않고, 자연적인 수단들을 통해서 그의 본성에 적합한 목적에로 인도하실 수 있었다."[29]

이렇게 한편으로 초자연적인 질서의 무상성(gratuità)을 탁월하게 강조한다면, 다른 한편으로 그는 '순수 본성'의 이론을 위한 토대를 마련하고 있으며, 스뮐더(Smulders)의 견해에 의하면 벨라르미누스가 본격적으로 '순수 본성' 이론을 창시했다고 할 수 있다.[30] " '순수 본성'이란 용어를 선택한 것은 매우 의미심장하다. 은총의 결핍은 본성을 증가시키지도 축소시키지도 않는다. 이 점에서부터 시작해서 논리적으로 이 본성에 합당한 자연적인 목적을 논할 수 있게 되었다."[31]

4.3. 인간의 자연적인 목적: 수아레스

순수 본성 이론에 절대적으로 머무르면서 이를 발전시켰던 신학자는 다름 아닌 수아레스(F.Suarez, 1548~1617)로서, 그는 인간이 자연적 목

29) R.S.Bellarmino, *De gratia primi hominis,* cap.7.
30) H. De Lubac, 앞의 책, p.196.
31) G.Muschalek, 앞의 책, p.200.

적을 지니고 있다고 확신했다. 그는 자신의 저서 "*De ultimo fine hominis*"(인간의 최종 목적에 대해)에서 언급하길, 인간은 그 자체로 참 행복 직관에 대한 자연적 갈망 그 이상의 다른 원의를 갖고 있지 않다고 말한다. 따라서 인간은 자연적인 한에서 그 자신에게 적합한 목적이 본성 영역 안에 있어야 하는데, 이는 자연적인 존재자의 목적이 그 수단에 적합해야 하기 때문이다. 그러기에 인간은 자신에게 본질적으로 자연적인 참행복 직관을 향해 창조되었다는 것이다. 그러므로 이러한 그의 견해는 벨라르미누스와 그 외 다른 신학자들이 주장한 "인간 원의는 자연적인 것이고, 반면 그 실행에 있어서는 초자연적인 것이다"라는 공리에 반대되는 것이었다.[32] 왜냐하면 그의 주장은 "자연적인 원의는 자연적인 능력에 기초하고 있다"는 것이기 때문이다.[33]

5. 이중 목적의 인간학: 네오토미즘 신학

이렇게 인간 본성이 참행복 직관을 자연적 목적으로 갖고 있다는 점이 언급된 이후, 인간의 이중 목적을 논하는 인간학이 태동하게 된 것은 자연스러운 결과라고 하겠다. 사실, 초본성 신학은 인간 본성과의 관계 안에서 자리매김하면서 고유한 초자연적 목적인 참행복 직관을 자각하게 되었다. 이는 본성 신학으로 인한 영향이 아닐 수 없다. 이렇게 두 가지 질서에 대한 존재가 명백해지면서 초자연적 목적

32) H. De Lubac, 앞의 책, p.204.

33) F.Suarez, *De grazia. Prolegomenon IV,* c.1.

이 갖는 무상적(gratuità) 특징 또한 명백하게 드러났다. 길고도 복잡했던 제2의 스콜라 신학기 이후, 초본성 신학은 현대에 와서 네오토미즘 신학 안에서 다시 논의가 된다.[34]

사실, 이 신학적 전망 안에서 인간학은, 그리스도교 신비가 아닌, 본성에 대한 철학적 개념 위에 터하고 있으며, 인간학의 핵심 열쇠를 그리스도와의 존재론적인 관계가 아니라, 계몽주의에 입각한 자연적인 인간 개념에서부터 출발해서 그리스도교적인 사실들을 설명하고 있다. 따라서 그리스도교적인 실재는 '본성'과 비교해서 '초본성'으로, 궁극적인 실재로 규정되고 있다. 그러나 이 입장은, 비록 두 가지 목적을 언급하고는 있지만, 이를 같은 차원에 두지는 않는다. 사실 역사적인 차원에 있어서 인간에게는 오직 한 가지 목적, 즉 초자연적인 목적뿐이 없다. 순수 본성과 자연적 목적은 실재하는 것이 아니라, 단지 'entia rationis', 즉 인간의 사고 가운데만 존재하는 개념일 뿐이며 '초본성'을 보다 잘 설명하기 위한 특별한 개념에 지나지 않는다. 그러나 단지 설정 가능한 자연적인 목적 개념과의 관련 하에서 인간 존재의 유일한 역사적 목적을 설정하면서 인간을 그리스도 이전에 두는 오류를 범하게 되었다.[35]

한편, '초본성' 개념을 규정함에 있어서는 '본성' 개념으로부터 출발해서 부정의 길(via negationis)을 통한 정의를 내리고 있다. 이러한 맥락에서 이제 초본성은 본성에 속해야 하지 않는 것, 그 자체로 본성이 아닌 것으로 귀결되었다. 이러한 의미에서 '초본성'은 'superadditum'(위에 덧붙은 것), 즉 본성의 밖에 더해진 실재를 의미했다. 이렇

[34] G.Colombo, *Soprannaturale*, in *DTI*, vol.3, p.294.

[35] A.Perego, *Deviazioni segnalate dall'enciclica 'Humani generis'*, in *Il soprannaturale*, Torino, 1960, pp.555~576.

게 초본성 신학은 한편으로 구원의 역사적 차원에 있어서 무상성(gratuità)을 잘 드러내 주고 있지만, 다른 한편으로는 그리스도교가 비판받는 주된 근거가 되기도 했다. 이는 우리가 익히 아는 이유를 통해서도 잘 드러난다. 즉, 인간 본성을 설명함에 있어서 그리스도론적인 언사들의 결핍, 마르크스주의의 비판으로 인한 영향 등이 그러한데, 특히 마르크스주의적인 비판에 의하면 그리스도교는 초본성과 동일시되었으며 이러한 의미에서 그리스도교는 인간 본성의 상부구조를 외부로 투사시켜서 종교화 했다고 하는 인간 소외 현상으로 간주되었다.[36]

36) G.Gozzelino, 앞의 책, p.82.

Ⅱ 그리스도 안에서의 존재 신학

창조와 인간을 규정함에 있어서 그리스도와의 관계성이 본질적이라는 사실은, '초본성' 또는 '초자연' 개념을 규정하는 데 있어서 그리스도와의 관계가 필수적임을 의미한다. 이렇게 그리스도론적인 전망의 중요성을 부각시키면서 우리는 인간을 말함에 있어서 '초본성'이란 용어의 사용을 유보하고자 한다. 반면, 신학에 있어서 이 용어가 지녔던 중요성에 비추어 보면 이 용어를 대신하는 다른 개념이 필요한 것이 아니라 이를 재정립하고 규정하는 것이 더 필요하다. 그러기 위해서는 무엇보다도 성서 안에 드러나는 역사적 차원인 '그리스도 안에서의 계약'이라는 주제를 역사적-구원적인 전망 안에서 복원하는 일이 우선되어야 한다. 이러한 성서적인 전망은 이미 '인간의 그리스도론적인 차원'을 다룬 장에서 보았다. 그러므로 여기서는 이러한 주제를 교부들의 전통 안에서 개괄적으로 보게 될 것이다. 그리고 이러한 교부들의 전통을 제2차 바티칸 공의회와 그 이후 교도권의 가르침과 접목시키는 작업을 시도하겠다. 이렇게 함으로써, 우리는 초본성적 인간학이라는 표현 대신 그리스도적 인간학이라고 부르는 것이 더 적절하다는 것을 알게 될 것이다.

1. 교부 시대

우리가 살펴보아야 할 교부 시대는 직접적으로는 4세기까지 연장해서 볼 수 있는 사도 이후 시대이다. 이 시대의 신학은 매우 깊이 성서적인 전망 안에 머물러 있었으며, 이로써 창조와 계약 개념 사이의 연관성에 대한 전망을 견지하고 있었다. 그리고 이러한 맥락 안에서 세상과 우주의 이해에 있어서 그리스도를 중심으로 하는 전망이 형성되어 있었다. 우리는 이러한 전망을 보편 교회의 신앙에 대한 다양한 상징들의 형상화 그리고 리용의 이레네우스의 종합적 신학과 그 외 다른 중요한 교부들을 통해서 살펴볼 수 있다. 비록 이 시기의 그리스도교 인간학은 희랍 사상에 토착화되는 과정을 겪었지만, 그럼에도 불구하고 여전히 성서적인 그리스도 중심관에 깊이 뿌리를 내리고 있었다.

1.1. 교회의 신앙 상징들

이미 교부 시대 초반부에 신앙에 대한 두 가지 정식이 공식적으로 받아들여졌었다. 그 첫 번째는 「사도 신경」이라고 불렸는데, 이는 본질적으로 이 고백이 사도 시대로까지 거슬러 올라가기 때문이다. 다른 하나는 「주교들의 신경」이라고도 불린 「니케아-콘스탄티노폴리스 신경」이다. 사도 신경은 명확한 삼위일체적 그리스도적 구조를 갖고 다음과 같이 시작한다: "나는 전능하신 하느님 아버지를 믿나이다." 그 후 4세기 말에 다음의 고백이 보완된다: "하늘과 땅의 창조주." 이런 과정을 통해서, 창조 신앙은 성부 하느님에 의해 계획되고 예수 그리스도를 통해 구체화되면서 구원 역사의 틀 안에 들어오게 된다. 니체아-콘스탄티노플 신경은 "유일하고 전능하신 하느님 아버지, 하늘과 땅의 창조주이시며 보이는 모든 것과 보이지 않는 모든 것들의 창조주"에 대한 신앙 고백에 이어 곧바로 예수 그리스도에 대한 신앙 고백이 이어진다. 이를 통해서 창조주 하느님과 예수 그리스도에 대한 신앙 고백이 긴밀히 연관되어 드러나고 있다.

1.2. 첫 두 세기

첫 두 세기에 있어서 현저하게 두드러졌던 인물은 유스티누스(Justinus, ✝165)와 특히 이레네우스(Ireneus, ✝202)였다. 유스티누스는 호교 교부로서 당시의 문화, 사상을 강력하게 비판하면서 이교 문화권과 대화를 시도했다. 그의 교설은 창조에 있어서 예수 그리스도의 중심성을 강조하면서 희랍 철학의 유출설을 반박하는 가운데 전개되었다. 이런 방식으로 그는 창조와 계약의 일치를 강조했다. 그는 그리스도를 참된 인간의 원천이요 모형인(causa esemplare)으로 간주했으며, 자신의 인간학적인 전망에 있어서 명백하게 그리스도 중심적인 구원 전망을 부여하면서 예수 그리스도의 중심성을 역설했다. 더 나아가 인간을 예수 그리스도 안에 정초시키는 것을 하느님의 선물이자 은총으로 강조해서 보여 주고 있다.

이레네우스는 유스티누스보다 한층 더 강조해서 그리스도 중심관에 의해 특징지어진 인간학적인 틀을 우리에게 제시하고 있다. 무엇보다도 그의 인간학은 구체적으로 창조와 구원을 서로 대립시켰던 당시의 이원론(마르치온 이단)과 영지주의를 거슬러서 발전했다. 그의 인간학적인 전망에 있어서 특징적인 것은, **인간에게 있어서 하느님의 모상**(*imago*)**과 유사함**(*similitudo*)**을 구분**하고 있다는 사실이다. 그는 *imago*라는 용어를 통해서 모든 인간이 근본적으로 그리스도적 구조를 지니고 있다는 점을 지적하고 있으며, 반면 *similitudo*를 통해서는 타락한 피조물의 회복이라는 의미와 *imago*의 역동성을 통한 인간 완성을 말하고 있다. 이 두 가지 모두는 인간과 그리스도와의 관계성을 드러내고 있다. "이 관계성은 인간에 대한 하느님의 계획과 더불어 타락한 인간에 대한 회복 그리고 인간 실현을 이해하는 데 있어서 핵심 열쇠이다. 그의 사상에 있어서 그리스도의 강생은 중요한 가치를 지니는 것으로서, 하느님은 이를 통해서 인간에게 그가 닮아야 할 완전한 모상(immagine perfetta)이요 완전한 모델(modello perfetto)을 보내심으로써 인간이 잃어버린 처음의 상태를 회복하고, 나아가 그의 존재 안에 그려진 완성을 향한 밑그림을 실현하고자 하신다."[37]

---

37) 같은 책, p.53. 참조: 이레네우스는 첫 인간 상태를 '아이'(*bambino*)로서 언급하고 있다. 이는 처음 창조될 때 인간이 존재론적으로는 불완전한 상태에 있음을 의미한다. 그러나 더불어 인간에게는 '자유'가 주어졌다. 바로 인간의 역사는 이 두 요소, 즉 불완전한 상태와 그의 자유 사이의 역동적인 관계 안에서 발전한다고 할 수 있다. 이러한 콘텍스트 안에서 그가 지향해야 할 목표는 다름 아닌 그리스도를 닮는 것이다. 여기에 바로 인간의 성소가 있으며, 이를 위해서 특별히 인간은 성령의 움직임에 자신을 끊임없이 열어서 그의 인도를 받는 것이 중요하다. 왜냐하면 성령은 인간 안에 그리스도를 형성하며 그리스도께로 인도하기 때문이다.

또한, 성령과 그리스도는 인간 존재의 두 가지 요소를 대변하기도 한다. 이레네우스에 의하면 인간은 하느님의 모상(imago)과 유사함(similitudo)으로 창조되었다고 한다. 여기서 모상은 인간의 육체적인 면을 표현하는데, 하느님은 인간의 육체를 만드시면서 이미 강생하실 그리스도의 완전한 육체를 염두에 두시고 인간 육체를 만드셨다는 것이다. 반면, 유사함은 인간의 영(spirito)적인 면을 드러내는 것으로서, 하느님은 성령을 통해서 인간의 영을 창조하셨다는 것이다. 이러한 맥락에서 이레네우스는 인간 창조를 언급하면서, 하느님은 당신의 두 손으로 인간을 창조하셨다고 설명한다. 이 두 손이란 다름 아닌 성자 그리스도와 성령을 의미한다. 그러나 이레네우스는 인간을 통합적으로 보기 때문에, 육과 영을 구분하지 않고 하나로 보며, 특별히 육체를 죄악시하고 부정적으로 보는 영지주의를 거슬러 육체에 중점을 둔 인간관을 펼친다.

1.3. 3세기

3세기에 들어서 우리는 당시의 교부들을 대표하는 두 사람을 만날 수 있는데, 그들은 알렉산드리아의 클레멘스(Clemens)와 오리게네스(Origenes)로서 둘 다 알렉산드리아 학파에 속한다. 이전 교부들처럼 이들 또한 그리스도론의 전망 안에서 창조를 다루고 있으며, 역시 영지주의를 거슬러서 자신들의 신학을 전개하고 있다. 이 두 사람의 작품 안에서 "그리스도는 인간 정신을 비추는 빛이며 지성을 인도하는 진리로서 소개되고 있다."[38] 무엇보다도 이들의 신학은 직접적으로 성서, 특별히 사도 바오로와 사도 요한으로부터 영감을 받았다.

1.4. 4세기

이 시기에 있어서도 인간학 안에서의 그리스도 중심성은 강하게 유지된다. 그러나 신학적인 흐름은 이제 영지주의를 거슬러 싸우는 데에서 삼위일체-그리스도론적인 문제로 집중되기 시작했다. 당시의 흐름을 주도했던 핵심적인 인물로는 아타나시우스(Athanasius, 295~373)로서, 그는 자신의 인간학을 전개하면서 인간을 'loghicós'(로고스적, 말씀의)로 소개하고 있다. 즉, 인간은 하느님의 본질에 참여하기 위해 'Logos'(말씀)에 의해서 그분의 모상으로 창조된 존재라는 것이다. 이 시기에는 알렉산드리아의 키릴루스(Cyrillus, ✝444)도 있었는데, 그는 인류가 그리스도의 강생을 통해서 비록 배아적(胚芽的, germinale)으로나마 신화(神化, divinizzazione)되었다고 주장하면서, 이 신화는 개인적

---

38) 같은 곳.

인 노력과 성사를 통해서 충만히 실현될 수 있다고 언급한다.

다른 한편, 카파도키아 교부들도 이 시기에 활약한 중요한 신학자이자 저자들이었다. 그들은 자신들의 신학 안에서 창조와 구원의 관계를 끊임없이 성찰했으며, 여기서 구원이란 다름 아닌 로고스(성자)가 타락한 세상을 회복시키는 것으로 보았다. 그들이 특별히 중요시 여겼던 점은 예수 그리스도의 모범이었다. 그들이 자신들의 신학에 있어서 해석학적인 원천으로 삼았던 것은 콜로 1,15로서, 그들은 이 구절과 더불어 창세 1,26~27을 그리스도론적인 관점에서 재해석하고 있다.

2. 현 대

현대 신학은 제2차 바티칸 공의회를 통해 특징지어지며 지배되고 있다. 물론, 이러한 공의회 교도권의 새로운 감각은 현대 신학자들의 신학적인 심화를 통해서 얻어진 결실이다. 성서와 교부들의 가르침을 통한 쇄신 작업으로 얻어진 결실들이 공의회 문헌 작성에 결정적인 역할을 했다는 것은 주지의 사실이다. 그리고 메르쉬(E.Mersch), 셰뉘(M.D.Chenu), 틸스(G.Thils), 다니엘루(J.Danielou), 라너(K.Rahner), 발타사르(H.U. von Balthasar), 드 뤼박(H. de Lubac), 테이야르 드 샤르댕(P. Teilhard de Chardin)과 그 밖의 신학자들의 기여 또한 주목할 만하다. 이들은 비록 서로 다른 입장에서 신학을 전개해 나갔지만, 그들이 마지막에 다다른 결론은 ① 창조에 있어서의 그리스도 중심성(*Cristocentrismo*), 그리고 ② '초본성'(*soprannaturale*)을 규정하기 위한 출발점으로 그리스도를 택했다는 점이다. 이들은 이 두 가지 점에서 공통점을 지니고 있다. 이러한 그리스도론적인 전망은 전통 신학과 비교해 볼 때 진정한 의미의 변화라고 할 수 있다.

우선, 창조 전체에 관해서 보면, 그 모든 것의 근본에는 그리스도의 제일성(第一性, primato)과 우위성(superiorità)이 자리 잡고 있다. 우위성이라 함은 그리스도야말로 창조에 있어서 원천이요 중개자이며 목적이라는 의미에서 그러하다. 따라서 이들은 주장하길, 그리스도는 창조 이후에 생각될 수 있는 존재가 아니라 그 이전에 첫 번째로 언급해야 할 원천적(fontale)인 존재로서, 그분으로부터 모든 실재들의 의미와 존재 이유, 실존이 유래한다는 것이다. 이러한 전망에 따른 결과로서, 둘째로는 그리스도야말로 '초본성'을 규정하기 위한 유일한 출발점이라는 사실이다. 따라서 이제 '초본성'은 '본성'을 통해서만 규정될 수 있는 개념이 아니라, '본성'이야말로 '초본성'에서부터 출발해서 규정되어야 한다: 은총과 그리스도야말로 인간을 궁극적으로 규정하는 중심축인 것이다.

2.1. 공의회 교도권의 가르침

무엇보다도 교회 교도권의 가르침은 역사적-구원적인 전망 안에 있는데, 여기에는 초세기 교부들의 사상과 가르침이 그대로 녹아 있다고 할 수 있다. 따라서 교부들의 가르침에 기초한 인간에 관한 교도권의 가르침은 성서적이고 그리스도 중심적인 전망에 바탕을 두고 있다. 사실, 공의회는 창조를 구원 역사 안에서 그리고 계약과의 긴밀한 일치 안에서 다루고 있다. 바로 모든 창조의 원천을 하느님의 영원한 계획 안에서 바라보고 있는 것이다. 공의회가 언급한 이 하느님의 계획은 'consilium'(LG 2; AA 5; GS 34), 'propositum'(LG 16; PO 22; AA 9;

AG 3. 17; GS 34), 또는 'oeconomia'(LG 55; DV 14) 등 다양한 어휘로 표현되는데, 이 계획은 그리스도의 신비 또는 성자 안에서 계시된 하느님 사랑의 신비(PO 13; DV 2)와 동일시된다.

하느님의 창조 행위는 자유롭고도 신비스러우며 지혜롭고 선한 당신 계획의 표현으로서, 구원 행위와 더불어 하나의 구원 질서를 이룬다(LG 2; AG 2). 성서적인 전망은 공의회가 바오로 사도의 가르침에 의해 표현된 그리스도적인 전망 안에 뿌리내리도록 인도하고 있다. 사실, 바오로 사도의 가르침 안에는 시초론(protologia)과 구원론(soteriologia) 모두가 그리스도를 하나의 중심축으로 이루고 있다: "그분 안에서 모든 것이 창조되고(…) 그분 안에서 모든 것이 존재하고 있으며"(LG 7; DV 3) 그분을 통해서 모든 것이 구원되었다(LG 7. 36).

또한 공의회 교도권의 가르침은 인간의 의미와 가치가 하느님과의 통교에 있다고 명시적으로 언급한다. 이 하느님과의 통교야말로 인간이 창조되고 존재하는 이유라고 하겠다: "인간이 존엄성을 지니는 보다 커다란 이유는 하느님과의 통교에로 부름을 받은 그의 소명에 있다"(GS 19). 한편, 인간의 진정한 의미는 하느님께서 그를 당신의 파트너로 원하셨다는 점에 있다. 이러한 공의회의 이해는 바로 성서로부터 영감을 받은 것이다: 인간은 하느님의 모상으로 창조되었다(GS 12). 나아가 인간이 예수 그리스도의 모상이라는 점 또한 인간에게 있어서 근본적인 요소로 드러난다: 오직 예수만이 완전한 하느님의 모상이시다(GS 22). 그러므로 인간이 자신의 소명을 실현하기 위해서는 오직 그분으로부터 힘과 빛을 받아야 한다(GS 10; DV 4).

공의회는 역시 같은 강도로 예수 그리스도야말로 인간의 신비를 푸는 유일한 열쇠임을 명백히 하고 있다: "오직 육화하신 말씀의 신비 안에서만 인간 신비에 대한 참된 빛을 얻을 수 있다. 첫 인간인 아담은 미래의 인간인 주님이신 예수 그리스도의 전형이었다. 그리스도는 성부의 신비와 사랑을 계시하면서 인간에게 참된 인간의 모습을 밝히 드러내 주시며, 그에게 자신의 숭고한 소명을 알게 해주신다"(GS 22). "그리스도와의 결속은 인간으로 하여금 자신의 모든 조건을 넘어서서(DV 6) 초자연적인 질서에로 그를 이끌어 주는데(AA 2), 이 상태 안에서 그는 예수 그리스도의 생명과 영광에 참여하면서(AG 2) 동시에 하느님과의 내밀한 통교와 친밀함을 이루고(OT 8), 구원자이신 예수 그리스도로부터 천상 선물들을 받는다(LG 6)."[39] 공의회는 그리스도를 인간의 유일한 길로 소개하고 있다. 오직 그분의 제자가 되는 사람만이 충만한 인간이 될 수 있다: "누구든지 완전한 인간이신 그리스도를 따르는 사람만이 더욱더 참된 인간이 될 수 있다"(GS 41).

2.2. 공의회 이후의 가르침

제2차 바티칸 공의회 이후의 인간에 대한 교도권의 가르침은 명확하게 그리스도론적인 전망 안에서 표현되고 있다. 예를 들면, 이러한 모습은 교황 요한 바오로 2세의 가르침 안에서 잘 드러난다. 이 점에 관해서 회칙 「인간의 구원자」(*Redemptor Hominis*)는 매우 전형적이라고 할 수 있다. 이 회칙에서 요한 바오로 2세는 그리스도를 하느님의 구원 계획에 있어서 원천이요 이를 실현하는 분으로 소개하고 있으며, 또한 인간 실존의 원천이자 의미로 언급하고 있다. 그리스도는 하느님 아버지의 사랑 가득한 구원 계획의 원천(fonte)이요 현실화(attuazione)이다. 요한 바오로 2세는 무엇보다도 그리스도를 인간과

39) 같은 책, p.67.

모든 피조물의 존재 의미를 최고로 실현해 주는 분으로 소개하고 있다. 교황의 가르침에 의하면 그리스도는 "유일하게 철회할 수 없는 방법으로 인간 존재의 신비를 꿰뚫는 분이시다"(RH 8). 그리스도 안에서 모든 피조물과 인간에 대한 성부의 사랑과 기쁨이 충만하게 드러나고 있다. 왜냐하면, 성부는 그리스도를 통해서 그리스도 안에서 모든 피조물과 인간에 대한 당신의 계획을 실현하셨기 때문이다. 다시 말해, 하느님은 그리스도를 통해서 세상을 창조하시면서 인간을 당신의 '모상과 유사함'(imago et similitudo)으로 창조하는 가운데 당신의 넘치는 부성(paternità)을 드러내신다(RH 9).

회칙에 의하면, 그리스도는 하느님의 자녀로 부름을 받은 인간 예정의 원천이자 목적이다. 회칙은 언급하길: "모든 사람들은 그분 안에서 영원으로부터 하느님의 자녀가 되도록 예정되었고, 은총과 사랑에로 부름을 받았다"(RH 9). 여기서 그리스도는 보편적이며 유일한 중개 역할을 하신다. 그리스도를 통해서 하느님은 인간에 대한 사랑의 충실함을 드러내시는데, 이러한 하느님의 충실함이야말로 인간이 모든 것에도 불구하고 희망할 수 있는 원천이자 근거라고 하겠다. 이미 창조 때부터 드러난 하느님의 사랑은 "구원 업적 안에서 하나의 형태를 지니게 되며 구체적으로 예수 그리스도라는 이름을 갖게 된다"(RH 9). 바로 이분이야말로 인간을 향한 하느님의 구원 업적의 절정인 것이다.

그리스도는 또한 인간 존재의 참된 의미이다. 만일 그리스도가 하느님의 사랑과 구원 계획을 현실화하기 위한 원천이며 동시에 도구라고 한다면, 그분은 또한 인간이 살고 있는 역사적 상황을 비추고, 그가 짊어진 문제들 그리고 무수한 의문들에 해답을 주는 실재요 빛이라고 하겠다. "만일 인간이 자기 자신에 대해 보다 깊이 이해하기를 원한다면, 자신이 가지고 있는 불안과 불확실함 그리고 나약함과 죄악, 나아가 자신의 생명과 죽음을 통해서 그리스도께로 나아가야 한다"(RH 10). 만일 하느님께서 그리스도를 통해서 당신 자신을 인간에게 충만히 계시하신 것이 사실이라면, "인간은 그리스도 안에서 그리스도를 통해서 자기 자신에 대한 존엄성을 충만히 획득할 수 있으며, 나아가 자신 안에 내재한 초월적인 가치를 고양시킬 수 있고 자기 실존의 의미를 획득할 수 있다"(RH 11).

III 그리스도 안에서의 존재 인간학

1. 예수 그리스도를 향한 관계 안에서

그리스도론적 존재 인간학에 대해서 신학자들은 말하길, '초본성'을 규정하기 위해서 더 이상 본성 개념이나 사회-문화적 환경을 출발점으로 삼지 않고, 성서적 전망에 충실히 머물면서 예수 그리스도를 출발점으로 삼아야 한다는 것이다. 이렇게 새로운 입장에서 초본성을 규정하는 중요한 요소는 역시 그리스도론이다. 이 입장에서 초본성 개념은 부정적인 용어들을 지양하며, 인간만이 아니라 전체 피조물이 그리스도적인 존재로서 개별화되어 드러나는 긍정적인 면이 초본성과의 연관성 안에서 우선적으로 논의된다. 따라서 존재하는 모든 것은 그것이 예수 그리스도의 충만함에 참여하며 그분 안에 존재하기 때문에 그분을 통해서 그분과 함께 그분을 향해서 존재하는 것이다. 이러한 맥락에서 초본성은 은총 실재로서, 구체적으로는 그리스도 안에서의 존재를 의미한다. 인간은 바로 그리스도 안에서 그리스도를 향해서 전 우주와 더불어 계획되었고 창조되었다.

이러한 전망 안에서, 인간에 대한 그리스도적인 이해는 역사적인 질서에 있어서 무상적인 특징보다는 그리스도와의 관계를 그 바탕에 둠으로써 가능해진다. 그 결과, 그리스도교 인간학은 이제 초본성 신학을 넘어서 그리스도적 존재 신학이라고 할 수 있겠다. 그리스도적 전망 안에서 '무상성'(gratuità)은 인간이 그리스도와 더불어 갖는 존재론적인 관계 가운데 드러나는 인간 존재의 의미와 가치에 있어서 근간을 이룬다. 인간에게 있어서 무상적인 면과 이 무상적인 차원이 역사적인 질서 안에 드러난 것이 바로 그의 피조물로서의 존재론적인 차원이라고 할 수 있다. 반면, 비록 인간에게 있어서 이러한 그리스도와의 관계가 본질적이라고는 하지만, 인간은 이 관계에 대해 권리를 주장할 수 없다. 무엇보다도 그것은 그리스도를 통해서 그에게 '무상으로' 주어진 선물이다. 예수 그리스도-은총이 인간에 앞서 선행하며 그 존재를 정당화해 주는 것이지 그 반대가 아니다. 나아가 우리가 피조물인 인간 존재를 그리스도 존재의 가시화로서 보게 될 때 이러한 무상성은 우리에게 더욱 절실하게 다가올 수 있다.

이러한 사실은 우리로 하여금 초본성 신학과 그리스도론적 존재 신학 간의 커다란 차이를 깨닫게 한다. 앞서 살펴본 바와 같이, 초본성 신학 안에서 '초본성' 개념은 '본성'에서부터 출발하고, 마치 본성에 덧붙은 또는 옆에 있는 외적인 요소로서 회자된다. 반면, 그리스도론적 존재 신학 안에서 피조물로서의 존재자는 그리스도적 존재를 규정하기 위한 출발점이 아니라, 그리스도적 존재 안에 이미 포함되어 소개되고 있다. 이 그리스도적 존재(*essere cristico*)야말로 피조적 존재(*essere creaturale*)가 살아 숨쉴 수 있는 진정한 환경을 구성하는 선재(*preesistente*)하는 실재라고 하겠다. 그러므로 피조물로서의 인간 존재는 본질적으로 이미 그리스도와의 관계를 통해 결정되어 있다. 그리고 그의 실존 상황은 전적으로 그리스도적 존재에 의존되어 있다고 하겠다. 결국, 역사적으로 실존하는 피조물로서의 존재인 인간은 그리스도적 실존을 통해 구체화된다.

2. 피조적 존재와 그리스도적 존재 사이의 관계

이제 피조적 존재와 그리스도적 존재 사이의 관계를 보기로 하자. 이 작업은 전통적인 신학적 언사 안에서, 즉 본성과 초본성 또는 본성과 은총 간의 관계를 성찰함으로써 이루어질 수 있다. 지금까지 우리가 언급한 것을 통해 볼 때, 역사적인 인간은 그리스도적인 존재와 피조물로서의 존재 이 두 가지 차원에 의해 구성된 그리스도적인 존재라고 할 수 있다. 따라서 그리스도적 존재는 인간의 모든 것을 이루고 있으며 피조물로서의 존재라는 측면은 그에게서 필요 불가결한 요소라고 하겠다. 이는 이 두 측면이 인간에게 있어서 불가분리적으로 합치되어 있는 반면 동시에 실재적인 구별이 그 사이에 있음을 반증하는 것이다.

2.1. 불가분리적인 일치

그리스도적 존재와 피조물로서의 존재라는 측면 사이에는 불가분리적인 일치가 있다. 따라서 인간 전 존재를 부정하지 않고서는 인간에게 있어서 그리스도적인 측면을 부인할 수 없다. 나아가 인간의 역사적인 차원에 있어서 그리스도적인 측면을 전제하지 않고서는 피조물로서의 인간 존재를 상정할 수도 없다. 인간에게서 그리스도적인 면을 없앤다는 것은 피조물로서 실존하는 인간 자체를 부인하는 것과 같다. 또한 초본성 신학에 있어서, 역사적 질서 안에서 고찰한 순수본성은 단지 사고 내(思考內)에만 존재하는 실재로 간주되었다. 그것은 초본성을 보다 잘 이해하기 위한 도구에 지나지 않았으며 그 자체로 실재하는 것은 아니었다.

이러한 인간이 갖는 두 가지 차원, 즉 그리스도적 존재의 측면과 피조물로서의 존재의 측면 사이에 존재하는 긴밀한 연관성은 우리로 하여금 다음과 같은 두 가지 오류를 깨닫게 해준다. ① 우선, 초본성 신학 안에서 논의되는 개념에 대한 것으로서, 여기서 '초본성'은 마치 외적으로 본성 위에 첨가되는 상부구조로 간주되는데 이것은 잘못된 개념이다. ② 두 번째로는, 현대 세속주의가 주장하는 것처럼 인간 본성이 마치 일종의 독립적인 관념처럼 간주되는데 이것도 잘못된 개념이다. 그리스도적 존재와 피조물로서의 존재 사이의 본질적인 합치는 존재론적인 차원에서 모든 종류의 이원론을 배제하며, 단지 이중성 또는 구분만을 말할 뿐이다.

2.2. 실제적 구분

앞서 언급한 그리스도적 존재성의 측면과 피조물로서의 존재성의 측면 사이에 있는 불가분리적인 관계가 인간에게 있어서 본질적이라고 한다면, 반면 이 둘 사이에는 실재적인 구별이 있다는 것 또한 본질적인 측면이다. 구별한다는 것은 분리하는 것과는 다르다. 그리스도적 존재성과 피조물로서의 존재성이라는 측면은 나눌 수는 없지만 실재적으로는 구별할 수 있다. 다시 말해, 이 둘 사이에 전적인 일치가 있지는 않다는 말이다. 한편, 피조물로서의 존재적인 측면은 그리스도적 존재의 측면 안에 내포되는데, 이 사실은 이 피조적 차원이 그리스도적 차원과 모든 면에서 일치하지는 않는다는 것을 의미하기도 한다. 구체적인 개별자들 안에 주어진 자연적인 능력들을 구별한다는 것은 필요하고 또 당연하다. 즉, 은총 선물과 구별되는 지성, 기억, 건강, 독특한 재능 등이 그렇다. 그럼에도 불구하고 인간이 지니는 그리스도적 존재의 측면은 인간을 그러한 존재로 만드는 그리스도적 실존성을 통해서 인간의 피조적인 존재성이 한계 체험을 하는 영역에까지 확장될 수 있는 능력을 부여받는다(예를 들면, 참행복 선언, 2고린 12~13에 나오는 무능력 가운데 활동하시는 하느님의 전능하심 등).

그리스도적 존재성은 그리스도적인 실존을 통해서 피조적 존재에게 있어서 참된 구원의 방향을 제시해 준다. 피조적 존재성은 그것이 그리스도적 존재성 안에 있기 때문에 구원될 수 있다. 그러나 피조물은 존재할 수 있는 가능성을 지니고 있기는 하지만 구체적인 실존 질서 차원에 있어서는 오직 그리스도적 존재성 안에서만 존재한다. 이렇게 피조적 존재성의 측면은 그리스도적 존재성의 측면과 비교해 볼 때 실재하며 그것으로부터 구별된다. 실존은 본질 없이는 있을 수 없는 것이지만 본질과는 다른 것이다. 본질은 비록 실존에 있어서는 본질적인 것이긴 하지만 그것이 드러나고 구체화되기 위해서는 실존을 필요로 한다. 그러므로 본질이 구체화하는 순간, 역사적 상황 가운데 구체화되는 본질이 취하게 되는 조건과 특징들이 생겨나게 된다.

그러므로 그리스도적 존재성은 비록 그 안에서 피조적 존재성의 측면이 이해된다고 할지라도 서로 일치하지는 않음을 알 수 있다. 그리스도적 존재가 그 자체로 실존을 향해 방향 지어진 한에서 이 그리스도적 존재성의 차원은 인간에게 있어서 본질적인 요소가 아닐 수 없다. 그러나 이를 구체화하는 실존 없이는 밝히 드러날 수 없으며 통교될 수도 없다. 다시 말해, **피조물로서의 존재 측면은 그리스도적 존재 측면을 가시적으로 드러내는 것이며 이 그리스도적 측면의 역사적인 표현이라고 하겠다.** 피조물이 그리스도적 존재성을 갖는다는 것은 그가 자기 자신으로부터 더 구체적으로는 자신의 폐쇄성으로부터 벗어난다는 것을 의미하며, 나아가 그리스도적 존재됨을 역사 안에서 현실화한다는 것을 의미한다. 그러므로 인간이 자신의 그리스도적 존재됨을 실현한다는 것은 폐쇄된 자신의 공간으로부터의 해방된다는 것을 의미하며, 더 나아가 최종 목적을 향한 하느님의 부르심에 응답해 나가는 여정을 걷는다는 것을 의미한다. 이러한 맥락에서 창세 12,1에서는 아브라함이 하느님의 부르심을 받고 소명을 실현하기 위해 고향을 떠나 여정에 들어서고 있음을 보게 된다.

3. 그리스도적 실존

그리스도적 존재 신학 안에서는, 인간을 규정하고 이해하기 위해서 그가 그리스도와 맺는 관계가 근본적이며 본질적인 요소를 구성하고 있음을 이해해야만 한다. 이러한 사실은 우리로 하여금 인간 존재가 본래적으로 존재론적인 차원에서 이미 그리스도적 존재임을 깨닫게 해준다. 그러나 이는 우리로 하여금 무엇이 인간 실존인지, 무엇이 구체적인 피조물로서의 존재성 안에서 역사적 인간을 결정하고 구체화하는지를 묻게 한다.

초본성 신학의 전망 안에서 '선택' 개념은 창조를 설명하는 데 있어서 출발점이 되지 못한다. 그것은 창조로부터 출발해서 도달하게 되는 귀결이다. 그리고 이러한 전망 안에서 인간이 그리스도와 맺는 관계는 전문적인 용어로 '고양'(elevazione)이라고 불리는 하느님 활동의 결과로 드러난다: 즉, 자연적 존재로서의 인간이 초자연적 상태로 고양된 순간 그는 그리스도와의 관계에로 들어가는 것이다. 물론, 이 '고양'은 "선택과 창조 개념 사이를 구별하는 맥락에 아주 적합한 개념이다. 여기서 드러나는 선택 개념은 창조로부터 출발해서 도달하게 되는 개념이다." 그리고 이러한 전망은 무상성(gratuità)의 차원을 강조하는 초본성 신학의 특징을 잘 충족시켜 준다. 하지만, 이 '고양' 개념은 역사적 차원 안에 존재하는 인간의 구원에 있어서 무상성을 드러내기에 적절한 반면, 구원에 있어서 역사적이고도 실재적인 질서를 규정함에 있어서는 창조를 통해 시작한 질서와 비교해서 우위를 지닌 그 무엇으로 드러난다. "고양은 피조성과 비교해서 일종의 초월을 의미하며 무상적인 구원 상황의 시작을 의미한다. 그러나 이 '고양'이란 용어는 이러한 두 가지 이외에 그 이상을 의미하지 않는다. 무엇보다도 창조와 선택에 있어서 무엇이 중요한지 전혀 언급하지 않는다. 즉, 창조가 갖는 그리스도적인 차원에 대해 전혀 언급하고 있지 않다."[40] '선택'이 아닌 '창조' 개념에서부터 출발하는 것은 결과적으로는 '초자연'에 대한 이해를 '본성' 개념에서부터 출발하게 한다.

'선택'과 '창조' 개념 사이를 분리해서 바라보는 시각은 결국 아래로부터, 본성으로부터 출발하는 인간 구원의 전망을 우리에게 열어준다. 이는 단지 사고 속의 가정적 질서 안에만 존재하는 가상적인 개념을 실재적인 것으로 간주하게 한다. 따라서 초본성 신학의 전망 안에서 제반 피조물과 인간은 본래 그리스도께로 방향 지어진 것이 아니라, 단지 하느님의 무상적인 결정을 통해 후에 첨가된 것으로 드러날 따름이다. 이러한 전망 안에서 예수 그리스도의 제일성(第一性, primato)은 인간학의 결정적 요소로 드러나지 않는다. 이로 인해서 단지 가능적인 질서 안에서만 존재할 수 있는 것을 실재적인 것으로 여기는 애매모호한 결론에 이르게 된다. 그래서 어떠한 존재론적인 '선택'도 전제되지 않은 상태에서 순수 본성으로서의 인간 존재를 상정

40) 같은 책, p.77.

하고, 단지 창조 이후에나 선택을 고려할 정도가 되어 버렸다.

그러나 이렇게 순수한 가정 속에서만 생각할 수 있는 것들이 구체적이고 실재적인 차원에서 유지될 수 있는 것은 아니다. 순수 가정 영역 안에 남아 있는 것을 실재 사실로 간주할 수는 없는 노릇이다. 그러므로 만일 본래적인 인간 존재가 그리스도 안에서 그리스도와 함께 그리스도를 향해 부름을 받지 않았다는 가능성이 가정적 차원에서 어떠한 모순도 내포하지 않았다 할지라도, 실제적인 역사적 차원에서는 그리스도와의 관계에 의해 결정된 인간만이 존재할 뿐이다. "인간이 그리스도 안에 존재하도록 부름을 받지 않았음을 말한다는 것은 그 자체로 볼 땐 어떠한 모순도 내포하지 않는다. 그러한 인간 존재가 그 자체로 교회의 신앙을 거슬러 있다는 것도 아니다. 그러나 우리 스스로 그러한 인간이 존재했었는지, 그리고 존재하고 있으며 존재할 것인지에 대해 묻는다면, 하느님이 우리에게 계시해 주신 것과 교회 신앙이 우리에게 주는 대답은 부정적인 것이다: 결코 그러한 인간, 즉 그리스도를 향하지 않는 인간은 존재하지 않았으며 존재하지도 않고 존재하지도 않을 것이다."[41]

그러므로 우리가 알고 있는 인간은 오직 그리스도와의 관계 안에서만 존재하고 있으며 그런 한에서 이해될 수 있다: "**왜냐하면 그리스도를 통해 그리스도와 함께 그리스도 안에서라고 하는 인간 존재의 특성**은 그 존재 구조에 있어서 가장 내밀하고 본질적인 요소이기 때문이다. 이 요소는 그의 인격성에 있어서 핵심을 이루고 있으며 그가 지니고 있는 헤아릴 수 없는 존엄성의 궁극적인 근거이기도 하다. 인간 존재의 핵심인 예수 그리스도를 건드리지 않고서는 인간을 건드릴

41) C.Caffarra, *Viventi in Cristo,* p.46 이하.

수 없다. 그리고 예수 그리스도는 인격적으로 하느님의 아들이시다. 그러기에 인간은 예수 그리스도를 통해서 하느님과 본질적인 관계를 맺고 있는 것이다. 이러한 맥락에서 볼 때, 인간에게—그 사람이 누구이든지 간에—하는 모든 선물은 결국 하느님에게 하는 것이며, 인간에 대한 모든 모욕도 이미 그 자체로 하느님께 대한 모욕이다."[42] 그러므로 실제적으로 역사적인 인간은 필연적으로 그리스도와의 깊은 관계성을 통해 규정되어 있다.

비록 그리스도와의 관계가 모든 인간에게 있어서 본질적이라 할지라도 이는 명시적으로 드러나야 한다. 여러 신학자들은 이를 명시적으로 드러내기 위한 시도를 했다. 라너도 그중의 한 사람으로서 이에 대한 적절한 표현을 사용하고 있다. 그는 하이데거 철학의 영감을 받아, 실재하는 인간 존재를 〈초본성적 실존〉으로 일컫는다. 그는 이 표현을 통해서, "인간이 이해할 수 있는 방법으로 이미 그에게 주어져 있는 객관적으로 정당성을 갖는 상황을 말하고자 한다. 그럼으로써 그는 인간의 자유로운 행위가 은총을 통해서 그의 본성에 첨가되어 있는 것을 드러내고자 하는데, 이는 실재적인 차원의 인간에게 있어서 유효하다." 라너는 이 상황이 실재적으로 존재하는 인간에게 있어서 참된 것이며 필요 불가결하다는 것을 표현하기 위해 '실존적'이라는 용어를 사용했다: "인간이 끊임없이 무상으로 주어지는 은총에 의해 실재적으로 규정되어 있다는 것은, 이 상황이 결코 어떤 일시적인 것이 아니요, 인간에게 있어서 필수 불가결한 상황임을 의미한다. 그래서 나는 이 상황을 초본성적 실존이라고 부른다."[43]

---

42) G.Gozzelino, 앞의 책, p.72.

43) K.Rahner, *Esistenziale. 1. Applicazione alla teologia,* in *Sac. Mun.,* vol.3, pp.591~ 592.

그러나 이 '초본성적 실존'이란 용어는 '고양'(elevazione) 개념이 지니고 있는 우려할 만한 요소들을 함께 지니고 있다. 왜냐하면, 이 '고양' 개념은 이미 역사적인 차원 안에 존재하는 인간을 향하고 있는데 반해 인간학의 근본 요소인 그리스도적 사실성에 대해 전혀 언급하고 있지 않기 때문이다. 그러나 이 신학자의 표현을 빌려서[44] 실제적으로 존재하는 인간 존재를 규정짓는 요소를 찾아보기로 하자. 하느님의 '선택'에서부터 출발해서, 우리는 구원을 창조에서 시작한 질서가 종결에 이른 상태이거나 단순히 우위를 차지하는 그 무엇으로서 고려할 것도 아니요, 피조물을 초월하는, 또는 단순히 고양되는 어떤 상태도 아니라, 모든 창조의 이유요 목적으로서 궁극적으로는 인간 창조의 근거이자 목적으로서 간주해야 한다. 만일, 모든 것이 그리스도 안에서 정당화되고 모든 것의 최종 목적이 그리스도라고 한다면, 인간 존재를 명백히 하는 것은 그리스도 이외의 다른 질서도 아니다. 그러므로 인간은 그리스도를 벗어나 존재하는 어떤 실재도 아니다.

인간이 태어나면서부터 가지고 있는 필수적인 실재적 요소를 우리는 〈그리스도적 실존〉[45]이라고 표현할 수 있다. 즉, 현실적으로 존재하는 인간을 실존적으로 결정짓는 필요 불가결의 요소는 그리스도와의 관계성이다. 만일 하느님께서 원하셨다면 인간은 '순수 본성'으로서만 존재했을 수도 있었다. 그렇지만 실제적으로 존재하는 인간은 그리스도와의 결속에 의해 실존적으로 규정되어 있다. 역사적으로 존재하는 인간이 지니는 그리스도와의 관계성이라는 은총 없이 그 누구도 존재하지 않았으며 존재할 수도 없다. 이 은총은 하느님께서 인

---

44) G.Gozzelino, 앞의 책, pp.76~78.

45) 이 용어는 알파로(J.Alfaro)의 책, *Teologia del progresso umano*(pp.96~124) 안에서 사용되었다.

간을 그리스도 안에서 당신과 일치하도록 예정한 것으로부터 유래한다. 따라서 그리스도적 실존은 실제적 차원의 인간 존재 안에서는 없어서는 안 될 부분이며, 피조물이라는 존재론적인 차원 가운데 그 궁극적인 면을 드러내고 있다. 즉, 실제적으로 존재하는 인간 상황은 오직 은총의 상황이며, 이러한 인간이 그리스도를 향해 부름을 받은 존재라는 점이 피조물로서의 존재라는 측면 안에서 구체적으로 표현되고 있다.

객관적인 은총 상황은 피조물, 즉 '순수 본성'에서 유래하는 것이 아니라, 오직 그리스도 안에 드러난 하느님께서 거저 주시는 사랑에서부터 유래한다. 하느님의 은총이야말로 그리스도와의 관계 안에서 인간 존재를 규정하는 근본 요소이며, 인간은 자기 자신에 의해서가 아니라 그리스도를 통해서만 스스로를 올바로 이해할 수 있다. 오직 그리스도를 통해서 드러난 하느님 아버지의 호의에 가득 찬 사랑과 은총 안에서만 인간은 자기 존재 의미의 궁극적인 근거를 찾을 수 있다. 그러므로 인간이 실존적으로 그리스도와의 관계를 통해 규정된다면, 그리스도는 객관적인 은총의 원천일 뿐만 아니라 인간에게 끊임없이 주어지는 은총 그 자체요 인간을 실제적 차원 안에서 근거 짓는 분이며 그에게 결코 없어서는 안 될 분이다.

2

제 2 부

인간적인 형상 안에 드러나는 하느님의 은총으로서의 인간 존재

들어가는 말

구체적으로 주제를 시작하기 전에 신학적 인간학의 근본적인 두 가지 주제에 대한 접근에 있어서 열쇠가 되는 요소들을 조직적으로 언급하는 것이 좋을 듯싶다. 이 두 주제란, ① '하느님의 계획 안에서의 인간'과 ② '인간적인 형상 안에 드러난 하느님의 은총으로서의 인간'으로서, 이 책에서 우리가 숙고해야 할 것들이다. 앞으로 다루게 될 것은 이 두 주제 사이의 본질적인 연관성을 드러내려는 의도를 갖고 있다. 이러한 맥락 하에서, 우리는 앞으로 진행될 주제에 대한 이해와 강독에 있어 핵심 열쇠로서 '**최종 목적**'(*fine ultimo*)의 가치와 역할을 다루게 될 것이다. 그러므로 무엇보다도 먼저 인간 존재의 의미와 중요성을 이해하기 위해서 우리는 인간의 최종적이며 궁극적인 목적에 대한 인식의 중요성에 대해 설명하게 될 것이고, 이어서 종합적인 구도로서의 하느님의 계획 안에서의 인간이란 명제를 다룰 것이다.

I 인간 이해의 핵심 열쇠로서의 최종 목적(fine ultimo)

1. 최종 목적의 가치와 역할

모든 존재자들에 있어서 참되고 유일한 존재 이유가 자기 고유의 최종 목적의 현실화라는 사실에 대한 확인은, 궁극적이고 최종적이면서 선재(先在)하는 목적이 모든 존재자들을 있게 할 뿐만 아니라, 창조된 존재의 참된 의미가 바로 이 목적에 의해 주어졌으며, 피조물의 의미는 이러한 목적에 도달하는 충만한 현실화에 의존한다는 점을 추론케 한다. 이제, 여기서부터 모든 피조물의 참된 의미를 올바로 이해하기 위해서는 우선 그에 있어서의 최종적이고 궁극적인 목적이 무엇인가에 대한 앎이 요구된다고 하겠다. 이러한 논의는 토마스 아퀴나스의 가르침을 통해서 좀더 명확히 살펴볼 수 있다.

우리는 토마스의 철학적 가르침 가운데 한 가지 원칙을 찾아볼 수 있는데 이는 다음과 같다: 최종 목적은 피조물 안에서 원인들의 원인[1]으로서, 피조물의 존재 이유이며 동시에 그가 하는 모든 행위의 근거로서 드러난다는 점이다. 이제 우리는 이러한 최종 목적을 출발점으로 취함으로써 모든 피조물에게 있어서 고유한 최종 목적에 대한 앎을 통해서 비로소 그의 본성과 본질적인 가치, 따라서 또한 인간 존재의 본성과 가치, 그 존재 의의 그리고 인간을 본질적으로 특별하게끔 하는 근거를 알 수 있다. 이는 특별히 깊은 신비로 둘러싸

[1] *S.Th.*, I, q.5, a.2, ad.1; I, q.44, a.4.

인 존재인 인간에게 있어서 더욱 그러하다. 최종 목적에 대해 한 가지 염두에 두어야 할 것은, 비록 그것이 모든 원인들 가운데 궁극적인 원인이고 그래서 인간 존재의 근본 이유이긴 하지만, 이 최종 목적은 종국에 가서야, 즉 인간이 이 상태에 충만하게 도달하게 될 때에야 비로소 최종 목적으로서 드러난다는 사실이다. 이에 대해 토마스는, 최종 목적은 지향에 있어서는 첫 번째이며 실행에 있어서는 마지막이라고 언급하고 있다.[2)]

이러한 사실에 대해 인지하면서 우리는 인간 존재가 지닌 다른 면으로 초점을 옮겨 다음 사항들을 고려해야 한다: 즉, 인간 존재의 모든 가치와 참된 그의 정체성이 최종 목적의 본성에 의해 규정되는지, 그리고 존재의 충만한 의미는 최종 목적에 완전히 도달함으로써 갖게 되는지, 그 결과 인간 존재는 근본적으로 최종 목적에로 방향 지어져서 존재하지 않을 수는 없는지에 관한 물음이 바로 그것이다. 즉, 최종 목적을 향한 방향성은 인간의 결정에 의한 결과가 아니라 인간 존재 자체를 규정하는 근본 요소라는 것이다. 더 구체적으로 말하자면, 만일 인간의 참되고 유일한 최종 목적이 하느님과의 실제적이고 인격적인 합일에 있다고 한다면, 우리는 하느님과의 인격적인 합일을 향한 인간 존재의 방향성이 인간 자신의 결정에서 나오는 것이 아니라, 인간을 근본적으로 그리고 필연적으로 규정하는 그 어떤 힘으로부터 유래한다는 것을 상정해야만 한다. 인간 능력 안에는 단지 이러한 방향성에 대해 거스르거나 반대하는 양상으로 행위할 수 있는 가능성이 있을 뿐이다. 그러나 최종 목적을 향한 방향성의 거부는 인간에게 있어 자신의 정체성과 고유한 가치 그리고 유일무이한

2) *S.Th.*, I-II, q.1, a.1, ad.1.

존재 의미의 상실을 초래하며, 따라서 스스로의 존재 이유에 대해 어떠한 의미도 부여할 수 없다는 사실이 분명히 드러난다.

2. 인간의 최종적이고 궁극적인 목적

이제 우리는 인간 존재의 가치와 최종 목적이 갖는 관계의 근본적인 성격을 우리 논의의 출발점으로 삼고자 한다. 최종 목적이 지향에 있어서 첫째요 실행에 있어서는 마지막이라는 원리는, 최종 목적이, 비록 인간 존재의 원인이요 근거이지만, 오직 인간의 현세적인 여정의 마지막에 가서야 완전히 드러날 것이라는 결론으로 우리를 이끌어 준다. 이러한 사실은 인간이 근본적으로 최종 목적을 향해 방향 지어져 있다는 것을 우리에게 알려 줄 뿐 아니라, 더 나아가 인간 자신의 근원에 대한 발견은—시작이 목적과 다를 수 없고 오히려 목적은 시작의 충만한 실현인 한에서[3]—오로지 자신의 최종 목적에 대한 인식으로부터 유래한다는 것을 우리에게 알려 준다.

우리의 논의를 직접 인간에게로 옮기면서, 이제 우리는 근본적으로 중요한 한 가지 사실에 주의를 기울여야 한다. 즉, 인간의 객관적인 본성이 갖는 구조적 요소들과 의의를 알기 위해서 무엇보다도 그의 최종적이고 궁극적인 목적을 아는 것이 필연적이라고 한다면, 이에 대한 인식에 이르기 위해서 가야 할 길은 오로지 신학적인 길이라는 것—비록 인간은 창조된 존재이지만 인간의 최종 목적은 자

3) *S.Th.*, I, q.75, a.6, ad.2; I-II, q.3, a.6: "모든 존재의 최종적인 완성은 그 존재의 시초에로 재결합시키는 것 안에 있다."

연적인 질서에 속하지 않고 초자연적인 질서에 속해 있으며, 따라서 인간에 대한 충만한 앎은 인간에 대한 현상학적인 자연 과학에 의해서가 아니라 오직 신적인 계시에 의해 주어진다는 한에서—을 확고한 지침으로 삼아야 한다는 것이다. 사실상, 인간에 대한 어떠한 과학도 우리에게 인간의 최종적이고 궁극적인 목적이 그리스도 안에서 성령을 통한 하나님과의 인격적인 합일 안에 존재한다는 것을 말해 줄 수도 제시할 수도 없다. 신학 자체도 그것을 증명해 낼 수는 없다. 신학의 과제는 사실, 그것을 드러내는 것이 아니라 신앙에 의해 견지되고 계시에 의해 비추임 받은 인간의 최종 목적을 인간 자신을 위해 설명해 주는 것이며, 여기에는 그러한 사실에 대한 인간 편에서의 순명하는 동의가 요청된다.

Ⅱ 하느님의 계획 안에서의 인간

만일 그리스도 안에서 성령을 통한 하느님과의 합일이 인간의 유일한 최종적이고 궁극적인 목적을 구성한다면, 우리는 이러한 사실을 우리 논의의 대상인 신학적 인간학의 주제들을 세분화하기 위한 출발점이자 필연적으로 언급해야 할 핵심적인 요소로서 받아들여야 한다. 이미 아는 바와 같이, 신학적 인간학의 첫 번째 주제는 하느님의 계획 안에서 바라본 인간이다. 이는 하느님의 계획이야말로 인간 존재에 대한 인식과 이해를 위해서 반드시 요청되어야 하는 영역임을 의미한다. 우리는 앞서 이 주제에 대해 다루면서 인간의 기원을 발견할 수 있었으며 동시에 인간을 하느님으로부터 유래하는 존재, 즉 그 근원이 하늘에, 하느님에게 뿌리를 갖는 존재로 규정할 수 있었는데, 이러한 인간 존재는 바로 하느님의 계획 안에 있는 것임을 확인했다. 또한 이러한 사실은 인간에게 있어서 다른 여러 차원에 대해 신학적인 면이 갖는 특별한 우위성에 대해 알게 해준다. 하느님의 계획이라는 영역을 통해서 우리는 인간이 무엇을 위해 창조되었는지 그의 근원을 발견할 수 있다. 이러한 선상에서 우리는 인간을 그리스도 안에서의 존재로 규정할 수 있다. 여기에서부터 올바른 인간의 이해를 위해 거쳐야 할 필연적이고 참된 길로서의 그리스도적인 차원이 유래한다. 더 나아가, 하느님의 계획이라는 영역을 통해서 우리는 인간의 존재 구조에 있어서 보다 중요한 요소를 발견하게 된다. 즉, 인간의 궁극적이고 최종적인 목적이 바로 그의 필연적인 행선지를 구성한다는 사실이다. 우리는 인간을 이러한 자신의 최종 목적과의 관계를 통해서 그리스도를 통한(per Cristo), 그리스도를 향한(in vista di Cristo) 존재로 규정할 수 있다. 이러한 사실을 통해서 우리는 인간에 대한 올바른 이해에 있어서 종말론적인 차원이 중요하고 또 근본이 된다는 점을 알 수 있다.

1. 하느님으로부터(da) 유래하는 존재인 인간

우리는 인간 존재의 신비에 대한 이해를 위해서 참되고 유일한 영역으로서의 하느님의 영원한 계획이라는 전망을 취하는 가운데 하느님께서 당신의 자유롭고도 사랑 가득 찬 주도권으로 인간이 그리스도 안에 참여하길 원하셨다는, 그래서 인간은 이러한 의미에서 하느님 안에 기원을 갖는다는 사실을 알게 된다. 이러한 인간의 신적인 기원은 그의 본질적이고 구성적인 요소가 바로 하느님과의 관계에 있음을 보여 준다. 그리고 인간이 하느님과 맺는 관계성은 그 자체의 구성적인(costitutivo) 성격으로 인해 다른 모든 객관적인 요소들 — 즉, 이 관계로부터 다른 사람들과의 관계와 세상과의 관계가 유래되며 인간 존재의 구조와 원천을 구성한다는 의미에서 — 보다 더 인간 존재에 있어 기초가 된다. 이러한 인간의 모습은 하느님의 모상이나 하느님에 의해 인간과 체결된 계약 같은 성서 주제들을 통해서 설명될 수 있다.

2. 그리스도 안에(in) 존재하는 인간

하느님의 계획이라는 전망 안에서 강조되어 드러나고 있는 또 다른 근본 요소는 하느님은 인간을 그리스도 안에서 원하셨고 그래서 창조하셨다고 하는 점이다. 이는 다시 말해서 인간은 그리스도에 참여하기 위한 존재라는 것을 의미한다. 이는 더 나아가 그리스도야말로 인간 존재 자체만이 아니라 구체적인 그의 실존에 있어서 원천이라는 것을 뜻한다. 이렇게 인간의 모든 면이 그리스도 안에 집중되어 있기 때문에 인간에 대한 하느님의 계획은 그에 대한 구원 계획이라는 면을 갖게 된다. 시간과 인간 역사 가운데 육화하신 그리스도를 통해서 인간에 대한 하느님의 계획은 충만하게 드러나고 현실화되었다. 그리스도는 보이지 않는 하느님의 참된 모상(Imago Dei)이며 그분을 가시적(可示的)으로 드러내는 분으로서, 인간은 오직 그분 안에서 비로소 하느님의 모상(imago Dei)이라고 말할 수 있다.

2.1. 원천이신 그리스도

그리스도는 하느님의 계획 안에서 창조의 원천이며 중개자이고 그 의미라는 존재론적 맥락 하에서 드러나고 존재한다. 이러한 의미에서 인간은 창조 안에서 그리스도의 신비를 충만하게 드러내고 실현하는 존재인 것이다.

2.2. 머리이신 그리스도

그리스도가 전 우주의 머리라는 사실은 왜 그분이 모든 피조물의 원천이 되는지 잘 설명해 주고 있다. 사실, 그분으로부터 유래하지 않고 그분께 속하지 않는 그 어떤 존재에 대해서 그리스도를 그의 머리라고 말할 수는 없다. 이러한 사실은 왜 창조가 그분에 의해 이루어졌는지를 잘 드러내 준다. 그것은 그리스도를 전 우주의 머리로 삼으려는 하느님의 계획을 실현하기 위해 창조가 이루어졌다는 데 있다. 따라서 창조는 그리스도를 머리로 하는 그리스도 존재론을 실현시키기 위해 바로 그리스도를 통해 이루어진 것이다.

2.3. 맏이이신 그리스도

우리는 바오로 사도의 가르침을 통해서 인간 이해를 위한 중요한 사실을 알 수 있다. 즉, 인간에 대한 선택은 그리스도의 의지 작용(volizione)의 이유라는 점이다. 동시에 그리스도 안에서의 인간에 대한 선택은 맏이이신 그리스도에 대한 하느님 계획의 실현과 맞물려 있다. 이러한 하느님의 계획은 궁극적으로는 인간이 그리스도 안에서 새롭게 태어남으로써 충만하게 현실화된다. 그러므로 맏이이신 그리스도의 신비가 충만하게 실현되기 위해서는 무엇보다도 모든 인간이 그분과의 관계 안에서 새로 태어나야 하는 것이다.

2.4. 결 론

1) 지금까지의 분석을 통해 드러나는 점은 무엇보다도 인간과 그리스도와의 관계는 존재론적인 성격을 띠고 있다는 사실이다. 인간은 자신의 존재 의미를 오로지 그리스도와의 필연적인 관계성을 통해서만 깨달을 수 있다.

2) 인간 존재의 모든 면은 그리스도의 전 존재에 참여하기 위한 것이다. 인간 실존은 그리스도의 신비를 드러내는 의의(義意)를 지닌다.

3) 만일 인간 존재가 사랑이라고 한다면 이는 인간이 바로 하느님 사랑의 역사를 구체화하는 그리스도의 사랑에 참여하기 때문이다. 다른 한편, 만일 인간을 자유로운 존재라고 말할 수 있다면, 이는 인간이 하느님의 자유를 드러내는 그리스도의 자유에 참여하기 때문이다. 인간은 오로지 그리스도 안에서 원해지는 한에서 자유를 누릴 수 있다.

3. 그리스도를 통한(per), 그리스도를 향한(in vista) 존재인 인간

우리는 모든 피조물의 근거가 그의 최종 목적에 의해 구성된다는 점을 보았다. 따라서 하느님과의 인격적인 합일은, 인간이 그것을 위해 창조된 궁극적인 목적이면서 또한 하느님 편에서의 신적 의지 작용(volizione)의 유일한 근거이자 원인이라고 할 수 있다. 이는 인간의 참되고 충만한 의미는 오직 하느님과의 인격적인 합일에 도달하는 데 있음을 의미한다. 이러한 인간의 최종 목적과 더불어 보아야 할 것은 인간을 향한 하느님의 예정이다. 신적인 예정이라는 은총 작용은 인간 의지 행사의 근거이다. 신적인 예정은 그 특별한 가치로 인해 은총 중의 은총으로 불린다. 즉, 예정보다도 더 큰 은총은 없다는 의미에서 그러하다. 바로 이러한 이유로 인해서 예정은 모든 은총의 원천으로서의 가치를 지닌다. 하느님 편에서의 이러한 의지 행사는 오직 인간을 위한 조건 없는 당신 사랑에 의해 고무된 하느님의 자유로운 주도권(iniziativa)에 그 근거를 갖고 있다. 이 모든 사실로부터 우리는 한편으로는 하느님의 인간적인 차원이 다른 한편으로는 인간의 신적인 차원이 있다는 것을 알 수 있다.

3.1. 하느님에게 있어서 인간적인 차원

인간을 당신과 통교하게끔 하시려는 하느님의 결정은, 그 자체로 특별한 중요성을 지니고 있는 사건인 하느님이 인간이 되심 또는 강생이라는 하느님의 인간적 차원을 명백하게 드러내고 있다. 그 근거는 바로 인간의 궁극적인 상태를 예정하시고 당신과의 합일 안에서 그가 존재의 충만함을 지니도록 초대하는 하느님의 결정 안에 있다. 다시 언급하려니와 인간의 궁극적이고 최종적인 목적은 하느님과의 인격적인 합일에 있다. 이 합일은 그 본성상 초본성적(soprannaturale)인 성격을 지니고 있으며, 하느님과 인간 사이의 동등함을 요청하고 있다. 이는 '초본성적'이라는 내용 그 자체가 이미 하느님께서 인간의 본성적 질서의 선상 안으로 내려가야 비로소 하느님과 인간 사이에 동등함이 가능하다는 것을 의미한다. 오직 그렇게 됨으로써만 하느님과 인간 상호간의 동등성은 실현된다. 이는 인간이 인간으로 머물면서 하느님처럼 변화될 수 있는 능력이 있다는 의미가 아니라, 하느님 오직 그분만이 온전히 하느님으로 머무시면서 인간이 되실 수 있다는 말이다. 만일 인간이 자신으로부터 분리되어 하느님 안에 흡수된다면, 그는 자신의 진정한 충만함과 행복을 찾을 수 없다. 따라서 만일 하느님 자신이 인간의 충만하고 총체적인 행복으로서의 궁극적이고 최종적인 목적으로 제시된다면, 하느님이심을 포기하거나 신성(神性)이 조금도 감소됨이 없이 그분 스스로 인간 질서 안으로 내려오셔서 인간과 같이 되셔야 함이 필요하다.

그러므로 이러한 전망에서 인간에게 있어서 유일하고도 고유한 궁극적 행복으로서의 하느님을 향해 인간이 예정되어 있다는 사실은 하느님께서 인간이 되심으로써 우리와 통교를 이루고 당신을 향한 길을 터 주고자 하신다는 사실을 추론케 해준다. 또한 이는 우리를 하느님의 실재적인 자기 비움(kenosis) 안으로 인도해 준다. 그러나 이러한 자기 비움은 하느님에게 있어서 어떤 변화를 의미하는 것이 아니라, 그분께서 인간을 사랑하시기에 인간의 충만함을 원하시고 그래서 인간과 끊으려야 끊을 수 없는 유대가 그분 안에서 드러난다는 말이다. 이 모든 실재들을 보다 가시적으로 드러내는 사실이 바로 하느님의 아들이신 예수 그리스도의 강생이다. 하느님은 그리스도 안에서 인간의 형상을 취하시면서 당신 신성을 숨기고 낮추는 역사적인 상황 가운데 머무시겠다는 취하할 수 없는 결정을 명백하게 드러내신다. 그리고 이 모든 것은 그리스도 안에서 인간 구원을 위한 하느님 계획의 실현을 지향한다. 그래서 강생은 인간을 위한 하느님의 철회할 수 없는 선택이 가시적으로 드러난 사건이라는 의의를 지닌다. 이것은 결국 인간이 참으로 인간으로 되어 가기 위한 것이다. 따라서 강생은 인간과의 통교를 원하시는 하느님께서 영원으로부터 선택하신 겸손함의 역사적인 드러남이며 동시에 현실화라고 할 수 있다. 그렇다고 해서 이것이 하느님에게 어떤 존재론적인 감소를 초래하는 것은 아니다. 오히려 한편으로 하느님께서 당신의 자기 비움을 드러내신다고 한다면 강생이라는 당신의 제스처는 다른 그 무엇보다도 더한 당신의 전능하심이 드러나는 것을 의미하며 그분의 전능하심이 보다 높이 고양되는 것을 뜻한다. 사실 그러한 하느님의 제스처가 의미하는 것은 그러한 사건이 오로지 전능하신 분의 업적일 수밖에 없다는 점이다. 따라서 한편으로 여기서 하느님의 겸손, 자기 비움이 명백히 드러난다면, 다른 한편으로 이러한 자기 비움은 오직 전능하신 분에 의해서만 이룩될 수 있기 때문에 이 사건 안에 이미 하느님의 전능하심이 보다 완전하게 드러난다고 할 수 있다.

3.2. 인간에게 있어서 신적인 차원

인간의 최종 목적이 창조 질서에만 국한되지 않고 신적인 질서, 즉 하느님의 계획 안에서 실현되도록 하는 하느님의 결정을 통해서, 우리는 인간의 신적인 차원이 단지 구원의 결과이거나 또는 그로 인해 덧붙여진 부수적인 것이 아니라 인간 존재를 구성하는 핵심 요소임을 발견하게 된다. 이러한 사실은 분명 인간 본성에서 유래하는 것이 아니며 오직 하느님께서 인간을 당신께 참여하도록 하신 당신의 결정이라고 하는 은총 행위의 결과이다.

앞서 우리는 인간을 향한 당신의 계획이 실현되도록 어떤 의미에서 하느님께서는 비록 하느님으로 머무시면서도 동시에 인간 질서 안으로 들어오셔야 했음을 보았다. 이제 우리는 인간으로부터 출발해서, 인간이 하느님의 파트너로서의 '너'로 존재하기 위해서, 즉 진정한 하느님의 모상으로 존재하기 위해서는 그가 분명하게 그리고 가시적으로 하느님에게 참여한다는 사실을 숙고하기 위해서 앞서 언급한 사실들을 깊이 인지해야 한다. 하느님은 인간에게 당신의 사랑을 내어 주시면서 동시에 당신 자신을 인간의 사랑을 만족시킬 대상으로 제시하신다. 왜냐하면 인간 존재 자체와 그가 가진 모든 것은 하느님께서 그에게 분유한(分有, participatio) 것이기 때문이다. 바로 여기에서 성자의 강생 사건이 지닌 의미가 보다 명백하게 드러난다. 강생은 하느님의 인간화(人間化, umanizzazione)와 인간의 신화(神化, divinizzazione)가 충만하게 드러난 사건이다. 이 사실로부터 우리는 강생이야말로 하느님께서 영원으로부터 인간을 당신과 사랑 안에서 합일하고자 하시려는 인간에 대한 예정 은총을 시공(時空) 안에서 구체화하기 위해 선택한 길이자 방법이라는 것을 알 수 있다.

이처럼 강생은 하느님의 인간화(人間化)와 인간의 신화(神化)를 실현하기 위해 영원으로부터 하느님에 의해 미리 선택된 방법이라는 위상을 갖고 있지만 인간 역사 가운데서 실현되는 과정 가운데 구원론적인 성격을 덧입게 된다. 즉 인간이 역사적으로는 죄의 굴레 하에 있기에, 하느님의 자녀라는 실존적인 상황 안에 살기 위해서는 죄의 속박으로부터 자유로워지는 것이 필요했다. 이 모든 것이 바로 그리스도의 파스카 신비를 통해서 실현되었다.

인간을 당신과의 통교에로 예정한 것이든 또는 당신의 영원한 결정을 역사적으로 실현하기 위한 형태로서 강생의 길을 택한 것이든, 이 모든 경우에 있어서 근본적인 동기는 오로지 인간을 향한 하느님의 무상적인 사랑 안에서 찾을 수 있다. 더불어 이렇게 조건 없는 사랑에서 유래하는 동기는 하느님께서 인간을 위해 당신이 마련하신 계획에 대해 충실할 것과 그 계획에 대한 실현을 당신이 손수 책임지고자 하는 근본 원인이 된다. 인간 구원을 향한 하느님 계획의 무상적인 성격은 인간에 대한 하느님의 충실하심에 있어서 절대적이고 확고한 기초가 된다.

신학적 인간학의 두 가지 주제인 "하느님의 계획 안에서의 인간"과 "인간적인 형상 안에 드러나는 하느님의 은총으로서의 인간 존재"를 조명하기 위해서 우리는 이미 살펴본 전제를 통해 인간 존재의 가치와 의의에 대한 이해는 바로 하느님의 은총 행위의 영역, 더 구체적으로는 '부르심'이라는 신적인 행위의 영역 안에서 가능하다는 사실을 접하게 된다. 이러한 사실은 한편으로는 인간을 '부름을 받은 자'로서 정의하게 하며, 다른 한편으로는 이러한 부르심의 은총 행위를 인간을 향한 하느님 충실하심의 절대적인 보증으로 간주하게 한다. 이는 인간을 향한 하느님의 부르심은 아무런 조건 없이 이루어졌으면서 동시에 하느님은 당신 자신에 대해 충실하고자 하신다는 의무와 함께, 이로 인해 하느님은 인간에 대해 충실하시다고 하는 점에서 그러하다. 그러므로 인간이 조건 없이 하느님으로부터 존재에로 불렸기 때문에 존재할 수 있다는 사실은, 이로 인해 하느님께서 인간을 향한 부르심을 결코 멈추지 않으실 것이며 더불어 하느님 당신 자신을 선물로 내어 주시리라는 절대적인 보증을 인간이 희망할 수 있다는 것을 의미한다.

이 모든 것은 이미 우리가 다루고 있는 "인간적인 형상 안에 드러나는 하느님의 은총으로서의 인간 존재"라는 주제가 인간을 하느님의 구원 행위의 수취인으로서 보게 해주는 것뿐만 아니라, 시간 이전(pre-temporale)에 그리스도 안에서 영원으로부터 선택하신 하느님 은총 행위의 역사적인 구체화로서의 인간 존재를 숙고하도록 우리를 초대한다. 은총 행위의 차원은 인간 이해에 있어서 인간을 하느님 은총의 인간적인 형상으로 고려하게 해주는 결정적인 요소이다. 인간은 그의 역사적이고 윤리적인 상태가 어떠하든지 간에 존재하는 그 자체로 언제나 하느님의 은총 행위를 드러내고 있으며 이를 구체적으로 실현하고 있다. 다시 말해서 인간 존재는 그 자체로 이미 하느님 은총의 가시화이자, 라너(Rahner)적인 표현을 빌리자면, '하느님의 자비로우심'의 가시적인 드러남인 것이다.

좀더 분명히 말하면, 인간을 '하느님 은총의 인간적인 형상' 또는 '하느님의 자비 깊음의 가시화'로 간주하는 것은 은총을 인간 존재 구조에 있어서 구조적이고 본질적인 요소로서 고려하는 것이며, 더 나아가 인간 그 자체를 인간 자신의 역사적인 구체화라는 형태 안에서 하느님 은총 행위의 드러남이요 하느님 은총 자체의 역사화로 규정함을 의미한다. 다른 한편, 은총이라는 범주는 인간의 윤리적인 상태를 지칭하기 위해서가 아니라 실존적인 존재론적 상태를 가리키기 위해서 쓰였다. 우리는 이러한 사실을 윤리적으로 무질서한 상태에 빠질 수도 있는 각 개별 인간에게도 적용할 수 있는데, 이는 인간이 비록 윤리적인 무질서 가운데 있음에도 불구하고 그가 여전히 하느님의 은총을 가시적으로 드러내는 존재로 남아 있기 때문이다.

우리가 인간을 은총으로 인해 있는 존재요 또한 인간적인 형상 안에 현존하는 하느님의 은총 그 자체로서 말할 수 있다면, 이 두 요소는 인간을 그의 시작에서부터 마지막까지 모두 아우르는 주제라고 말할 수 있다. 우리는 이에 대한 전체적인 전망을 하느님 계획의 실현에 있어서 세 가지 요소 또는 세 단계를 구분해서 성찰함으로써 명백히 하고자 한다. 첫 번째로 우리는 인간의 근원에 대해서 성찰하게 될 것이고, 두 번째로 의화(giustificazione) 은총 안에서의 실존적인 인간을, 마지막으로는 예정(predestinazione) 은총 안에서의 인간에 대한 고찰을 하게 될 것이다.

인간을 은총으로 인해 있는 존재요 하느님 은총의 인간적인 형태로 이해하기 위해서는 성서가 표현하는 '은총' 개념에 대한 진술과 관련해서 바라보는 것이 매우 중요하다. 따라서 은총 개념에 대한 올바른 이해를 위해서 우리는 무엇보다도 성서 안에 사용된 은총에 관한 용어들을 살펴보아야 한다. 이는 성서적인 사고방식을 이해하기 위해서만이 아니라 무엇보다도 체계적인 신학적 성찰을 근거 짓는 성서적 기초를 발견하기 위해서이다. 더 나아가, 이러한 용어들을 살펴봄으로써 우리는 하느님께서 행사하시는 모든 주도권(iniziativa)의 동기는 당신 자신에게서 나오는 무상적인 호의(benevolenza) 안에 있음을 알게 될 것이다. 다시 말해, 만일 이 모든 것이 죄로부터의 인간의 해방이라는 은총의 의미에 의해 지배된다 하더라도, 적어도 무상성(gratuita)은 하느님의 모든 은총 행위에 있어서 기초이자 근본 동기라는 것을 의미한다.

이제 우리는 "인간적인 형상 안에 드러나는 하느님의 은총으로서의 인간 존재"라는 주제를 세 부분으로 나누어 보게 될 것이다. 우선, 첫 부분은 두 개의 장을 통해서 구체화할 수 있는데, 여기서 우리는 인간의 역사적인 차원으로서의 은총에 대한 논의를 발전시킬 것이다. 이 논의는 용어의 분석에서 출발해서 계시된 말씀의 내용에 대한 심도 깊은 경청을 통해 인간 존재를 하느님 은총 행위의 역사화요 가시화라는 보다 깊은 이해에로 나아가게 될 것이다. 두 번째 부분은 인간 존재의 신학적인 의의를 인간의 '자기 건설'(autocostruzione)로 제시하는 의도를 담고 있다. 이러한 이해는 그 자체로 매우 중요하기 때문에 보다 깊은 이해를 위해 네 개의 장으로 나누어서 고찰하게 될 것이다. 세 번째 부분을 통해서 우리는 그리스도의 의화 은총 행위를 인간 존재 그 자체와 그리스도 안에서 구원된 그의 실존적 상황의 근본적 동기로서 살펴보게 될 것이다. 이러한 전망에서 의화 은총은 인간을 '의화된 자'(giustificato)로서 보게 하는 일종의 틀로서 드러난다. 다시 말해서, 인간은 그 존재의 기원이 자신에게 있는 것이 아니라 하느님의 은총 안에 있다는 점에서, 그리고 그 존재의 심연에서부터 깊이 죄로 물들어져 있다고 하는 역사적인 상황의 측면에 있어서 오로지 '의화된 자'로서만 존재할 뿐이다. 이러한 상황에서 하느님의 은총은, 인간이 자신의 선택으로 인해 본질적이며 객관적으로 '불의한 자'에서 '의로운 자'로 다시 회복하게 해주는 '의화'와 '자유화'의 은총 행위로 드러난다. 우리는 인간에 대한 '자유화'와 '다시 의화시킴' (rigiustificazione)이라는 차원을 통해 하느님 은총 행위의 지혜로운 면을 보게 되는데, 이는 하느님께서 인간 구원에 대한 당신의 계획을 실현하기 위해서 선택하신 역사적인 방법을 우리가 알 수 있게 해주기 때문이다. 우리는 이 부분을 두 개의 장으로 나누어 보게 될 것이다. 우선, 우리는 죄 중에 있는 인간 실존을 보게 될 것이요, 그 다음으로 인간을 의화 은총을 통해 하느님으로부터 받아들여진 존재로 성찰하게 될 것이다.

제 1 장

인간의 역사적인 차원으로서의 은총

I 성서 안에 나타난 은총

1. 성서와 성서 밖의 영역에서 본 은총 개념

성서 밖의 세계에서 볼 수 있으며 동시에 성서 본문에서도 찾아볼 수 있는 은총에 대한 중요한 용어로는 '카리스'(Karis)로서, 이는 '은총'(grazia) 또는 '선물'(dono)을 의미한다. 따라서 우리는 이 용어를 통해서 은총 개념에 접근할 수 있다. '카리스'란 단어는 언급한 바와 같이 성서에서만 찾아볼 수 있는 고유한 용어가 아니다. 이 단어는 우선 당시 희랍 세계에서 여러 가지 의미를 갖고 통용되었으며, 그 후 이러한 의미들이 성서에서도 사용되기 시작했다.[1] 무엇보다도 이 단어는 보고 듣는 이로 하여금 기쁘고 즐겁게 하는 것을 지칭하는 데 사용되었다. 그래서 육체적인 아름다움의 대상에 쓰이거나,[2] 말씀의 선물을 언급하기 위해서 사용되기도 했다.[3] 이러한 용례에 따르면 은총이란 기쁨, 즐거움, 쾌락을 선사하는 내적·외적인 감각에 인상을 주는 모든 것을 지칭한다고 하겠다. 이러한 의미에서 우리는 은총을 '기쁜 소식'을 듣고 받아들이는 이로 하여금 기쁨과 즐거움 그리고 구원을 체험케 한다는 의미에서 복음적인 '소식'이라고 할 수 있다. 이러한 사실은 우리로 하여금 신학에 있어서 미학적인 범주가 갖는 중요성에 대해 성찰하도록 한다. 이 미학적인 차원은 신학적인 사고와 교부들의 가르침 그리고 수도승 신학을 특징짓는 지혜로운 영감을 신학에 전해 주고 있다.

다른 한편, '카리스'라는 단어는 상급자가 하급자에 대해서 갖는 호의, 즉 일종의 성향 또는 태도를 표현하며, 따라서 개인의 내적인 기질을 지칭하기 위해 사용되기도 했다. 여기서 은혜 또는 호의적인 태도를 구분 짓는 특징은 다름 아닌 무상성(gratuità)이다. 이것은 이 호의를 받는 사람이 행하는 어떤 공로에 상응하는 행위가 아니라, 주는 이의 순전한 무상의 주도권에서부터 유래한다.[4] '카리스'는 또한 호의의 결과인 이득 또는 선물을 가리키는 용어이기도 하다. 이러한 의미는 성서에서도 찾아볼 수 있는데, 예를 들면 예루살렘 교회의 신자들을 위해 바오로 사도가 고린토 교회 신자들에게 부탁한 희사금이 바로 그것인데, 이 희사금은 고린토 교회와 그 외 다른 공동체에

---

1) 참조: M.Schiro, *Grazia*, in *Enciclopedia della Bibbia,* vol.3, p.1354.

2) 참조: 루가 2,52.

3) 참조: 루가 4,22.

4) 참조: M.Schiro, 앞의 책.

있었던 모든 카리스마 그리고 하느님의 선물과 같은 용어로 사용되었다. 그 밖에 '카리스'는 받은 선물에 대한 감사를 의미하며, 특히 모든 은총의 근원이신 하느님께 드리는 감사를 가리킨다.[5)]

위에 언급한 모든 의미들은 구원 선물과 그 선물을 주는 사람의 의지 사이의 긴밀한 관계로 인해 사실 엄밀하게 구분하기는 어렵다. 이처럼 우리는 '카리스'가 신약성서 안에서 사랑과 애정을 갖고 인간을 주시하시는 하느님의 선의(benevolenza), 무엇보다도 인간에게 무상으로 예수 그리스도를 건네시는 그분의 호의를 표현하고 있음을 보게 된다. 또한 신약성서는 이 어휘를 통해 신적인 생명에 참여함으로써 실현되는 그래서 하느님 보시기에 아름답고 맞갖은 인간의 내적인 아름다움을 표현하기도 한다. 마지막으로 '카리스'는 신약성서에서 복음을 통해 그리스도 안에서 구원되는 형언할 수 없는 선물에 대해 인간이 감사하는 마음을 표현할 때 사용된다.

2. 구약성서에서의 '카리스'(Karis) 개념

구약성서에서 은총(grazia) 개념 또는 적어도 그에 준하는 내용을 드러내는 용어들로는 헨(hen), 헤셋(hesed), 에멧('emet), 라하밈(rahamim)[6)] 등이 있다.

---

5) 참조: 2고린 8,1; 9,14; 로마 6,17; 루가 17,9; 특히 야고 1,17.

6) 참조: H.Haag, *Grazia*, in *Dizionario biblico*, SEI, p.479.

2.1. 헨(Hen)[7]

비록 그리 높은 빈도는 아니지만, 이 용어는 '은총' 개념에 보다 가까운 어휘이다. 『70인 역 성서』(LXX)는 이 용어를 희랍어 '카리'(Kari)로 번역하고 있다. 이는 어떤 사물에 있어 질적으로 좋은 면, 아름다움, 우아함 등을 지칭한다. 동시에 모든 권리와 공로 의무 등으로부터 독립적으로 상급자가 하급자에 대해 갖는 동정, 호의의 관계를 표현한다. 또한 '헨'(Hen)은 어떤 이론적인 것보다는 유대 신자들의 영성 생활을 규정하는 강한 체험적인 영역을 나타낸다. 모든 사람들, 특히 당신 백성으로 삼으신 이스라엘을 사랑하시는 아버지 하느님에 대한 체험,[8] 나아가 모든 피조물을 향한 하느님의 사랑과 호의에 대한 체험을 가리킨다. 이러한 그분의 호의는 구체적으로 생명과 풍요로움 그리고 용서와 구원에 대한 선물을 통해서 드러난다. 이미 이스라엘 백성은 이러한 하느님의 호의를 그들 역사의 기원, 즉 자신들을 향한 하느님의 선택에서 발견하고 있다. 특별히 선택의 결과인 계약의 선물이야말로 이러한 하느님의 호의에 대한 체험을 절정에 이르게 한다. 사실, 하느님께서는 계약을 통해서 이스라엘이 조건 없이 당신과의 친밀함을 깊이 나누도록 초대하셨다. 그분께서는 이스라엘 백성을 선택하심으로써 그들을 당신의 고유한 것으로 취하셨으며 동시에 그들에게 의무와 권리를 부여하셨다.

7) 참조: M.Schiro, 앞의 책, pp.1357ss; H.Haag, 앞의 책.

8) "야훼께서 너희를 택하신 것은 너희가 어느 민족들보다 수효가 많아서 거기에 마음이 끌리셨기 때문이 아니다. (…) 다만 너희를 사랑하시고 너희 선조들에게 맹세하신 그 맹세를 지키시려고 야훼께서는 당신의 강한 손으로 너희를 이끌어 내신 것이다"(신명 7,7~8).

2.2. 헤셋(Hesed)

성서에서 '헤셋'(Hesed)은 은총을 표현하는 데 있어서 중요한 어휘로 간주된다.[9] 하지만 이 용어가 '은총' 그 자체와 완전히 동일시되지는 않으며 다만 은총의 환경으로 간주되어 소개되고 있다. 『70인 역 성서』에서는 이 단어를 '엘레오스'(eleos)로 번역하고 있는데, 이는 '자비'라는 의미이다. 하느님은 '헤셋'(Hesed) 안에서 신자들을 위해 당신의 업적을 드러내시며 그들에게 특별히 도움과 보호를 베풀어 주신다. 특별히 '헤셋'(Hesed)은 자비인 한에서, 언제나 계약이라는 상호간의 결속과 관계에서 유래하는 하느님의 태도를 드러내는데, 이는 언제나 하느님의 충실하심과 성실하심을 내포한다. 따라서 이 용어는 무엇보다도 계약에 대한 충실함과 더불어 하느님께서 인간을 도와주는 행위, 즉 '구원'의 행위를 드러낸다고 하겠다. '구원하다'라는 말은 다름 아닌 계약에 근거해서 '자비를 베풀다' '은총을 베풀다'라는 의미이다.

'헤셋'(Hesed)이 계약에 대한 충실성에 근거한 하느님의 자비로운 구원 행위라는 점에서, 이 단어는 종종 에멧('emet)이라는 단어와 함께 쓰이곤 한다. 이 경우에는 '진실함' '충실함'을 지칭하는 말이 된다. 만일 계약이란 것이 동등한 두 주체 사이에 체결되는 것이라면, 이는 결국 계약의 두 주체에게는 서로에게 도움을 주고받는 권리와 의무가 주어지게 된다. 또한 '헤셋'(Hesed)은 오직 선함에서 유래하는 구원 업적을 지칭하는 데 사용되었다. 이 경우에 '헤셋'(Hesed)은 '불쌍히 여김'이라는 의미를 지닌 '라하밈'(rahamim)이라는 단어와 연관된

[9] 참조: H.Gross, *La grazia nell'Antico Testamento*, in *Myst. Sal.*, vol.9, p.22.

다. 따라서 '헤셋'(Hesed)은 인간을 향한 하느님의 인정어린 동의를 명백히 드러낸다고 할 수 있다. 즉, 하느님의 구원 행위는 오로지 인간을 향한 당신의 무상적인 호의에 그 기원을 둔다.

마지막으로 우리는 '헤셋'(Hesed)이 에멧('emet)과 '라하밈'(rahamim)에 동시에 연관된 경우를 찾아볼 수 있다. 이 경우 하느님의 자비 행위는 인간을 향한 하느님의 인정 어린 동의로써 체결하신 계약에 대한 당신의 충실함으로부터 유래한다. 하느님께서는 당신의 관대하신 동의로써 인간과 더불어 체결하신 계약에 대해 충실하심으로써 인간에게 호의를 드러내신다. 따라서 보는 바와 같이, 인간을 향한 하느님의 무상의 호의는 당신의 두 가지 행위 방식의 유일한 근거가 된다. 만일 하느님께서 계약에 대한 충실성 때문에 인간에 대한 구원을 이루신다고 한다면, 이는 오로지 하느님께서 인간과 맺은 계약에 대한 충실함에 당신 스스로 조건 없이 선의로 귀속시키셨기 때문에 그렇게 하신다는 말이다. 비록 계약이 순전히 하느님의 주도권에 의해 생겨났다고는 하지만, 만일 그러한 계약의 하느님께 속하는 자비와 구원을 인간에게도 부여한다면, 이러한 타이틀은 인간 그 자체의 본성에서 말미암은 것이 아니라 바로 하느님께서 조건 없이 당신의 선하심을 인간에게 허락하셨기 때문이다. 이러한 그분의 조건 없는 수락은 바로 당신께서 무한한 자비 가운데서 인간에게 은총에 대한 권리를 흔쾌히 허락하셨다는 데서 유래한다. 즉, 하느님께서는 인간으로 하여금 구원에 대한 당신의 호의를 청하고 얻을 수 있도록 호의를 베푸셨다는 말이다.

위의 이야기들을 매듭지으면서 다시 한번 언급하고자 하는 것은, 하느님의 사랑과 충실함에 근거한 당신의 자비로운 구원 업적은 예언자들의 설교에 있어서 핵심이었다는 점이다. 계속되는 배은망덕한 이스라엘 백성의 불충함 앞에서 하느님께서는 그들이 당신의 사랑 가득한 초대에 인격적으로 응답할 수 있도록 새로운 마음을 갖는 새 피조물이 되도록(예레 31,31~34 참조) 그들에게 새로운 은총을 중개해 주신다. 이러한 예언자의 메시지는 구체적으로는 하느님께서 그들에게 어떤 외적인 것을 부가함으로써 그들의 변화를 이루시는 것이 아니라, 이스라엘의 마음 안에 새로운 법을 새김으로써 자발적으로 그들을 당신께로 이끄시고 그들 안에 당신에 대한 절실한 필요성을 일으키시며 마치 그들이 당신께로 되돌아오도록 밀어붙이는 내적인 본능처럼 그들 안에서 활동하시어 당신이 원하시는 것을 행할 수 있도록 하신다고 선포한다. 즉, 하느님과 이스라엘 사이에 계약을 통해 형성된 친밀한 우정의 관계를 실현케 하신다.

3. 신약성서

'카리스'(Karis)란 용어는 신약성서에서 바오로와 베드로 서간에 자주 나타나며, 히브리 서간과 루가 복음에는 아주 많이 등장하는 반면 요한 복음에서는 아주 드물게 사용되고 있다(6번).[10] 고대 그리스 시대에서처럼 신약성서에서도 이 용어는 다양한 의미를 지니고 있다. 무엇보다도 이 용어는 기쁨을 선사하는 그 무엇인가를 지칭할 때 사용되었다. 이렇게 기쁨을 선사하는 실재는 육체적이거나 윤리적으로 질적인 상태(예를 들면 아름다움, 우아함[11] 등)를 가리키기도 했다. 또는 호

10) 참조: H.Haag, 앞의 책, p.480.

11) "여러분의 말은 소금으로 맛을 내듯이 하여 언제나 호감을 주도록 하시오"(콜로 4,6; 루가 4,22).

의나 선의라는 의미와 더불어 사용되었다.

우선, 복음 그 자체는 용어 그 자체의 어원적인 의미로는 기쁨과 즐거움을 가져다주는 좋은 소식을 지니고 있기 때문에 은총이라는 의미를 지닌다. 바오로 사도의 언사에서 복음은 당신의 아들 예수 그리스도를 선물로 주시는 하느님의 기쁘고 특별한 소식[12] 그리고 예수 그리스도 안에서 고린토 교회 신자들을 새롭게 태어나게 한 도구[13]로서의 하느님의 은총[14]과 동일시되고 있다. 다른 한편, 이 단어는 종종 호의와 무상의 행위를 드러내는 데 사용되기도 했다. 예루살렘 교회 공동체를 위해 바오로 사도가 모금한 헌금은 은총으로 그리고 사랑의 선물로 언급되고 있다.[15] 더 나아가, 신약성서 안에서 이 어휘는 특별히 하느님과 예수 그리스도의 인간에 대한 은총 또는 호의를 의미한다.[16] 그래서 가끔 신약에서는 하느님의 호의로 예수 그리스도를 통해 이룩된 새로운 구원 경륜으로서의 은총을 언급한다.[17]

---

12) 참조: 로마 1,1~3; 갈라 1,3~4.

13) 참조: 1고린 4,15.

14) 참조: 콜로 1,6.

15) 1고린 16,3: "내가 도착하면 여러분이 인정하는 이들을 내가 편지와 함께 보내어 여러분의 성금을 예루살렘으로 가져가게 하겠습니다." 2고린 8,6.19: "그리하여 우리는 디도에게 청하여, 기왕에 그가 시작한 일이니만큼 여러분 가운데서도 이 은혜로운 선행을 완수하도록 하였던 것입니다. (…) 그뿐이 아닙니다. 또한 그는 이 은혜로운 선행과 관련해서 교회들로부터 우리의 여행 동반자로 지명받았습니다."

16) 로마 3,24: "그리스도 예수 안에서 이루어진 속량을 통하여 그분의 은총으로 거저 의롭게 되었습니다." 로마 5,15: "그러나 은사의 경우는 범행의 경우와 같지 않습니다. 실상 한 사람의 범행으로 많은 이들이 죽게 되었지만, 하느님의 은총과 또한 예수 그리스도 한 사람의 은총으로 말미암은 은혜는 많은 이들에게 더욱더 넘쳤습니다."

17) "우리는 그리스도를 통하여, 우리가 현재 서 있는 이 은총에 이르는 통로를 신앙으로 얻게 되었으며, 하느님의 영광에 대한 희망을 자랑으로 여기고 있습니다"(로마 5,2; 참조: 6,14).

3.1. 공관 복음

공관 복음에서는 '카리스'(Karis)란 단어가 나오지 않는다. 따라서 예수 그리스도의 설교에서 원칙적으로 은총은 마치 하느님의 무상의 호의 같은 개념으로는 드러나지 않는다. 그럼에도 불구하고 여기서도 이와 비슷한 개념들이 강하고 명백하게 표현되고 있다. 인간에 대한 하느님의 호의의 태도가 최고로 드러나는 사건은 예수 그리스도 안에서 하느님 나라의 도래를 통해 이루어졌다. 하느님 나라의 선포는 예수 그리스도 편에서 보면 인간을 향한 하느님의 호의에 대한 선포 이외에 다름이 아니다. 사실, 왕국의 도래는 구체적으로 오직 하느님께만 속한 주님의 통치에 대한 도래를 의미한다. 예수의 설교 안에서 하느님은 인간이 모든 굴레로부터의 해방을 의미하는 그분의 주권 안으로 들어가도록 인도하는 분, 즉 인간 가운데 현존하시는 분으로 드러난다. 이러한 '은총'의 현존은 인간으로 하여금 그분의 왕국을 향해 결단을 내리고 회심하도록 재촉한다.[18]

더 나아가, 예수 그리스도의 설교 내용은 그분의 행적과 더불어서 가난하고 병들고 약한 이들 위에 '하느님의 내려오심'을 명백히 드러내고 있다.[19] 하느님의 호의에 가득 찬 '내려오심'은 특별히 죄에 대한 용서[20]와 인간의 회개[21]를 기다리시는 하느님의 인내하심, 그리

18) "요한이 잡힌 후에 예수께서는 갈릴래아로 가셔서 하느님의 복음을 선포하시며 이렇게 말씀하셨다. '때가 차서 하느님의 나라가 다가왔습니다. 여러분은 회개하고 복음을 믿으시오' "(마르 1,14~15).

19) "예수께서 대답하여 이렇게 말씀하셨다. '여러분이 듣고 보는 대로 요한에게 가서 알리시오. 소경들이 보고 절름발이들이 걸으며 나병환자들이 깨끗해지고 귀머거리들이 들으며 죽은 이들이 일으켜지고 가난한 이들이 복음을 듣습니다' "(마태 11,4~5; 참조: 마르 10,26 이하; 루가 15,11~32: 돌아온 탕자의 비유).

고 포도원에서 일한 사람의 일한 시간의 양에 상관치 않고 마지막 시간에 온 사람에게도 후한 보수를 주시는 그분의 모습[22] 안에서 잘 드러난다. 루가 복음에서 하느님의 은총 행위는 특별히 피조물인 인간을 받아 주시는 하느님의 행위로 드러난다. 천사가 마리아에게 잉태 소식을 알릴 때, 그는 '케카리토멘테'(kekaritoménte: 루가 1,28 참조)인 동정 마리아에게 인사하는데, 이 용어는 "하느님의 눈길과 사랑에 맞갖게 매우 호의를 받은 이" "전적으로 아름다움을 입은 이"를 의미한다. 더 나아가, 공관 복음에 의하면 인간을 향해 하느님께서 베푸신 은총 중의 은총은 다름 아닌 지고의 능력 자체이신 그래서 사탄의 세력으로부터 인간을 자유롭게 하신 예수 그리스도이시다.[23]

3.2. 사도 요한의 작품들 안에서

사도 요한의 작품들 안에는 비록 '카리스'(karis)라는 단어는 드물게 나타나지만(6번),[24] 인간을 구원하시는 행위로서의 하느님의 은총이

---

20) "예수께서 그에게 말씀하셨다. '당신에게 이르거니와, 일곱 번까지가 아니라 일흔 번을 일곱 번까지라도 하시오.' '그러므로 하늘나라는 자기 종들과 셈을 밝히고자 하는 어떤 왕과 같습니다' "(마태 18,22~23; 참조: 18,23~35: 탕감받은 채무자; 참조: 루가 7,36~50: 시몬의 집에서의 예수와 여인; 루가 19,9: 자캐오: "오늘 이 집에 구원이 들어갔다").

21) "그리고 예수께서는 이런 비유를 말씀하셨다. 어떤 사람이 자기 포도원에 무화과나무 한 그루를 심어 놓았습니다. 그 후 가서 그 나무에서 열매를 찾아보았지만 발견하지 못했습니다. 그래서 그는 포도원지기에게 말했습니다. '보다시피 삼 년째나 와서 이 무화과나무에서 열매를 찾아보지만 발견하지 못하니 이것을 잘라 버리시오. 무엇 때문에 땅만 썩히겠습니까?' 그러자 포도원지기는 대답하여 이렇게 말했습니다. '주인님, 이 나무를 올해만 그냥 두십시오. 그 동안에 그 둘레를 파고 거름을 주겠습니다' "(루가 13,6~8).

22) 참조: 마태 20,1~16: 마지막에 도착한 일꾼에 대한 보수.

23) "실상 먼저 힘센 자를 묶어 놓지 않고서는 아무도 그 힘센 자의 집에 들어가서 세간을 강탈할 수 없습니다. 묶어 놓아야 그의 집을 강탈하게 될 것입니다"(마르 3,27).

강조되어 드러나고 있는데, 이 행위는 인간에게 당신의 생명을 주는 데서 구체화된다. 우리는 이를 다음의 몇 가지 주제로 구체화해서 볼 수 있다:

1) 사랑으로서의 은총. 무엇보다도 요한 복음의 저자는 은총을 성자 안에서 우리에게 주시는 성부의 사랑과 동일시한다.[25)]
2) 생명으로서의 은총. 우리를 위해 당신의 생명을 희생물로 내어 주시는 사랑으로서의 은총: "나는 착한 목자입니다. 착한 목자는 양들을 위해 목숨을 내놓습니다"(요한 10,11).[26)] 이러한 생명으로서의 은총은 따라서 죄인들의 용서(1요한 2,1~2 참조)와 더불어 생명을 주시는 사랑이다.[27)] 또한 은총은 인간 안에서의 하느님의 거하심과 동일시된다: "누구든지 나를 사랑하면 내 말을 지킬 것입니다. 그러면 내 아버지께서도 그를 사랑하시고 우리가 그에게 가서 함께 살 것입니다"(요한 14,23). 반면, 이 은총은 인간이 하느님 안에 머묾을 의미하기도 한다: "누구든지 예수께서 하느님의 아드님이심을 고백하면 하느님이 그 사람 안에 머무시고 그도 하느님 안에 머뭅니다"(1요한 4,15).
3) 진리로서의 은총. 요한 복음 사가에 의하면, 은총은 예수 그리스도이신 총체적이고도 결정적인 계시로서의 진리를 의미한다. 진

24) 참조: M.Schiro, 앞의 책, pp.1367s.

25) "하느님은 세상을 이토록 사랑하여 외아들을 주기까지 하셨으니, 인자를 믿는 이마다 멸망하지 않고 영원한 생명을 얻도록 말입니다"(요한 3,16).

26) "벗을 위해 목숨을 내놓는 것보다 더 큰 사랑을 지닌 사람은 없습니다"(요한 15,13); 여기서부터 형제를 위해 자기 목숨까지도 선물로 내어 주는 서로 간의 사랑에 대한 계명이 나온다: "내가 명하는 것을 행하면 그대들은 내 벗입니다"(요한 15,14), 즉, "내가 그대들을 사랑한 것처럼 그대들도 서로 사랑하시오"(요한 13,34).

27) "내가 온 것은 생명을 얻고 또 얻어 넘치게 하려는 것입니다"(요한 10,10).

리 또는 계시라는 사실은 그리스도를 '빛'[28]으로서 드러나게 한다: 이 빛은 성부의 말씀을 전해 주면서 인간에게 생명을 전해 주며 동시에 그들을 비춘다. 더 나아가 은총은 성부께로 인도하는 길로서 드러난다: "나는 길이요 진리요 생명입니다. 나를 통하지 않고서는 아무도 아버지께로 갈 수 없습니다"(요한 14,6).

4) 사도 요한에게 있어서, 은총은 또한 성령의 선물과 동일시되는데, 이 성령은 그리스도의 구원 업적과 긴밀하게 연관되어 있다. 사실 성령은 계시 업적을 완성하기 위해(참조: 요한 14,15~17; 14,25~26; 16,7~11.13~15), 우리가 다시 태어나도록 하기 위해 그리고 우리에게 새 생명을 통교하기 위해(요한 3,3 참조) 성자로부터 파견되었다.

3.3. 바오로 사도의 서간들 안에서

바오로 사도는 전통과 여러 계시를 넘어서는 자신의 개인적 회심, 즉 다마스쿠스의 체험을 가르침의 기초로 두고 있다. 그는 이 사건의 핵심이 다름 아닌 하느님 은총의 업적임을 가슴 깊이 느꼈다: "내가 오늘의 나로 있는 것은 하느님의 은총 덕분입니다. 내게 대한 그분의 은총이 헛되지 않았던 것입니다. 오히려 나는 그들 모두보다 더 많이 수고하였습니다마는 내가 아니라 나와 함께 있는 하느님의 은총이 한 것입니다"(1고린 15,10). 그는 회심 후에 자신을 마치 거저 자비를 입은 이, 예수 그리스도의 관대한 호의에 대한 체험을 한 이(1디모 1,

28) "나는 세상의 빛입니다. 나를 따라오는 이는 어둠 속을 걷지 않고 생명의 빛을 얻을 것입니다"(요한 8,12).

15), 더 나아가 신앙으로 주님의 은총을 충만히 입고 그리스도 안에서 깊은 사랑의 체험을 한 이로 소개하고 있다(1디모 1,14).

바오로 사도의 서간들 안에서 '카리스'(Karis)라는 용어는 매우 빈번하게 사용되고 있다. 혹자는 이 용어가 바오로 서간들을 제외한 신약성서 전체에 51번만 언급되는 데 반해, 바오로 사도의 서간들 안에서는 114번이나 사용되고 있다고 언급한다.[29] 그만큼 그에게 있어서 은총은 중요한 용어가 아닐 수 없다. 바오로 사도에게 있어서 은총에 대한 근본적이고 첫째가는 의미는 직접적으로 예수 그리스도 안에서 당신을 내어 주시는 하느님 아버지와 관련된다: '하느님께서는 예수 그리스도 안에서 여러분을 용서하셨습니다'(에페 4,32). 즉, 그리스도를 통해서 인간과 우정을 맺으시는 하느님에 대해서 말하고 있다. 따라서 은총의 내용은 일차적으로 하느님 자신이시며, 하느님은 인간으로 하여금 그리스도 안에서 당신의 신적인 생명에 무상으로 참여하도록 초대하신다.[30] 따라서 예수 그리스도 안에서 우리에게 주신 하느님 아버지의 가장 큰 이 선물은 모든 선물들의 근원이요 원천인 하느님 자신이시다.

그 다음으로 우리는 그리스도를 통한 구원에 힘입어 무상으로 주어진 의화 은총을 볼 수 있다: "그리스도 예수 안에 (이루어진) 속량을 통하여 그분의 은총으로 거저 의롭게 되었습니다"(로마 3,24). 이 의화 은총은 무엇보다도 하느님 당신은 의로우신 분, 다시 말해 당신의 구원 계획에 충실한 분이라고 하는 사실을 드러내는 신적인 행위이다. 이 정의는 특별히 죄 중에 있는 인간을 향해 있는데, 하느님은

---

29) 참조: M.Schiro, *Grazia*, in *Enciclopedia della Bibbia,* vol.3, p.1363.

30) '그분은 당신의 아들을 아끼지 않으시고 우리 모두를 위해서 내어 주셨습니다'(로마 8,32).

그러한 인간을 당신의 의로우심에 참여케 하며 그를 예수 그리스도 안에서 새로운 피조물로 변화시키면서 죄로 인한 불의로부터 해방시키신다.[31] 이렇게 인간을 향한 하느님의 선의에 가득 찬 주도권은 예수 그리스도 안에서 우리를 구원하는 가운데 구체화된다: "하느님은 자비가 넘치는 분이시라 우리를 사랑하신 그 크신 사랑으로 범행으로 죽었던 우리를 그리스도와 함께 살려 주셨습니다. 여러분은 은총으로 구원받았습니다"(에페 2,4~5). 하느님께서 그리스도 안에서 인간을 위해 무상으로 결정하신 구원 계획은 새로운 그리스도인으로서 지니는 존재됨을 기초 지어 주는 원천이자 천상 영광을 향한 희망의 근원이다: "우리 주 예수 그리스도와, 우리를 사랑해 주시며 영원한 위로를 주시고 은총에 의한 좋은 희망을 주시는 우리 아버지 하느님께서 여러분의 마음을 격려하시고 온갖 좋은 말과 행위로 굳세게 해 주시기를 바랍니다"(2데살 2,16). 사도의 가르침 안에서 은총은 구약 율법의 틀을 대신하는 새로운 틀을 의미한다. 신약과 더불어 역사적인 은총 경륜이 시작되었다. 따라서 인간은 율법의 틀에서 자유로워져 이제는 은총의 틀 안에 살게 된 것이다. 성부와 성자는 성령을 통해 성화의 업적을 이루며, 이 성령은 인간에게 새 생명의 원리로 주어졌다. 언급한 바와 같이, 은총 경륜은 성삼위 모두의 업적으로 드러난다: 즉, '우리 주님이신 예수 그리스도와 아버지이신 하느님의 사랑 그리고 성령의 통교를 통한 선물의 결실인 것이다'(2고린 13,13).

요약하자면, 바오로 사도의 가르침의 근간에는 두 가지 요소가 있다. 즉, 한편에는 인간의 구체적인 상황이 있고 다른 한편에는 이에 대한 하느님의 행위가 있다. 인간 편에서 보면, 바오로는 인간 구원

[31] 참조: *TOB, Nuovo Testamento,* vol.3, 각주 w, 466.

의 본질적인 조건에 대해 언급하고 있는데, 그는 인간이 스스로의 힘만으로는 자기 자신을 구원할 수도 없으며 또한 자신의 행업만으로 하느님께 맞갖은 상태로 나아갈 수도 없다고 가르친다. 하느님의 행위에 관해서, 그는 인간을 구원하려는 하느님의 호의에 가득 찬, 그리고 무상적인 주도권만이 그 모든 행위의 근본에 있을 뿐이라고 가르친다. 이렇게, 인간 존재의 가난함과 불행 앞에서 하느님은 자비로운 사랑으로 그를 대하시며, 그를 향한 당신의 구원 계획을 완성에로 이끄시기 위해 성령 안에서 성자를 통하여 당신의 선하심을 드러내신다. 따라서 하느님의 은총은 다름 아닌 인간을 위하시는 당신의 호의에 가득 찬 성향이라고 할 수 있다.

하느님의 주도적인 행위는 특별히 당신의 아들 예수 그리스도를 인류에게 선물로 내어 주시는 행위 가운데 구체화된다: '때가 이르자 하느님께서는 당신의 아들을 보내 주셨습니다'(갈라 4,4; 로마 8,3). 즉, 그리스도 안에서 하느님의 은총 행위가 그 절정에 이른 것이다. 여기서 '때가 이르자'라는 표현은 하느님의 구원적인 행위가 그리스도의 파견과 더불어 충만에 이르렀음을 의미하는데, 특별히 그리스도의 강생과 죽음, 부활 안에서 하느님은 인간을 위한 당신의 구원 의지를 가시적으로 드러내심을 의미한다. 사실, 하느님은 그리스도 안에서 그리스도를 통해서 은총을 선사하신다고 바오로 사도는 언급하고 있다(1고린 1,4); 하느님은 사랑하는 당신의 아들 예수 그리스도 안에서 (에페 1,4) 영원한 '선택'의 은총(로마 11,5)으로 우리를 부르신다. 더 나아가 하느님의 은총 행위는 결정적으로 그리스도의 은총[32]과 동일시되고 있으며 구체적으로는 그리스도 그분 자신이 바로 은총으로 드

32) 참조: 로마 16,20; 1고린 16,23; 2고린 13,13.

러나고 있다.

3.4. 베드로 사도의 서간들 안에서

은총 개념에 관한 베드로 사도의 서간들 안에 나타난 가르침은 바오로 사도의 신학과 연관성을 갖는다.[33] 베드로 사도에게 있어서도 은총은 그리스도의 죽음과 부활에 의해 이룩된[34] 구원 업적으로서, 인간을 향한 자비로우신 하느님의 관대하고도 조건 없는 호의로 드러난다.[35] 세례를 통해 중개되는 구원 은총은 그리스도의 성혈을 통해 얻어진—하느님의 호의에 근거한 자기 비움을 통해 얻어진—구원의 열매인 것이다.[36] 이 모든 것은 이미 세상 창조 이전에 하느님께서 당신 선의로 그리스도를 우리 구원을 위해 예정하셨기 때문에 가능하다.[37] 그리스도교 신자는 "썩어 없어질 씨앗에서가 아니라 불멸

33) 참조: H.Haag, *Grazia*, in *Dizionario biblico*, SEI, p.481.

34) "예언자들은 여러분이 받을 은총에 대해서 예언했을 때 바로 이 구원을 찾고 연구했던 것입니다. 그리스도의 영이 그들 안에서 미리 증언한 것이 무엇을 두고 혹은 어떠한 때를 가리켜 말한 것인지 연구했던 것입니다. 사실 영은 그리스도께 닥칠 고난과 거기에 이어서 올 영광을 미리 증언했습니다. 예언자들은 그것으로 자기 자신이 아니라 오히려 여러분을 위해 봉사하고 있다는 것을 계시받았습니다. 바로 그것이 하늘로부터 파견된 성령에 힘입어 복음을 전한 이들을 통해서 지금 여러분에게 선포되었습니다. 이런 일들을 천사들도 들여다보고 싶어 했던 것입니다. 그러므로 여러분은 마음을 굳게 먹고 정신을 차리시오. 예수 그리스도께서 나타나실 때에 여러분에게 주어질 은총을 맑은 정신으로 한결같이 바라고 있으시오"(1베드 1,10~13).

35) "그 본형인 세례가 이제 여러분을 구원합니다. 세례는 육신의 때를 벗기는 것이 아니라 예수 그리스도의 부활에 힘입어 하느님께 선한 양심을 청하는 것입니다"(1베드 3,21).

36) "아시다시피 여러분은 조상들로부터 물려받은 그 헛된 소행에서 은이나 금 같은 없어질 것으로 속량된 것이 아니라 흠 없고 티 없는 어린양의 피와 같은, 그리스도의 고귀한 피로 속량된 것입니다"(1베드 1,18~19).

37) "그리스도께서는 창세 이전부터 선정되셨지만 이 마지막 때에 여러분을 위하여 나타나

의 씨앗에서, 곧 살아서 머물러 있을 하느님 말씀을 통해서 새로 태어났습니다"(1베드 1,23). 그리고 그는 죽은 이들로부터 부활하신 예수 그리스도와 더불어 생활한 희망을 통해서 다시 태어났다(1베드 1,3). 베드로 사도에 의하면 신자에게 있어서의 의화 은총 행위는 하느님과 그리스도의 업적이다. 특별히, 신자는 '선택'의 은총을 통해서 그렇게 된다. 신자에게는 믿음의 선물을 통해서 자신의 신앙생활과 하느님과의 관계에 필요한 모든 것이 보장된다. 이러한 '부르심'의 목적은 하느님 본성에 참여하는 데 있다.[38] 나아가 은총은 하느님과 예수 그리스도의 능력에 의해 허락된 성령의 선물과 동일시되기도 한다. 성령이야말로 신자를 성화시키며 그가 종말론적인 영광에 이르도록 보장하는 은총 그 자체라고 할 수 있다.[39]

게 되셨습니다"(1베드 1,20).

38) "그분의 신령한 권능은 생명과 경건함에 이르게 하는 모든 것을 우리에게 선물로 주었으니 곧 자신의 영광과 능력으로 우리를 부르신 그분 (자신)을 알게 함으로써 (모든 것을 주었습니다). 이 (영광과 능력)으로 가장 값지고 위대한 약속이 우리에게 선물로 주어졌습니다. 그것은 여러분이 욕정으로 말미암아 이 세상에 빚어진 부패를 멀리한 다음 이 약속된 것들을 통해서 하느님의 본성에 참여하게 하려는 것입니다"(2베드 1,3~4).

39) "곧 아버지이신 하느님께서 미리 아시고 (정하신) 대로, 영의 성화로 말미암아 예수 그리스도께 순종하고, 그분 피의 뿌리심을 받도록 뽑힌 이들에게 (인사합니다). 여러분에게 은총과 평화가 가득하기를 (빕니다)"(1베드 1,2).

Ⅱ 은총 질서 안에 실존하는 인간

여기서 우리는 인간과 은총 사이의 관계를 신학적인 입장에서 좀더 구체적으로 접근해 보고자 한다. 인간을 그리스도 안에서 은총을 통하여 실존하는 존재로서 고려하고 바라본다는 것은 그의 본성 깊은 곳으로부터 그를 참여로서의 신적인 존재로 이해한다는 것을 의미하는데, 이는 그의 존재론적인 바탕이 하느님과의 관계성을 드러내기 때문이다. 우리는 은총을 인간을 향한 하느님의 주도적인 무상적 행위로 이해함으로써, 인간이 참여로서의 신적인 존재라고 하는 데 대한 근거와 이유가 다름 아닌 인간 존재의 근원이 하느님의 선의에 가득 찬 자비로운 사랑에 있다는 사실을 깨닫게 된다. 하느님에 대한 인간의 관계성은 그것이 인간 존재의 기원이요 바탕인 한에 있어서 존재론적인 성격을 띤다. 이러한 사실로 인해 하느님과의 관계성은 지속적이고 은총에 가득 찬 행위로서 드러나는데, 하느님은 이를 통해 인간 존재의 완성을 위해 일상의 행위 가운데 그와 함께하고 이끄신다.

1. 은총에 대한 일반적인 개념

성서에 의하면, 인간 존재 전체는 하느님과의 관계성 안에 기초하는데, 이 관계성은 객관적인 사실이면서 동시에 계속적으로 하느님의 은총 작용이 이루어지고 유지되게끔 하는 근거이다. 뿐만 아니라, 이러한 하느님과의 관계에 대한 성장은 강생으로서 그리고 은총 작용의 역사화로서 드러난다. 이러한 사실은 하느님의 은총 작용에 역사적인 차원이라고 하는 특징을 부여하는데, 인간은 그 안에서 스스로를 실현하도록 부름을 받았다. 이러한 전망 안에서 인간의 역사적인 차원은 또한 인간과의 관계를 지탱하고 성장시키는 역동적인 은총의 결실로 드러난다. 구원하시는 하느님의 은총 작용이 드러나는 것은 다름 아닌 예수 그리스도 안에서 드러나는 하느님의 무상적인 자비와 절대적인 호의를 통해서이다.

1.1. 사건으로서의 특징

계시 사실과의 만남에 있어서 보다 중요하고 고무적인 것은 '은총'의 '사건'적인 성격에 있다. 사실 '은총'이라는 일반적인 언사보다도 신적인 계시는 '개입'으로서의 하느님의 은총 작용을 구체적으로 우리에게 말해 주는데, 이는 역사적인 상황 안에 처한 인간을 위해 그리스도 안에서 하느님에 의해 이룩된 '사건'으로서 드러난다. '사건'이라는 성격을 받아들인다는 것은 하느님의 은총 작용을 종말론적인 전망과 더불어 역사적으로 특징지어진 사실로 간주한다는 것을 의미한다. 즉, 은총을 시간과 인간 역사 안에서 실행되고 있는 종말론적 실재로 바라본다는 것이요, 더 나아가 이 실재와 통합시키는 것을 의미한다. "은총에 대한 가르침은 특별히 구원에 대한 성서 역사의 환경 안에서 '은총 사건'으로서 드러난다는 것, 즉 하느님의 구원하시는 종말론적 행위로서 나타난다는 사실에 그 기원이 있음을 알아야 한다. 하느님은 인간을 멸망으로부터 구원하신다: 바로 여기에 종말론적인 은총 사건의 참된 내용이 있다."[40)]

이와 같이 은총이 지니고 있는 역사적인 면은 우리로 하여금 인간을 "하느님의 선택하시는 은총 작용의 사건"으로서 바라보게끔 하며, 이러한 사건은 하느님과의 관계라는 선물로 인해 인간 존재에 역사적인 구체성을 더해 준다. 우리는 이처럼 '사건'이라는 은총의 성격을 통해서 이제 인간 역사를 하느님의 구원적인 개입들을 통해 지속적으로 인도되고 실현되는 하나의 실재로서 보게 된다. 이러한 근거를 바탕으로 해서 우리는 은총이라는 것 그 자체를 강조해서 제시하기보다는, 역사적으로 존재하는 인간에 대한 신비를 보다 더 이해하고 그의 위대함과 특별한 존엄성을 깊이 수용하려는 전망 안에서 은총을 바라보는 시각을 견지해야 한다. 이제 이러한 전망 안에서 우리는 인간을 하느님 은총 행위의 역사적인 구체화요 가시화로서 말할 수 있는 것이다.

2. '관계'의 존재론적인 성격

우리는 은총에 대해 언급할 때 그것을 마치 인간과 하느님 사이에 존재하는 제삼(第三)의 어떤 요소나 되는 것 정도로 간주해서는 안 된다. 그것은 바로 인간 존재 자체를 규정하고 근거 짓는 실재인 것이다. 더 나아가, 우리는 은총을 인간이 자신의 완성을 향해 나아가는 여정에 있어서 그를 지탱해 주는 하느님의 지속적인 부르심의 행위로서 말해야 한다. 하느님께서는 은총 작용을 통해서 끊임없이 인간 완성을 이

40) F.Mussner, *La grazia di Dio secondo la testimonianza della Sacra Scrittura,* in *Myst. Sal.,* vol.9, p.49.

루시는데, 우리는 이러한 은총을 '관계'라고 부를 수 있다. 이 '관계'는 그 자체의 특성상 인간 존재를 구성하는 본질적인 요소이다.

인간에게 있어서 하느님과의 관계는 그 자신의 존재와 실존에 있어서 원천과 같은 의미를 띠기 때문에 존재론적인 특징을 갖는다. 이 관계성은 인간 존재가 지속적으로 실현되고 역사적인 구체성을 띠도록 가능케 해주는 끊임없는 '창조적인 부르심'으로서 인간에게 현존한다. 더 나아가 '관계'의 존재론적인 성격은 어떠한 실존적 상황 하에서도 인간은 스스로 존재할 수 없고 또한 그 자신을 위한 존재도 아니라는 사실을 드러내며, 언제나 하느님에 의한 하느님을 향한 존재라는 사실을 우리에게 분명히 보여 준다. 따라서 '하느님과의 관계성'은 인간이 단지 한순간만 실존에로 불린 것이 아니라 매일 매 순간 지속적으로 부름 받고 있음을 의미하는 것이다. 인간은 오로지 하느님께서 그에게 '관계'를 허락하시기 때문에, 즉 그에게 '매일' 당신 자신을 그의 생명이자 존재의 원천으로 내어 주시기 때문에 존재의 완성을 향해서 성장할 수 있다. 그러므로 하느님께서는 '관계'의 은총과 더불어 인간에게 지속적으로 자기 존재를 성장케 하는 요소를 선물로 주시기 때문에, 인간은 자기 존재의 충만을 향해 나아갈 수 있는 것이다.

이러한 하느님과의 관계가 갖는 구조성(costitutività)을 통해 우리는 하느님의 은총 작용이 인간 존재의 최종적인 원인(즉, 모든 원인들의 원인)에까지 확장됨을 알게 된다. 다시 말해, 인간은 은총을 통해서 하느님과의 인격적인 통교를 그의 최종적이요 궁극적인 목적으로 지닌다는 것을 알 수 있다. 따라서 이제 인간의 역사는 하느님의 창조적인 부르심 안에 정초된 한에서, 하느님과 인간의 인격적인 관계의 역사로서 드러나게 된다. 즉, 인간의 역사는 하느님의 부르심과 그에 대한 인간의 응답 사이의 끊임없는 어우러짐의 역사로서, 인간은 바로 이 안에서 자신의 역사에 대한 의미와 가치를 얻게 된다. 이러한 부르심과 응답의 역동적인 어우러짐, 즉 사랑하는 이의 부름에 대한 지속적인 받아들임 가운데 하느님은 당신 자신을 인간에게 '너'로 내어 주신다: 한편, 인간은 하느님에 대한 지속적인 응답을 통해 자신을 하느님에 대한 '너'로 다시 선물로 내어 주는데, 바로 이를 통해서 인간은 비로소 '나', 즉 하나의 인격으로 변화되어 존재의 충만을 이루게 된다.

그러나 이러한 구조성(costitutività)이 인간 존재에 기원을 부여하고 그의 실존을 정초 짓는 하느님과의 관계가 지닌 은총의 중요성을 감소시키지는 않는다. 비록 인간과 하느님 사이의 관계가 인격적인 통교 안에서 구체화될지라도 그것은 언제나 '은총'으로 남아 있을 것이며, 결코 인간 '본성'에는 속하지 않는다는 말이다. 그러므로 인간은 이러한 관계에 대해 결코 어떠한 권리를 요청할 수 없다. 인간은 그가 가진 모든 것 그리고 근본적으로는 자신의 존재 자체를 오직 은총으로 받았다. 따라서 인간은 비록 계속적으로 자신을 하느님께 내어 주면서 하느님을 자기 존재의 존재론적인 구조적 요소(costitutivo onto- logico)로 받아들인다 할지라도, 결코 그분에 대해 어떠한 권리를 요청할 수 없다. 이러한 의미에서 인간은 본질적으로 하느님의 '은총'이며, 오직 그리고 언제나 은총을 통해서만 되어야 할 자기 존재의 모습으로 남아 있을 수 있는 것이다.

2.1. 하느님의 은총 개입들

이제 인간을 "하느님 은총의 인간적인 형태"로 보는 데서 출발해서, 우리는 인간을 향한 하느님의 끊임없는 선의에 가득 찬 행동들이 이러한 인간에 대한 이해에 뒤따르는 논리적인 귀결일 뿐만 아니라 오히려 필연적이라는 점을 발견하게 된다. 이러한 인간에 대한 끊임없는 하느님의 개입은 하느님께서 인간에 대한 당신의 계획에 지극히 충실하다는 것에 그 근거를 갖는다. 그러므로 인간 역사에 대한 하느님의 개입들은 무엇보다도 먼저 인간이 당신의 신적 생명에 참여하도록 하신, 당신의 결정에 대한 충실성의 가시화라고 하겠다. 이러한 하느님의 제스처들은 인간의 동의와 더불어 그의 충만한 실현을 목적으로 하는 당신의 계획을 이루는 행위들이라고 할 수 있다. 신적인 계시는 우리에게 인간을 '하느님의 모상'으로 소개하고 있다. 이러한 사실로부터 우리는 인간을 다름 아닌 은총을 통해 실존하는 존재로 이해할 수 있는데, 이 인간은 자신을 향한 하느님의 제스처에 끊임없이 자기를 개방하고 받아들임으로써 스스로를 실현할 수 있다.

2.2. 인간의 타자성의 근거로서의 하느님과의 관계

하느님은 인간에게 당신과의 관계를 허락하시면서도, 반대로 늘 수용될 수 없는 분, 그래서 인간으로부터는 언제나 '타자'로 남아 계신다. 하느님은 당신과의 '관계'라는 선물을 인간에게 내어 주시면서도 언제나 그 안에 총체적으로 당신 자신으로 남아 있는데, 이러한 인간에 대한 하느님의 타자성(alterità)은 그럼에도 불구하고 언제나 참되고 충만한 것으로 남아 있다.

하느님의 은총 안에서는 사실 하느님과 인간 사이의 어떠한 동질성이나 혼동도 검증되어 드러나지 않는다. 하느님은 비록 은총을 행하시고 더불어 당신 자신을 내어 주시면서도 당신의 신성(神性)에 대한 어떠한 감소도 변동도 없으시다. 따라서 하느님은 인간을 창조에로 부르심으로써 그를 존재하게 하시면서도 당신 스스로는 하느님으로 남아 있으면서 형이상학적으로는 불가해하고 통교할 수 없는 분으로 남아 계시는데, 이는 당신이 외적으로(ad extra) 이루시는 모든 것들은 실제적으로 당신과 다른 것이기 때문이다. 그럼에도 불구하고 인간의 '타자성'은 언제나 하느님의 은총에 의해 생겨났고 더불어 은총의 역사적인 구체화로 드러난다. 인간은 존재 그 자체가 이미 하느님을 통해서 '그 누구'로 부름 받았으며, 이러한 의미에서 인간은 역사적·시간적 차원 안에서의 하느님의 은총 그 자체라고 말할 수 있다. 그러나 하느님은 언제나 인간에게 이해할 수 없는 분으로 남아 있다는 사실은 결국 당신은 절대적인 의미에서 인간에 의해 완전히 수용될 수 없다는 말이다. 이것은 인간이 근본적으로 하느님과는 다른 존재라는 사실에서 기인한다. 그러므로 만일 인간이 은총을 통해서 하느님께 참여한다 할지라도 그는 결코 하느님을 소유할 수 없으며 다만 하느님만이 그를 소유할 수 있다. 이를 더 구체적으로 말하면 하느님께서 인간 존재 안에 사시는 것인데, 이는 사실 하느님이 인간 안에 존재하시는 것이 아니라 그 반대로 인간이 하느님 안에 존재함으로써 이루어진다. 인간은 그 본성상 오직 하느님으로부터 받을 수만 있을 뿐, 결코 줄 수가 없다. 따라서 인간이 "하느님 은총의 인간적인 형상"이라는 말은 그가 하느님을 소유한다는 의미가 아니라, 하느님께서 인간에게 당신 자신을 나누어 주셨음을 의미한다.

그러나 이 사실은 인간이 하느님과는 다른 '타자'(altro)라는 사실에 영향을 주지 못하며, 그 반대로 하느님은 여전히 인간과는 무한히 다른 분으로 남아 있다는 것을 알게 해준다. 사실, 인간 존재 그 자체는 오직 은총에 의해서만, 다시 말해 하느님의 조건 없는 결정과 하느님에 대한 인간의 참여를 통해서만 존재한다. 그러나 인간이 은총에 의해 존재한다 하더라도, 하느님 앞에서 지니는 그의 일관된 인격성과 자주성은 참된 것이다. 하느님은 당신과 다른 존재를 만드시면서 그가 자신의 고유한 인격을 갖도록 하셨기 때문에, 인간은 하느님 앞에 존재함과 더불어 그분을 대화의 상대자인 '너'로 대할 수 있으며 동시에 인간 그 자신은 하느님의 '너'가 되는 것이다.

3. 두 주인공

하느님과 인간은 실존적인 은총의 두 차원으로서, 후자는 전자에 전적으로 속하는 관계에 있다. 하느님은 그 본성상 은총 그 자체이시기 때문에 은총을 이루시는 분이며, 반면 인간은 그 본성상 은총을 받아서 지니는 존재이기 때문에 은총 선물로서 말할 수 있다. 인간은 하느님으로부터 당신의 모상, 즉 '은총 자체이신 하느님'의 모상으로 원해진 한에서 은총을 통해 이루어진 존재로 규정할 수 있다. 이제 이러한 전망 안에서 우리는 인간을 "인간의 형상으로 가시화한 하느님의 호의(benevolenza)"로 말할 수 있는 것이다.

3.1. 은총의 하느님

하느님은 당신 자신을 인간에게 은총의 하느님으로 통교하시고 알게 해주신다. 다시 말해, 인간에게 끊임없이 은총을 베푸시는 그래서 은총을 통해서 행동하신다는 데서 하느님의 하느님이심이 드러난다고 하겠다. 인간에 대한 하느님의 행위는 바로 은총이라는 차원으로 특징지어진다. 하느님으로부터 나오는 모든 행위는 은총 이외에 다름이 아니다. 이것이 사실이라면, 이제 인간에게 있어서 하느님의 행위가 당신의 존재를 드러내는 것처럼,[41] 은총만을 드러내시는 하느님의 행위는 은총 자체이신 당신 존재를 드러내는 것이다. 은총으로 특징지어진 하느님의 행위를 통해서 우리는 그분의 본질 자체가 '무상성'(graziosità)에 근거해 있음을 알게 된다.[42] 따라서 하느님은 은총 그 자체이시다. 즉, 그분은 당신 자신을 무상으로 내어 주는 분이시다. 이러한 전망 하에서 은총 개념과 더불어 하느님의 인격적이고 역동적인 면이 드러난다. 그러므로 이제 우리는 은총을, 인간에게 당신 자신을 무상으로 내어 주시면서 늘 호의에 가득 찬 자세를 견지하시는 인격적인 하느님 그 자체라고 말할 수 있는 것이다.

3.2. 은총을 통해 존재하는 인간

만일 하느님이 본성적으로 은총 그 자체라고 말할 수 있다면, 이제 우리는 인간 또한 하느님에게서 유래하는 은총을 통해 존재하는 실재로 규정할 수 있다. 인간 존재와 그가 가진 모든 것은 사실 하느님의 은총을 통해서 그분의 은총에 참여함으로써 존재할 뿐이다. 만일 인간이 오직 은총을 통해서만 존재한다는 것이 사실이라면, 우리는 인간을 시간화되고 역사화 된 인간적 형상 안에 드러난 하느님의 은총 자체라고 말할 수 있다. 인간은 시공(時空) 안에 육화된 하느님 은

41) "Agere seguitur esse"(행위는 존재를 뒤따른다).

42) "성서에 의하면 '은총'(grazia)이란 용어는 무엇보다도 인간에게 사랑 가득한 자비로 대하시는 하느님 그분 자신을 말한다. (…) 독일과 네덜란드의 교회 전례에서는 이 개념과 유사한, 은총에 있어서의 인격적이고 역동적인 면을 보다 잘 드러내는 '하느님의 무상성(graziosità)'이란 개념을 사용해서 '은총'(grazia)의 본래적인 의미를 보존할 수 있다" (P.Fransen, *Le strutture fondamentali del nuovo essere,* in *Myst. Sal.,* vol.9, p.416).

총의 역사인 것이다.

4. 인간의 역사적인 차원으로서의 은총

이러한 전망 안에서 이제 우리는 인간이 실존하는 역사적인 질서는 다름 아닌 은총의 질서임을 알게 된다. 이러한 차원은 구체적으로는 예수 그리스도 안에서 하느님의 은총 행위에 의해 설정된 구원 질서를 의미한다. 이는 우리로 하여금 인간 실존은 본질적으로 '신적인 행위'에 의해 규정지어져 있음을 알게 해준다. 사실, 인간 실존은 그 자신을 본질적으로 지탱하게 해주는 자신의 근원이자 은총 자체이신 하느님께로 향하게 해주는 역동성의 원천으로서의 '신적인 행위'를 지닌다. 은총의 차원을 인간 존재의 본질을 규정하는 핵심 요소로 이해한다는 것은 하느님은 은총 행위를 통해서 인간을 하나의 영적인 주체로 창조했다는 것을 의미한다. 인간의 역사적인 구체성은 하느님의 무상적인 행위로부터 나와 거기에 의존하며, 그로 인해 자신을 실현해 가고 발전한다.

더 나아가, 은총을 통해 시작되고 지속적으로 유지되는 이러한 인간의 역사적 상황은 우리로 하여금 인간을 하느님 은총의 직접적이고 유일한 수취인으로 이해하도록 한다. 더불어 신적인 행위는 단지 인간에게 외적(外的)으로 다가서거나 또는 인간이 그러한 신적인 행위를 필요로 하지 않고 그 자체로 존재하는 것이 아니라, 하느님의 상대자로서의 인간을 본질적으로 규정하는 핵심이라고 하겠다. 은총의 하느님께서는 인간을 당신과 다르게 만드시면서 그에게 당신의 참되고 유일하고 책임 있는 대화 상대자의 지위로 당신 앞에 있게 하셨다. 따라서 인간의 어떠한 역사적 조건도 하느님의 은총으로 특징지어진 그의 정체성을 없앨 수는 없다.

이러한 전망으로부터 우리는 첫 번째 결론을 얻을 수 있다. 비록 인간이 죄에 물들었다 할지라도 그는 언제나 은총의 질서 안에 머물러 있으며, 더 나아가 그는 구체적인 역사적 질서 안에서 존재하고 자신을 실현하도록 부름을 받았다는 사실이다. 인간 존재를 그 밑바닥에서부터 근거 짓는 하느님과의 관계 또는 연관성은 바로 이러한 전망 안에서 이해해야 하는데, 왜냐하면 이 관계성은 그에게 있어 이질적이거나 윤리적인 차원이 아니라 구조적이고(costitutivo) 존재론적인 특징을 갖기 때문이다. 따라서 인간은 비록 자신의 객관성(oggettivita), 즉 '은총'으로 점철된 자신의 존재성과는 다르게 그것을 왜곡하며 살아간다 하더라도 언제나 부르심이라고 하는 은총 행위를 통해 존재하는 실재요, 따라서 언제나 하느님과의 관계성이라고 하는 은총 안에 자리하고 있으며 이 관계성에 의해 그 존재가 지탱된다. 더 나아가, 인간에게 있어서 '은총'의 중요성은 다른 피조물들과의 관계성을 고려할 때 더욱 두드러지게 드러난다. 피조물과의 관계성 안에서 보면 인간은 시공(時空) 안에서 하느님 은총의 역사화로 정의될 수 있을 뿐 아니라, 피조물계(被造物界)에 있어서 가장 큰 하느님의 은총이라고 하겠다. 사실 하느님은 피조물을 내시면서 그에게 자신의 정점으로서 '하느님의 모상'을 지닌 존재를 주기 원하셨다.

역사적인 인간을 하느님 은총의 가시화요, 자기 자신을 실현시키도록 불려진 인간이 처한 역사적인 질서가 다름 아닌 은총 질서라고 말할 수 있다면, 이는 인간의 근본이 하느님의 은총을 통한 무상적인 주도권과 결코 철회될 수 없는 그분의 결정에 있음을 고백하는 것이다. 하느님의 무상성(gratuità) 안에서 인간 존재의 뿌리를 인식하고 역사적인 인간의 근거를 인식한다 함은, 이 무상성이야말로 하느님께서 절대적으로 당신 스스로에 충실하셔야 한다는 데 대한 근거임을 의미한다. 그러므로 우리는 하느님의 무상성 안에서 인간 실현에 대한 확실한 보장을 찾을 수 있다.

5. 인간의 존엄성과 성성(聖性)의 원천으로서의 하느님과의 관계

인간이 하느님 은총의 인간적인 형상이라는 사실에서 우리는 또 다른 결론을 끌어낼 수 있다. 인간이 하느님과 갖는 관계성이라고 하는 존재론적인 성격은 그의 존재에 있어 본질적인 성성(聖性, sacralità)을 계시한다. 이는 인간이 모든 피조물 중에서 가장 뛰어난 존재임을 드러냄과 동시에 그의 존엄성을 드러내는 원천이며, 더 나아가 그가 사회·정치적인 공동체에 대한 존중과 배려와 증진을 위한 권리를 말할 수 있는 근거라고 할 수 있다. 따라서 하느님과의 관계라는 인간의 본질적인 성격으로 인해, 인간에 대한 모든 폭력과 침해는 하느님에 대한 폭력과 다를 바가 없다. 이와 마찬가지로 하느님에 대한 모든 예배는 그것이 인간을 소외시키는 것이 아니라 그가 이 예배 안에서 자신의 존엄성을 깨닫고 자기 존재의 위대함을 깨달을 때 참되고 진실하다고 할 수 있다. 인간에 대한 침해 불가성(intangibilità)과 하느님께 대한 올바른 예배를 드리는 것에 대해 성서는 우리에게 명확한 가르침을 주고 있다. 우리는 카인과 아벨의 예화(창세 4,1~16)를 통해서 인간에 대한 침해 불가성(intangibilità)과 성성(聖性, sacralità)에 관한 언급을 엿볼 수 있다. 참된 예배에 관해서는 예언자의 메시지를 통해 알 수 있다(이사 1,11~17). 카인과 아벨의 경우를 통해서 우리는 하느님께서 아벨의 생명뿐만 아니라 카인이 비록 자기 형제를 살인했지만 그럼에도 불구하고 카인의 생명 또한 귀하게 여기심을 알 수 있다. 하느님은 카인이 살인에 대한 형벌로 인해 죽도록 그냥 내버려두지 않으신다: " '카인을 죽이는 사람에게는 내가 일곱 갑절로 벌을 내리리라.' 이렇게 말씀하시고 야훼께서는 누가 카인을 만나더라도 그를 죽이지 못하도록 그에게 표를 찍어 주셨다"(창세 4,15). 반면, 예언자들의 메시지는 하느님께 대한 올바른 예배가 희생 제물이나 번제물을 바치는 데 있는 것이 아니라, 고아와 과부와 약자들을 돌보고 구원하는 데 있다고 끊임없이 상기시키고 있다:

> "야훼께서 말씀하신다. '무엇하러 이 많은 제물들을 나에게 바치느냐? 나 이제 숫양의 번제물에는 물렸고 살진 짐승의 기름기에는 지쳤다. 황소와 어린양과 숫염소의 피는 보기도 싫다. (…) 너희가 지키는 초하루 행사와 축제들이 나는 정말로 싫다. 귀찮다, 이제는 참지 못하겠구나. (…) 착한 길을 익히고 바른 삶을 찾아라. 억눌린 자를 풀어 주고, 고아의 인권을 찾아 주며 과부를 두둔해 주어라' " (이사 1,11.14.17).

6. 인간을 향한 하느님의 충실성에 대한 보장으로서의 무상성

하느님의 행위에 있어 무상적인 특징은 인간을 향한 당신의 주도권과 결정에 대해 절대적으로 충실하시다는 것을 잘 보여 준다. 왜냐하면 무상성(gratuità)의 특징이 하느님께서 하신 결정에 대해 철회하지 않으신다는 면을 부여하기 때문이다. 하느님의 은총 행위는 그 자체로 무상적인 성격, 즉 당신의 선의에 가득 찬 사랑과 자유로운 의지에 기인하고 그 외에 인간의 역사적인 상황이나 조건과는 상관이 없기 때문에(다시 말해 그가 어떠한 죄의 상태에 있더라도 인간을 향한 하느님의 선의는 불변하다는 의미에서), 하느님의 이 은총은 단순한 감상에서 유래하는 것이 아니라 당신의 철회하지 않으시는 선의의 결단에서 유래한다고 하겠다. 따라서 하느님 은총의 행위는 이렇게 철회하지 않으시는 당신의 결단에 의거하기 때문에 보편적(universale)이라고 할 수 있다. 즉, 인간 실존 전체를 포용하며 절대 오류가 있을 수 없고, 당신께서 하신 계획에 대한 결정이 이루어지도록 끝까지 충실하시다는 말이다.

6.1. 하느님의 '무상성'의 가시적인 형상으로서의 그리스도

'카리스'(Karis)는 그리스도와 더불어 역사 안에서 실현되고 구체화됨에 있어서 그 정점에 이르게 된다. 역사 안에서 그리스도의 출현과 더불어 이제 '은총'이란 용어는 더 이상 하나의 제스처나 호의에 머물지 않고, 그분의 인격과 그에 대한 모든 신비를 의미하게 된다. 이것이야말로 신약성서의 새로움 중의 새로움이다. 그리스도의 인격과 동일시된 은총은 이제 우리가 다루고 있는 주제를 이해하는 데 핵심 열쇠를 제공한다: 즉, 은총을 통해서 은총 안에서 실존하는 인간. 만일 그리스도야말로 하느님 은총의 인간화된 형상이며, 인간이 그리스도 안에서 그리스도를 통한 그리스도를 향한 존재[43]라고 말할 수 있다면, 인간은 '그리스도-은총'에 참여하기 때문에 존재한다고 할 수 있다. 그리스도는 인간에 대한 하느님의 영원한 계획에 있어서 원천으

[43] 참조: 콜로 1,17; 히브 1,2~3; 에페 1,3~5.

로 드러나는데, 이는 하느님의 은총에 의해 원해진 것으로서 우리 존재를 이끌고 항구함을 부여하기 위함이며 궁극적으로는 존재에 대한 목적을 심어 주기 위함이다. 따라서 그리스도에 참여하는 한에서 인간은 그리스도적(cristico)으로서 그리스도와 동일시되는 은총 안에서 존재하는 실재라고 하겠다.

하느님의 은총 작용은 구체적으로 그리고 역사적으로 예수 그리스도 안에서 절대적인 무상성(gratuità)의 성격을 드러내며, 나아가 그리스도 그분과 동일시된다. 그리스도는 인간이 되신 하느님의 은총 작용으로서 인류의 원천이시다. 따라서 성부께서 주신 무상의 선물이신 그리스도 안에서 그리스도를 통해서 하느님은 인간을 위한 구원의 제스처들을 이루시는데, 바로 구원의 대상인 이 인간 또한 동일한 하느님 은총의 인간적인 형상으로서 인간은 바로 이 은총에 참여함으로써 존재한다. 이러한 그리스도와의 연관성, 나아가 시간과 역사 안에서 현실화된 그리스도 신비의 현실화가 갖는 중요성으로 인해,[44] 인간은 하느님의 은총 작용의 가시화된 형상이라는 성격을 갖게 된다.

그러나 하느님의 구원 행위의 역사적인 구체화 그 이상으로, 그리스도는 인간을 위한 하느님의 철회하지 않으시는 의지의 육화라고 할 수 있다. 사실 하느님의 구원 계획과 하느님의 주도권에서 유래한 그리스도의 신비를 동일시하는 것은, 하느님의 철회하지 않으시는 충실성을 확실한 보장으로 간주하게 함으로써 인간이 하느님의 구원

44) 바오로 사도의 신학에 의하면, 인간 실존의 이유는 그리스도의 신비의 실현에 있다. 그에게 있어 그리스도는 모든 형제들에 있어 '머리'요 '맏형'이시다. 따라서 인간이건 다른 피조물들이건 모두 그리스도의 주권(signoria)을 충만히 실현하도록, 그리고 그분의 인성의 신비 안에서 완성되도록 부름 받았으며 바로 이 목적을 위해 창조되었다. '형제들'의 무수함이 완성될 때 그리스도는 충만하게 표현될 것이다.

계획에 대해 절대적인 확실함을 갖도록 한다. 그 이유는 육화하신 성자이신 그리스도야말로 하느님의 구원 계획과 동일시할 수 있고, 그분 안에서 그리고 그분을 통해서 인간은 창조되고 존재하기 때문이다. 바로 이러한 그리스도와의 본질적인 연관성으로 인해, 인간은 비록 죄 중에 있거나 하느님을 거스르는 상태에 있더라도 하느님의 구원 계획에 대한 확실한 희망을 견지할 수 있는 것이다. 따라서 이제 우리는 그리스도를 철회하지 않는 하느님의 구원 계획에 대한 역사적인 현실화와 구체화로서 이해할 수 있는데, 이는 하느님께서는 언제고 인간 편에 계시다는 흔들리지 않는 확실함을 인간이 그리스도 안에서 갖게끔 한다.[45] 이러한 맥락에서 볼 때, 하느님 행위의 무상성(gratuità) 안에 하느님께서 당신 자신의 결정에 대한 충실함의 의무를 갖는 근거가 있다면, 바로 여기에 인간에게는 자신의 참된 실현, 즉 그 자신의 구원에 대한 흔들림 없는 확실한 보장이 있다.

바오로 사도는 왜 인간에 대한 하느님 호의의 확실한 보장의 근거

---

45) 바오로 사도는 다음의 표현을 통해서 인간에 대한 하느님의 철회하지 않으시는 충실함을 그리스도 안에서 체험한 것에 대해 자세히 언급하고 있다: "여기에 더 무어라고 말해야 겠습니까? 하느님이 우리 편이시라면 누가 우리를 거스르겠습니까? 그분은 당신의 친아드님마저 아끼지 않으시고 오히려 우리 모두를 위해 그분을 넘겨주셨는데 어찌 그 아드님과 더불어 또한 모든 것을 우리에게 은혜로 베풀어 주시지 않겠습니까? 누가 감히 이 하느님께 선택받은 이들을 고발하겠습니까? 의롭게 하시는 분이 바로 하느님이신데 말입니다. 단죄할 자가 누구입니까? 죽으시고 더구나 부활하시어 하느님의 오른편에 계시며 우리를 위해 대신 기도하시는 분이 바로 그리스도 예수이신데 말입니다. 누가 우리를 그리스도의 사랑에서 갈라놓겠습니까? 환난입니까? 궁핍입니까? 핍박입니까? 굶주림입니까? 헐벗음입니까? 위험입니까? 아니면 칼입니까? (그것은 성경에) 기록되어 있는 바와 같습니다. '당신 때문에 우리는 온종일 죽임을 당하며 도살되는 양들같이 다루어졌나이다.' 그러나 우리는 이 모든 일에서, 우리를 사랑하시는 분에 힘입어 이기고도 남습니다. 사실 나는 이렇게 확신하고 있습니다. 죽음이나 생명도, 천사들이나 주천사들도, 현재 일이나 장래 일도, 능천사들이나 높이나 깊이도, 다른 어떠한 피조물도 우리 주 예수 그리스도 안에 있는 하느님의 이 사랑에서 우리를 갈라놓을 수 없을 것입니다"(로마 8,31~39).

가 그리스도인지를 우리에게 가르쳐 주고 있다. 그에게 있어 '사건'(evento)은 하느님의 호의를 드러낼 뿐만 아니라 인간에 대한 하느님의 충실함을 확실하게 드러낸다. 이 사건은 다름 아닌 그리스도의 파스카 사건이다. 그리스도의 파스카 희생은 하느님의 약속으로서, 하느님은 이 약속을 통해 인간이 당신 은총의 지속적인 수취인이 되도록 하는 철회하지 않으시는 당신의 결정을 그에게 표현하신다. 그러기에 그리스도의 죽음은 하느님이 인간을 위해 자유롭게 결정하신, 인간을 향한 당신의 충실함을 드러내는, 인간에게 선물로 주어진 '담보'라고 하겠다. 이에 대해 바오로 사도는 수사학적인 질문을 통해 표현하고 있다: '당신의 아들을 아낌없이 내어 주신 하느님께서, 어찌 그리스도와 함께 다른 모든 것을 주시지 않겠습니까?'(로마 8,32). 바오로 사도는 이를 통해서, 하느님께서는 그리스도와 함께 '모든 것'을 우리에게 주실 것을 보장하고 있는데, 이는 우리를 위한 그리스도의 희생과 죽음이 하느님 편에서는 사실 '더욱더 당신께 고유한 것'을 우리에게 내어 주는 것이기 때문에 그러하다. 사실 그리스도는 하느님의 아들로서, 만물은 그분 안에서 그분을 통해 그리고 그분을 향해서 존재한다. 따라서 하느님께서 우리에게 그리스도를 주시면서 다른 모든 것들을 주지 않으실 수 없는데, 이는 그리스도를 벗어나서는 그 무엇도 존재할 수 없기 때문이다. 따라서 그리스도가 계신 곳에는 모든 것이 있을 수밖에 없으며, 특별히 그 안에는 우리를 향한 하느님의 사랑이 자리 잡고 있는 것이다. 사실, 그리스도는 우리의 구원이 이미 실현되어 드러나는 종말론적인 형상이다.

파스카의 신비, 즉 그리스도의 죽음과 부활은 하느님께서 우리에게 주신 선물이다. "그리스도는 우리를 위해서 죽고 부활하셨다"라는 말을 통해 우리는 하느님께 당신의 구원 계획에 대해 충실하실 것을 상기시킬 수 있으며, 우리 자신에게는 구원에 대한 확실한 희망을 갖게 한다. 왜냐하면, 그리스도는 당신의 죽음과 부활을 통해서 우리를 위해 하신 모든 것을 드러내셨다. 그분의 죽음은 우리가 하느님을 거부한 데 대한 결과와 죄의 모든 무게를 당신 스스로 지셨다는 가장 확실한 증거이다. 그분은 부활을 통해 죽음을 이기시면서 우리를 위해서 하느님으로부터 모든 권세를 받으셨다. 바오로 사도에게 있어서, 그리스도의 부활 또는 그리스도께서 하느님의 영광 안에 들어가심은 그리스도께서 우리를 위해서 중개 역할을 하시는 데 있어서 필요 불가결한 조건이다: '그리스도는 죽으시고 부활하셨으며 성부 오른편에 앉아 우리를 위해 중개하고 계십니다'(로마 8,34). 이렇게 하느님의 호의가 그리스도 안에서 충만히 드러났다는 사실을 우리는 역으로 생각함으로써 보다 확실하게 알 수 있다. 만일 하느님께서 그리스도의 중개를 귀여겨듣지 않으신다면 그리고 그분의 파스카 체험을 전혀 중요하게 여기지 않으신다면, 그리스도께서 이루신 모든 업적은 헛될 것이고 나아가 그리스도의 존재 자체는 무의미할 것이다.

6.2. 하느님의 '파트너'로서의 존엄성을 선물로 받은 인간

하느님의 은총 행위의 대상이요 나아가 은총의 인간적 형상인 인간은 이제 '케카리토메네스'(kecharitomenes), 즉 그리스도 안에서 하느님의 호의에 전적으로 둘러싸인 그래서 그분 마음에 꼭 드는 존재로 드러난다. 인간에 대한 하느님의 은총은 그에게 고유한 인격성을 부여했으며 끊임없이 부여하고 있는데, 이는 그가 당신의 사랑스런 대화 상대자로 있게 하시려고 하기 때문이다. 이러한 하느님의 파트너로서의 인간의 존엄성은 철회될 수 없는데, 이는 이러한 존엄성이 우리를 위해 육화하신 하느님의 사랑이라고 할 수 있는 그리스도 안에서 유래했으며 바로 이러한 사랑을 통해 끊임없이 우리를 지탱시켜 주고 있기 때문이다. 그러므로 이러한 인간의 존엄성은 결코 철회할 수 있는 성질의 것이 아니다.

제 2 장

인간의 자기 건설로서의 실존

“하느님 계획 안에서의 인간”이란 주제를 통해서 우리는 인간 존재의 시작 단계에 대해서 조명해 보았다. 여기서 ‘시초론’(protologia)은 역사-시간의 국면에 처한 인간 존재에 앞서는 단계에 대한 숙고로서뿐만 아니라, 특별히 그러한 인간 존재의 구조적인 본질 요소들과 여러 측면들에 대한 이해와 개별화로서 드러난다. 이렇게 함으로써, 우리는 인간의 기원이 그리스도 안에서의 하느님의 사랑 가득하고 호의에 찬 자유로운 결정 안에 있음을 보았다. 즉, 그리스도 안에서의 하느님과의 관계성이야말로 인간 존재에 있어서 본질적인 요소를 형성한다는 것이다. 인간이 하느님에 의해 그리스도 안에서 원해지고 창조되었다는 사실은 그가 또한 그리스도에 참여하게 해주며, 나아가 그리스도께서 하느님에 대한 참행복 직관에로 예정되신 것에도 참여하게 해준다. 또한 인간 존재를 구성하는 여러 가지 역동적 요소들은 그를 위한 하느님 계획의 중요한 요소들을 이루며, 이 계획의 실현을 위해서 하느님으로부터 나누어 받은 것이다.

이제, 이러한 시원론적인 단계는 이어서 역사적-시공간적 또는 실존적인 단계로 나아가야 하는데, 바로 이 두 번째 단계에서 인간은 자기 스스로를 건설하기(autocostruzione) 위해 하느님의 계획에 협력하고 스스로 책임지도록 부름 받았다. 이 두 번째 단계에서 인간은 그리스도 안에서 하느님 계획에 대해 역사적인 구체성을 부여하면서 이를 실현시킬 과제를 안고 있는데, 이 때문에 인간은 자아실현에 있어서 일종의 원인이 된다고 말할 수 있다. 따라서 첫 번째 단계에서는 인간이 자기 스스로를 하느님 은총의 인간적 형상임을 깨달아 인식함으로써 이를 관조하도록 불렸다면, 이 두 번째 단계에서는 자신에 대한 하느님의 계획을 시간과 역사 안에서 실현하도록 부름 받았다고 하겠다. 인간에게 있어서 실존한다는 것은 다름이 아니라 자신의 존재론적이고 객관적인 사실을 시공 안에서 역사화 함으로써 스스로를 이루어 간다는 것을 의미한다. 앞서 언급했듯이 인간은 이 단계에서 스스로의 원인이 되는데, 이는 인간의 자아실현이 전적으로 자기 자신에게 맡겨졌다는 의미에서 그러하다. 그는 자아실현과 파괴에 있어서 직접적인 책임을 진다. 인간은 이미 하느님으로부터 자신에 대한 계획을 시공 안에서 현실화할 수 있도록 필요한 모든 역동적 요소들을 섭리적으로 제공받고 있는데, 이러한 의미에서 그는 자기 건설에 있어 모든 책임을 진다고 하겠다. 여기서 말하는 인간에게 주어진 본질적인 역동적 요소들이란 다름 아닌 '양심'과 '자유'를 일컫는다. 바로 그 안에 그리고 그것들의 작용 하에 소위 말하는 영혼의 영적인 능력들(potenze spirituali), 즉 '지성'과 '기억'과 '의지'가 있다. 이 양심과 자유는 존재와 마찬가지로 그리스도의 양심과 자유에 참여하는 것에 그 기원을 갖는다. 이러한 맥락에서 인간이 자기를 이룩해 간다는 것은 하느님과 다른 인간들 그리고 세상과의 관계를 성장시키고 실현해 나가는 것을 의미한다. 더 나아가 이러한 인간의 자기 건설은 특별히 자기의 성장과 발전을 다름 아닌 그리스도 안에서의 하느님의 사랑스런 부르심에 충실히 그리고 지속적으로 응답한다는 것을 가리킨다.

신학적인 전망 안에서 인간학적인 주제를 논하기에 앞서, 실존주의로 일컬어지는 현대 철학 사조 안에서 인간 실존의 의미를 바라보는 것이 우리에게 중요한 기초를 잡아 줄 것이라 믿는다. 그렇게 함으로써 우리는 인간에게 부여된 과제인 자기 건설(autocostruzione)과, 이것을 위해 요구되는 기준인 '그리스도 안에서'로 규정되는 인간 존재를 받아들이고 그 존재의 요구에 따른다는 것이 무엇인지를 더욱 명확하게 이해할 수 있을 것이다. 마지막으로, 인간은 시공과 역사 안에서 자기를 건설함에 있어 그것을 잘 이루어 낼 수도 있고 실패할 수도 있는데, 우리는 이것이 전적으로 인간의 책임 하에 있음을 살펴보겠다.

I 하이데거의 실존 철학 안에서 바라본 실존의 개념

1. 인간의 고유한 존재 양상으로서의 실존

실존에 대한 신학적-인간학적인 의미를 바라보기에 앞서, 우리는 실존주의라고 불리는 현대 철학이 제공하는 실존의 개념에 대해 잠시 다루고자 한다. 이 철학 사조 안에서 '실존'은 존재에 있어서의 모든 한계와 규정성을 넘어서는 의미를 갖는다. 즉, 존재가 아무리 제한되고 규정지어졌다 하더라도 실존은 그 존재가 아닌 존재의 양상을 의미한다. 이 용어는 ① 규정되고 규정될 수 있는 존재의 양상, ② 실재적이고 사실적인 존재의 양상, ③ 인간의 고유한 존재 양상[1] 등 세 가지로 요약할 수 있다. 우리에게 중요한 것은 마지막 개념이다. 특별히 중요한 것은 이 실존이란 것이 세계 내에 존재하는 인간에게 고유하고 유일한 존재 양상의 의미를 갖는다는 데 있다. 따라서 이 논의는 세계 내의 다른 존재자들이 아닌 오직 인간을 염두에 둔 것이다. 바로 이러한 의미에서 실존주의 철학은 이러한 인간 존재의 양상에 대한 분석을 그 대상으로 한다. 그러나 이미 700~800년대에 실존에 대한 독특한 의미, 즉 유한한 피조물의 고유한 존재 양식으로서의 실존에 대해 언급하는 철학 사조가 역사 안에 등장했었다. 이 실존은 바로 피조물의 존재 양식을 가리켰으며 특별히 신적인 존재가 그를 창조하고 지탱한다는 의미에서 언급되었다.[2] 그러나 이렇게 모든 유한한 존재

[1] 참조: N.Abbagnano, *Dizionario di filosofia,* p.307.

에게 해당되던 실존성의 의미가 고유하게 그리고 유일하게 인간에 대한 존재 양식을 가리키게 된 것은 키에르케고르(Kierkegaard)를 통해서이다.

그와 더불어 실존이란 용어는 오직 인간에게만 고유한 것으로 정착되었다. 즉, 실존은 인간의 독특한 양상과 동일시되었으며 나아가 오직 그에게만 고유한 것이 되었다. 키에르케고르에게 있어서 실존 분석의 근본이 되는 것은 '가능성'이라는 개념이다. "그는 말하기를, 실존은 개별적 실재, 개별자에게 해당된다고 한다. 그러나 실존은 그것이 의미하는 개념과 일치하지 않으며 그 개념 너머에 있다. 개별 동물, 개별 식물, 개별 인간에 있어서 실존은 매우 결정적인 그 무엇이다. 물론 개별 인간이 지적인 실존을 갖는 것은 아니다."[3] 그러나 저자는 실존을 일종의 '개별성'(singolarità)이라고 말하며 이는 오직 인간 실존에 대해 말할 때만 해당된다고 한다. 그는 말하기를 동물 세계에서는 개별자보다는 종(specie)이 더 중요하게 취급된다고 한다. 반면 인간 세계에 있어서는 개별 인간이 종을 위해서 희생될 수 없다. "이러한 의미에서 '개별성'은 실존에 있어서 인간의 근본 양상을 이룬다. 이러한 존재의 양상은 키에르케고르에 의해 세상과 자신 그리고 하느님과의 삼중 관계 안에서 분석되었다. 그러나 이 세 가지 면에 있어서 관계는 필연적인 그 무엇이 아니다. 그것은 불확실하고 잠정적인 것이다. 즉, 모든 경우에 있어서 이 관계는 견고하고 불변한 연관성 안에 정초한 것이 아니라, 잃어버릴 수도 있는 '단순한 가능성들' 안에 터하고 있다."[4]

---

2) 같은 책, p.308.

3) *Diario*, X/2, A, 328, in Abbagnano, 앞의 책, p.309.

4) 같은 책.

이러한 실존 개념은 현대 철학의 실존주의적 사조로 이어지게 된다. 사실상, 키에르케고르 이후 이어지는 실존 철학에 있어서도 실존은 인간의 고유한 존재 양식을 표현하게 된다. 즉, 인간이 자기 자신 그리고 타자(세계와 하느님)와 맺는 관계를 일컫는다. '관계'는 '가능성'이라는 개념 안에서 이해될 수 있다. 이어서 실존의 두 번째 특징은, 우리의 관심을 더욱 끄는데, 즉 실존이라는 말 안에는 어떠한 '상황 안에 존재'(in situazione)라는 양상이 내포되어 있다. '상황'이라는 용어는 인간이 세상 모든 것 그리고 다른 사람들과 갖는 연관성으로서, 분석 가능한 모든 관계들의 종합을 일컫는다. 그러나 실존 철학을 대표한다고 할 수 있는 하이데거(Heidegger)에게 있어서는 실존이 인간 존재의 양상을 보다 구체적으로 설정하는 중요성을 갖는다. 그가 실존주의 철학사 안에서 남긴 커다란 공헌은 우리가 그와 더불어서 실존에 대해 존재론적인 분석을 하는 데 큰 도움을 준다는 점이다. 여기서는 다만 인간 실존의 가치, 그리고 시간과 역사 안에서 자기를 실현해 나가는 인간의 중심성(centralità)에 대한 가치를 조명하기로 하겠다.

2. 하이데거에게 있어서 실존의 의미

2.1. 가능적 존재(poter-essere)로서의 인간

하이데거에게 있어서 인간 실존에 대한 분석은 인간의 문제에 대한 숙고와 동일시된다. 칸트(I.Kant)에게 있어서와 마찬가지로, 그도 또한 철학적인 작업의 출발점으로서 인간 문제에 관심을 둔다. 그리고 이러한 인간 문제를 깊이 숙고한 후에 그는 이를 자신의 철학적인 숙고에 있어서 첫 번째 질문이자 기초로 받아들인다. 즉, 인간에 대한 문제 그리고 존재에 대한 문제는 하이데거의 철학에 있어서 기초이자 첫째가는 것이었다. 물론 그것은 존재에 대한 문제가 우위를 차지하는 한에서 다른 양상으로 그렇다는 말이다. 인간에 대한 문제는 존재에 대한 문제를 다루기 위한 출발점으로서의 특별한 위치를 차지한다. 그래서 인간 문제에 대한 고찰은 방법적으로는 첫 번째 위치를 차지하는 것이다. 존재자들 중에서 인간은 출발점이 되는데, 이는 그가 유일하게 자기 존재에 대해 물을 수 있는 능력이 있으며 나아가 존재자들의 존재에 대해 물을 수 있고, 존재를 존재인 한에서 물을 수 있기 때문이다. 이처럼 모든 것을 의문에 부칠 수 있는 인간 능력은 그가 존재에로 개방되어 있다는 독특한 특징을 드러내고 있다.

우리는 위에서 키에르케고르가 인간 실존에 대한 분석에 있어서 '가능성'이라는 개념을 근간으로 삼았다는 것을 보았다. 이 개념은 하이데거에 의해 실존 철학에 본격적으로 도입되었으며 인간 이해의 출발점으로 간주되기에 이르렀다. 그는 인간 실존의 분석에 있어서, 인간은 이미 이루어지거나 완성된 그 무엇이 아니라 '가능적 존재'로 실존한다는 사실을 분석의 기초로 삼았다. 인간은 자신의 최종적인 완성에 이르기까지 끊임없이 가능성을 찾아 '스스로를 내어 던지는 존재'라는 것이다. 여기서 그의 최종적인 완성이 어디에 있는가는 이어서 다루게 될 것이다. 인간을 근본적으로 '가능적 존재'로 본다는 것은 그의 정체성을 그에게 있어 이미 주어진 본질에서 규정할 수 있는 것이 아니라 그의 '가능성들'로부터 규정이 가능하다는 말이다. 바로 이러한 가능성들 가운데서 "그는 언제나 자기 자신을 넘어서서 스스로를 내어 던지는 가운데" 선택을 해야만 한다. 이러한 실존에 대한 분석은 인간 실존의 존재 구조를 이루는 실존 양상들을 강조하기 위한 인간 실존의 근본 체험에서부터 출발한다.

2.2. 세계 내 존재(世界內存在, essere-nel-mondo)로서의 인간

인간 실존 구조에 있어서 근본적인 실존 양상은 그가 세계와 갖는 관계성이다. 인간이 세계와 갖는 관계는 그를 세계 내 존재로 규정할 수 있을 만큼 본질적이다. 이는 구조적(costitutivo)-존재론적(ontologico)인 면을 넘어서서 방법적인 면에 있어서도 매우 중요한데 왜냐하면 하이데거는 이 관계성을 인간 실존 분석을 시작하기 위한 출발점으로 삼기 때문이다. 세계와의 관계성이 인간 실존의 근본 양상이라는 것은 인간 실존이 세계와 본질적으로 연관되어 있을 뿐만 아니라 이 관계가 없이 인간은 존재할 수 없다는 것을 의미한다. 바로 이 점 때문에, 하이데거는 말하기를, 접두사 '안에'라는 말은 "어떤 공간적인 상황, 즉 인간 실존이 여기 또는 저기에 있다는 말이 아니라, 존재자들 그리고 존재에 대한 개방성, 말하자면 세계에 대한 인간의 개방성과 연대성을 질적으로 규정한다."[5]

하이데거가 인간의 세계와의 관계성을 근본적인 중요함으로 드러내기 위해서 삼았던 출발점은 체험의 영역이었다. 인간 실존에 있어서 이러한 관계성을 보다 명백히 드러내는 첫 번째요 보다 직접적인 체험은 '관심', 즉 인간 안에서 세계를 향해 자발적으로 생겨나는 정서적인 경향성으로서, 이 세계와의 관계성이 그를 존재하게 할 뿐만

[5] J.Alfaro, *Dal problema dell'uomo al problema di Dio,* Queriniana, Brescia, 1991, p.46.

아니라 다른 존재자들에 대한 필요성으로 인해 이러한 구체적인 존재자들과 접촉한다는 한에서 그러하다. 이것은 "존재자들에 대한 존재론적인 규정은 그 자체로 그들 존재가 우리를 위해 있으며 인간 편에서의 유익함을 위해 존재하고 특별히 그것들의 소질과 유익함은 인간에 봉사하기 위해 있기 때문이다."[6] 이러한 세계 내 존재자들의 인간에 대한 언급의 필연성 그리고 그것들이 인간에 대한 봉사에로 지향되어 있다는 것은 그것들이 의미를 갖게 되는 하나의 전망이 되는 것이다. 인간에 대한 봉사와 언급은 세계 내 존재자들 사이에 일종의 연관성을 구성하며, 나아가 그들 사이에 작용의 일체화라는 원칙을 이룬다. 인간이야말로 세계 내 존재자들을 이해하기 위한 포인트요, 그들 사이에 작용의 일체화를 가능케 하는 실재적인 원칙인데 이는 인간이야말로 스스로를 위해서, 즉 자신의 가능성 안에서 스스로를 실현하기 위해서 존재하는 유일한 존재라는 것을 의미한다. "인간은 세계 내 존재자들의 궁극적인 '이유'이며 이들은 인간에 의해 이해 가능성과 진리성을 부여받는다."[7]

이러한 하이데거의 분석으로부터 또 다른 결론이 나오는데, 이 또한 매우 중요한 것으로서 전자와 긴밀하게 연관되어 있다. 인간에 대한 세계의 건설적(costitutivo)인 특징과 양자간의 긴밀한 존재론적인 관계는 우리로 하여금 이 세계를 단지 인간에 의해 이해 가능성과 진리성을 부여받는 것만이 아니라, 특별히 인간을 위한 실존적인 장(場)으로서 간주하게 한다. "인간은 바로 세계 안에서 여타 존재자들에게 자신의 가능성들을 내던질 뿐 아니라 그것들을 가시적으로 드러낸다.

6) 같은 곳.

7) 같은 곳.

이 세계는 여타 존재자들이 인간에 의해 언급되어지는 한에서 인간의 세계이며, 반면 인간은 이 세계 내 존재자들에게 의미를 부여하고 그들의 이해 가능성을 실현하기 위해 언급되어진다. 인간은 세계와 자기 자신에게 열려져 있는 한에서 여타 존재자들에게 개방되어 있으며 동시에 그것들을 초월한다. 인간은 오로지 세계와의 관계 안에서 '자기 자신으로서의 존재'가 될 수 있다. 이러한 인간의 세계와 세계 내 존재자들 그리고 자기 자신에 대한 개방성은 그가 지닌 존재에 대한 개방성에 뿌리를 두고 있다."[8]

2.2.1. 이미 던져진 그리고 순수 사실로서의 실존

'세계 내 존재'로서의 인간 실존에 대한 분석은 또 다른 두 가지 구조에로 우리를 이끌어 주는데, 이 양자는 서로 긴밀하게 연관되어 있다. 이 두 가지는 먼저, 인간은 세계 안에 '이미 던져진 존재'라는 것이고, 그 다음으로는, 그의 원초적인 조건이 실존에 대한 '순수 사실'(mero fatto) 또는 '사실성'(fatticità)으로서 드러난다는 데 있다. 첫 번째 구조로 인해 인간은 자신에 대해 언제나 실존 안에 이미 던져진 존재로서 자신을 경험하고 이해하게 된다. 즉, 이 말은 그의 실존은 스스로가 자유롭게 선택할 수 있는 것이 아니라 단지 부여받았다는 것을 의미한다. 동시에 이미 던져진 사실성으로서의 실존은 자신을 자유롭게 실현하는 과제를 향해 목적 지어졌음을 경험한다. 자신에게 주어진 가능성들 안에서 스스로를 실현하는 것은 이미 던져진 실존에 대한 최종적인 이유로 드러난다. 따라서 던져진 존재라는 말은 실존 그 자체에만 머물지 않고, 인간 실존의 건설적(costitutivo)인 구조

8) 같은 책, p.47.

를 구성하며, 이로 인해서 **던져진 존재**라는 사실성은 인간 실존과 그의 자유가 부여받은 과제를 규정하는 것이다. '던져진' 존재로서의 실존에 대한 경험은 인간으로 하여금 자기 실존의 기원과 자신이 미래에로 던져져 있다는 사실에 대해 전적으로 무능력하다는 것을 자각케 해준다. 이러한 자의식과 체험은 그로 하여금 '이미 던져진 존재'라는 사실이 일종의 실존적인 구조적 특징을 띠고 있음을 깨닫게 해준다. 이 실존적인 특징은 다름 아니라, 인간은 구조적으로 자신의 자유에 있어서 새로운 가능성들에로 던져진 존재라는 점이다.

하이데거의 분석이 언급하는 또 다른 실존 구조는 이미 던져진 존재가 갖는 원초적인 조건이 순수 '사실성'(fatticità)으로서 드러난다는 데 있다. 이는 인간의 기원과 삶에 있어서 실존 그 자체 사실 이외에 그 밖에 어떠한 인간 실존의 기초도 없다는 것을 의미한다. 따라서 이러한 '사실성'을 넘어서는 그 어떠한 다른 이유도 발견할 수는 없다.[9] 이러한 순수 '사실성'에 대한 감지와 체험은 인간으로 하여금 자신의 실존에 대한 근원적인 조건과 삶이 근본적으로 이해 불가능하다는 것을 잘 드러내고 있다. "인간이 존재하기 시작하는 그 이면에 그리고 그의 존재가 지속하는 이면에는, 무(無)에 대한 형언할 수 없는 그 무엇이 있다."[10]

2.2.2. 불안에 대한 경험

이러한 '부정성'(否定性)과 '무'(無)에 대한 충격은 우리를 기초가 되는 여러 주제들 가운데 하나에로 이끌어 주는데, 이 주제는 하이데거의

9) 참조: 같은 책, p.48.

10) 같은 곳.

철학에 있어서 좀더 결정적인 것이다. 보다 깊은 인간의 실존적 체험으로서의 '불안'(不安)과 '무'(無)의 드러남, 그리고 이 '무'를 통한 존재의 드러남이 그것이다. 이 '불안'이란 주제는 그에게 있어서 매우 중요한 개념이라고 했는데, 이는 그가 이 주제를 인간 체험의 근본으로 보았으며 인간 실존에 있어서 정서적인 근본을 이루는 경향성으로 간주했고 나아가 다른 모든 정서적 경향의 뿌리로 보았기 때문이다. 그러므로 '불안'은 인간 실존을 명백하고도 확실하게 드러낸다. 세계 내 존재자들에 있어서건 인간이라는 특별한 존재자에게 있어서건 "불안은 무를 계시한다."

그러나 무엇보다도 우리는 하이데거가 불안이라는 개념에 부여한 의미를 알아야 한다. 이것은 '두려움'과는 다르다. 두려움은 인간 존재 이외의 외적인 존재로부터 유래해서 실존 안에서 일종의 위협을 느끼는 것이다. 두려움은 그것이 구체적인 위협에서부터 나오는 한에 있어서 불안에서 유래한 일종의 위험에 대한 경고이며 망각의 느낌이라 하겠다. 그럼에도 불구하고 이 정감은 세계 내에 던져진 존재라고 하는 인간의 심연에까지 관통하지는 못한다. 이 불안이란 감정은 세계 내의 어떠한 규정된 또는 규정할 수 있는 존재로부터 나오는 것이 아니라, 전적으로 규정될 수 없는 그 무엇, 즉 '세계 내 존재'로서의 인간 실존 구조에서 나오는 것이다. 말하자면 불안은 인간이 자기 실존의 건설적(*costitutive*) 구조를 지닌다는 의식에 그 기원을 갖는다. 즉, 자신을 규정되지 않은 존재로 인식하는 것, 그래서 결정적인 상태에 도달되지도 못하면서 무한하게 가능성들을 향해 달려가야만 한다는 자신의 실존에 대한 인식에 불안의 근원이 있는 것이다. 불안은 "실존이 지니고 있는 어떤 결정된 가능성에 언급될 수 있는 것이 아니라, 단순히 그가 세계 내에 '가능 존재'(可能存在)로 있다는 데에 있다. 나에게 있어서 전적인 의미의 결핍이라고 할 수 있는, 모든 것은 '지나가고' '사라지고' '없어진다'는 사실에 대한 체험에서 불안은 발생한다. 그리고 이것은 형언할 수 없는 침묵 안에 잠겨 버린다."[11] 인간을 둘러싸는 모든 것은 그에게 있어 생소한 것이 되어 버린다. 하이데거는 말하기를, 이 불안은 검증하기 어려운 예외적인 체험으로서 우리를 우리 존재의 본래적인 조건, 즉 세상 안에 '던져져 있다'고 하는 것과 최종적으로는 죽음을 향하는 우리의 실존 상태 앞으로 갑작스레 데려다 놓으면서 우리를 소스라치게 놀라게 한다는 것이다. 우리를 무(無) 안에 놓아두는 이 불안은 인간으로 하여금 그가 자신의 실존에 있어서 보다 깊은 심연, 즉 '죽음'을 향해 '던져져 있다'고 하는 '부정성'(否定性)을 발견하도록 이끌어 준다.

이렇게 그는 인간의 근본적인 실존적 체험으로서의 불안에서 출발해서 실존에 대한 분석을 통해 존재자들의 무, 그리고 나아가 인간 존재의 무를 발견하며, 이 무를 통해 존재에로 나아간다. 존재자에 관한 상호간의 상이성 안에서 그러나 "존재와 무는 서로 상응한다."[12] 그럼에도 불구하고 불안에 의해 드러나는 이 무는 어떠한 존재도 대상도 아니요 나아가 절대적인 것으로서 간주될 것도 아니며, 존재자들의 부정을 의미하는 것도 아니다. 이것은 존재자들에게 있어서 존재의 결핍을 의미한다. 이것은 인간에게 존재자들에 대한 체험과 더불어 오는데, 이 존재자들은 존재와 비존재 사이의 형언할 수 없는 심연에 대하여 침묵을 드러낼 뿐이다.

---

11) 같은 책, p.49.

12) 같은 책, p.50.

2.3. 죽음을 향한 존재로서의 인간

'세계 내 존재'로서의 실존 분석에 이어서, 하이데거는 '죽음을 향한 존재'라는 또 다른 실존 분석에로 우리를 이끄는데, 이 점은 인간 실존의 존재론적인 구조에 있어서 전자와 긴밀하게 연관되어 있다. 하이데거가 바라보는 전망에서 인간은 언제나 '가능 존재'요 '던져진 존재'로 고려되고 있으며, 따라서 '아직 아닌 존재'로 간주된다. 이러한 전망에 있어서는 인간 실존의 '완성', 즉 인간의 충만함이 문제로 드러난다. '가능성'이라는 차원은 인간에게 있어서 자신의 완성을 위해 끊임없이 되어 가야만 한다는 과제, 더 구체적으로는 무수한 가능성들을 통해서 자기 실존의 완성을 향해 자신을 실현시켜 가야만 한다는 과제를 상기시킨다.

문제는 이렇게 인간이 자신의 가능성들을 통해 자신을 실현시키는데 있어서 한계점으로 드러나는 것이 있는데, 바로 '죽음'이다. 따라서 죽음의 필연성과 구조성(costitutività)은, 바로 죽음을 통해서 인간의 '가능 존재' '던져진 존재' '아직 아닌 존재'라는 실존성이 완결된다는 사실로 인해 인간 실존에 있어서 필연적이다. 인간에게 있어서 '완결성'(totalità)의 문제는, 어떤 가능성에서 다른 가능성에로 옮아가는 과정으로부터 인간을 제거함으로써 규정되고 해결되어진다. 다시 말해, 인간은 '죽음'이라는 사건을 통해 '가능 존재'로서의 실존에 종지부를 찍는다는 말이다.

이는 하이데거 사상의 본질적인 면을 드러내는데, 그에게 있어서 죽음은 먼 미래에나 있을 그 무엇이 아니라, 지속적인 실존적 체험으로서, 인간을 '죽음을 향한 존재'로 규정하는 인간 존재의 구조적인 측면이라고 하겠다. 이러한 한에서 죽음은 인간이 '마지막을 향한 존재'라고 하는 특성을 갖게 한다. "인간은 이제 막 생(生)을 시작한 것이 아니라, 이미 죽을 만큼 충분히 늙었다." 인간에게 있어서 실존한다는 말은 궁극적으로는 그가 최종적인 '가능성'으로서의 죽음을 향해 '던져져 있는' 존재라는 것을 의미한다. 종말을 향한 존재라는 것과 그가 영원히 '던져진 존재'라는 것은 동일한 인간의 존재 구조에 속하는 것들이다.[13] 인간 편에 있어서 죽음은 그의 실존 구조를 이루며, 무엇보다도 이것은 그에게 있어서 인격적으로 받아들여져야만 한다. 그러므로 인간에게 있어 이 죽음을 거부하는 것은, 자기 실존의 유일하고 참된 이유에 대한 거부를 의미하기 때문에, 결국 자기 자신을 거스르는 것을 의미한다.

사실, 죽음은 인간의 모든 가능성들 중에서 보다 특별한 의미를 내포하는 가능성이다. 특별히 ① 그것은 '가능 존재'로서의 인간에 종지부를 찍는다는 데 있어서 인간에게 더욱 고유한(*più propria*) 가능성이며, 이는 결국 인간이 더 이상 존재하지 않을 것이라는 점을 드러낸다. ② 나아가, 이 죽음은 인간을 철저하게 고립되게 하며 다른 사람들과 세상과의 관계를 앗아간다는 점에서 형언할 수 없는(*irriferibile*) 가능성이다. ③ 그리고 인간은 이 죽음 앞에서 이를 제거할 수 없다는 것, 그래서 그 앞에서는 자기 자신을 포기하는 것 외에 다른 가능성이 없다는 이유로 인해 극복할 수 없는(*insuperabile*) 가능성이다. ④ 또한, 인간은 자기 존재의 총체적인 완성에로 나아갈 수 없다는 확실함으로 인해 확실한(*certa*) 가능성이요, ⑤ 마지막으로, 이 죽음은 끊임없이 실존을 위협하고, 이 위협은 실존 자체에 근거하며 이는 결국 인간이 세상에 영원히 '던져졌다'는 근본적인 조건과 동일

13) 참조: 같은 책, p.51.

시되기 때문에, 비결정적인(*indeterminata*) 가능성이라고 하겠다.

2.3.1. 죽음 앞에 선 인간의 자세

인간 실존 구조에 있어서 죽음이 내포하는 구조적-존재론적인 특징으로 인해, 인간은 이러한 죽음의 특징을 절대적인 수용의 자세로 받아들이도록 요청받는다. 인간은 죽음이 바로 죽음일 수 있도록 인정해야 하는데, 이는 다시 말해, 죽음을 유일한 최고의 가능성이요 자기 고유의 것이며, 자신의 실존에 있어서 형언할 수도 없고 극복할 수도 없는 것으로서 받아들여야 함을 의미한다. 이렇게 미리 앞서서 죽음을 수용함으로써, 인간은 실존에 대한 올바르지 못한 자세에서 벗어날 수 있는데, 이는 일상의 절망과 무상함으로부터의 해방을 의미하며, 나아가 다른 사람들과 세상과의 모든 관계를 떠나서 자기 자신이 되는 근본적인 고독의 심연에 몰입함으로써, 참된 실존으로 들어감을 의미한다. "죽음을 미리 앞서서 받아들이는 것은 그를 죽음에 대한 두려움으로부터, 그리고 자기 자신으로부터 해방시켜 주며, 그에게 있어 유일하고 극복할 수 없는 최고의 가능성인 종말을 향한 전망 안에서 다른 모든 가능성들을 자리 매김 하게 해준다."[14]

'가능 존재'로서의 실존 상황에서 인간을 자유롭게 하는 의미에서의 죽음에 대한 수용은 인간 실존이 갖는 죽음의 건설적(costitutivo)인 특징을 명백히 드러내 줄 뿐만 아니라, '**죽음 너머**'(aldilà della morte)에 대해 질문하게 한다. 그러나 이에 대해서 하이데거는 '그렇다' 또는 '아니다'라는 언급을 피하면서 대답을 시도한다. 이는 그의 인간 실존 분석이 '세계 내 존재'에 국한되어 있기 때문으로, 그는 이러한 전망

14) 같은 책, p.53.

에서 '죽음 너머'에 대해 이런 자세를 갖는 것이다. 따라서 피안의 세계에 대한 어떠한 사색도 죽음에 대한 현세에서의 존재론적인 해석을 전제로 한다고 하겠다.

2.4. 다른 사람들과 함께하는 존재로서의 인간

인간 실존 분석의 근본이 되는 두 축인 '세계 내 존재'와 '죽음을 향한 존재'는 첫 번째 언명에 내포되어 있는 세 번째 축인 '다른 사람들과 함께하는 존재'로 우리를 이끌어 준다. 인간이 실존한다는 것은 함께 실존한다(co-esistere)는 것을 의미한다. 세계 안에서의 인간 존재는 하나의 근본 체험에 의해 점철되어 있다. 즉, 여타의 존재자들과 사물들과의 만남과는 구별되는 사람들과의 만남이 갖는 상이성이 그것이다. 사물들—하이데거는 이를 '도구들'이라고 표현한다—은 인간이 사용하도록 존재한다면, 다른 여타의 사람들은 그의 실존, 즉 그의 '세계 내 존재'라는 실존성을 함께 나누면서 그와 '더불어 존재'하는 것이다.

하이데거 철학에 있어서, 여타의 다른 사람들은 우리 밖에 존재하는 그 어떤 사람들이 아니라 우리와 함께 실존하는 이들이다. 우리는 이들과 더불어 우리 세계를 나누고 더불어 우리는 그들의 세계를 나누는 것이다. 우리는 동일한 '세계 내 존재'에 함께 참여하는 한에서 그들과 공유하면서 실존하는 것이다. 바로 이 사실에서부터, 참된 인간 실존이란 본질적으로 다른 사람들과 함께 실존해야 한다는 결론이 나온다. 따라서 다른 사람들과 함께 존재한다는 것은 인간 실존의 존재론적인 구조에 속하며, 그가 홀로 살건 다른 사람들과 함께 살건 언제나 인간의 건설적인 특징을 드러낸다고 하겠다. 그러므로 다른 사람들에 대한 자기 개방은 인간 존재의 고유한 특성으로서, 인간 실존은 언제나 구조적으로 '함께 실존하는 존재'(co-esistenza)가 아닐 수 없다.

이처럼 인간의 '함께 실존하는 존재'로서의 인간의 구조적인 특징은 다른 사람들에 대한 '배려'에로 인간을 의무 지게 하는데, 이러한 배려는 여타의 다른 사물들에 대한 태도와는 근본적으로 다른 자세이다. 인간에 대한 배려는 세상과의 관계로부터 구별되는데, 왜냐하면 이 배려는 '다른 이를 지배하지 말아야 한다는 의도'를 지니는 '존중'과 '관용'을 내포하며, 나아가 그가 자기 자신이 되고 자신에게 있어 자유로워지도록 도와주는 것을 의미하고, 결국 자기 자신이 되도록 그를 자유롭게 함을 의미하기 때문이다.

2.5. 양심의 소리

하이데거는 인간 실존의 구조적인 특징 가운데 특별히 '양심의 소리'에 대해 언급하고 있다. 여기에 이르기 위해서 그는 무엇보다도 '참되지 않은 상태'(inautenticità)에 있는 사람들의 실존 양식에서부터 출발한다. 이것은 참되고 진실된 의미를 자신 스스로에게 부여하지 않고 절망과 자기 쇠진 가운데 머물러 있는 인간 실존을 지칭하는 것으로서, 이는 일상의 걱정과 호기심, 그리고 잡담과 애매모호함, 자기로부터의 도피 가운데 용해되는 실존을 지칭한다. 그럼에도 불구하고 이것이 인간을 '참된 상태'(autenticità)로 이끌어 주는 데 있어 방해가 된다는 말은 아니다. 그의 '참된 상태'는 '자기 자신'에게 귀의하는 데 있고, 세상 안에 보다 고유하게 '가능 존재'로 돌아가는 데 있다. 이는 무엇보다도 '양심에 귀 기울임'으로써 그리고 그것을 향해 결단을 내

림으로써 가능하다.

이러한 양심의 소리에 있어서 특징적인 면은 전적으로 개별적이라는 데에 있다. 이 양심의 소리는 인간이 "침묵 안에서 침묵에로 불리었음을 드러내며, 비록 '아무것도 언급하지 않고' 어떠한 정보도 제공하지 않지만, 그로 하여금 '촉구하고' '알려 주면서' 귀 기울이도록 함으로써, '참되지 않은 상태' 가운데 있는 상황을 인간에게 이해하게 해준다. 이처럼 부름 받은 존재는 다름 아닌 '참되지 않은 상태' 가운데 있는 인간이다. 부르는 이, 즉 질문을 하는 이는 숨겨진 자기 자신 안에 내재한 실존 그 자체로서 '참되지 않은 상태'에 의해 주목 받는 사람이다. 여기서 문제가 되는 것은 무엇보다도 인간 자신으로부터 나와서 인간에게로 향하고 인간에게 '참된 상태'를 향해 결단을 내릴 것을 묻는 부름(chiamata)이라고 하겠다."[15]

양심의 소리의 기원에 대해 하이데거는 "그것은 우리 스스로에 의해 계획된 것도 아니요 준비된 것도 아니며 생겨난 것도 아니다"라고 언급하고 있다. 그것은 "나의 기대와 희망을 거슬러 발생한다."[16] 그렇다고 하이데거가 이 언명을 통해서 양심의 소리가 인간 존재 밖에서 유래한다고 말하는 것은 아니다. 그는 "이것은 나에게서 나오지만 그러나 내 위에 머문다"라고 말한다. 양심의 소리에 대한 참된 기원은 인간 스스로에게 부여된 자신의 실존 자체라고 하겠다: "순수 사실성으로서의 실존, 근원적으로 그리고 영원히 던져져 있는 실존성, 그리고 이것들을 인간에게 드러내는 불안이라는 근본적인 실존 체험이 바로 양심의 소리의 기원인 것이다." 이 양심의 소리는 그 무엇으

15) 같은 책, p.57.

16) 같은 곳.

로도 대신할 수 없는 고독 가운데서 인간에게 질문하며 나아가 보다 더 그에게 고유한 가능성들을 향해 자기 기투(自己技投, 자기를 내던짐) 하도록 한다. "이 소리는 무엇보다도 그의 자유로부터 분리되어 있는 '던져져 있다'고 하는, 그리고 언제나 그러리라는 그의 실존 상태를 받아들이도록 초대하는 순수 사실성에 대한 외침이라고 하겠다."17)

양심의 소리가 지닌 과제이자 목적은 인간 스스로에게 '자신의 죄책감'을 드러내는 것으로서, 이 죄책감은 실행된 어떤 자유 행위의 결과가 아니라, 실존적-존재론적인 인간 구조에서 이루어지는 것이다. 죄책감은 인간 실존에 구조적으로 귀속된다. 이것은 실존의 전제 조건이자 원인으로서, 이로써 인간은 윤리적으로 선하거나 악할 수 있다. 따라서 인간은 자신 안에 죄책감의 뿌리를 지니고 있는 셈이다. 인간이 '던져져 있다'고 하는 자신의 의지를 거슬러 실존하려는 것은 그가 자신에 대해 주권을 행사하면서 실존해야만 한다는 사실을 부인함을 의미한다. 인간에게 있어서 '죄책감'의 근거는 그의 실존의 불완전함—여기에서부터 인간의 근원적인 '부정성'에 대한 체험이 유래하는데—에 있는데, 이 불완전함은 그가 자신의 총체적인 완성을 실현하기 위해 주어진 가능성들을 향한 자기 기투에 충격을 던져 준다. 이 점은 무엇보다도 인간 실존의 이중적인 부정성(否定性: '던져져 있다'는 사실, 그래서 주어진 가능성들 중에서 선택해야만 한다는 사실)이 죄책감의 존재론적인 구조를 이루며, 따라서 죄책감에 대한 모든 숙고 이전에 이미 이러한 이중적인 부정성이 있고, 그것이 '불안' 가운데 드러난다는 것을 통해서 이해 가능하다.

양심의 소리를 경청하는 것은 "자기 자신을 이해하는, 즉 더욱더

17) 같은 곳.

'가능 존재'가 되는 길로서, 이는 참되지 않은 상태에 숨어 있는 '죄책감을 느낄 수 있는' 자신의 가능성에 대한 이해를 의미한다. '양심을 갖기 원하는' 한에서 들으려고 하는 준비된 자세는 죄책감을 느끼기 위한 실존적인 전제 조건이다."[18] 이 경청은 결단에로 이끌어져야 하는데, 이것은 인간 실존에 참됨(autenticità)과 투명성을 주는 한에서 그러하다. 인간에게 있어서 이 결단은 그가 근본적으로 '죄책감을 느낄 수 있는 존재'라는 면과 그의 근본적인 실존적 부정성이라는 면을 받아들임으로써 구체화된다. "그러나 이 '죄책감을 느끼는 존재'에 대한 가능성은 '죽음을 향한 존재'라는 최고의 그리고 최종적인 가능성에 의해 조건 지어지고 결정되어 있다. 따라서 '죄책감을 느끼는 존재'라고 하는 실존의 부정성을 받아들이는 것은 근본적으로는 죽음이라는 최종적인 무(無)를 받아들임을 의미한다."[19] 하이데거는 이러한 언명에 대해 무(세계 내 존재자들과 인간의 비존재성)를 드러내는 '불안'에 대한 근본적인 체험을 통해 지속적으로 부연 설명한다. 인간 실존의 근원적인 부정성과 죽음으로 그의 삶이 끝난다고 하는 부정성에 더불어, '양심의 소리'와 '죄책감을 느끼는 존재'라는 언명들은 인간 존재의 구조적인 부정성 안에서 이해되어야 한다. 이렇게 하이데거는 인간의 양심과 그의 죄책감을 느끼는 존재성을 이해하고 해석하기 위해 인간 실존의 '무성'(無性) 상기시키는데, 이 '무'는 그가 '던져진' 존재라고 하는 근원적인 '무'와 최종적인 '무'라고 할 수 있는 죽음 사이에 내재하는 것으로서, 불안은 이러한 '무'에 대한 실존적 체험이다.

그러나 하이데거의 이러한 언급들에는 몇 가지 유보해야 할 점들

18) 같은 책, p.58.
19) 같은 곳.

이 있다. 무엇보다도 먼저, '일방성'(*unilateralità*)으로서, 그는 이 개념과 더불어 '양심의 소리'를 그 초월적인 전망 안에서 소개하고 있지만, 인간의 자유가 구체적으로 결정된 선택들을 이루기 위해 질문해야 할 무조건적인 특징을 간과하고 있다. 이 특징은 다름 아닌, 양심의 초월적인 차원을 드러내는 결정된 선택을 하느냐 혹은 하지 않느냐를 위한 자유에 대한, 무조건적인 질문에 대한 체험을 지칭한다. 사실, 인간의 존재론적인 구조를 밝혀내기 위한 보다 올바른 방법은 인간의 체험과 행동에서부터 출발하는 것이다. 따라서 '양심의 소리'는, '순수한 초대'(질책 또는 경고)로서 해석되어질 수 없으며, 오히려 인간에게 책임 있는 자유를 부여하는 어떤 목소리에 의해 인간이 근본적으로 불렸다는 체험 영역 안에서, 인간 존재를 초월하는 무조건적인 질문으로 해석되어야 한다.

또한 이러한 일방적인 면은 '죄책감을 느끼는 존재'에 있어서 존재론적인 구조가 인간적인 선택에 대한 윤리성의 유일한 기초를 이룬다는 사실을 드러낸다. 이는 언급한 바와 같이 인간 실존의 부정성을 기초로 놓는 것과 다를 바가 없다. 반면, '죄책감을 느끼는 존재'의 존재 구조를 기초로 삼는다면, 이 기초에 내재하고 있는 인간이 윤리적으로 선한 선택을 하기 위해 전제되는 가능성의 조건으로서의 필연적인 긍정성을 염두에 두지 않을 수 없다. '죄책감을 느낄 수 있음'은 오로지 이것이 올바로 행동할 수 있는 것과 일치될 때 이해 가능한 것이 된다.

결국, '참된 상태'와 '참되지 않은 상태' 사이의 구별은 일종의 애매모호함을 드러낸다. 하이데거에 의하면, 참되지 않은 상태는 존재의 다른 양상이지만 참된 상태에 비교해서 하위의 것은 아니다. 바로 이 때문에 이것을 부정적으로만 평가할 수는 없다. 참되지 않은 상태에 비교해서 참된 상태의 실존이 왜 더 선호되는지는 이러한 전제를 통해서는 밝히 드러나지 않는다. 마찬가지로, 선택에 있어 특별한 동기가 결여되어 있기 때문에, '결단'에 대해 근본적인 중요성을 부여해야만 하는 이유도 분명하지는 않다. 결국, '죄책감을 느끼는 존재'와 '참된 상태-참되지 않은 상태'의 딜레마에 관련된 '양심'의 물음 위에 윤리를 정초하려는 것은 올바르지 않다.

2.6. 시간성

하이데거의 실존 분석은 실존의 궁극적인 의미로서의 '시간성'의 문제 안에서 정점에 이른다. 인간 존재를 구성하는 모든 요소—즉 '던져진 존재' '자기를 넘어서는 존재' '세계 내 존재' '죽음을 향한 존재', 그리고 '결단'을 통해 마지막을 미리 앞당겨 살도록 부름을 받은 존재 등—는 이 모든 것을 내포하는 하나의 특징에로 모아진다. 이는 다름 아닌 '시간성'으로서, 이것은 인간이 스스로를 이해하는 하나의 지평이라고 하겠다. 이처럼 시간은 인간 실존의 구조적인 차원이다. 인간은 '스스로를 시간화'하면서, 즉 자기 시간을 만들면서 자신이 되어간다. 이러한 인간의 시간성은, 인간의 실존 자체가 죽음을 자신의 최고의 가능성으로서 미리 앞당겨 고려하는 가운데 참으로 자기 자신일 수 있기 때문에, 본질적으로 유한할 수밖에 없다.

하이데거에 의해 제기된 시간성의 물음은 시간에 대한 일반적이고 일상적인 개념과 대립된다. 이 시간성은 순간들의 순수한 연속성으로서가 아니라, 인간 실존에 내재된 과정으로서 인간은 이를 통해서 자신에게 주어진 보다 더 고유한 가능성들 안에서 스스로를 실현할 수 있는 것이다. 하이데거에게 있어서 중요한 것은 여타 사물들의 시간이나 그 시간의 양적인 기준에 있는 것이 아니라, '인간의 실존적인 시간'이다. 인간은 이를 통해서 자신의 존재 구조와 더불어 제한된 가능성들 가운데에서 미리 앞당겨서 자기 자신이 되도록 부름을 받았다. 따라서 '과거' '현재' '미래'라고 하는 언명들은 '이전' '지금' '이후'라고 일컬어지는 의미를 담는 것이 아니라, 존재의 단일함 안에서 서로를 내포하는 차원들이라고 하겠다.

■ **과거의 의미:** 모든 인간의 과거는 단순히 '이미 있었던' 그 무엇이 아니라, '있었던 그러나 현재하는' 그 무엇이다. 이는 인간이 언제나 '이미 있었던', 즉 '있었던 존재'의 현실화요 존재하기를 지속하는 과거임을 의미한다. 과거는 단지 일종의 기억으로서가 아니라, 모든 인간이 자신 안에 자신만의 고유한 과거를 지니고 그것에 의해 영향을 받았다는 의미에서 현재 안에 남아 있다.

■ **현재의 의미:** 현재는 과거와 미래 사이의 만남이요 일치점이다. 즉, '더 이상 과거가 아니며' 그러나 '아직 미래는 아닌' 상태이다. 따라서 현재의 의미는 '던져진 존재'라는 실존적 특징을 지니는 과거에 의해 결정되어 있으며, 반면 '자기 자신을 넘어서는 존재'로서의 미래적인 특징을 품고 있다. 이렇게 현재는 인간 실존의 과거와 미래적인 특징을 모두 내포하고 있다.

■ **미래의 의미:** 어떤 의미에서 미래는 과거의 완성으로서 드러난다. 미래는 과거를 전제로 하며, 반면 과거는 미래가 없이는 성립할 수 없다. "과거의 지속적인 '있었다'라는 것은 미래에 의해 생겨나며, 현재에 그 기원을 부여한다. 이렇게 과거와 현재와 미래의 실존적인 일치는 상호간에 서로를 조건 짓게 하며 서로를 내포한다. 이 일치 안에서 미래가 우위를 차지한다."[20]

나아가 이 시간성은, 하이데거에 의하면, 그 안에 인간의 초월성이 기초하는 실재로서, 시간성은 인간의 초월성을 내포하며 세계 내 존재자들을 초월하는 것, 그리고 세계를 초월하는 그 무엇과 인간 존재의 '궁극적인 목적'을 내포한다. 인간의 초월성은 '세계를 향한 존재' 라고 하는 그의 실존적인 차원 안에 자리 잡고 있다. 인간은 세계에 개방되어 있는 존재인 한에서 다른 존재자들을 초월하며, 나아가 존재에 개방되어 있는 한에서 세계를 초월한다. 인간에게 있어서 세계 내 존재자들을 초월한다는 의미를 알기 위해서는 이 존재자들이 인간에 의해서만 언급되어질 수 있는 대상이라는 한에서, 그들 상호간의 연관성과 관계 안에 일치되어 있음을 상기할 필요가 있다. 따라서 인간은 이 존재자들에게 이해 가능성을 부여하면서 그리고 그것들 위에 존재의 빛을 내어 던지면서, 그것들을 초월하고 극복한다. 이렇게 함으로써 인간은 자신에게 주어진 고유한 가능성들을 통해 자기 자신이 되어 가는 것이다. 초월성이란, 인간이 세계 안에 있는 존재자들을 통해 이 세계를 발전시키고 그것들 위에 자신의 가능성들을 기획하면서 이 세계를 구조화한다는 것을 말한다. 인간은 여타의 존재들을 초월성과 동일시되는 자신의 자유의 가능성을 통해 활용함으로써 자기 존재를 현실화한다. 결국, 시간화로서의 초월은 인간 역사성과 그가 역사 안에서 자기 자신이 되어 가는 데에 있어서 이를 가능하게 하는 조건이라고 하겠다.

20) 같은 책, p.61.

Ⅱ 실존의 신학적인 의미

우리는 지금까지 실존 철학적 입장에서 실존에 대한 의미를 고찰해 보았다. 이제 우리는 이를 바탕으로 실존에 대한 신학적인 의미를 조명해 보고자 한다. 고찰하기에 앞서, **"하느님의 계획 안에서의 인간"**이란 주제 안에서 여러 번 언급한 바와 같이, 한 가지 염두에 둘 것은, 인간은 이미 완성된 존재가 아니라, "자신의 성숙을 향해 끊임없이 성장해 가는 씨앗과 같다는 점이다. (…) 구체적으로 실존하는 인간은 (…) 자신의 본향에서 확실한 정체성을 획득하기 위해 길을 가는 '여정자'(viator)라고 하겠다. 이러한 점에서 인간은 선물과 과제를 함께 지닌 존재이며, 본래적인 객관성과 더불어 자기 고유의 주체성을 내포하는 존재라고 하겠다. **그의 본래적인 구조는 오직 '되어 가는' 양상 안에 있다.** 즉, 어떤 상태 안에 고정 불변된 존재가 아니라, 하느님에 대한 '순명' 안에 자신의 결정적인 정체성을 끊임없이 형성해 가는 역동적인 형태 가운데 인간 존재 구조는 기초하고 있다."[21]

1. 성서의 가르침

실존의 개념을 신학적인 전망 안에서 고찰함에 있어서 보다 적합한

21) G.Gozzelino, *Vocazione e destino dell'uomo in Cristo,* Elle di ci, Torino, 1985, p.187.

방법을 따르기로 하자. 다시 말해, 구약과 신약성서에 의해 드러나는 것처럼, 구원 역사 안에서 드러나는 중요한 요소들을 고찰함으로써 실존의 신학적인 개념에 접근하기로 하겠다.

1.1. 구약성서

오늘날 인간 실존에 대한 주제를 대하는 것, 특별히 그의 신학적인 의미를 밝히는 데에는 필연적으로 인간의 '역사성'에 대한 의미 고찰이 선행되어야 한다. 그러나 이러한 요소를 성서 세계 안에서 확실히 찾아낼 수 있는 것은 아닌데, 왜냐하면 인간의 역사성에 대한 주제화와 그에 대한 인식은 무엇보다도 현대 서양 철학에 의해 밝혀졌기 때문이다. 그럼에도 불구하고 계시된 말씀 안에서 이러한 인간의 역사성에 대한 언급들을 찾아보는 것이 결코 헛되지는 않다. 왜냐하면 적어도 이러한 인간의 특징은 인간을 완성된 존재가 아니라 끊임없이 성장하는 존재로 보게 하며, 우리는 이러한 특징을 성서 안에서도 발견할 수 있기 때문이다. 특별히, 우리는 성서 안에 현존하는 일련의 교의적인 발전과 직관들을 살펴보면서 이 개념을 고찰해 보고자 한다. 우리가 살펴보게 될 여러 측면들은 창조에 대한 주제, 여정의 범주, 이스라엘 백성을 향한 하느님 약속의 중요성에서 유래하는 시간에 대한 개념이며 이와 관련된 점들이다. 이러한 고찰을 통해 우리는 인간 실존이 이미 완성된 존재가 아니라 지속적으로 되어 가는 여정 중에 있음을, 그래서 인간은 이에 대해 책임이 있음을 알게 될 것이다.

1.1.1. 시간에 대한 히브리적 관념

오늘날의 성서 주석학자들은 시간에 대해서 단수보다는 복수적인 차원에서 시간을 언급해야 한다고 주장하는데, 이는 다시 말해서 히브리적인 사고방식 안에서는 시간에 대한 '관념'보다는 '관념들'이라고 표현해야 옳다는 말이다. 따라서 시간은 히브리적 사고방식에 의하면 크게 3가지, 즉 ① 순환-반복적, ② 직선적, ③ 종말론적인 전망 안에서 고려되어야 한다.

① 순환-반복적인 시간관

히브리적 사고방식에 있어서 시간에 대한 이해의 출발점은 다른 민족들과 공통적이다. 따라서 그들에게 있어서도 시간에 대한 해석의 출발점은 우주 만물의 자연적인 순환의 연속성에 있었다. 시간에 있어서 이러한 주기성이 갖는 중요함에 대한 인식은 고대에 있어서 이를 시간에 대한 이해의 키포인트로 간주하게 했다. 이스라엘의 사고방식에 있어서 특히 인생의 초창기 시절들에 있어서는 이러한 규칙이 예외 없이 적용되었다. 이에 대해서 우리는 모세 오경과 역사서에서 몇 가지 시사할 점을 발견할 수 있다. 새로 시작하는 달,[22] 새로 시작하는 해,[23] 낮과 밤, 봄에 첫 만월 후 거행하는 파스카[24] 등의 절기 축제들이 바로 그런 예들이다. 이러한 지속적인 시간 주기는 몇 가지 큰 축제들을 보아도 알 수 있다. 누룩 없이 구운 빵을 첫봄에 먹는 축제, 추수 시작에 하는 축제, 추수한 곡식의 첫 묶음과 만물들을 봉헌하는 축제, 오순절 추수 축제 등. 또한 코헬렛(전도서)을 쓴 후

22) 1사무 20,5.

23) 아모 8,5; 이사 1,13.

24) 출애 12장.

기 저자는 같은 시간의 단순한 반복과 인간 운명의 순환적인 특징을 고대 그리스 특히 스토아 학파, 그리고 『길가메쉬』의 영웅 서사시 안에서 보여 주는 진부한 운명론과 같은 톤으로 소개하고 있다.[25] 이 코헬렛 저자의 사고 가운데 인생은 불가항력적인 시간들에 의해 지배되는 것으로 소개된다. 인생의 모든 사건에는 다 때가 있다는 것이다.[26] 그럼에도 불구하고, 당대의 주위 민족들과 공통점을 지니는 순환-반복적인 시간 개념에 있어서 히브리적인 사고방식은 두 가지 중요한 다른 점을 지닌다.

우선 첫 번째로, 주위 민족들과는 달리 그들에게 있어서는 반복성과 초월성 사이의 엄격한 구별이 있다. 이는 반복-순환적인 시간이 결코 어떤 고정 불변된 것이나 거룩한 것으로 간주되지 않았음을 의미한다. 오히려 이 시간은 단순히 하느님께서 만드신 것으로서 하느님이 이 시간의 주인으로 해석되면서 비신화화의 과정 하에 놓여 있었다. 이에 대해서 구약성서는 분명히 가르치고 있다. 그에 의하면 자연 주기는 야훼에 의해 고정되었다고 한다. 별의 운행이 그렇듯이 또한 낮과 밤의 변화도, 그리고 절기가 다시 돌아오는 것도 모두 야훼가 그렇게 만드셨기 때문이라는 것이다. 하느님은 땅에 비를 뿌리시고 시골에 물을 대 주시며, 해에게 명령하시어 낮 동안 해가 지지 않는다.[27] 인간이 잠시 지나가는 시간 가운데 산다면,[28] 하느님은 영원 가운데 계시고 거기에서부터 전능하게 시간을 다스리신다.[29] 이

---

25) B.Boschi, *Tempo, storia e festa nella Bibbia*, in *SacDot* 23(1978), q.87, p.186.

26) 전도 3,1~8.

27) 욥기 5,10; 9,7.

28) 시편 89,9~10; 102,15; 이사 40,6~7.

29) 이사 40,27~31; 41,1~5; 43,8~13; 44,6~8.

는 결국 그들에게 있어서 시간이란 신격화되는 것(마치 그리스 판테온의 크로노스라는 신에 의해 떠받쳐지듯)도 아니요, 그렇다고 평가 절하되는 것(이슬람의 경우)도 아님을 분명히 드러낸다.[30]

다른 특징은, 반복되는 시간 안에서 '현실화'를 허용하고 있다는 데 있다. 이는 축제 거행을 통해 기억을 상기시킴으로써 과거의 역사적인 사건들을 현재화하는 의미를 지닌다. 이것이 바로 출애 12,1~2.11~14.21~27에 서술된 파스카 전례 거행의 의미이다. 이 텍스트들은 파스카 전례와 더불어 이집트 종살이로부터의 해방을 기념하고 있다. 이러한 현실화를 통한 전례 거행은 현재와 미래를 위해서 이집트로부터의 해방 사건을 유효하게 하고 있다. 이렇게, "근본적인 사건들은 어떤 특정한 시간, 즉 전례적인 기념 안에서 행해지는데, 이러한 전례 거행은 한 민족의 사고와 삶을 실존적으로 인도하는 기능을 가지고 있다. 이스라엘 민족이 보았던 사건들은 일종의 선물이면서 동시에 과제라고 하겠다."[31]

② 직선적인 시간관

시간으로부터 거룩함을 벗겨 내는 것과 '현실화'를 허용하는 것은 히브리적인 사고방식이 당대 주위 민족들과 공유했던 순환적인 시간관에 변화를 가져온 두 가지 다른 점이다. 이스라엘 민족은 시간 리듬들을 역사화의 과정 밑에 둠으로써 이를 이루어 냈다. 이러한 방법으로 그들은 직선적인 시간관을 열었던 것이다. 거기에는 고대로부터 내려오는 '충만'이라고 하는 공통의 시간에 대한 신념이 첨가되었으

30) G.Gozzelino, 앞의 책, p.190.

31) G.Bruni, *La concezione biblica del tempo*, in *Servitium* 9(1975), p.334.

며, 여기에 더불어서 야훼의 역사적인 주도권에 대한 선택된 민족의 절대적인 의존 개념이 첨가되었다.

고대인들 그리고 히브리인들에게 있어서 어떤 사건으로부터 분리, 독립된 시간을 상정한다는 것은 불가능했다. 그들에게 있어서 사건이 없는 시간이란 공허한 시간이다. 모든 것에는 다 때가 있다고 하는 성서의 친숙한 표현들을 우리는 쉽게 찾아볼 수 있다. 낳을 때가 있는가 하면,[32] 짐승들을 모아들일 때가 있다.[33] 그러나 무엇보다도 전도서에는 태어나고 죽는 것, 심고 거두는 것, 울고 웃는 것, 슬퍼하고 춤추는 것, 찾고 잃는 것, 찢는 것과 바느질하는 것, 말하는 것, 사랑하고 증오하는 것에는 다 때가 있다고 언급한다.[34]

고대인들에게 있어서 일어나는 모든 일들이 자연 주기와 인간 실존의 영속적인 순환을 통해 고려되었다면, 히브리인들에게 있어서 이 모든 것은 역사적인 관점에서 이해되었다. 그들에게 있어서 이러한 비약이 가능했던 것은, 무엇보다도 그들이 역사 안에서 자신들을 향한 하느님의 구원 개입에 대한 공동체적 체험이 있었기 때문이다. 이렇게 이스라엘 백성은 이 모든 것에 대한 의미와 가치를 되새겼고, 이것들을 역사 가운데 드러나는 하느님의 구원 행위에 대한 기념으로 변화시키길 주저하지 않았다. 바로 이것이 "시간 관념에 하느님과 인간 사이의 만남으로 점철된 〈바로 그 시간〉이라고 하는 개념을 덧붙이는 계기가 되었다. 『70인 역 성서』에서 사용하는 그리스 표현인 카이로스(kairós)는, 하느님의 구원 행위가 언제나 현실화될 가능성을 갖고 있으며, 다가오는 모든 것들에 의미와 근거를 부여할 수 있음을

32) 미가 5,2.

33) 창세 29,7.

34) 전도 3,1 이하.

드러낸다."[35] 이러한 전망 안에서 우리는 과거의 중요한 사실들, 특히 이집트에서의 탈출에 초점을 맞추기 위해 사용된 표현인 '그때에'(en tó kairó ekeíno)라는 언명이 무엇을 의미하는지 알게 된다.

이러한 역사화의 결과는 직선적인 시간관에 두 단계의 전망을 추가하게 된다. 즉, 상호간에 독립된 각 개별 사실들에 대한 각기 다른 지역에서의 전례 거행이 그 첫 단계를 이루며,[36] 그 후 이러한 일련의 구원 사건들이 함께 정리되면서 일관된 전망 안에 편입되는 단계가 뒤따른다. 이는 이스라엘 민족이 단 하나의 구원 사건을 통해서만이 아니라 오랜 역사의 여정을 걸으면서 자신의 실존을 이해했다는 말이요, 구체적으로는 야훼에 의한 구원 개입의 역사가 그들의 정체성에 대한 이해에 있어 핵심이었음을 의미한다. 이 사실은 이미 판관시대부터 분명하게 드러나고 있다. 이에 대한 증거는 신명 6,20~25와 26,5~9 그리고 여호 24,1~3에 있는 소위 이스라엘 민족의 '신경'(信經)에서 잘 드러난다.

그럼에도 불구하고, 이러한 그들의 직선적인 시간관은 현대적인 개념과는 구분되는데, 이는 이스라엘 민족이 "오로지 하느님께서 당신의 업적과 통치로 시간을 채워 주시는 한에서 역사가 있다고 하는 근본적인 사고를 견지했기 때문이다."[37] 따라서 히브리인들에게 있어서 시간에 충만한 의미를 부여하는 것은 하느님께 대한 끊임없는 개방성으로서, 다시 말해, 하느님의 주권에 온전한 순명으로 응답하

35) G.Gozzelino, 앞의 책, p.191.

36) 예를 들면, '베델'이라는 지역에는 야곱에 대한 전통이 있고, '시켐'에서는 시나이 계약에 대한 축제 거행하며, '길갈'에서는 여러 면에서 파스카, 출애굽 축제와 다를 바 없는 가나안 정복을 기념하는 축제를 거행하곤 했었다.

37) G. von Rad, *Teologia dell'AT,* vol.2, Paideia, Brescia, 1974, p.133.

는 일련의 '카이로이'(kairói: 바로 그 시간들)가 전제된 하느님께 대한 개방이 그들에게 의미 있는 시간을 가져다준다고 하겠다. 바로 이 때문에, 구약성서에서 '선조들의 시대'(에즈 8,76), '노아의 시대'(이사 54, 9), '아브라함의 시대'(창세 26,1.15), '여호수아의 시대'(2마카 12,15), '사무엘의 시대'(에즈 1,20) 등을 언급하고 있는 것이다. 시간은 하느님의 주도권에 겸손히 따름으로써 자신들의 시간을 하느님으로 채워 가는 신자들과의 관계 속에서 규정된다고 하겠다. 히브리 신자의 정체성은 구원 역사 선상 안에 자신을 편입시키는 가운데 있다. 이는 시간을 하느님의 주도권 안에 올바로 뿌리박는 가운데 자기 존재를 끊임없이 하느님께로 향하려는 부단한 노력이 수반된다.

③ 종말론적인 시간관

히브리적 시간관은 예언자들과 더불어 그 정점에 이른다. 그들의 설교와 더불어서 이제 기준점이 과거에서 미래로 바뀌게 되었다. 이제, 이스라엘 민족의 역사는 그들과 하느님 간의 관계에 있어 지속적으로 하나 되는 과정으로 드러난다. 이러한 전망은 계약의 요구에 대한 충실함을 요청하며 이를 정당화하고 있다. 나아가 이러한 전망은 그들에게 아주 비극적인 상황 속에서도 하나의 희망을 버팀목 삼아 견디며 살아갈 수 있도록 용기를 심어 주었다. 이 희망은 다름 아닌 시간 속에서의 하느님의 새롭고 결정적인 개입이었다. 그들을 지탱했던 것은 어떠한 인간의 생각이 거스를 수도, 헛되게 할 수도 없는, 역사를 이끄는 하느님의 계획에 대한 확신 —구체적으로는 이사야 예언자에 의해 언급됨[38] —이었다.

38) 이사 14,27.

우리는 예언자들의 설교 안에서 약속된 땅에 대한 정복의 선포, 새 다윗, 새로운 시대, 새로운 땅[39]에 대한 선포를 들을 수 있다. 나아가 이들은 새 예루살렘[40]과 새 계약[41]을 선포한다. 과거에 야훼 하느님을 통해 일어난 기적들은 미래에도 그분은 역시 놀라운 일들—과거의 기적들보다도 더 놀랍고 풍부한—을 이루시리라는 데 대한 보장이라는 전망 속에서 기억되었다: "더 이상 과거의 일들을 생각하지 말아라. 나 이제 새 일을 하리니, 이제 막 시작하려고 하는데, 너희는 이를 깨닫지 못하느냐?"(이사 43,18~19). 이렇게 그들의 설교 안에 드러나는 긴장 요소는 이스라엘 민족 안에 살아 있는 희망과 함께 '야훼의 날'이라고 하는 새 날을 향해 살도록 이끌어 주었다. 이 '야훼의 날'의 특징은 유배 시대 이전의 예언자들에게서 침략자들의 위협과 악을 없앨 것이라고 하는 것과 함께 잘 드러나며, 유배 시대 이후의 예언자들을 통해서는 희망이라는 주제를 통해 잘 드러난다. 예언자들에 의해 선포된 미래에 대한 새로움의 특징은 무엇보다도 그 내용의 보편성에 있다. 이는 소위 '새 창조'[42]와 '새 하늘과 새 땅'[43]이라고 하는 것이었다. 이스라엘 민족의 변천사는 히브리 민족만이 아니라 전 인류가 하느님의 업적을 통해 기대하는 놀라운 미래—그러나 이것은 인류가 자신의 과거와 현재 안에서 행하는 것들에 달려 있는데—를 향한 여정 중에 있는 하느님의 백성이라는 사실을 드러내 준다.[44]

39) 에즈 34,23 이하; 40~3; 47,13~48,29.
40) 이사 54,11~17; 62,2; 65,15.
41) 예레 31,31~34.
42) 이사 51,3; 65,25.
43) 이사 65,17; 66,22.
44) 참조: G.Gozzelino, 앞의 책, p.194.

1.1.2. '창조'라는 주제

또한 우리는 창조 설화와 더불어 인간 신학의 사상을 엿볼 수 있다. 창조 설화는 두 가지로 구분되는데, 하나는 사제계, 다른 하나는 야휘스트계 문헌이다. 첫 번째 창조 설화(창세 1,1~2,4)는 탈성화(脫聖化)의 세상을 드러내는데, 이 세상의 창조는 계약을 향한 일련의 무수한 사건들의 시작으로 소개된다. 이는 인위적으로 편집된 족보 안에서 계약의 시작으로 소개되는 아브라함의 소명과 함께 드러나고 있다. 하느님에 의해 이룩된 창조 업적들은 칠 일째인 '안식일'을 정점으로 한 일련의 점진적인 단계 안에서 소개되고 있다. 이는 창세기 1장에서 '완성된' 시작을 염두에 두고 창조를 말하는 것이 아니라, '완전함'이란 것을 창조 사업의 마지막인 안식일에 두고 있음을 의미한다. 여기서 시간의 건설적(costruttivo)인 구조적 특징과 '세상을 향한 일'로서의 하느님의 활동이 강조되고 있다. 이 마지막 특징은 '하느님의 모상'으로서의 인간의 특징과 병행해서 아주 중요한 위치를 차지하고 있다. 따라서 업적을 이루시고 이를 완성에로 이끄시는 가운데 하느님이 드러나시는 것처럼, 인간도 하느님으로부터 맡겨진 일, 즉 세상의 주인으로서 세상을 잘 지배하고 관리함으로써, **'하느님의 모상과 유사함'**(*imago et similitudo Dei*)으로서의 자기 존재를 실현해 가는 것이다.[45] 이 설화 안에는 과거에 대한 어떤 강조도 없으며 인간 기원을 설명함에 있어 어떤 거룩함(sacralità)에 대한 흔적도 없다. 다만, "무엇보다도 시간을 점진적으로 상승하는 일종의 축으로서 이해하도록 초대하고 있다. 시간은 인간이 자신의 소명을 완수하기 위해 필요한 장(場)으로 드러난다."[46]

---

45) 창세 1,26.28.

야휘스트계 문헌의 창조 설화 안에서도 이렇게 일하시는 하느님의 활동적인 모습과 인간의 자아실현에 대한 책임이 강한 어조로 드러나고 있다. 이 텍스트에서 하느님이 하늘과 땅을 창조하고,[47] 질그릇을 빚듯이 인간을 지으셨다고 얘기하고 있다.[48] 하느님께서 정원에 식물, 나무들을 만드시는 일은 농부와 비슷하게 드러나고 있으며, 하느님은 이와 같은 일을 인간에게 명령하고 있다: "하느님께서는 인간을 에덴 동산에 두시며 그가 이 정원을 가꾸고 보호하도록 하셨다."[49] 땅에 대한 경작과 인간의 소명, 그리고 일과 문화 사이의 관계가 여기에 함축되어 드러난다. 여기서 인간은 세상과 자기 자신을 가꾸는 일꾼(artifex faber)으로 드러나고 있다.

1.1.3. '여정'의 이미지

'여정'이라는 이미지는 계약의 요청들을 표현하려는 구약성서의 관습을 강조하기 위해 아주 적절한 단어이다. '**계약을 충실히 잘 지킨다**'는 것은 히브리 신자에게 있어서 '**하느님께서 보여 주시는 길을 걸어간다는 것**'을 의미했다.[50] 사실, 고대의 셈족은 유목민이었다. 그래서 그에게 있어서 도로(strada)와 길(via)과 오솔길(sentiero)은 다 비슷한 것이었다. 하느님은 아브라함으로 하여금 그가 오직 당신께서 하신 약속만을 신뢰하면서 고향을 떠나 다른 나라를 향해 모험을 감행할 것을 요구하셨다.[51] 하느님은 이집트에서의 탈출을 통해 당신께서 선

46) J.L.Ruiz de la Peña, *L'altra dimensione. Escatologia cristiana,* Borla, Roma, 1981, p.42.

47) 창세 2,4.

48) 창세 2,7.

49) 창세 2,15.

50) 이사 55,8~9.

택하신 민족을 해방시키셨으며, 이들을 도저히 이해할 수 없는 길로 들여보내신다.[52] 후에 이들은 약속의 땅에 들어간 이후에도 아직 끊임없이 "주님의 길을 걸어가야만 했다."[53] 또한 그들이 하느님을 배반한 후 그들에게 요청된 '회개'는 "사막 가운데 야훼의 길을 준비하는 데 있었다."[54] 사실, 하느님 몸소 "고독 가운데 길을 준비하실 것"[55]이며, "모든 산들을 길로 만드실 것이었다."[56] 또한 하느님은 이스라엘에게 율법을 알게 하는 선물을 주심으로써, 그들이 "주님의 법 안에서 거닐어야 할"[57] 의무를 통해 그 선물에 맞갖게 살도록 하셨다.

1.1.4. 이스라엘 민족의 운명 안에서의 하느님 약속의 중요성

지금까지 우리가 다뤄 온 신학적 주제들은 이스라엘의 역사를 하느님의 약속과 그에 대한 성취라고 하는 근본적인 틀 안에서 이해하는 것이었다. 야휘스트계 저자의 편집에 따른 전망은 아브라함에게 하신 하느님의 약속을 이스라엘의 실존을 규정하는 기초로 보았다. 아브라함에게 하신 약속 가운데 "하느님은 당신 스스로 이 선택된 민족을 세우시고 그들에게 특별한 위치를 내어 주시며 —즉, 세상 역사의 의미와 목적 —다가올 미래 시대에까지 지속될 보다 광범위한 약속의 틀 안에서 그들을 품으셨다(창세 12,1~3). 이 텍스트에 의하면 하느님

51) 창세 21,1~5.
52) 출애 13,17~18.
53) 시편 128,1.
54) 이사 40,3.
55) 이사 43,19.
56) 이사 49,11.
57) 시편 119,1.

의 축복은 다가올 역사 안에서 이루어질 모든 하느님의 개입의 '원천이 되는 시작'을 이룬다. 이 축복은 아브라함에게서 뻗어 나가 그 후에 이어질 모든 사람들과 모든 민족들을 포함한다."[58] 구약성서에 의하면 선택된 민족인 이스라엘의 삶의 전체적인 모습은 하느님 약속의 완성을 향한 여정으로 드러나고 있다. 이 여정은 다섯 가지 단계를 거치면서 점진적으로 발전하고 있는데, 이는 하느님 약속의 점진적인 실현을 집약적으로 보여 준다. 이는 이스라엘 백성으로 하여금 언제나 더욱 미래를 향해 자신을 개방하고 시간에 목적을 부여하면서, 그들 자신에게 참된 역사의 모습을 갖게끔 한다.

① 첫째 단계

이스라엘 민족의 역사는 아브라함과 그 이전 선조들에게 하신 하느님의 약속에서 시작된다. 이 약속은 하느님 편에서는 충실해야 할 의무가 요구되지만, 아브라함 편에서도 절대적인 신뢰가 요청된다. 하느님은 그에게 오직 당신께서 하신 미래에 대한 약속에만 의지하는 가운데 여정을 떠날 것을 요구하신다. 약속-서원의 개념은 하느님 친히 그에게 보여 주실 땅[59]과 무수한 자손[60] 그리고 특별한 보호[61]에 대한 보장을 포함한다. "하느님은 아브라함을 마치 어떤 의미에서는 이미 무제한으로 앞당겨서 선포하는, 미래를 향한 인간으로 세우고 계신다."[62]

---

58) H.Gross, *Lineamenti dell'escatologia dell'AT e del primo giudaismo,* in *Mys. Sal.,* vol.11, p.194.

59) 창세 12,7; 15,16.

60) 창세 12,2.

61) 창세 17,9.

62) A.Rudoni, *Introduzione alla escatologia,* Torino, 1980, p.23.

② 둘째 단계

둘째 단계는 출애굽, 즉 이 선택된 민족의 이집트에서의 탈출과 해방으로 이루어졌다. 이집트의 종살이로부터 해방은 그 이전에 이미 모세의 소명에 대한 하느님의 개입이 선행하고, 그 이후에는 시나이 계약 체결이 뒤따른다. 하느님은 불떨기 나무에서 모세를 부르시면서 그에게 당신의 백성을 이집트인들의 손아귀에서 자유롭게 하고 조국을 약속하시리라는 당신의 의지를 드러내신다.[63] 나아가 하느님은 그에게 '야훼'라고 하는 당신의 이름을 계시하신다. 그 의미는 "나는 있을 것이다." 또는 "나는 너희와 함께 너희를 위하여 거기에 있을 것이다"이다. 하느님은 이름 그 자체에 당신의 약속을 지니는 그런 이름을 취하시며, 이스라엘에게 있어서 미래의 구원자로서 당신을 드러내신다.

③ 셋째 단계

세 번째 단계는 땅과 자손, 하느님과의 특별한 관계의 내용을 포괄하는 약속을 넘어서 이스라엘의 메시아 왕권에 관한 네 번째 요소가 추가된다. 이 단계의 핵심은 하느님께서 나탄 예언자의 입을 통해 다윗왕에게 하신 말씀을 통해 주어졌다.[64] 사실 당신 백성에게 땅을, 왕에게는 자손을 그리고 당신과의 특별한 관계를 보장하는 것 이상으로, 하느님은 다윗의 왕좌를 군건히 하시려 했다.[65] 하느님께서 다윗에게 하신 그의 왕좌가 영원하리라는 약속과 더불어 메시아니즘이 싹트게 된다. 이렇게, 하느님 약속의 보관자로서의 왕은 하느님 나라

63) 출애 3,7~12.

64) 2사무 7,10.

65) 2사무 7,12~16.

의 제도화를 통해 이 약속을 충만히 실현하기 위해 미래에 정해진 메시아를 점차적으로 현실화했다.[66] "이제 야훼 안에서의 이스라엘의 희망은 야훼와 특별한 관계를 맺은 한 사람에 대한 희망에로 합쳐지게 된다. 여기서, 아브라함과의 약속 안에서 이미 시작되어(창세 12,3), 모세와 그 밖의 여러 모습들을 통해 나자렛 예수에게 이르고, 그분의 재림과 더불어 세상의 완성을 향한 희망에 도달하는 일련의 과정이 드러난다."[67]

위에서 언급한 사실로부터 이제 일련의 사건들은 약속의 현실화로서 드러나게 되는데, 이 약속들은 그 자체로 종결된 과정이 아니라 연속적으로 이어지는 일련의 과정으로 이해된다. 여기서부터 두 가지 결론이 나온다. 첫 번째로 체험하는 사건들은 후세에 전해져야 하는 것으로서, 이는 그 체험들 안에 미래에 다가올 세대를 위한 결정적인 그 무엇인가가 있기 때문이다. 다른 하나는, 이러한 사건들이 매번 다가오는 새로운 현재 안에서 재해석되고 현실화될 수 있다는 사실이다. 왜냐하면 "그러한 과거에 대해 언급하고 서술하는 모든 것은 현재 안에서 미래를 향해 개방되어야 하기 때문이다. 역사적인 실재는 하느님의 약속이라고 하는 역사적인 지평 안에서 언급되어져야 한다. 이스라엘의 역사적인 설화 주제들, 즉 선조들의 역사, 사막에서의 여정, 다윗의 역사 등은 미래를 향한 점진적인 주제들로 다뤄지고 있다."[68]

---

66) 시편 2편; 110편.

67) F.J.Nocke, *Escatologia,* Queriniana, Brescia, 1984, p.20.

68) J.Moltmann, *Teologia della speranza,* Queriniana, Brescia, 1970, p.108.

④ 넷째 단계

네 번째 단계는 예언자들의 설교로 특징지어진다. 예언자들의 설교의 수취인인 이스라엘 민족의 상황은 온갖 슬픔과 고통으로 점철되어 있었다. 그러므로 예언자들의 설교는 이스라엘 백성을 다가올 미래에 부분적으로서가 아니라 총체적이요 결정적으로 하느님 약속의 성취가 이루어질 것이라고 하는 희망으로 인도했다. 예언자들은 이 약속이 파기된 것이 아니라[69] 단지 잠시 가려져 있을 뿐[70]이라고 하며 절망적인 상황들을 극복하도록 이스라엘을 격려했다. 특별히 이들은 유배 시기에 절망 속에 있는 이스라엘의 남은 이들에게 '희망에 가득 찬 미래'[71]를 선포했다. 이스라엘 백성이 불충실하더라도 약속에 대한 하느님의 충실함을 없앨 수는 없었기에, 희망을 포기해선 안 되었다. 하느님은 언제나 그들을 용서하실 것이기 때문이다.[72] 언젠가는 확실히 이 선택된 민족이 하느님의 축복으로 배불리 먹을 날이 올 것이며, 뭇 민족들의 모든 풍요로움이 그들 위에 넘쳐 올 날이 있을 것이다.[73] 결국 물질적인 약속의 완성이 이루어질 것이며 뭇 민족들은 회개할 것이다. 그리고 결국에는 완전한 예배[74]가 시작될 것인데, 뭇 민족들은 이스라엘 백성과 함께 이 예배를 드릴 것이다.

⑤ 다섯째 단계

이 마지막 단계는 다니엘의 묵시록을 통해 이루어진다. 이 묵시록은

---

69) 에제 37,11; 애가 3,18.
70) 이사 8,16 이하.
71) 예레 29,11; 31,17.
72) 호세 11장; 애가 3,22~23; 이사 54,4~10; 에제 35,29.
73) 호세 2,23 이하; 이사 32,15; 예레 31장.
74) 에제 40~48장; 즈가 14장.

칠흑 같은 비관적인 시대에 나온 것으로서, 근본적으로 새로운 형태의 변화를 갈구하는 희망에 대한 새로운 전망을 제시한다. 여기서는 모든 것 안에서 생활하신 하느님의 현존을 바라본다. 또한 이 어두침침한 비극적 역사는 하느님에 의해 인도되는 것으로서, 하느님은 현실보다 나은 새로운 세상을 통해 생명을 불어넣어 주기 위해 현시대의 몰락을 허락하신 것이다. 이제 옛 세상은 종말을 고하고 이전과는 전혀 다른 새 세상의 시대가 열리려 한다는 것이다. 이 모든 것은 하느님의 계획에 의해 미리 준비된 것으로서, 뭇 사람들에게는 숨겨져 있지만 몇몇 사람들에게는 계시되었고 하느님은 그들에게만 이 비밀을 엿보게 하신다. "다니엘서는, 매우 주의 깊이 이러한 전망을 잘 요약하고 있으며, 인간에게 결정적이고 고양된 다가올 왕국의 시작을 알리는 역사의 종말(다니 11,40~12,3)을 향한다. 이렇게 하느님 약속의 최종적인 완성은 시간 너머에서 현실화한다. 그러나 비록 이것이 역사 안에서 시작되었지만, 이 하느님의 선물은 역사에 속하지 않는다. 이 약속은 역사 안에 흡수되지 않으며 그럴 수도 없다."[75)]

1.2. 신약성서

신약성서 안에서도 인간 실존은 완성된 존재로서가 아니라 끊임없이 궁극적인 완성을 지향하는 실재로 드러난다. 사실, 예수의 모든 메시지와 업적은 현세 인간 조건의 역사성과 그의 잠시적이면서도 종국을 지향하는 특징을 배경으로 한다. 이 모든 것은 신약성서의 시간관과 인생을 완성을 향한 '여정' 또는 '순례'라고 보는 해석을 통해서 강

75) G.Gozzelino, 앞의 책, p.199.

조되고 있다.

1.2.1. 시간 개념

시간 개념에 있어서 구약과 신약 사이에 분명한 차이가 있기는 하지만 그 이면에는 단절을 이어 주는 지속성이 있다. 이러한 지속성은 시간의 직선적인 단일성과 목적성 가운데 드러나며, 이 시간 개념이 역사적 사실들에 깊이 의존하고 있다는 확신 안에서도 찾아볼 수 있다. 예를 들어, 마태 1,1~17에 나오는 예수의 족보를 통해서 이를 확인할 수 있는데, 이 족보는 다윗과 아브라함 대의 주위 인물들로 구성되는데 아담에게까지 거슬러 올라간다. 마태오 복음의 텍스트에 의하면 예수의 탄생을 선행하는 시대는 세상의 창조와 아브라함에서 다윗, 예수의 탄생에 이르는 잘 정리된 일련의 선조들이 드러나 있다. 여기서 순환적인 구조는 눈에 띄게 드러나 있지 않고 다만 일련의 점진적인 모습이 나타난다. 그리고 이러한 점진적 단계들은 예수 그리스도에게서 정점을 이루면서 세상을 향한 하느님의 계획을 드러내고 있다.

여기에 드러나는 구약성서와의 두드러진 차이점은 무엇보다도 순환적인 시간관이 없다는 것과, 예수 그리스도의 공생활과 죽음, 부활 사건과 더불어 역사가 완성된다는 점에 있다. 순환적인 시간관이 결정적으로 제외된 것은 특별히 역사의 종말에 대한 선포를 강조한 데서 기인한다. 신약성서의 전망은 세속적인 시간이 영원히 멈추는 미래를 필연적으로 지향하고 있다. 마르 13,24~25에서는 "태양이 어두워지고 달이 빛나지 않고 별들이 하늘에서 떨어지며 하늘의 권세들이 세력을 잃는" 날들의 도래를 얘기하고 있다. 그리고 2베드 3,10에서는 세속적인 시간이 완전히 끝나는 사건을 강렬한 필치로 서술하

고 있다: "주님의 날은 도둑처럼 올 것입니다. 그날에 하늘은 요란한 소리를 내면서 사라질 것이요, 원소들은 불에 타 없어질 것이며, 땅과 그 안에 있는 모든 일들이 드러날 것입니다"(2베드 3,10); "우리 주 예수 그리스도께서 나타나실 때까지 이 계명을 흠 없고 나무랄 데 없이 잘 지키시오. 정해진 때에 이것을 보여 주실 분은 복되신 오직 한 분의 주권자, 왕들의 왕, 주인들의 주인이시로다"(1디모 6,14~15).

이러한 언급들로부터 우리는 세속적인 시간이 하느님의 손 안에 있다는 것을 알 수 있으며, 이 시간은 인간에 의해서가 아닌, 오로지 하느님에 의해 이루어지는 선택을 통해서 참된 역사로 바뀐다는 것을 보게 된다. 인간은 신앙을 통해 하느님의 역사적인 제스처에 충실히 응답하면서 여정을 걸어갈 때 진정한 역사를 이룬다. "신앙은 이미 그 자체로 더 이상 세상의 시간과 자신의 시간이 미래를 보장할 수 있을 것처럼 믿지 않고, 예수 그리스도의 사랑에 자신을 여는 시간 안에 이 희망을 두는 것이다. 이러한 신앙 안에서 비로소 말과 행동에 있어 모든 종류의 자기 언급(autoaffermazione)과 자기 보장(auto-sicurezza), 자기 고양(autoesaltazione)으로부터의 이탈이 이루어진다. 이 신앙 안에서 인간은 겉으로 확실해 보이는 자기 시간 속의 배(nave)를 버리고, 겉으로는 불확실해 보이는 하느님 시간에 속하는 바다를 향해 나아간다. 이 여정 가운데 인간은 단지 '오시오'라는 하느님의 작은 말씀을 버팀목 삼아 나아가는데, 그 말씀 이면에는 전능하신 주님이 현존하신다(마태 14,29)."[76]

신약성서의 전망에서, 참지혜는 시간을 존재하는 그 무엇도 아니요, 순환적인 것도 아닌 것으로 간주하는 가운데 있는 것으로 보았

---

[76] H.Schlier, *La fine del tempo,* Paideia, Brescia, 1974, pp.84~85.

다. 따라서 예측할 수 없는 하느님의 십자가를 신뢰하는 대신, '이미 있는' 그 어떤 인간적인 안전만을 신뢰할 때 이 시간은 공허하고 파괴적인 것이 되어 버린다.[77] 그리고 신약성서에서 순환적인 시간관의 철폐는 문화적인 범주를 훨씬 넘어가는 것으로서, 하느님과 세상, 의인과 불의한 자, 그리스도를 따르는 사람과 묵시록에 등장하는 짐승들을 대립시키는 투쟁에 있어서 결정적인 면을 구성한다. 현재 시간은 하느님을 거부하고 절대화하려 시도하고 있다. 따라서 신앙 안에서 굳세어지는 것이 요구된다. 그리고 종말이 가까워 옴을 알면서도 자기 영광만을 찾는 전형적인 시간으로 대표되는 어떠한 유혹에도 넘어감이 없이, 주님이 오시는 그날까지 참는 것이 필요하다. 깨어 있는 것,[78] 즉 역사의 참된 정체성을 하느님께서 이루시는 당신의 순간들—'이디오이 카이로이'(ídioi kairói), 즉 하느님 고유의 시간—로서 분별하고 시간이 영원히 반복되리라는 우상을 타파하기 위해 현재 시간을 그 깊이에서부터 뒤흔드는 것이 또한 필요하다.[79]

신약성서에서 보는 순환적인 시간관과 신앙과의 극복할 수 없는 양립 불가성을 없애는 힘은, 예수 그리스도께서 공생활 시작 때 하신 말씀에서 나온다: "때가 차서 하느님 나라가 다가왔습니다"(마르 1,15). "시간이 영원히 순환하리라—여기서 미래는 안중에도 없고 오직 현재만이 관심거리이다—는 전설은 예수 그리스도를 통해서 일순간에 사라졌다. 예수로 인해 시간은 충만에 이르렀으며, 오직 전 인류를 향해 퍼져 나갈 것만을 기다리고 있다. (…) 예수로 인해 현재라는 시간은 이제 '중간적인 시간' 또는 실현 과정에 있는 종말론적인 시기가

77) 1고린 2,6~16.

78) 마태 24,42~44; 25,13.

79) G.Gozzelino, 앞의 책, p.210.

되었다(요아킴 예레미아스). 순례로 언급할 수 있는 이 시간 안에서, 인간은 자기 스스로를, 한편에는 현재 안에서 정체성을 지니고 있지만 그러나 아직 완전히 실현되지는 않은 피조물로서의 자신을 명백히 인식하게 된다."[80]

1.2.2. 순례로서의 인생

신약성서적인 전망 안에서 인간은 순례하는 존재이다. 이러한 특징은 비록 직접적으로는 그리스도교적인 실존에 관한 것이지만, 인간의 전체 삶으로 연장되기에 그리스도교 신자만이 아니라 모든 인간의 본질적인 면을 드러내는 모습이라고 할 수 있다. 그리스도의 제자에 있어서 근본적인 특징은 '주님의 뒤를 따름' '그분이 가시는 곳이면 어디든지 간다'[81]는 데에 있다. 예수께서는 당신께서 부르신 이들에게 당신을 따를 수 있는지 물어보신다.[82] 예수 그리스도를 받아들인다 함은 다른 모든 사람들보다, 그리고 자신이 소중히 여기는 그 무엇보다, 나아가 자기 자신보다 그분을 윗자리에 놓고서 그분과 함께 여정을 간다는 것을 의미한다.[83]

그리스도교 공동체의 삶은 순례로서의 삶의 자세를 지니고 있는데, 이는 비록 그들이 세상에 살지만 '세상에 속한 사람들이 아니기'[84] 때문이다. 따라서 그리스도인이 된다는 것은 모든 이의 모델이라고 할 수 있는 '출애굽'이라는 쓰디쓴 체험을 자신의 매일의 삶 속

80) 같은 곳.
81) 묵시 14,4.
82) 마르 1,17~20; 2,14.
83) 루가 14,26.
84) 요한 17,16.

에서 반복할 것을 요구한다.[85] "출애굽이라는 모델은 특별히 요한 복음 사가에 의해 발전되었는데, 그는 예수 안에서 새로운 모세를 보았으며, 바로 이 예수 그리스도가 죄의 종살이에서 사람들을 자유롭게 하시며(요한 3,14~15; 8,31~46; 1요한 3,5~6), 하늘에서 내려온 음식으로 그들을 먹이시고(요한 6,30~58), 또한 그들을 공동체 안에 모으시며(요한 11,51~52), 새로운 율법을 주심을(요한 1,14~18) 보았다. 나아가 예수는 파스카의 희생양으로서, 그분의 피는 죄를 씻으시는 분으로 소개된다(요한 1,29; 19,31~42). (…) 예수 그리스도에 이어서, 그를 믿는 신자들도 또한 그들 자신의 결정적인 출애굽을 이루면서 이 현세에서 하느님 아버지를 향한 그들 자신의 파스카 여정을 실현해야 한다(요한 13,1; 14,3; 17,24)."[86]

또한 구원은 하느님과 예수 그리스도께 완전히 자기 자신을 선물로 내어 줌으로써 하느님 나라에 들어가는 것으로 서술되고 있다. 구체적으로 하느님 나라에 들어가기 위한 길은 예수 그리스도 자신이시다.[87] 사도 바오로 역시 그리스도인은 딱딱한 음식을 먹지 못하는 아기로만 남아 있으면 안 된다고 역설하고 있다.[88] '악에 대해서는 어린아이로 남아 있어야 하겠지만,'[89] '모든 것 안에서 머리이신 예수 그리스도를 향해 성장하기 위해서는 분별에 있어서 성숙한 사람이 되어야 한다.'[90]

결론적으로 신약성서의 전망에 따르면, 그리스도교는 결코 자신의

85) 1고린 10,11.
86) G.Gozzelino, 앞의 책, p.212.
87) 요한 14,6.
88) 1고린 3,1~3.
89) 1고린 14,20.
90) 에페 4,15.

완성을 향한 여정에 있어서 마지막에 도달한 사람이 아니라, 그리스도의 완전한 대리자이신 성령의 힘에 의해 끊임없이 나아가기를 열망하며 앞으로 뛰어가는 이를 의미한다.[91] "이렇게 실존적인 신앙의 순례자적 모습 안에서, 인간은 본향을 향해 순례하는 여정자라고 하는 모습을 재인식하게 된다."[92]

2. 신학적인 성찰

이제 우리는 앞선 성서적인 고찰을 토대로 해서 인간 실존에 대해 보다 심도 깊은 신학적 성찰을 하고자 한다. 그러나 이러한 성찰은 제1부에서 고찰한 인간 이해의 연장선상에 있는 것이므로, "하느님의 계획 안에서의 인간" —왜냐하면 이 주제는 인간 실존을 '인간의 자기 건설'(autocostruzione), 즉 '자아실현'으로서 이해하기 때문에—이란 주제에 대한 어느 정도의 이해가 선행되어야 한다. 그리고 인간 실존에 대한 신학적인 개념 고찰을 위해서 신적인 계시에 의해 서술된 개념들도 필요하리라 여겨진다. 그러나 무엇보다도 하이데거의 실존 철학이 인간 실존의 의미와 개념에 대해 언급한 것들을 염두에 두는 것이 우리에게는 아주 유용하리라 생각한다.

91) 에페 4,13.

92) G.Gozzelino, 앞의 책, p.214.

2.1. 불완전한 존재인 인간

구약과 신약성서로부터 우리는 인간이 완성된 존재가 아니라 자신의 성숙을 향해 나아가는 실재라는 확신을 얻었다. 또한 우리는 같은 선상에서 교부들의 가르침을 발견하게 된다. "교부 시대의 시작부터 마지막에 이르기까지, 구체적으로는 2세기의 사도 교부에서부터 교부 시대를 마감하는 동방 교회의 다마스쿠스의 요한과 서방 교회의 세빌리아의 이시도르에 이르기까지, 우리는 동일한 사상을 발견하게 된다. 즉, 이제 막 창조된 인간은 하느님이 그에게 정해 주신 전적인 완전함을 가질 수 없었다는 사실이다. 왜냐하면, 만일 그가 그런 완전함을 가졌다면, 그는 인간이 아니라 하느님이었기 때문이다. 그렇다 하더라도 그가 그렇게 하느님에 의해 만들어진 완전함을 받았다고 한다면, 그것은 어떤 의미에서 물질적인 완전함일 뿐이다."[93] "교부들의 사상에 있어서 인간의 완전함은 결코 전체를 지탱하는 출발점이 아니라, 노력해서 도달해야 할 도착점이다. 인간의 진실한 모습은 죽음에까지—즉, 성 아우구스티누스가 언급한 바와 같이 'nos ipsi erimus'(『신국론』 22,30), 결국 각자가 자기 자신이 될 때까지—지속되는 영적인 여정의 결과에 있다."[94] 이러한 사실은 이미 인간 실존에 대한 개념을 '인간의 자기 건설'(autocostruzione)로 바라보게 한다. 인간은, 자신의 존재 구조를 형성하고 있으며 나아가 이미 실존에 불려진 순간부터 자신 안에 씨앗으로 지니고 있는 모든 잠재적인 것들을 역사와 더불어 현실화하는 가운데 이러한 '자기 건설'을 이루어 나간다. 그러

93) H. de Lubac, *Spirito e libertà,* Jaca Book, Milano, 1980, p.105.

94) G.Gozzelino, 앞의 책, p.228.

므로 인간은 아직 소유하지 못한 자기 밖의 그 어떤 실재를 성취하는 것이 아니라, 구조적으로 이미 자신에게 속하고 또한 자신 안에 씨앗으로 존재하는 모든 잠재적인 것들을 역사를 통해 구체화하는 가운데, 자신의 성숙을 향해 스스로를 건설해 가는(autocostruirsi) 것이다. 바로 여기에서부터, 인간 실존의 의미가 인간의 자기 건설에 있으며, 인간 존재의 참된 의미는 바로 이 건설이 인간 존재의 구조적인 요소에 철저히 순명해야 한다는 기준에 따라 실현되는가의 여부에 달려 있음을 우리는 알게 된다.

보는 바와 같이, 성서적인 전망이나 교부들의 전망 모두 실존에 대한 그리스도교적 개념과 고대 그리스 철학의 개념 사이의 차이에 대한 정확한 이해가 요구된다. 성서에 의한 서술에 따르면 인간 실존 개념에 도달하기 위한 길은 '역사성'에 있다. 이에 의하면, 인간 실존은 본질적으로 '되어 가는 존재'이지 완전함을 유지해야 할 어떤 실재가 아닌 것이다. 반면, 고대 그리스 철학은 변화가 아니라 실재가 지닌 '본성' 또는 '본질'에 대한 이해 가능한 구조만이 관심의 대상이었다. 그리스 철학은—영원히 고정 불변하는 것 안에서 완성의 전형을 보았음—'본질'에 대한 이해 가능성만을 다뤘지 '되어 가는' 것과 '역사'에 대해서는 평가 절하했다.

2.1.1. 역사성의 차원 안에서

인간의 자기 건설로서 이해된 인간 실존은 '되어 감'에 있어서 구조적인 요소의 특징을 이해하도록 이끌어 준다. 그러나 충만히 자기 존재가 된다는 것과 상응하는, 최종적인 목적을 향해 본질적으로 역동적인 방향성에 의해 결정지어진 인간의 성장으로서의 되어 간다는 것은, 인간의 실존적인 상황이 충만하지 못하다는 사실, 즉 그의 상황이 역사성에 의해 특징지어져 있음을 또한 우리에게 상기시켜 준다.

"인간의 역사라는 말은, 본질적으로 여정자로서의 인간이 존재가 되어 감, 과거와 미래 사이의 여정 가운데 있는 존재임을 지칭한다. 그리고 인간 존재는 각자에게 있어서 하나의 선물이지만 나아가 시간 속에서 실현해야 할 과제인 것이다. 또한 인간은 단순히 '종결된' 존재가 아니라 처음에 단지 씨앗으로만 있던 것이 완전히 개화되도록 그렇게 끊임없이 자기 자신이 되기를 제안받고 있는 존재다. 결국, 역사성이란 인간 실존의 독특한 복합성 안에 있는데, 인간은 이를 통해서 언제나 과거와 미래 사이의 여정 가운데 있다고 하겠다(참조: W.Kasper, *Fede e storia,* Queriniana, Brescia, 1975, pp. 45. 55)."[95]

인간 실존을 자기 건설로서 이해하기 위해 '역사성'이란 개념을 취하는 것은, 인간에게 있어서 유한함이나 한계를 강조하려는 것이 아니라 인간 실존 안에서 드러나는 건설적인 역사의 측면을 강하게 부각하기 위한 것이다. 이 개념은 우리로 하여금 '되어 간다는 것'이 인간 안에서 존재론적인 특징을 형성하며, 인간 편에서 '역사를 이루어 간다'는 의미를 지니고 있음을 이해하게 해준다. 그러기에, 인간의 구조적인 면을 이루고 있는 '역사'는 인간 이전에 있는—그래서 거기에 인간이 들어가 자신의 최종적인 목표를 향해 여정을 떠나는—실재가 아니라, 인간 자신에 의해 구체적으로 그의 선택과 행동을 통해 그 스스로에 의해 쓰여지고 이루어지는 실재인 것이다. 따라서 인간이야말로

95) 같은 책, p.255.

역사로서, 이 역사는 인간이 참으로 충만하게 자신이 되기 위해 그 스스로 개인적인 여정을 걸어감으로써 이루어지는 그러한 역사인 한에서 참다운 인간의 역사라고 하겠다.

역사의 구조적인 특징은, 특별히 지상에서의 인간은 자신이 존재하는 순간부터 총체적으로 스스로를 소유하지 못하며, 그러기에 그는 '이미 준비된' 또는 '잘 이루어진' 실존이 아님을 강조해서 드러내 주고 있다. 나아가 그에게 있어 '존재'는 '맡겨진' 실재로서 속할 뿐이라는 것, 즉 받아들이고 응답하도록 부름을 받은 상황 가운데 단지 그에게 위임받은 것임을 상기시킨다. 또한 각 개별 인간과 전 인류는, 이미 초안은 잡혀 있지만 아직 충만하게 현실화되지는 않은 정체성을 향하는 '프로젝트', 즉 나아가는 실재(*pro-jectum*)로서, 인간은 자신을 초월하는 가운데 실존이라고 하는 무대의 전면에 드러나게 된다. **"역사적인 존재란 인간이 시간 안에서 자신의 자기-규정(auto-definizione)에 이를 수 있고 이르러야만 한다는 것을 의미하며, 그렇지 않으면 아무것도 의미하지 않는다."**[96]

인간의 역사성에는 인간 실존의 신학적인 개념을 구성하는 네 가지 근본 요소가 복합적으로 내포되어 있다. ① 첫 번째로, 인간을 자기 정체성의 최종적인 완성을 향해 나아가는 존재로 이해하기 위해서는 무엇보다도 시작(nativo)과 최종적인 지점(definitivo) 사이의 확실한 차이가 있어야 한다. ② 여기서 시작은 최종적인 목적지를 향한 여정에 있어서 규범이 되는 기준 역할을 한다. ③ 그리고 시간은 필요 불가결한 요소로서, 인간은 그 안에서 최종적인 목표를 향한 여정을 지나야 한다. ④ 마지막으로, 인간 자유가 갖는 책임이 있다. 이

96) 같은 곳.

네 가지 요소들은 인간의 삶이 지속성 안에서도 끊임없는 변화 속에 놓여 있음을 잘 보여 주고 있다. 네 번째 요소에 대한 숙고를 다음 장으로 미루고, 여기서는 앞의 세 가지 요소들을 구체적으로 짚어 보기로 하자.

시작(nativo)과 최종적인 종착지(definitivo) 사이의 차이는 인간이 이미 이루어진 존재가 아니라 아직 이루어야 할 존재라는 실재 앞으로 우리를 이끌어 준다. 이 사실은 인간의 모든 영역—개인적이건 공동체적이건—에서 검증될 수 있다. 개인적인 수준에서는, 먼저 생물학적인 면에서 이를 찾아볼 수 있는데, 모태의 자궁에 임신해서부터 그 이후 노년기에 이르기까지의 인생 여정이 그러하다. 나아가 심리-문화적인 차원에서는, 한 주체의 성숙 과정이 해가 가면서 점차적으로 이루어짐을 볼 수 있다. 정치-사회적인 차원에서는, 사회 안에서 수행하는 역할들에 대한 통합이 점진적으로 이루어지는 과정을 통해서 찾아볼 수 있다. 공동체적인 수준에서는 나라와 왕국, 도시의 흥망성쇠를 보면 알 수 있다. 이러한 요소는 예술과 과학의 역사 안에서도 찾아볼 수 있다. 그리고 계시의 가르침에 의하면, 인간—예수 그리스도를 모델로 하여 창조된 존재로서의 인간—의 충만한 실현은 바로 인간 존재의 창조에 있어 완전한 모델이신, 그래서 인간에게 충만한 인간의 모습을 계시하신 그리스도를 닮아 감으로써 이루어진다.

역사적인 인간이 되어 간다는 것은 어떤 외적인 것으로부터 주어지는 규범을 통해서가 아니라, 인간 존재 구조 자체에서 유래하는 규범이 필연적으로 요구된다. 왜냐하면, 인간적인 모습을 갖추는 것은 실재적으로 그의 생의 시작에서부터이기 때문이다. “유전학적인 차원에서 보면, 피조물은 오직 자신을 규정하는 유전학적인 정보인 수정

란의 DNA를 통해서 성장해 나간다. 이 DNA는 수정란 속에 가능태로 존재하는 인간을 점차 변화 발전시키며 온전한 인간으로 성장시킨다. 이처럼 최종적인 자아의 형성에 있어서도 자아의 발전은 그를 예수 그리스도와 하나로 묶는 태생적인 관계가 심화되면서 실현되어 나간다. 인간은 자신 안에 스스로를 실현하거나 파괴할 수 있는 능력을 지니고 있지만, 언제나 그가 실존하기를 지향하는—그래서 자기 존재의 이유가 되는—그러나 성취한 것이 아니라 단지 추구하기만 하는 '그 무엇'(예를 들어 부활하신 예수 그리스도와의 관계)에서부터 출발해야 한다."[97]

인간 실존에 대한 신학적인 개념에 관련된 또 다른 요소로 우리는 시간의 필요 불가결성을 들 수 있다. 이러한 시간의 특징은 무엇보다도 인간이 어떤 완성된 존재로서 유지되어야 할 실재가 아니라, 자신의 성숙을 향해 나아가는 씨앗과 같은 존재라는 사실에 그 근거를 두고 있다. 이러한 차원에서 이제 시간은 인간이 자신에게 주어진 대략적인 소묘에서 시작해서 완전한 자기 완성에 이르기까지의 과정을 실현하기 위한 가능성들을 그에게 제공해 준다. 인간은 현재 자신—과거의 충만으로서 그리고 미래를 향해 개방되어 있는 한에 있어서의 현재의 자신—에게 주어진 잠재적인 것들을 잘 활용해서 최종적인 정체성에 이르기까지의 자신의 모습을 그려 볼 수 있다. 현재라는 지점은 인간이 자신의 과거로부터 자아실현을 위해 물려받은 유산들의 총체로서, 이는 그에게 있어서 잠재적인 가능성들로 집약될 수 있는데, 이러한 잠재적 가능성들을 포괄하는 현재는 과거에 대한 충만한 실현이자 미래에 있어서는 개방되어 있는 시점으로서의 특징을

97) G.Gozzelino, 앞의 책, p.256.

지니고 있다. "인생 여정—총체적으로서가 아니라 예측할 수 없는 지속적인 현재로서—은 결정적으로 현재를 향해 흘러 들어간다. 매 순간 개별 사람들과 공동체 그리고 제반 민족들은 의식하는 것 이상으로 자신과 다른 이들이 이룩한 과거의 결실들을 실재적으로 모아들여 적절한 방법을 통해 다가오는 미래로 들어갈 능력을 지니고 있다."[98]

이렇게 시간은 인간이 자신의 완성을 향해 순례하는 환경으로 드러난다. 과거와 현재 그리고 미래는 인간이 자신의 충만에 가까워지는 데 있어서 함께하는 일련의 가능성들을 대표한다고 하겠다. 과거, 현재, 미래는 연속성 안에서 변화되는 일종의 운동으로서 본질적으로 삼중 논리(trilogia)를 구성한다. 이는 근본적으로 인간이 목적을 향해 존재한다는 것을 드러낸다. 우선, 현재는 새로운 상황 안으로 맞물려 들어가면서 새로운 가능성으로 풍부해지는 과거의 현재화로 이해된다. 우리는 이러한 현재를 과거의 근거이자 이유로 간주할 수 있다. 과거는 단순히 이미 일어난 그 무엇이 아니라, 현재를 향해 생겨난 그 무엇이다. 이 과거의 특징은 현재에 대한 과거로 존재하는 것으로서, 현재의 것들은 과거의 목적으로 드러난다. 반면, 과거와 현재의 결정적인 목표로 대변되는 미래가 있는 한에서, 현재는 새로운 가능성들로써 과거를 현실화하고 풍요롭게 한다. 그러므로 현재가 있는 한에서 과거는 존재 이유를 지니며 이 둘은 미래를 지향하는 한에서 존재한다. 과거와 현재는 앞으로 있을 이 둘의 결정적인 시점을 향한 여정 중에 있으며, 따라서 이 시점에서 이 둘은 멈추게 될 것이다.

인생에 있어서 미래를 향한 도약만큼이나 과거로부터 물려받은 것

---

98) 같은 책, p.257.

은 결정적인 역할을 한다. 현재 속에 존재하는 그 어떤 실재도 과거를 제외하고서는 이루어질 수 없으며 모든 것은 현재 가운데 현실화된다는 것이 사실이라면, 그리고 미래야말로 이 세상에서 지속되는 이 세 가지 요소, 즉 과거·현재·미래를 목적으로 이끌어 준다는 것 또한 사실이라면, 앞서 언급한 과거는 미래에 종속되어 있다고 하겠다. 이러한 전망 안에서 인생은 연속성 가운데 끊임없는 변화를 이루어 간다. 이러한 변화는 현재와 미래 사이의 결합을 통해 생겨나며, 연속성은 현재의 과거에 대한 연관성의 표현이라고 하겠다. "인간은 현재를 사는 과거이며 앞으로 도래할 세계를 향해 자신을 내던지는 존재이다."[99] 그러나 이러한 사실로부터 명백하게 드러나는 것은, 인간은 존재 구조상 실존적으로 개방적인—그래서 이 현세의 삶이 끝나기 전에는 충만하게 자기 자신일 수 없다는—특징을 지닌다는 사실이다. 여기서 역설적으로 죽음은 이 최종적인 지점을 향한 연속 사건들 가운데 '정점'으로 드러나며, 반면 인간이 '되어 감', 즉 자신의 첫 소묘부터 완성에 이르는 여정에 있어서는 '중단'으로 드러난다.

2.1.2. 시간의 복합성

역사성과 시간 사이의 본질적인 관계—역사성은 시간의 한 요소로 간주되는데—는 시간의 복합적 실재에 대한 명확함을 요구한다. 구약성서를 통해 우리는 삼중 개념 안에서 분화되는 시간에 대한 성찰을 찾아볼 수 있다: 순환적인 시간관, 직선적인 시간관, 그리고 초(超)역사적인 종말론적 시간관이 그것이다. 신약성서는 두 번째와 세 번째 시간관을 발전시키는 가운데 '하느님의 때'에 대한 절대화라는 이

99) P.Chaunu, *La Mémoire et le Sacré,* Calmann Levy, Paris, 1979, p.153.

름과 더불어 순환적인 시간관을 강하게 거슬러 일어난다. 순환적인 시간관에 대한 이러한 강한 대립은, 결코 시간이 인간 위에 군림해서 독자적인 자주성을 가질 수 있는 것이 아니라 인간의 책임 하에 있는 것으로서, 필연적으로 하느님 계획의 구도와, 나아가 예수 그리스도의 부활로 향하는 특별한 방향성에 대해 의식하는 가운데 유지되어야 함을 시사한다. 비록 순환적인 시간관이 사실에 대한 여러 요소를 포함하긴 하지만, 이 전망 안에서 바라본 시간은 거룩한 것, 신적인 것, 그래서 결코 가까이할 수 없는 그 무엇으로 바뀌어 버릴 수밖에 없다. 즉, 하느님의 차원으로 변해 버리게 된다. 그러나 사실 시간은 단지 실존적 구도 안에 도입된 창조적인 요소로서, 인간의 자기 건설(autocostruzione)을 위한 재료를 인간에게 보장할 뿐이다. 따라서 인간의 의식을 지배하는 것이 아니라 인간에게 자신을 향한 하느님의 계획을 실현하기 위한 가능성들을 제공해 줄 뿐이다. 시간은 주인이 아니라 하수인일 뿐이다. 즉, 하느님으로부터 사랑받는 인간 ―그래서 세상의 주인인 하느님의 모상과 유사함(imago et similitudo Dei)으로 창조되었다―의 도구이다.

나아가, 예수 그리스도의 부활의 빛 안에서 이러한 시간관들에 대한 성찰을 한다면 이것들은 아주 중요한 의미와 역할을 갖게 된다. 예수의 부활 사건과 더불어 하느님 편에서 시간의 '충만'은 이루어졌다. 하느님의 주도권이라는 측면에서 볼 때 진정한 시간, '충만한' 시간은 이제 결정적 순간에 이르렀다. 단지 이에 대한 인간의 응답만이 남았을 따름이다. 참으로, 현재 우리들이 누리는 시간―중간 시간(tempo intermedio)―은 짧고, 인류의 삶이 수천 년 지속된다 하더라도 종말은 이미 우리에게 가까이 다가온 실재이다.[100]

2.1.3. 시간과 역사 사이의 관계

시간과 역사는 그 본성상 서로 밀접한 관계에 있으며 동시에 변증법적이다. 밀접한 관계에 대한 근거는 무엇보다도 역사가 '의미 있는' 시간 또는 결실을 가져온 시간이라는 사실에 있다. 결실이 없는 시간은 잘못된 시간이며 따라서 '역사'가 없다. 시간과 역사는 두개의 실재가 아니라 하나의 실재에 있어서 두 가지 차원으로 이해되어야 한다. 따라서 이 둘을 그 자체만으로 구별하는 것은 무의미한 일이며, 언제나 하나의 단일한 실재 안에서 구별되어야 한다. 오직 참된 시간이 있는 곳에 참된 역사가 있을 뿐이다. 따라서 실패한 시간이 있는 곳에 참된 역사는 사라진다.[101]

시간과 역사의 관계는 마치 예술 작품에 있어서 질료(materia)와 형상(forma)의 관계에 비교할 수 있다. 질료(돌, 대리석, 나무 등)는 시간과 비슷하고, 예술가의 작업에 의해 부여되는 형상은 역사에 비교된다. 그 자체로 질료인 시간은 약속으로 가득 차 있으며, 동시에 여러 가지 한계로 둘러싸여 있다. 그러나 질료와는 달리 시간은 인간의 일에 비해 선행하며, 비록 인간에게 자유라고 하는 놀라운 여백을 남겨두고는 있지만, 어떠한 일을 이 방향 대신 다른 한쪽으로 방향 짓는 근본적인 논리성을 갖고 있다. 왜곡과 복수가 아니라면 시간은 폭력에 예속되지 않는다. 시간은 가능성이 현실로 바뀔 때 그것이 내포한 진정한 가치를 드러낸다. 형상에 비교할 수 있는 역사는 시간을 전제로 하며, 자신의 실현 가능성 위에 기초한다. 역사는 인간의 자유가 시간 안에 들어온 의미들에 대해 근본적이고 혁신적으로 동의를 할

---

100) 참조: G.Gozzelino, 앞의 책, p.260.

101) 같은 책.

때 생겨난다. 반면, 그에 대해서 다른 의도와 독자성을 가지고 그것 위에 군림하려 할 때 역사는 제거된다. 역사는 시간의 참됨을 대변하는 것이다.

"시간과 역사의 관계 안에서 이미 특정한 시간 속에 드러나는 인간의 역동적인 구조에 상응하는 그 무엇인가가 드러난다. 즉, 시간에 종속되는 역사 가운데 설정되는 것으로서 '사실'과 '위치'의 종합이 이루어진다. 시간은 논리적으로는 역사에 선행하며 역사가 되어 간다. 시간은 하느님에 의해 가능적으로 존재하는 구원적인 가치들을 인간이 취해서 완성에로 이끌어 갈 때 역사로 변화된다."[102] 여기서부터 몇 가지 논리적인 귀결이 나온다. 무엇보다도 성서적인 개념을 통해 이해한 것처럼, 시간은 오로지 '충만할 때', 즉 시간이 하느님의 구원 행위 사실들로 '가득 찰 때' 역사화 한다는 점이다. 따라서 시간은 그리스도 안에서 성령을 통해 하느님 구원 역사 내에서 풍요롭게 될 때에만 역사적인 가치를 부여받게 된다. 이것은 인간이 출발할 수 있는 유일한 사실은 그를 보장해 주는 하느님의 주도권임을 의미한다. 그러므로 하느님과의 관계 그리고 그분에 대한 언급 없이는 인간의 성장도 없다. "역사 안에서의 하느님의 움직임은 단순히 다른 여러 사실들 가운데 하나의 사실이 아니며, 다른 것들처럼 자연스런 방법으로 가까이 다가가거나 시험될 수 있는 것도 아니다. 하느님은 결코 어떠한 역사적 사실과도 나란히 할 수 있는 그런 분이 아니다. 하느님은 전적으로 다른 분이며 언제나 그 모든 것을 초월하는 분이다."[103] "따라서 그분의 행위는 인간의 눈에는 숨겨져 있으며, 오직

102) 같은 책, p.261.

103) W.Kasper, *Fede e storia,* p.48.

신앙으로만 볼 수 있다."[104]

둘째로, 역사가 하느님과 불가분리적이듯 인간과도 그러하다. 역사와 인간은 서로가 서로에게 속해 있다. 우리는 인간의 진실을 염두에 둘 때에만 비로소 역사의 올바른 모습을 알게 될 것이다. 매로우(Marrou)는 지적하길, "역사는 결코 밖에서 관조하거나 알 수 있게끔 그렇게 객관적으로 주어지지 않았다. 그렇다고 그것을 조직화해서 어떤 틀 안에 넣을 수 있도록 잘 볼 수 있는 것도 아니다. 우리는 그 안에 들어가 있으며, 자의건 타의건 점점 그 역사의 거대한 강물에 의해 운반되고 있다. 왜냐하면 우리는 우리가 창조하는 역사를 몸소 겪고 있기 때문이다. 역사는 아직 쓰여지지 않았기 때문에 우리는 역사를 알 수 없다"[105]고 한다. 우리는 이러한 사실로부터 "역사는 직선적이거나 순환적 또는 나선형이나 물결 넘치는 식의 선도 요동치는 운동도 아니요, 변증법적인 발전이나 자연적인 성장 과정을 거치는 것도 아니라, 무엇보다도 대화적인 형태 안에서 이루어지는 양극 사이의 긴장임을 알 수 있다."[106] 즉, 그것은 주어진 '사실'(은총)과 인간의 응답 사이의 긴장이다. 이러한 역사의 구조 앞에서, 신자는 궁극적으로 선(善)이 승리한다고 하는 신앙의 확실함에 의지하며, 세상의 일반적인 통념과는 달리, 하느님이 허락하시는 현재 내의 가능성들을 향해 자신을 내던지며 응답함으로써 신앙 안에서 참된 역사를 일구어 가는 것이다.

104) G.Gozzelino, 앞의 책, p.262.

105) H.I.Marrou, *Teologia della storia,* Jaca Book, Milano, 1979(2), p.72.

106) W.Kasper, 앞의 책, p.75.

2.2. 그리스도 안에서의 실존

그리스도와의 관계는 인간 존재 구조 안에서 '태생적'인 사실로서, '최종적 지점'을 향한 여정에 있어서 규범적 구실을 한다. 그러므로 이 관계는 인간 존재를 떠받치는 근본 토대이자 인간을 궁극적인 목적에까지 인도하도록 모든 여정을 통제하는 하나의 실재인 것이다. 그리스도와의 관계는 객관적이거나 태생적인 또는 역사적-실존적인 차원에 있어서의 인간 이해를 위해 구조적인 요소로서의 역할을 하는 일종의 실존적인 실재로 규정될 수 있다.

한편, 인간을 객관적-존재론적인 전망 안에서 '그리스도 안에서의 존재'(*un essere in Cristo*)로 규정하는 그리스도와의 관계라는 구조적인 특징에 힘입어, 인간은 역사-실존적인 차원에서 '그리스도 안에서의 실존'(un esistenziale in Cristo)이라고 말할 수 있다. 인간 존재 구조 안에서 인간과 하느님, 인간과 그리스도의 관계는 존재론적인 차원에 있어서나 역사적 실존 건설의 차원에 있어서나 인간에게 본질적인 구성적 요소이다. 즉, 인간은—인간이 '되어 가는'—자기 건설(auto-costruzione)을 이루어 가는 매일의 삶을 통해서 그리고 시간을 참된 의미로 채워 나감으로써 역사를 이루어 내는 작업 안에서, 이 두 관계(인간과 하느님, 인간과 그리스도)가 갖는 구성적(costitutività)인 특징을 인식해야 한다. 이 모든 사실은 결국 인간이 자기 건설을 이루는 데에 있어서 이 두 관계를 출발점으로 갖도록 인도해 준다.

하느님은 인간이 자신을 실현하도록 그래서 자신의 건설에 대해 스스로 책임을 지도록 인간에게 자기 자신을 맡기면서, 당신의 자유로운 그리고 무상의 결정을 통해 그를 '그리스도 안에서의 실존'으로 창조하셨다. 이러한 전망 하에서 그리스도와의 관계는 인간에게 있어서 구성적인 가치를 갖게 된다. 바로 이 때문에, 실존 철학적인 용어를 빌리면, 이 관계는 세상 안에서 인간 존재의 실존성으로서 이해될 수 있다. 자기 실존의 건설에 대한 책임으로서의 인간 실존의 이유는 하느님의 근원적인 계획 안에서 이해될 수 있다. 즉, 그 이유는 인간을 단지 그리스도 안에서 원하시는 것뿐만이 아니라, 그를 자기 자신에게 맡기시고 스스로가 자신의 실현에 있어서 주인이 되기를 원하셨기 때문이다. 이를 통해서 우리는 왜 하느님께서 인간을 그리스도 안에서 원하면서 그에게 '양심'을 허락하고 당신의 자유에 참여하는 한에서의 '자유'도 허락하셨는지 이해할 수 있다. 이에 대해서는 다음에 언급하기로 하겠다. 여기서는 무엇보다도 먼저 인간 실존의 건설에 있어서 그리스도와의 관계가 갖는 구조적인 특징을 다루기로 하겠다.

그리스도와의 관계는 그리스도께 대한 인간의 연관성과 의존성을 드러내는데, 인간은 이러한 관계없이 자기 실존을 건설하는 데 있어서 어떠한 긍정적인 가치나 의미를 성취할 수 없다. 왜냐하면 인간의 자아실현은 그리스도 안에서 이루어지기 때문이다. 이러한 전망 하에서 본다면, 역사적인 차원은 인간이 '되어 가는' 존재라는 것과 더불어 그는 미완성의 존재라는 사실을 인식케 해주며, 나아가 역사가 단순하게 일어났던 사실들에 대한 기록을 통해 의미를 갖게 되는 것이 아니라, 새로운 사실들을 창조함으로써 의미를 갖게 됨을 알 수 있다. 따라서 역사는 인간 밖에 존재하는 그 무엇이 아니라 인간에 의해 이루어진 그 무엇이며 바로 그것을 통해 인간은 '되어 간다'고 할 수 있다. 진정한 역사를 이룬다는 것은 의미로 충만된 사실들로써 자신의 실존 건설을 채운다는 것을 의미하며, 의미로 가득 찬 사실들이란 다름 아닌 인간이 그리스도 안에서 자신에게 주어진 가능성들을 현실화한 것들을 뜻한다. 그러나 인간에게 있어서 무엇보다도 객관적-존재론적인 사실을 구성하는 최고의 역사적인 사건은 그리스도 안에서의 인간 자신의 실존에 있다. 이는 그리스도야말로 인간 역사에 의미와 가치를 부여하는 분이라는 것을 의미하며, 그리스도야말로 당신의 강생과 죽음, 부활을 통해서 인간 실존에게 의미와 가치를 드러내 주신 분이라는 것을 말한다. 더 나아가, 그리스도와의 관계성이 갖는 구조적인 성격은 그리스도를 인간 행위에 있어서 필연적으로 언급해야만 하는 윤리적인 기준으로 고려해야 함과 동시에, 인간 역사를 말하기 위해서는 반드시 그리스도의 역사를 언급해야 한다는 것을 시사한다. 이렇게 인간 역사는 그리스도 역사 안에 들어가 있으며, 이로써 이제 인간의 역사는 바로 그리스도와의 개인적인 관계가 발전되어 가는 역사라고 언급해야 한다. 따라서 인간의 역사는, 현재 초역사적이고 비시간적인 상황—부활하신 그리스도라는 면에서—에 있는 예수 그리스도의 역사에 시간적-역사적인 차원을 부여한 것이다. 이것은 무엇보다도 인간이 그리스도를 끊임없이 받아들이고 매일의 삶 가운데에서 이를 새롭게 해석하며 실행하는 가운데 자신의 실존을 의미로 채워 나감으로써 가능하다고 할 수 있다. 인간이 '되어 간다'는 것은 그리스도 안에서 되어 갈 때에만 진정한 의미의 자기 자신이 되어 간다는 것을 의미한다. 인간이 되어 간다는 것은 다름 아닌 '그리스도'로 되어 간다는 것, 즉 그리스도 안에서 존재하고 실존하는 객관적 사실로서의 자기 자신에게 역사적인 지속성을 부여하고 드러내고 실존하게 하는 것을 의미하며, 이는 인간과 그리스도와의 관계가 그 정도로 본질적임을 의미한다.

만일 역사적인 차원이 인간 실존을 궁극적인 목적을 향한 '되어 감'으로 이해하게 한다면, 인간의 최종적인 정체성은 인간에 의해 인간 밖에 있는 그 무엇을 획득하거나 정복함으로써 도달되어질 수 있는 그 무엇이 아니라, 그가 본래적으로 가지고 있는 그리스도와의 관계를 발전시킴으로써 이루어진다고 말해야 한다. 따라서 인간은 오직 그리스도와의 관계에서 출발할 때에만 자기 자신을 이루어 나갈 수 있다. 이러한 전망은 그리스도가 단지 복사해야 할 어떤 모델이 아니라 육화해야 할 실재로서, 아니 인간의 전체 모습을 그려 주고 특징지어 주며 그의 충만한 '자아'와 최종적인 정체성을 규정하는 실재로서 언급되어야 함을 의미한다. 만일 인간 — 그리스도 안에 실존하는 존재인 한에서 — 의 시간이 그리스도 안에서 하느님에 의해 이룩된 구원 행위로 '채워지면서' 의미 있는 시간으로 변화된다면, 즉 참된 시간이 인간 건설의 풍부한 가능성을 담고 있는 실재로 고려되고 역사는 그러한 시간이 결실을 맺도록 목적 지어진 실재라고 한다면, 인간은 이러한 건설적인 가능성들 — 인간과 그리스도를 연결짓는 관계에 의해 이루어지는 태생적(nativo)인 사실로부터 유래하는 의미로서의 가능성 — 에 역사적인 구체성을 부여하면서 자신의 실존을 '의미'로 채우며 건설해 나가는 것이다.

이러한 그리스도와의 본질적인 관계성 — 인간 존재에 있어서 구조적이고 본질적인 요소로서의 — 은 세례를 통해서 역사적인 차원을 획득하게 된다. 바로 이 세례에서부터 출발해서 인간은 비로소 인간이 '되어 가는' 것이며, 자신의 최종적인 정체성을 향해 여정을 걸어갈 수 있는 것이다. 이 모든 것은 인간을 존재론적으로 그리스도와 묶어 주는 관계에 역사적인 밀도를 부여하는 것을 의미한다. 이러한 전망에서 인간 실존의 건설 또는 성장은 그리스도와의 존재론적인 관계를 육화시켜 나가고 역사화한다는 것과 같은 의미이다. 이러한 육화와 역사화는 인간이 끊임없이 그리고 철저히 그리스도를 받아들임으로써 자신의 시간을 채워 나갈 때 인간 실존의 실현이라는 참된 가치를 부여받게 된다. 그리스도를 받아들인다는 것은, 그리스도께 대한 존재론적인 의존을 가시적으로 드러낼 뿐만 아니라, 매일의 행위 안에서 그리스도와 더불어 갖는 관계의 객관적이고도 대체 불가능한 특징을 드러내며, 동시에 참여로서 그리스도가 되기 위해 그분의 내적인 삶의 신비 안에 들어가기 위한 방법을 드러낸다고 할 수 있다. 이러한 관점에서 이제 우리는, 인간이 그리스도를 받아들이면서 자신의 실존을 그리스도와의 근본적인 관계성 위에서 건설해 나갈 때, 그리고 성사에 참여하는 삶을 통해 파스카의 구원 신비를 자기 것으로 만들어 가면서 신적인 삶에 참여함으로써, 인간은 자기 실존에 진정한 의미를 부여한다고 말할 수 있는 것이다. 그러므로 인간 실존의 역사는 그리스도의 구원 신비를 자기 것으로 만들어 가고 그 안에 들어감으로써 그리고 그것을 받아들임으로써 참된 의미로 자신을 채워 가는 가운데 최종적으로 충만한 자신의 정체성에 도달하기 위해 여정을 걷는 것이다. 이 모든 것은 인간 실존의 건설을 위한 참된 길, 즉 궁극적이고도 본질적인 언명인 '신앙'이라고 하는 신학적인 길로 우리를 이끌어 준다. 따라서 우리를 진정한 인간 실존 개념에로 이끌어 주는 것은, 다름 아닌 '신앙'과 계시된 말씀의 학문인 '신학'인 것이다.

2.3. 세상과의 관계

인간 실존의 신학적 개념 형성에 있어서 우리는 인간과 세상의 관계에 대해서도 언급해야만 한다. 이는 인간에게 있어서 순전히 외적인 것이 아닌 본질적인 관계이기 때문이다. 인간과 세상 사이의 이러한 불가분리적인 관계를 조명하게 해주는 기준은 역시 하느님의 말씀이다. 하느님의 말씀은 인간 창조를 우주 창조 다음에 놓고 있는데, 이는 우주 창조를 인간 창조라고 하는 커다란 사건을 위한 준비로 삼기 위해서였다. 세상은 인간을 위해 만들어졌으며 바로 그 안에서 인간은 자기 실존의 건설을 실현할 수 있는 것이다.

인간을 본질적으로 그리스도와 관계 짓는 연결점은 인간이 세상과의 관계를 발전시키는 데에 있어서도 출발점이 되어야 한다. 왜냐하면, 그리스도는 우주·창조의 원천이자 동시에 궁극적인 목적이기 때문이다. 따라서 인간에게 맡겨진 이 우주는(창세 1,26~28), 성부께서 그리스도를 통해서 그리스도를 향해 창조하신 것이다. 인간에게 부여된 과제는 인간과 그리스도와의 관계만이 아니라 바로 그리스도와 세계와의 관계를 표현하는 데에 있다. 인간은 바로 그리스도와 세계 사이의 중개자 역할을 수행해야 한다. 여기에서 우리는 인간과 그리스도, 인간과 세계와의 불가분리적인 관계의 근거를 찾을 수 있다. 인간이 '되어 가면서' 자기 정체성을 획득해 가는 것은 세상을 제외하지 않고 오히려 세상 안에서 세상과의 관계에 역사적인 구체성을 부여하면서 이를 이루어 간다는 것을 의미한다. 반면 인간은 이러한 세상 앞에서 자기 존재가 세상과는 다르다는 것을 의식하는데, 이에 대해서 잠시 언급하고자 한다.

2.3.1. 세상 앞에 선 인간

세상과의 불가분리적인 관계를 통해서 인간은 무엇보다도 먼저 세상 앞에 선 실존 체험 —이는 인간이 세상과 다르다는 것을 의미한다— 을 살도록 불리었다. 사실, 인간과 세상 사이의 불가분리성은 결코 이 두 실재 사이의 동일시를 의미하는 것이 아니다. 그러기에 인간은 비록 세상으로부터 분리될 수는 없다 하더라도 스스로를 세상 앞에

선 존재로 인식하며, 무엇보다도 자신은 세상과는 다르다는 것을 체험한다. "세상은 인간 앞에서 인간 이전에 있는 실체로 존재하며, 독자적이고, 결코 인간에 의해 고정되지 않는 어떤 내적인 과정에 의해 이루어졌다. 세상은 생겨났고 그 과정은 인간의 개입 없이 자신 스스로의 힘에 의해 일어나고 있다."[107)]

세상 앞에 실존하는 체험은 인간으로 하여금 세상이 무엇이고 자신에게 어떤 의미가 있는지를 질문하게 한다. 인간은 이 질문을 던지면서 자신을 세상과는 다른 존재로 드러내며 그것으로부터 분리된다. 동시에 인간과 세상 사이에 상이성과 더불어 극복할 수 없는 간격이 있음을 깨닫게 된다. 이러한 체험은 인간으로 하여금 또 다른 실재에 대한 자각을 하게 해주는데, 그것은 다름 아니라, 인간이 세상과 자기 자신에 대해 인식하는 동안, 세상은 둘 중의 그 어느 것도 알지 못한다는 사실이다. 이 사실은 결정적이지만 동시에 단순하다. 왜냐하면, 인간만이 상호간의 다름에 대해 알 뿐만 아니라 나아가 그와 세상 사이의 헤아릴 수 없는 간격을 인식하기 때문이다. 이렇게 세상 앞에 존재한다는 체험은 인간으로 하여금 자신의 실존을 세상과는 다른 실재로서 살아가도록 이끌어 준다. "세상에 대한 인식 행위 그 자체 안에서 인간은 자기 자신을 세상과는 다른 실재로서 인식한다. '인간-세상' 이 두 실재는 양자가 서로 다른 '주체-객체'의 관계를 설정한다. 이러한 관계 가능성에 있어서 선결 조건은 양자가 질적으로 서로 다르다는 데에 있다. 오로지 인간만이 이 관계를 인식하며 인간은 오직 자신과 세상이 서로 연관되어 있다고 하는 체험에서부터 출

107) J.Alfaro, *Dal problema dell'uomo al problema di Dio,* Queriniana, Brescia, 1991, p.204.

발할 때 이러한 양자간의 상이성을 이해할 수 있게 된다."[108]

인간이 자기 자신과 세상에 대해 의식하고 있다는 사실은 세상과 인간 사이에 넘어설 수 없는 장벽을 인정함을 의미하며, 이 상이성은 본질적이고 존재론적인 차원의 것임을 명백하게 드러냄을 의미한다. 바로 여기에서부터 이제 인간이 세상 앞에 실존한다는 체험은, 세상이 모든 인간의 내적 실재—자의식(*coscienza autoriflessiva*)—와는 근본적으로 다르다는 것에 힘입어, 세상으로부터 인간의 분리를 의미하게 된다. 인간-세상의 관계의 본성을 심화하면서 이제 다른 차원이 드러난다. 즉, 자연의 내적 과정으로부터 인간 행위의 분리가 바로 그것이다. 인간—세상 앞에 있음 안에서—은 자신의 행동에 있어서 자유로움을 경험하는데, 이것은 인간이 자신에 대해서 자연의 변화 안에 함몰되어 있는 존재가 아니라 드러나는 존재이며, 자기 자유와 더불어 자신에게 주어진 가능성을 통해 새로운 창조 행위를 할 능력이 있는 존재요, 그에 의해 창조되고 현실화된 계획들에 따라 자연의 흐름을 조절할 수 있는 존재로서 체험하게 한다. 그러나 만일 인간이 세상 앞에 있는 존재로서 경험하는 것을 통해서 자기 자신을 근본적으로 세상과는 다른 존재로 발견한다고 해도, 여전히 그에게는 도대체 누구 앞에서 자신이 세상과 다를 수 있으며 자기 존재의 참된 가치와 의미에 대한 의식을 가질 수 있는지가 물음으로 남게 된다. 바로 여기에서 그리스도와의 관계가 갖는 구조적인 특징에 대한 인식이 인간에게 자신의 고유한 정체성과 세상에 대한 자신의 초월성을 인식하게 해줌을 알 수 있다.

---

108) 같은 책, p.205.

2.3.2. 세상을 변화시킴

세상과의 관계에 있어서 불가분리적인 특징은, 인간이 세상 앞에 실존하는 체험을 통해서 그것과는 헤아릴 수 없이 다르고 거리가 있다는 사실만을 발견하는 것이 아니라, 나아가 세상을 변화시키는 과제와 더불어 이를 세계 내적인 과정 그 자체를 초월하는 곳으로 향하게 하도록 불리었다는 사실을 깨닫게 해준다. 자연이 변화됨에 있어서 자연 그 자체를 넘어서 지향해야 될 실재는 바로 인간이다. "인간의 현존은, 자연 스스로의 힘만으로는 도달할 수 없는 결과로 이끌어 주는, 자연 안에 감추어진 가능성들에 대한 현실화를 대변한다. 자연의 무제한적이고도 객관적인 잠재력들은 인간이 갖는 무제한적이고도 계획적인 잠재력에 상응한다. 그리고 그 반대로도 언급할 수 있다. 인간에게 있어서 고유하고 새로운 것을 창조하는 무제한적인 가능성은 자연이 갖는 변화될 수 있는 무제한적인 가능성들과 상응한다."[109]

진화 과정의 전망 아래서 본 인간은 우주 변화의 최고점으로서 자연의 변화에 있어서 정점으로 존재한다. "인간의 출현과 더불어 조직적인 진화는 그 스스로를 넘어섰다."[110] 그리고 "이 진화는 최고의 궤도를 향해, 새로운 역사적인 미래를 향해 던져졌다."[111] 이는 우주가 인간 안에서 자신의 정점에 이른다는 의미에서 인간을 우주의 의미로 간주하게 한다. 이러한 견해를 견지하면서 이제 우리는 인간에게 세상을 변화시켜야 할 의무가 있음을 발견하게 된다. 인간에게 있어서 가장 힘들고 절실한 과제 가운데 하나는 '노동'을 통해서 —즉, 인간이 자신의 실존을 위해서 필요로 하는 재화들의 생산을 통해

109) 같은 책, p.206.

110) F.J.Ayala, *Origen y evolucion del hombre,* Madrid, 1980, p.9.

111) G.Gozzelino, 앞의 책, p.206.

서 —세상의 제반 사물들을 변화시키는 것이다. 그러나 이러한 활동은 인류의 발전과 병행되어야 한다. 즉, 이 활동은 인간을 인간이게끔 하는 인류의 전체적인 발전을 향해 인간적인 방법으로 방향 지어져야 한다는 것이다. 이러한 생산적인 활동과 더불어 인간은 끊임없이 무엇인가를 알려고 한다. 그는 세상이 어떠한 것인지를 알려고 하는, 그 수수께끼를 풀고 싶어 하는 '호기심' 어린 존재이다. 인간이 갖는 이러한 앎에 대한 근본적인 욕망은 인간 진보의 단계들을 의미하는 발명을 향하게 되어 있고 계속적으로 그렇게 향해 간다.

자연에 대한 인식과 변화를 통해 인간은 제반 사물에 대한 지배를 넓혀 가며, 또한 자신에 대한 의식과 더불어 자유의 가능성을 넓혀 가게 된다. 그럼으로써 그는 새로운 가능성들을 창조해 나간다. 즉, 세상과 인류에 대한 인간화 과정을 창조하는 것이다. "이러한 인간화 과정과 더불어 인간은 자신의 보다 깊은 내면에서부터 성장하기 시작하며, 자신의 삶의 의미에 대한 문제의식 또한 자라게 된다."[112] 그러나 인간이 자연에 대한 자신의 주권을 행사하고 그 자연을 넘어서는 만큼, 자기 실존과 세상 안에서의 과제에 대한 이유가 더 중요하게 부각된다. 세상을 변화시키는 인간 행위 안에서 인간의 진보는 인간을 자연과 구분 짓고 특정화하는 가운데 인간에게 있어서 고유의 것이 된다.

2.3.3. 세상에 대한 인간의 개방성

인간과 세상 사이의 관계에 있어서 불가분리적인 특징은 세상에 대한 인간의 개방성의 근거이기도 하다. 이 개방성은 상호 작용을 의미한

112) 같은 책, p.207.

다. 따라서 인간은 세상 안에 이방인으로 존재하는 것이 아니라 세상의 정점과 의미를 이루는 존재인 것이다. 인간-세상의 불가분리적인 특징은 세상이 인간에게 속해 있으며 그를 향해 방향 지어져 있다는 사실을 드러내 줄 뿐만 아니라 나아가 인간이 자신이 '되어 감', 즉 인간을 세상과 구별 짓는 자의식과 자유를 통해 자신을 실현해 감에 있어서 세상이 필요하다는 점을 드러낸다. 따라서 인간은 노동을 통해서 세상을 변화시키면서 자연의 비밀을 파헤쳐 가고 모든 종류의 표현, 형태, 문화, 언어를 통해 예술을 창출해 가는 가운데 자연을 자신의 내적인 과정을 '초월하는' 곳으로 이끌어 줄 뿐만 아니라, 나아가 자연의 내면을 표현하고 자연을 인간의 주체성을 표현하기 위한 도구로 변화시킨다. 그러나 인간-세상 사이의 상호 작용은 인간의 자의식 가운데 세상에 대한 의식이 들어가면서 그 중요성을 더하게 된다. 한편으로, 인간이 자신의 내면의 힘을 통해서 자연을 그 자연적 과정을 넘어서는 단계에로 이끌어 준다면, 다른 한편 인간의 내적인 활동은 세상으로부터 유래하는 감각적인 인상들에 의해 조건 지어진 것 또한 사실이다. 이는 세상에 대한 인간의 개방성이 인간의 존재 구조 안에 속해 있음을 드러낸다. 인간은 자신의 **주체적-육체적**(*soggettivo-corporea*)인 구조에 힘입어 세상에 대해 열려 있다. 주체성은 하나의 주체, 즉 인간 앞에 존재하는 세상의 제반 존재들을 자신의 대상으로 취한다. **대상성**(*oggettività*)은 주체(soggetto)가 있는 한에서 존재하며, 주체인 인간과 세상의 제반 존재들과의 만남으로부터 생겨난다. 그러나 이 대상성의 본래 기원은 느낌들(sensazioni)이 갖는 내용에 형태를 부여해 주는 인간의 **주체성**(*soggettività*)에 있다.

자연에 대해 열려 있는 인간의 객관적인 특징은, 세상이 단지 인간이 자신을 실현하는 장소만이 아니라 세상 자체가 인간에게 맡겨졌으며 인간은 이를 그 이전에는 도달하지 못했던 새로운 목표를 향해 쉼 없이 방향 짓고 변화시키는 책임을 맡았음을 인식하게 해준다. "세상 안에서 인간의 끊임없는 '행함'의 기초는 도달한 모든 끝 지점이 새로운 지점을 향한 변화에 있어서 출발점이 된다는 데에 있다. 따라서 인간의 개방성은 언제나 새롭게 열려져 있으며, 새로운 그 무엇을 창조하는 인간의 행위 그 자체 안에는 이미 최종적인 창조 없이 언제나 새로움을 향해 열려 있기 때문에 그 자체로 새로움을 '초월'하는 성격을 내포하고 있다. 새로운 그 무엇에 도달한 모든 것은 그 자체로 언제나 필연적인 '마지막 바로 이전'(penultimo)의 성격을 내포하고 있는 것이다."[113]

여기서 우리는, 인간에게 있어서 세상에 대한 개방성이 세상 안에 자신을 가두어 두는 것이 아니라 언제나 세상을 초월해서—세상 앞에서의 자신이 지닌 주체성에 힘입어—나아가는 것을 의미한다는 것을 알게 된다. 따라서 언제나 새로운 목표로 자연을 이끌어 주는 인간의 모든 행위는 인간 자신의 본질적인 초월적 성격을 드러내 준다. 세상에 대한 인간의 초월적인 성격은, 세상이 어떻게 그리고 왜 존재하는지에 대해서 물을 수 있다는 데에만 있는 것이 아니라, 인간이 자연의 내적 과정으로부터 분리되어 있으며 따라서 세상에 대해 자유롭게 활동할 수 있고 자신의 계획에 따라 이를 변화시킬 수 있다는 데에 있다.

인간이 개방적이라는 것은 또한 인간이 자기 초월, 즉 자신을 미래를 향해 있는 존재로 이해하면서 자신이 현재 위치한 지점을 결코 최종적으로 도달해야 할 목적 지점으로 받아들이지 않는다는 사실을

113) 같은 책, p.209.

드러내 준다. 인간은 미래—이는 인간이 자기 생(生)의 의미에 대한 물음, 즉 미래에 대해 묻도록 불린 존재라는 사실 가운데 드러난다—를 향한 자신의 초월성으로 인해 과거와 현재를 넘어서서 앞을 향해 살아가기 위해 창조되었다. 인간이 스스로에 대해 물을 수 있다는 사실이 바로 그의 자기 초월성(autotrascendenza)을 드러내 준다. 세상에 대한 인간의 문제를 내포하는 이 개방성은 그 안에 자기 자신에 대한 인간의 물음을 가지고 있다. 이에 대한 해답은 인간 안에서 찾아져야만 한다. 즉 세상에 대한 인간의 개방성을 구성하는 그의 내면성(양심과 자유) 안에서!

2.4. 다른 사람들과의 관계

만일 인간 존재 구조 안에서 무엇보다도 그리스도와의 관계, 세상 그리고 다른 사람들과의 관계가 본질적으로 구조적 요소를 형성한다면, 인간 실존의 구성은 원칙적으로 이러한 관계들—인간은 이 관계들 안에서 그리스도, 세상, 다른 사람들과의 상이성을 인식하며, 동시에 그리스도께 대한 근본적인 의존성과 세상으로부터의 자기 초월성을 감지한다—을 역사화하는 것, 즉 역사적인 구체성을 부여하는 작업 안에 있다고 할 수 있다. 지금까지 우리는 인간 실현과 인간에 대한 이해가 바로 그의 시간을 그리스도와의 관계, 세상 안에서의 책임 있는 활동에 대한 체험에서 유래하는 구체적인 행위를 통해 채워 가는 가운데 있음을 보았다. 인간의 충만한 현실화를 향한 올바른 길을 위해서는 개인적인 관계들을 현실화하는 것이 필요하다. 세상과의 관계, 다른 사람들과의 관계의 발전에 대한 필요성은 인간이 그리스도와의 관계 안에 기초하고 있다는 본성 안에서 고려되어야 한다. 따라서 그리스도와의 관계가 다른 모든 사람들 그리고 세상과의 관계에 있어서 원천이라고 한다면—즉, 그리스도야말로 모든 피조물의 유일한 원천이요 유일한 중개자이며 유일한 목적인 한에서—그리스도는 또한 인간이 그 안에서 다른 사람들과의 인격적인 관계를 발전시키도록 부름을 받은 근본적 실재라고 하겠다.

그러나 이 모든 것은 인간이 세상과의 관계를 발전시켜 가는 가운데 역사적인 차원을 획득하며 가시화하게 된다. 세상은 인간이 그리스도와의 통교와 인간들 사이의 통교를 가시적으로 표현하고 이루는 바로 그곳에서 역사적인 장소로서의 새로운 가치를 덧입게 된다. 바로 인간과 그리스도, 인간과 세상의 관계에 있어서 공통 관계가 인간 삶의 공존(*con-vivenza*)이라고 하는 구조적인 특징을 드러낸다. 따라서 이 공존은 오직 다른 사람들과 함께했을 때에만 충만한 의미를 갖게 된다. 우나무노(M.Unamuno)는 이를 단적으로 요약해서 다음과 같이 표현하고 있다: "홀로 남은 한 인간은 인간이 되는 것을 그치게 될 것이다. (…) 누구를 사랑할 것인가? 만일 아무도 사랑하지 않는다면, 그는 인간이 아니다."[114] 피히테(H.Fichte)도 비슷한 어조로 다음과 같이 언급하고 있다: "오직 인간 가운데서 인간은 인간이 되어 간다."[115] 부버(M.Buber)는 좀더 전문적인 용어를 사용해서 같은 개념을 언급하고 있다: "인간 언어에 있어서 근본이요 원천이 되는 '나-너' 그리고 '나-그'라는 두 단어가 있다. '나-너'는 한 인간이 다른 인간과 갖는 관계를 표현한다. 반면, '나-그'는 인간이 세상과 갖는 관계를 표현한다."[116] 여기에서부터 인간과 세상의 관계, 인간과 인간 사이의 관계

114) M.Unamuno, *La tragedia del vivere umano,* cap.VII.

115) H.Fichte, *Grundlage des Naturrechts, Werke II,* p.43.

116) M.Buber, *Ich und Du,* München, 1962, pp.32. 40.

가 긴밀하게 연결되어 있음을 알 수 있다. 세상은 내적 관계(interpersonale)를 중개하며, 이 내적 관계는 각 개인과 세상 사이의 관계 안에 개입해 들어간다. "세상을 변화시키는 것은 모든 인간, 즉 인류 공동체의 일원인 모든 사람의 과제이다. 인간 노동의 객관적인 역할 덕택으로 모든 인간이 하는 것은 다른 사람들에게 받아들여질 수 있고 준비되어 있다: '변화된 자연' 안에서의 노동의 객관화는 노동을 모든 이의 공동 책임이 되게 하며, 이는 역사의 변화 안에서 인류 전체를 하나로 묶어 주는 역할을 한다."[117] 나아가 "인격 상호간의 공존은 인간 인격에 있어서 우연적이거나 외적인 것이 아니다. 인격적인 자아 안에 있는 대체될 수 없는 핵심 안에서 모든 인간은 상호 인격적인 공동체로 부름을 받았다. (…) 상호간에 서로를 제외하는 태도를 멀리하는 가운데 인격적인 차원과 상호 인격적인(interpersonale) 차원 그리고 공동체적인 차원은 서로를 내포한다. 한 인격은 오직 다른 인격을 통해서만 실현될 수 있다. 즉, 다른 인격들에게 자신을 건네고 동시에 그들로부터 그들 자신을 받음으로써 이루어진다. 인간의 주체성(soggettività)은 본질적으로 '상호간 주체성'(intersoggettiva)이라는 특징을 지니며, 대화적인(dialogica) 주체성이요 나아가 주체와 주체 간의 만남인 것이다."[118]

117) J.Alfaro, 앞의 책, p.221.
118) 같은 책, p.222.

III 인격의 자기 건설(autocostruzione)

지금까지 인간의 자기 건설(autocostruzione)로서 이해된 실존에 대한 신학적인 의미의 숙고는 역사적인 차원의 노선을 따랐으며, 이러한 작업을 정당화하는 것은 무엇보다도 인간이 완성된 실재가 아니라 자신의 성숙을 향해 나아가는 '씨앗'과 같은 형태로 존재한다는 사실에 있음을 보았다. 바로 이 때문에 우리는 구약과 신약성서의 시간관으로부터 출발했다. 그 후 신학적인 성찰로 넘어가면서, 우리는 인간의 '되어 감'에 대한 이해를 위한 출발점으로서 인간을 그리스도와 세상 그리고 다른 사람들과 불가분리적으로 이어 주는 관계성에 대해 다뤘다. 그럼으로써 우리는 그리스도와의 관계—이 관계는 인간의 존재 구조를 이해하기 위해서 출발점으로 삼아야 할 본질적인 구성 요소이다—가 인간 실존의 자기 건설을 실현하기 위해서 출발점으로 삼아야 할 핵심 요소여야 한다는 것을 보았다. 여기서부터 이제 인간은 매일의 삶 안에서 그리스도와의 관계를 현실화하고 발전시키며 더불어 세상과 다른 사람들과의 관계를 보다 심화해 가면서 자기 자신의 실존에 항구성을 부여함으로써 자신을 건설해 가는 것이다.

그러나 인간의 성장은 그리스도와 세상, 다른 사람들과의 관계들을 발전시키는 것에 본질적으로 의존되어 있다. 그리고 자신의 충만한 완성을 향해 진보를 이루기 위한 기준과 방법은 그리스도 안에서 하느님의 부르심에 철저히 순명하는 데에 있다. 따라서 인간이 자기를 건설한다는 것은 그가 한 인격(persona)으로 실현되는 것이며 그리스도 안에서 인간을 부르시는 하느님께 충실함과 사랑으로 순명하는 존재가 되는 것이다. 본 고에서는 역사 안에서 인간의 '되어 감'을 조명하기 위해 '인격'이란 개념을 선택했다. 왜냐하면, 이 인격이란 개념은 인간 존재의 관계적인 측면을 잘 드러내 줄 뿐만 아니라 인간의 성장과 발전에 대한 응답의 성격을 보다 명료하게 강조하고 있기 때문이다.

따라서 이 장에서는 인간의 자기 건설의 의미를 그리스도 안에서 하느님의 구원 행위들에 대한 응답으로서 조명해 보고자 한다. 즉, 자신의 완성을 향한 인간의 여정이 갖는 순명, 응답의 성격을 제시하고자 한다. 사실, 그리스도 안에서 하느님의 부르심을 통해 인간이 실존한다는 사실은 인간에게 이에 대한 응답의 필요성을 일깨워 준다. 사실, 부르심은 응답을 요청하고 있다. 따라서 인간을 그리스도 안에서 실존에로 부르는 하느님의 행위는 인간에게 끊임없이 그가 그리스도 안에서 실존하도록, 즉 받은 선물을 책임 있게 실현하도록 촉구하며 묻고 있다. 결국, 인간의 자아실현은 그리스도 안에서 인간을 부르셨고 또 끊임없이 부르고 계시는 하느님께 대한 항구한 응답을 통해 드러나게 된다. 더불어 우리는 하느님의 부르심에 대해 순명하는 성실함에서부터 다른 사람들과의 관계, 세상과의 관계의 불가분리적인 성격이 따라온다는 것을 보게 될 것이다. 그러나 무엇보다도 인간의 자기실현과 성장을 실존 안에서 그를 이루고 있는 객관적 사실에 대한 충실한 응답으로서 보다 잘 이해하기 위해서는 '우정'이라는 현상의 틀 안에서 인격 구조에 대한 성찰을 해 보아야 한다.

1. 인격의 구조: 부름과 응답

1.1. '우정'이라는 현상의 틀 안에서

다른 이가 현존한다는 사실은 인격에 대한 이해에 있어서 본질적인 요소다. 왜냐하면, 오로지 다른 이의 현존과 나를 '나'로서 발견하게 해주는 상대방으로부터의 인식을 통해서만 나는 비로소 한 인격일 수 있기 때문이다. 따라서 우정에 대한 현상학적인 분석은 인간의 인격 구조를 발견하는 데에 있어서 매우 효과적이라고 할 수 있다. 이 때문에 우리는 인격 구조의 발견이 현상학적인 그 무엇을 대변한다고 말하는 것이다. 즉, 우리는 바로 인격의 구조를 현상학적인 방법을 통해서 발견하게 된다. 사실, 만나는 사람이 누구인지, 내 앞에 있는 이가 누구인 것처럼 언제나 하게 되는 이런 질문들에 대해서, 우리는 그 대상의 내면 깊숙이에 도달할 때에만, 즉 그를 '너'로서 알게 되는 인격의 깊은 내면에 도달할 때에야 비로소 이에 대해서 대답할 수 있다. 그런데 한 사람의 내면을 만나기 위한 적절한 환경을 우리는 '우정'이라는 틀이라고 말할 수 있는데, 이것은 "우정 안에서 우리는 우리의 내면이 만져졌다는 느낌, 즉 그 내면이 밝은 빛 안에 드러나고 나아가 처음으로 내가 진정한 의미의 한 인격이 되었다는 느낌을 갖게 되기 때문이다."[119]

인간 인격의 구조를 발견함에 있어서 우정이라는 개념의 틀을 선택한 이유는, 우정이야말로 깊은 신비에 둘러싸인 실재인 인격을 진

---

119) Ch.Schütz - R.Sarach, *L'uomo come persona. 2. Scoperta fenomenologica della struttura della persona,* nel vol., *Myst. Sal.,* vol.IV, p.316.

정으로 비춰 주기에 적절한 개념이기 때문이다. 사실, 우정이라는 사실 앞에 있는 것은 마치 어떤 현상, 즉 한 인격이 드러나는 현상 앞에 마주하는 것과도 같다. 하지만, 이 인격이 어떻게 그리고 무엇 때문에 솟아났는지에 대해서는 전혀 알 길이 없다. 우리는 우정에 대해서 "우정의 전(前)과 후(後), 그리고 그것이 무엇인지(che cosa), 어디에 있는지(dove)에 대해서 서술할 수는 있지만, 어떻게(come) 그리고 왜(perchè)에 대해서는 알 수 없다. 인격 그 자체는 선물이면서 동시에 신비이다."[120] 사실, 중요한 것은 어떤 행위나 대화를 통해 다른 사람을 아는 것이 아니라, 바로 그를 통해서 내가 고무된다고 하는 사실이다. 바로 그 순간부터 그는 더 이상 나와 무관한 사람이 아니다. 나는 그에게 관심을 갖게 되고, 서로 가까워지려고 하며, 서로에게 깊은 존경을 드러낸다. 서로 가까워지려고 하는 만큼, 그리고 서로를 알려고 하고 아껴 주는 만큼, 서로에게 있었던 장벽은 허물어지고 둘을 갈라놓았던 것이 사라지게 된다. 이렇게 내 앞에 있는 그가 더 이상 나와는 무관한 그 누가 아니라 '너'가 되고, 그에게 있어서 나 또한 그 누가 아니라 '너'가 되는 체험이 이루어진다. 이 첫 단계에 있어서 관심을 표명하는 외적인 징표들은 드물지만, 서로에 대한 깊은 이해가 있다. 이 단계는 서로에 대한 신뢰와 충실, 성실함으로 특징지어지는데, 이 특징들은 '나'와 '너' 사이의 관계를 채워 주고 생기 있게 해준다.[121]

우정이 커 나감에 있어서 상호간의 존경과 관심 그리고 서로를 향한 경향성 등의 기저에는 자유롭게 서로를 내어 주는 사심 없는 사랑

120) 같은 곳.
121) 참조: 같은 곳.

이 있다. 이 우정의 관계에서 일어나는 모든 경험들을 '너'라는 이름으로 요약할 수 있는데, 바로 이 이름을 통해서 나는 너를 부르고 바로 너를 이해하게 된다.

> "우리는 지금 서로 사랑하는 관계 안에 있습니다. 그리고 사랑의 대화, 서로에 대한 배려가 우리를 지배하고 있습니다. 당신은 내게 당신 자신을 선사하고 나 또한 나 전체를 당신께 선물로 내어 드립니다. 지금 나는 당신에게서 오는 사랑의 속삭임을 느낍니다. 이 부름은 정말이지 선물이요, 당신 자신이 바로 내게는 귀중한 선물입니다. 당신의 눈길 안에서 당신의 몸짓 안에서 그리고 당신이 내게 건네는 말 안에서 난 당신이 나를 사랑으로 부르고 있음을 가슴 깊이 느낍니다. 당신은 이 모든 것을 내게 선물로 주시지만, 그러나 무엇보다 당신은 그것들을 통해 당신 자신을 내게 선물로 내어 주고 있음을 저는 압니다. 이 모든 것이 나를 생명으로 부르며 초대하고 이끌어 준답니다. 당신은 나를 나로부터 자유롭게 합니다. 이것이 바로 내 안에서 하나의 응답을 일깨워 주죠. 이 대답은 강요가 아니라, 사랑스러운 부름에 대한, '사랑의 필요'에 대한 내 사랑의 응답이랍니다. 이렇게 나의 동의는, 동의하기를 원하는 나의 바람은 이미, 그 자체로는 아무것도 일어나지는 않았지만 그러나 이 응답—이 응답이 어떤 형태이든지 간에—을 통해서 당신에게 모든 것이 전달되는 일종의 받아들임입니다."122)

내가 나를 다시 '너'에게 내어 주는 그래서 나 또한 증여자가 되는

122) 앞의 책, p.317.

순간 비로소 내 안에서 무엇인가가 솟아난다. 나를 너에게 선물로 내어 주는 응답 안에서 나는 살아갈 수 있는, 즉 대화적인 관계 안에서 살 수 있는 능력이 있음을 알게 된다. 그가 나를 그의 '너'로 말하는 것, 즉 내 이름을 호명해서 부르는 것, 바로 이것이 내가 그에게 응답할 수 있는 능력을 일깨워 준다. 이러한 부름과 응답의 틀, 사랑과 이에 대한 사랑의 응답, 내어 줌과 이에 대해 다시 내어 주는 모습, 특히 다시 내어 주는 행위 안에서 나의 인격이 드러나고 형성되는 것이다. 그럼으로써 갑작스레 나는 '나'가 된 나 자신을 의식하게 되는데, 이는 오로지 그가 현존하기 때문이며 내가 그를 통해서 언급되어질 수 있기 때문이다. 나는 오직 그를 통해서 나를 알 수 있다. 내가 그에게 나를 더욱 깊이 내어 주는 것을 배울수록, 나는 나 자신에 대해, 나의 인격에 대해 더욱 깊이 알게 된다. 그 사람과의 관계가 없이 그리고 그가 없이, 나는 도저히 나 자신을 알 수 없다. 나 자신의 '나'는 오로지 '너'와의 관계 안에서만 존재하는 것이다. " '너'가 나를 창조했으며 오로지 '너'를 통해서만 나는 비로소 '나'가 되었다. 오직 '너' 안에서만 나는 '나'로 남을 수 있다."[123]

이러한 분석으로부터, 그리고 우정의 본질적인 역동성으로부터 우리는 다음과 같이 말할 수 있다. 나의 인격, 즉 내게 있어 보다 내면적이고 핵심을 이루는 실재는, 진정한 나 자신의 발견을 위해 그리고 구원을 위해서 본질적으로 '너'를 지향하고 있다는 것이다. 나의 인격은 선험적으로 내게 주어진 그 어떤 실재가 아니다. 그것은 우정의 관계 이전에도 그 밖에서도 찾아볼 수 없는 '너'와의 관계 안에서만 존재하는 실재이다. 이 우정은 그 무엇으로도 대체될 수 없는 관계이

123) 같은 곳.

다: 너는 내게 너의 이름을 선사하고, 나를 이름 지어 부른다. 이러한 혼동될 수 없는 관계의 신비는 바로 이름 안에 있다: "인격은 오직 자신을 내어 주는 부름으로서의 '~를 향한 움직임'의 리듬 안에, 그리고 사랑받는 이가 그에 대한 응답으로 사랑 안에서 자신을 다시 내어 주는 '~으로부터의 움직임' 안에 있다. 인격의 행위는 선물이며 동시에 의무요, 생명이며 동시에 하나의 요청인 것이다."[124]

'나'와 '너' 사이의 관계는 쾌락이나 명령을 강요할 수 있는 성질의 것이 아니다. 이 관계는 강요하는 명령에서 나오는 것이 아니라, 사랑의 부름에 대한 자유로운 응답 가운데에 있다. 더욱 주목해야 할 것은, 비록 모든 형태의 자기를 건네는 행위가 일종의 자기를 드러내는 행위이지만, 인격 그 자체는 언제나 그들 자신에게 있어서 더욱 내밀한 부분으로 남아 있다는 사실이다. 이 인격은 언제나 신비로서 자신을 건네주며 자신을 계시하는 행위 안에서 오히려 이 인격의 신비로운 면은 깊어 간다.

2. 신학적인 심화

2.1. 그리스도 안에서 하느님의 부르심에 대한 응답으로서의 인간 인격

계시 내용들은 하느님과의 밀접한 관계에 기초한 인간의 이미지를 우

124) 참조: E.Brunner, *Der Mensh im Widerspruch, citato da Ch.Schütz - R.Sarach*, in *Myst. Sal.*, vol.IV, p.318.

리에게 제공해 준다. 구약성서는 '계약'의 주제와 함께 하느님과의 대화에 끊임없이 열려 있는 인간을 제시하고 있다. 그리고 '하느님의 모상'인 한에 있어서 인간을 인격이라는 범주 안에서 하느님 앞에서 책임을 지닌 존재, 하느님의 끊임없는 질문에 대한 응답으로서의 인간 삶을 바라보도록 초대하고 있다. 반면, 신약성서에서 인간에 대한 모든 관심은 그리스도에게 집중되어 드러난다. 즉, 하느님에게 있어서 그리스도는 인간 창조의 원천이요 중개자요 목적으로 언급되고 있다. 이러한 그리스도적인 전망은 그리스도 앞에서 책임을 지닌 존재로서의 특징을 인간이 하게 되는 응답에 더해 준다. 그리스도와의 존재론적인 결속은 인간 실존에게 있어서, 생명을 잃어버리지 않고 자기 운명을 실패로 이끌지 않으려면 그리스도께서 설교하신 하느님 나라에 들어가도록 노력하고 성령을 받아들이며 신앙에 자신을 열어야 할 필요성을 인간에게 상기시킨다.

2.1.1. 참된 원천이신 하느님

'우정'이라는 현상적인 틀 안에서 인간 인격은 '관계 안의 존재'로 드러난다. 또한 우리는 관계는 '부름'(chiamata)에서 생겨나는 선물이라는 사실도 발견했다. 여기서 우리는 이 관계가 어떠한 기초 위에 터하고 있는지, 그리고 참된 생명과 인격적인 존재로 부르는 이 선물이 어디로부터 오는지 묻고자 한다. 나아가 '너'와의 관계를 근거 짓는 뿌리는 어디에 있으며, 그를 제외하고서는 나를 이해할 수 없는 그 '너'는 누구이며, 제일 먼저 내 이름으로 나를 부른 그 '너'는 누구인지 알고자 한다. 창조에 대한 신앙은 우리가 이에 대한 대답을 찾는데 도움을 준다. 신앙 안에서 우리는 모든 창조물이 '말'(parola)의 특징을 가지고 있음을 안다. 하느님은 부르고 피조물은 그 현존과 더불어 '여기 있습니다' 하고 말한다. 그러나 모든 '말'은 '말씀'(Parola)으로부터 유래되는 한에서 하느님 안에 기원을 갖는다. 성서는 인간이 하느님의 모상과 유사함(imago et similitudo Dei)으로 창조되었음을 언급하면서, 동시에 인간을 다른 모든 피조물의 기준이라는 면에서 '말'로서 언급하고 있다.

하느님은 인간을 당신 밖에 존재하는 그 무엇(cosa)으로 창조하지 않았다. 아니 하느님은 인간에게 그 자신만의 고유한 이름을 지어 부르시고 그에게 말을 건네시면서 창조하셨다. 이름 지어 부르셨다는 것은 사랑을 향한 인격적인 호명이자 부르심이다. 사실, 불렸다는 것은 '관념적인 통교'이다. 그러나 그분으로부터 언급된 한에 있어서 인간은 불렸다. 인간은 하느님으로부터 언급된 한에 있어서 이름 지어 불려졌으며 동시에 질문받은 존재이다. 이렇게 나는 "보다 심오한 나의 기원에서부터, 내가 창조된 그 순간부터, 개인적으로 하느님께 질문받은 존재다. 그렇다. 나의 인격 전체는 선물이면서 한편으로는 이 사랑 어린 창조적 부르심에 응답을 드려야 하는 과제이기도 하다. '너'와의 보다 근원적인 관계 안에서, 더 구체적으로 '너'와의 관계 안에서 보다 심오하고 근본적이며 기원을 이루는 것은 다름 아닌 하느님께서 선물처럼 주시는 창조적 부르심이다. 이 관계는 '너'와의 존재론적인 관계이며 본질적인 관계이고 그렇기 때문에 매우 근원적이다. 이것은 그 자체로 이미 인격적인 관계인데, 왜냐하면 사랑 가득한 부르심 안에서 이루어지기 때문이다. 하느님은 내가 하느님을 '너'로 부르도록 나를 당신의 '너'로 불러 주셨다. 따라서 나의 삶 전체는 바로 이러한 하느님의 부르심에 응답하기 위해서 하느님의 이 외침을 끊임없이 감지해 나가는 여정이라고 할 수 있다. 인격으로서의 내 존재는 응답하는 가운데 있다. 더 나아가 나는 나를 부르시는 이 하느님의 말씀을 받아들이고 사랑으로 응답함으로써 더욱더 인격이 되어 간다. 이러한 창조적 관계없이 나는 내가 갖고 있는 인격으로서의 존재성에 대해 결코 이해할 수 없다."[125]

2.1.2. 그리스도와의 관계

이 주제를 논함에 있어서 출발점은 무엇보다도 인간 인격이 그리스도 안에서 실존하도록 불렸다는 점이다. 이는 인간 인격이 그리스도와의 대화적인 관계 안에 그 뿌리와 생명을 가지고 있으며, 나아가 그리스도의 존재와 본성에 참여하는 가운데 그 존재 의의를 실현할 수 있음을 의미한다. 이러한 존재론적인 사실로부터, 우리는 인간이 신앙을 통해서뿐만 아니라 자신의 존재 구조를 통해서도—왜냐하면 인간은 이미 창조 때부터 그리스도에게로 방향 지어져 있기 때문이다—그리스도를 닮아 가도록 불렸다는 것을 알 수 있다. 다시 말해, 그리스도를 닮아 가는 것은 신앙 때문만이 아니라 인간의 존재 구조상 이미 그것을 요청하고 있다는 말이다. "인간 인격은 단순히 종교적이 아니라, 더 구체적으로 말하면 그리스도를 향해 철저하게 지향된 존재이다. 인간은 그리스도적(cristico) 존재이다."[126] 따라서 그리스도가 인간의 모상인(causa esemplare)[127]이요 동시에 능동인(causa efficiente),[128] 목적인(causa finale)[129]이라는 사실은 인간이 그 자체로 독립적으로 존재하는

125) 같은 책, p.319.

126) G.Colzani, *L'uomo in Cristo Gesù,* Ut unum sint, Roma, 1972, p.144.

127) 인간은 그리스도를 모델로 하여 만들어졌다는 의미에서 모상인임.

128) 능동인은 "누가 그를 만들었는가"에 대한 대답이다. 이런 의미에서 하느님은 창조 때 그리스도를 통해서 인간을 창조했기 때문에 인간의 직접적인 능동인은 그리스도라는 의미에서 그리스도는 인간의 능동인이다.

129) 인간은 그리스도를 목적으로 해서 만들어졌다는 의미에서 그리스도는 인간의 목적인임.

실재가 아님을 극명하게 드러내 준다. 인간은 존재론적으로 볼 때 일종의 응답이자 순명이다. 그는 오로지 자기 존재의 건설을 그리스도 안에서 하느님의 부르심에 철저히 순명하는 응답을 통해서 이룩해 나갈 때에만 자기 실존에 의미와 가치를 부여할 수 있다: "인간 존재는 그 존재 구조의 심연에서부터 이미 그리스도와 관계 지어진, 그 관계에 대해 책임 있는 존재이다. 따라서 이 관계는 더 이상 피상적인 관계가 아니라 인간 인격에 있어 대체될 수 없는 핵심적인 것이다. 이처럼 유일하고 인격적인 그리스도와의 관계는 인간이 유일회적(irripetibilità)이며 대체될 수 없는 인격적인 존재라는 사실을 드러내 준다. 바로 이 관계 안에 인간의 주체성(soggettività), 반복될 수 없는 고유함, 그 어떤 존재와도 구별되는 독특한 이유가 있다."[130]

2.2. 인격의 심리적·윤리적 차원

지금까지 우리가 다뤄 온 인간 인격 구조의 신학적 개념에 대한 것은 무엇보다도 그의 존재론적-객관적 특징에 관한 것이었다. 즉, 우리는 인간 인격 구조가 부름과 응답이라는 구조 안에서 구체화된다는 것을 보았다. 사실, 하느님은 그리스도 안에서 부르심의 행위를 통해 인간을 실존에로 이끄실 뿐만 아니라, 그에게 질문하시고 그가 당신과 그리스도 앞에서 책임 있는 존재로 살아가도록 촉구하신다. 이제 우리는 위에서 언급한 주제를 보완하고 발전시켜야 할 시점에 와 있다. 이를 위해서 우리는 인격의 심리적-윤리적인 면에 주의를 기울여 보기로 하겠다. 이러한 전망에서 우리는 논의의 방향을 '인격의 행위', 즉

130) G.Colzani, 앞의 책, p.144.

윤리적 차원에로 옮겨야 한다. 왜냐하면, 인간이 지닌 '인격적 존재'로서의 차원은 행위를 통해서 현실화되고 발전되기 때문이다.[131] 이 모든 것은, 인간의 응답이 검증되어야 하고 가시화되어야 하며, 엄밀히 말해서 일상의 구체적인 행위—이 행위는 그리스도 안에서 실존하는 인간 존재의 본성에 충실함을 의미하며, 이에 따른 확실한 선택과 결단에서부터 나와야 한다—안에서 현실화되어야 함을 우리에게 말해주고 있다. 역동적인 전망에서 보면, 인격의 성숙은 자신의 고유한 인격성(personalità)에 도달하는 데에 있다고 말할 수 있겠다: 이 인격성은 인간 인격의 확장으로 이해될 수 있다. 따라서 이러한 인격성에 이르기 위해 거쳐야 할 길은 무엇보다도 먼저 의식의 차원에서 자신이 누구인지를 깨닫는 것이다. 만일 인간 인격이 그리스도에 의해 질문받는 존재라고 한다면, 앞서 언급한 이러한 자의식(自意識)은 인격 성숙과 인격성의 확장에 이르는 정확한 규범이 아닐 수 없다. 다시 말해, 만일 인간 존재 구조가 공허하게 되어 버리지 않으려면, 이 존재 구조는 의식적인 차원, 책임 있고 의미 있는 차원을 획득해야 한다.

> "그러므로 인간 인격성의 성장 법칙은 다름이 아니다: 하느님의 창조적인 말씀에 기초한 인간 인격성은 하느님의 선물이 우리의 책임으로 변화되는 대화적인 공간—즉, 하느님의 행위가 인간의 책임, 응답과 만나는 곳—안에서 드러난다. **인격성은 바로 하느님의 행위와 이에 대한 인간 응답의 종합**이라고 하겠다. 여기서 인간의 응답은 하느님의 행위를 의식하고 이에 대해 결단과 더불어 자신

131) 신학의 기본 공리 중의 하나인 "행위는 존재를 따른다"(agere seguitur esse)에 근거한 것임.

의 행위 안에서 구체적으로 응답하는 것을 의미한다. 결국, 인간 인격은 자신의 존재가 구조적으로 지니고 있는 근본적 존재성 —그리스도적이라는 —을 자신의 성장, 성숙 과정 안에서 책임 있게 실현시켜야 한다. 이러한 전망 안에서, 이제 인간 전체의 삶은 그리스도께 응답하기 위한 투명한 의지 —주님을 향해 나아가기 위한 표현이자 가시화로서 —의 표징이 되어야 한다."[132]

2.2.1. 철저한 순명의 규범

응답이라는 전망은 우리로 하여금 인간이 이미 규정된 존재가 아니라 되어 가는 존재이며 특별히 자신의 선택과 결단, 책임을 통해서 점차적으로 실현해 가는 주체임을 상기하게 해준다. 인간이 자신의 존재 구조에 충실하며 그의 응답이 의식 깊은 곳에 있는 인격에 의해 이루어진 것일 때, 그의 결단은 참된 것이며 따라서 그의 성장도 진정한 것이 된다. 이제 우리가 인간을 그리스도 안에서 존재하도록 불린 실재로 본다면 그에게는 또 다른 요청이 제기된다. 인간은 그리스도와 갖는 관계의 완성을 향해 나아가야 하는데, 이는 추상적인 법칙을 통해서가 아니라 진실로 더욱 깊이 자신 안에 그리스도를 받아들이고 닮아 감으로써 그분이 우리에게 열어 주신 인격적인 초대에로 나아가는 것을 말한다. 이러한 인간의 실현은 삶 안에서 구체적으로 표현됨으로써 충만한 의미를 갖는 가운데 이루어진다. 바로 여기에 인간의 결단이 갖는 중요성이 드러난다. 왜냐하면, 인간은 이 결단을 통해서 더욱더 그리스도를 닮아 갈 수 있으며, 이를 통해서 바로 자신의 구체적이고도 실재적인 건설이 이루어지기 때문이다. 이러한 인간의 결단

132) G.Colzani, 앞의 책, p.145.

은 하느님의 부르심에서 출발해서 자신의 삶에 참된 의미와 가치를 부여해 주는 것이어야 한다. 즉, 역사적인 형태 안에서 선택된 자로서의 자신의 존재를 구체화시켜야 하는 것이다.

2.2.2. 다른 사람들과의 관계

이 모든 것은 다른 인격들과의 만남 그리고 그 외 세상 안에서의 모든 종류의 만남 안에서 역사적인 구체성을 갖게 된다. 인간 인격은 오직 이웃과 갖는 관계의 틀 안에서만 '창조'되는데 모든 관계는 근본적으로 하느님과의 관계로부터 나오기 때문에, 오직 하느님만이 모든 인간에게 당신과의 관계 안에 참여하도록 초대하시며 한 인간이 다른 사람들과의 관계를 현실화하는 데 있어서 유일한 원천이 되신다. 이러한 의미에서, '나'라는 존재가 하나의 '인격'이 되는 것은 하느님의 창조적인 행위의 결과로 이해될 수 있다. 이 하느님의 행위야말로 내가 다른 모든 사람들과의 만남을 통해서 하나의 '인격'이 되게 하신다. 내가 인격이 되어 감에 있어서 다른 사람들은 공동 창조자(con-creatore) —내가 인격으로 성장하는 것에 비교해서—로서 드러나며 이런 의미에서 그들과 맺는 관계는 나의 인격 성장에 있어 본질적인 요소가 아닐 수 없다.

> "사실 하느님은 모든 이웃을 통해서 한 사람을 창조하신다. 이렇게 모든 인간은 모든 순간에 있어서 그의 이웃과 더불어 공동 창조자로 이해될 수 있다. 이 말의 보다 깊은 의미는 다음과 같다. 인간은 보다 자발적이며 새로운 자세로 자신의 창조에 임해야 한다는 것을 말한다. (…) 만일 내가 나 자신을 사랑 안에서 그리고 다른 모든 인격적인 관계 안에서 이해한다면, 나는 언제나 내 실

존의 근거인 하느님의 창조적인 부르심에로 나를 지향해야 한다. 그럼으로써 이제 나는 이 관계들을 통해서 나 자신을 이해할 수 있는 것이다."[133]

우리가 앞서 우정의 현상 안에서 보았던 여러 요소들은 모든 이웃과의 만남 안에서 현실화된다. 모든 것은 바로 '너'와의 상호 관계, 즉 내어 주는 부름에 대해 자신을 다시 선물로 내어 주는 응답에 달려 있다. 이렇게 인간 상호간의 모든 대화와 상대방을 위한 모든 선물, 존재는 하느님의 창조 행위에 참여하는 행위가 아닐 수 없다. 인간이 인격적으로 더욱더 성장할수록 그는 '다른 이 앞에 존재한다'는 대화적인 면을 체험하게 되며, 세계 내에 존재하는 인간으로서의 자신의 존재에 충만한 의미를 채워 가게 된다.

"인격이란 전체로서의 인간, 즉 영적인 인격성만이 아니라 신앙의 인격성을 포함한다. 인격에 대해서 말할 때 우리는 흔히 영혼과 육체가 서로 대립된 것처럼 간주하면서 인간을 총체적으로 이해해야 하는 전망을 간과한다. 인간은 오직 전체성 안에서 이해되어야 한다. 내가 인격으로서 성숙할수록 총체적인 인간 실재로서의 나는 통합되어 간다. 눈길 하나, 손짓, 악수, 아니 나의 모든 행위는 인격적인 징표로 변화된다. 이 모든 행위는 언제나 내가 '너'와의 관계 안에 있는 것을 아는 '나'의 표현이자 '너'를 향한 선물이다. 인간의 핵심인 이 '인격'은 이렇게 더욱더 인간 전체를 인격화한다. 따라서 인간 행위는 인격의 표현이 된다. 인간의 물질성(mate-

133) 같은 곳.

rialità)은 육체성(corporalità)으로 변화한다. 물론 완전한 인격에 이를 수는 없다. 단지 그 상태를 향해 나아갈 뿐이다. 이 때문에 우리는 마르셀이 언급한 것처럼 인간을 '**여정자로서의 인격**'(*persona viator*)으로 말할 수 있다."[134)]

2.2.3. 세상과의 관계

여기서 우리는 한 인간이 인격으로 되어 가는 데 있어서 매우 중요한 또 다른 요소를 분석해야 한다. 즉, 인격과의 관계 안에서 바라본 세상에 대한 이해이다. 세상은 그 기원에서부터 인격적인 하느님 말씀의 객관적인 징표로 드러나고 있다. 다시 말해서, 세상의 창조는 본질적으로 인간을 향해 지향되어 있다는 것이다. 즉, 인간이야말로 하느님이 세상을 창조한 이유이다. 따라서 인간에게는 이 모든 것을 배우고 읽고 고려하는 것이 중요하다. 이 세상을 자신의 손 안에 취하는 것이 바로 인간의 과제라고 하겠다. 이뿐만 아니라 인간은 늘 세상을 중개하는 역할을 하도록 요청받고 있음을 스스로 확신해야 한다. 세상에 대해서 중개자의 지위에서 인격의 지위로, 즉 세상이 인간을 위해 만들어졌다는 것을 인식하는 것, 이것이야말로 인간에게 충만한 의미를 일깨워 준다.

2.3. 존재론적인 기초

이제 우리는 현상학적인 전망 안에서 인격에 대한 이해와 이에 대한 신학적인 심화를 존재론적인 기초에 대한 논의를 통해서 보완해야 한

134) Ch.Schütz - R.Sarach, 앞의 책, p.320 이하.

다. 오늘날, 존재론적인 기초를 발견하기 위해서 흔히 출발점으로 삼는 것은 인격적인 만남에 대한 현상학적인 근거로서의 '존재론'(ontologia)이다. 이러한 현상에 대한 고찰을 통해서, 우리는 인격이 본질적으로 〈'너'와의 관계 안에 있는 유일무이함〉이라고 말할 수 있었다. 이는 이러한 전망 안에서 인격이 존재론적으로 고려되고 있음을 의미한다. 이러한 존재론적인 차원은, 무엇보다도 인격이 '너'와의 관계 안에 있는 존재로 규정되며, 이 관계는 역동적인 성장을 지향한다는 것을 드러내고 있다. "인격적인 존재로서의 이러한 최종적인 존재성은 우리 존재가 하느님의 창조적인 행위를 통해서 탄생한다는 것을 드러내준다. 이 하느님의 창조적인 행위는 모든 우리의 응답을 가능하게 하는 원천이며 이 행위로부터 우리 중 어느 누구도 제외될 수 없다. 따라서 우리 내면의 보다 깊은 곳에 내재한 인격적인 존재성은, 우리가 우리 스스로는 아무것도 아니요 본질적으로는 언제나 하느님의 부르심에 의해 존재하게 되는 하나의 응답이라고 할 수 있다. 오직 인간에게 있어서 유일한 '너'인 하느님에게 응답하는 관계만이 인간 내면에 있는 인격의 형성을 이해하도록 해준다."[135] 사실, 하느님의 창조적인 행위는 인격적인 제스처로서, 그분은 이 행위를 통해 나에게 말씀하시고 나를 부르셨다. 우리는 바로 이러한 하느님의 창조적인 행위를 우리 존재의 기초로 놓을 때에야 비로소 자신의 인격이 '하느님과의 관계 안의 실재'라는 사실을 발견할 수 있다. 즉, 인간은 자기 존재의 보다 깊은 곳 안에서부터 존재론적으로 "하느님—인간의 근본적인 '너'로서—과의 관계 안에 있는 존재"로 특징지어졌다는 것을 깨닫게 된다. 이는 인격이—인간의 보다 깊고 근원적인 차원에 있어서—창조적인

135) 같은 책, p.323.

하느님의 부르심에 대한 응답일 뿐만 아니라, 인간이 인격으로 되는 것은 '너'인 하느님께 지속적이고도 인격적인 응답을 통해서 가능하다는 것을 우리에게 알려 준다.

그러나 문제는 존재론적으로 '인격'이 된다는 것이 무엇을 의미하는가 하는 점이다. 위에서 언급한 사실에 비추어, 우리는 다음과 같이 언급할 수 있다. 즉 모든 인간은 '너'인 하느님에게만이 아니라 인간 사이의 모든 부름에 응답하면서 더욱더 '나'가 되어 가며, 이 과정 안에서 더욱 깊이 인격이 되어 가는 것이다. 이렇게 인간은 더욱더 '너'에 의해 언급되어 있음을 이해해야 한다. 바로 여기에 그의 질적인 성장이 있는 것이다. 인격이 되어 가는 과정은 더욱더 구체적으로 자신을 표현하려는 끊임없는 '자기 극복'(*auto-superamento*)과 '자기 초월'(*auto-trascendenza*) 안에서 일어난다. "이것이 가능한 것은, 언제나 지속되는 창조라는 밑바탕 위에서 일어나기 때문이다. 그리고 그 밑바탕은 무엇보다도 인격적이다. 또한 하느님은 이 자기 극복에 있어서 근본적인 내적 요소로 자리 잡고 있다. 이러한 의미에서, 하느님은 삶의 매 순간마다 나를 부르시기 때문에 그리고 내가 더욱 진지한 응답을 하도록 나를 초대함으로써 더욱 성숙한 인격이 되도록 나를 이끄시기 때문에, 정말이지 끊임없이 내 인격의 창조자로서 활동하신다. 이러한 '너'와의 존재론적인 결속 위에서 '너'와의 존재론적인 관계가 자리하게 된다."[136]

부름과 응답의 창조적인 관계는 인간이 이웃으로서의 '너'를 통해서 인격을 형성하게 되는 바탕이다. 우리의 인격은 특별히 사람들 사이에서 실재적이고도 긍정적으로 더욱더 인격이 되기 위해 노력을

136) 같은 책, p.324.

기울이는 가운데 '너'를 향한 응답을 통해서 자라나야 하고 그래서 더욱더 성숙되어야 한다. 이러한 전망 안에서 인격은 실존적으로 이루어진다고 말할 수 있으며 나아가 존재론적인 차원에서도 실현된다고 할 수 있다. 이러한 존재론적인 차원에서 더욱더 인간 인격이 '되어 간다'는 것은, 오직 한 인간이 인격으로 되어 가는 과정에 있어서 하느님이 이 과정의 내적인 요소로서 초월적-인격적인 방법으로 창조적인 관계를 통해서 그 안에 끊임없이 현존하신다는 것을 의미한다.[137]

2.4. 죄와 은총의 질서 안에서 인격이 된다는 것

지금까지 우리가 언급한 인격 실현에 대한 것들은 인격들 상호간에 그리고 세상 안에서 부정적으로 드러날 수 있는 실재를 직접적으로 고려하지 않았다. 사실 인간 존재는 삶 가운데서 끊임없는 윤리적 저항과 노력을 통해서 성숙해 가는데, 여기에는 다름 아닌 계시 진리가 언급하는 '죄의 신비'라는 실재가 있기 때문이다. 이는 우리로 하여금 각 인간의 인격적인 소명에 대한 이해와 더불어 이에 대한 실현은 단순히 자발적이고 조용한 가운데 이루어지는 것이 아님을 깨닫게 해준다. 무엇보다도 이 작업은 힘든 수고와 함께 장애물들을 극복해야 하는 극적인 선택의 단계를 거쳐야 한다. 따라서 이 논의의 시작에 있어서 우리는 인간이 인격으로 성숙해 간다는 것은 무엇보다도 그가 역사적인 구체 상황 안에서 죄로 인해 심각하게 방해받고 있으며, 어떤 의미에서 이러한 죄로 인해 지연되고 있다는 것을 전제하고 이해해야

137) 같은 책, pp.324~325.

한다. 그러므로 여기서 우리는 죄라는 현상에 대해서 성찰해야 한다.

문제는 무엇보다도 죄라는 것을 앞서 언급한 인격의 범주 안에서 어떻게 말할 수 있고, 이해할 수 있는가 하는 것이다. 사실상, 죄는 인격적 존재를 구성하는 깊은 관계를 방해하고 부정적으로 갈라놓는다. 그럼으로써 충분히 성숙하지 못한 '나'로 변화시켜 버린다. 죄는 바로 '너'를 향한 존재론적인 관계의 끈을 약하게 만들며, 자신 안에 홀로 남아 빗장을 걸어 잠그고 '너'의 부름을 거부하게 만든다. 죄는 너와 나 사이의 관계를 무질서에로 이끌고, 이로 인해 '나'는 자유의 길을 따르는 대신 '무엇을 위한' 자유로 타락해서 자유를 남용하게 한다. 이렇게 죄는 '너'와의 관계 안에서 받게 되는 부름과 선물을 대함에 있어, 그에 상응하는 '너'에 대한 응답의 의무와 요청을 소홀히 한 채, 이 선물을 오직 '나'만을 풍부히 하기 위한 이기적인 방편으로 취하고자 한다. 그럼으로써 이제 모든 것은 이기주의의 틀 안에서 이루어지게 된다.

이러한 선택의 결과는 비인격적이 된다는 것, 자기 인격이 공허하게 된다는 것이다. 이러한 잘못된 자주성, 오직 '자기'만을 위하려는 자세로부터 행위의 차원에 있어서의 타락이 뒤따라온다. 이 타락은 우선 '너'를 향해서 사랑 안에서 '나'를 선물로 내어 주는 응답으로서의 나의 존재됨을 멈추고, 오직 이기적으로 나 자신만을 주장하길 원하는 데에서 시작한다. 그로부터 오는 선물은 자기 증여로서의 의미를 상실한 채 상대방은 오직 나를 위해 사용될 뿐이다. 그에게 있어서 이제 '부름'이라고 하는 것은 타인을 향해서 부당하게 자신을 앞세우는 주장이 되어 버린다. 그리고 '너'와 '나' 사이에 있어야 할 인격적인 관계는 타락하게 되어 버린다. 이제 '너'는 내가 소유해야 할 대상으로 전락하게 되고 '나' 또한 더 이상 나를 내어 주어야 할 주체이기를 멈추어 버린다. 그럼으로써 근원적인 인격의 틀—이것과 더불어 '나'는—은 비인격화되기에 이른다. 이런 사람에게는 점점 더 인격으로서의 존재성이 감소되어 간다. 그는 점점 더 참된 자기 존재에 대해 자신을 닫아거는 행동들을 하는 존재로 전락하게 되고 종국에는 '인격'이 '사라지게 된다'(에브너[Ebner]의 견해).

이처럼 타락한 행위는 이를 실행하는 이에게만 영향을 미치는 것이 아니다. 그는 죄에 가득 찬 행위를 통해서 자신의 창조적인 책임, 즉 끊임없이 자신을 선물—'너'로서의 다른 이에 대해 나를 내어 주는 행위—로 내어 주어야 할 책임을 다하지 않는 것이다. 이제 다른 이들은 이 선물로서의 '나'를 더 이상 받지 못하게 되며 따라서 그들은 인격 성숙에 부정적인 영향을 받게 된다. 왜냐하면, 이들에게 창조적인 관계가 단절되기 때문이다. 이러한 전망과 더불어 죄의 사회적인 의미가 분명히 드러나게 된다. 즉, 죄는 구체적으로 그 해악을 다른 이에게 되돌려 주게 된다. 왜냐하면, 다른 이에게 그가 인격이 되도록—즉, 참된 '나'가 되도록—더 이상 자신을 통교하지 않기 때문이다. 만일 이것이 무참한 죄의 결과라고 한다면, 도대체 이러한 죄인이 어떻게 대화에로 나아갈 수 있는지, 어떻게 참된 관계를 실현할 수 있는지, 한마디로 어떻게 인격적인 존재에로 나아갈 수 있는지를 물어야만 할 것이다. 이에 대한 대답을 우리는 하느님의 전망 안에서 찾아볼 수 있다. 우리는 계시 사실들을 통해서, 하느님은 말씀하기를 멈추지 않으시며 끊임없이 당신 자신을 계시하며 나아가 직접적으로는 "우리의 인격적인 차원으로 내려와서 당신이 전적으로 인격적인 존재이심을 드러내신다는 사실을 발견하게 된다. 하느님은 결코 창조적인 말씀 안에서 시작된 인간과의 대화를 멈추지 않으신다. 오히려 인간이 죄로 인해 타락한 이후에도 당신이 선택하신 백성과의 계약 안에서 사람들과의 연대성을 보존하고 지속하셨다. 그리고 최종적이고도 결정적인 말씀인 그리스도 안에서 이러한 인간에 대한 연대성은 최종적이고 보다 완전한 표현을 갖기에 이른다. 그리스도는 완전한 인격으로서 참되고 총체적인 관계들을 다시 이끌어 내실 수 있는 분이시다."[138]

이처럼 하느님의 구원적이고도 무상적인 행위는 죄인으로 하여금 그가 하느님을 조건 없이 신뢰할 수 있는 믿음을 갖게 해준다. 그래서 그가 자신으로부터 해방되어 하느님 아버지를 향해 응답함으로써 사랑의 관계 가운데 참된 '나'가 되어 한 인격으로 우뚝 서게 해준다. 예수-그리스도는 죄 가운데 있는 인간에게 하나의 커다란 사건으로서, 그가 이웃과의 관계를 다시 복원할 수 있는 능력을 부여해 주신다. 육화하신 하느님의 아들이신 예수는 한편으로 우리가 하느님으로부터 불린 자라는 것을 새롭게 드러내 주며 더불어 '너'이신 하느님께 응답할 수 있는 능력이 우리에게 있음을 가르쳐 준다. 다른 한편, 그분은 당신 자신을 인간과 동일시하면서 동시에 우리로 하여금 주위 이웃들을 '너'로 받아들이게 함으로써 우리 주위를 둘러싼 관계들을 복원해 주신다. 이렇게 나를 향한 그리스도께서 보여 주신 '너'의 길은 우리로 하여금 이웃을 '너'로 바라보게 함으로써 '나'를 더욱 풍요로워지게 한다.

"이렇게 인간의 모든 행동은 어떤 양상으로든 인격 형성을 향해 있다. 그리고 그 안에는 창조적인 부름이 갖는 역동성과 충만함이 살아 숨쉬며 동시에 이에 대립하는 인간의 죄가 있고 나아가

138) 같은 책, p.327.

그리스도 안에서 당신 자신을 '너'로 다시 계시하시는 하느님을 통해 자유로워지고 복원된 관계가 함께 공존한다."[139] 이러한 전망 안에서 인간은 비로소 '너'에 대한 참된 의미의 인격적인 '나'가 되는 것이다. 이렇게 우리가 이미 지니고 있는 신적인 유사함(somiglianza)의 특징은 바로 하느님 아버지를 원형(prototipo)으로 하는 유사함이다. 이제 그리스도가 하느님 아버지와의 관계를 통해서 당신 스스로를 그분의 '참된 모상'으로 이해한다면, 우리도 그리스도처럼 하느님 아버지를 통해서만 우리 자신을 이해할 수 있으며, 특히 우리의 참된 모상이신 그리스도의 인격을 통해서 우리는 우리 자신을 이해할 수 있다.[140]

여기서 우리는 다음과 같은 사실을 알 수 있다. 우리가 다른 사람들과 맺는 모든 관계는, 그것이 진정한 의미에서 '너'와의 인격적인 관계로 성숙되기 위해서 필연적으로 그리스도의 인격에 기초해야 한다는 것이다. 바로 이 그리스도의 인격이 '너'를 향한 우리의 관계성을 회복시켜 주었기 때문이다. 결국, 인격적인 존재로서의 인간을 신학적인 전망 안에서 접근할 때 우리는 이에 대한 보다 깊은 이해에 이르게 된다. 사실, 창조 때부터 우리 존재 안에서 반짝이고 있는 하느님과의 관계는 인간 사이의 관계를 말하기 위한 근본적인 바탕이며, 비록 이 관계가 우리 자신의 죄로 인해 단절되었음에도 불구하고, 다시금 그리스도를 통해서 복원되었고 바로 그분을 통해서 이 관

139) 같은 책, p.328.

140) 참조: 초대 교부들에게 있어서 그리스도 = 하느님의 모상(Immagine di Dio)이며, 인간 = 하느님의 모상의 모상(immagine dell'Immagine di Dio)이다. 즉, 하느님(원형) — 그리스도(하느님의 모상) — 인간(하느님의 모상의 모상)의 관계라고 할 수 있다.

계는 완성에 이르게 된다.

Ⅳ 인간 인격의 건설을 위한 실재로서의 양심과 자유

인간에게는 양심과 자유가 있다는 사실, 그리고 이 두 실재에 대한 본성을 이해하기 위해서는 다시 한번 더 인간학을 신학적인 영역 안에서 재조명해 보는 것이 필요하다. 여기에는 인간의 **궁극적이고 최종적인 목적**(*fine ultimo*)을 언급하는 것이 당연하고 근본적이라고 할 수 있다. 이미 우리는 최종 목적이 모든 원인들을 아우르는 근본 원인으로서, 인간 실존을 구성하는 구조적인 요소들—이 요소가 바로 양심과 자유이다—의 근거일 뿐만 아니라, 인간 인격이 내포하고 있는 역동적인 차원을 바탕 짓는 근거라고 언급했었다. 우리가 신학적인 전망에서 인간을 보는 것은 무엇보다도 인간을 다루는 제반 자연 과학들로부터는 얻을 수 없는 인간 존재에 대한 궁극적이고도 최종적인 목적에 대한 앎을 이 전망으로부터 얻을 수 있기 때문이다. 철학이나 다른 제반 자연 과학들은 인간의 최종 목적이 그리스도 안에서의 하느님과의 일치라고 하는 사실을 결코 우리에게 가르쳐 줄 수 없다. 오직 신학—이 신학은 하느님의 계시에 대한 성찰 위에 그 기초를 두고 있다—만이 인간이 하느님과의 통교를 위해서 하느님에 의해서 원해지고 창조되었다는 것을 우리에게 알려 줄 뿐이다.

우리가 인간의 양심과 자유에 대한 본성을 발견하기 위해서는 무엇보다도 먼저 인간의 최종 목적을 언급해만 하는데, 그것은 인간이 이 목적에 이르기 위해서는 우선적으로 이 목적에 대한 인간의 의식(意識)과 자유로운 동의(同意)가 요구되기 때문이다. 의식이라 함은 인간 존재의 기초와 근원에 대한 객관적인 진리를 아는 것을 일컬음이요, 자유(libertà)라 함은 이러한 진리 앞에서 자신의 전 생애를 통해서 철저한 순명으로 응답하려는 자세를 표현하는 것이다. 우리가 인간의 양심과 자유에 접근함에 있어서 신학적인 전망을 택한 것은 무엇보다도 이 양심과 자유를 철학적이나 심리학적인 측면에서가 아니라 신학적인 차원에서 바라보기 위해서이다. 왜냐하면, 신학적 전망은 다른 시각들이 캐내지 못하는 인간 존재의 심연을 우리에게 계시해 주기 때문이다.

1. 인간 양심의 가치

인간의 인격 구조에 있어서 양심은, 무엇보다도 그것이 윤리적인 행위를 향해 방향 지어져 있는 요소일 뿐만 아니라 더 근본적으로는 인간이 지니고 있는 존재론적인 고유함과 초월성을 의미하기 때문에 중요하며 지극히 개별적이라고 할 수 있다. 양심은 사람들 가운데서 각 개별 인간이 결코 축소될 수 없는 그만이 갖는 개별성(singolarità)의 근거이며, 동시에 인격이 지니는 고유성(irripetibilità)을 이루는 중추적 요소이다. 나아가 양심이 한 인격이 갖는 축소 불가성(irriducibilità)과 고유성(irripetibilità)의 특징을 이루는 근거라는 사실은 무엇보다도 이러한 양심이야말로 고유한 기원을 가지고 있는 실재라는 점을 추론하게 해준다. 사실 양심은 객관적인 사실들과 외적인 느낌들을 통해서만 현실화될 수 있지만, 그럼에도 불구하고 양심의 보다 깊은 심연에서는 이러한 객관성과 느낌들에 앞서 양심이 이미 그 자체로 독자적으로 존재하고 있음을 감지할 수 있다. 왜냐하면 양심은 이러한 느낌과 객관적인 사실의 감지를 가능하게 하는 조건이기 때문

이다.[141)]

양심은 인간 인격 구조에 있어서 그의 내면—이 안에서 인간은 자신을 사고하고 결단하는 주체로서 발견하게 된다—을 구성하는 하나의 실재로서 존재한다. 즉, 양심은 인간이 자기 자신을 사고하고 결정하는 진정한 의미의 독자적인 주체로 감지하게 하는 실재인 것이다. 그러나 인간 양심에 대한 우리의 직접적인 관심은 철학적인 개념이 아니라 신학적인 차원에 있다. 따라서 여기서는 신학적 인간학의 관점에서 양심의 존재를 구성하는 제반 요소들과 실재적인 양심의 역할이 무엇인지에 대해서 다루게 될 것이다.

1.1. 양심의 존재론적인 측면

이제 우리는 양심이 지닌 존재론적-종교적인 품위에 대한 이해를 위해서 그것이 지니고 있는 신학적인 측면을 살펴보고자 한다. 양심의 신학적인 면에 대한 논의를 위해서 우리는 무엇보다도 제2차 바티칸 공의회 문헌 가운데 하나인 「사목 헌장」(*Gaudium et Spes*)의 가르침을 따르고자 한다. 이 문헌에서 인간 인격의 품위를 다루고 있는 장은 또한 양심에 대해서도 구체적으로 다루고 있다. 이 장의 전체적인 흐름은 인격으로서의 인간, 즉, 창조를 통한 하느님의 모상으로서의 존재,[142)] 그리스도를 통해 구원된 성자 안에서의 하느님의 자녀로서의 존재[143)]인 인간에 집중되어 있다. 이 문헌의 내용은 창조된 인간 존재 전체를 신학적으로 규정하는 근본 요소들로서, 여기서 인간 존재

141) 참조: J.Alfaro, 앞의 책, p.211.

142) GS, n.12.

143) 같은 책, n.22.

는 자기 자신이 아니라 오직 하느님 안에 근거하고 있음을 언급하고 있다. 이러한 내용은 다분히 성서로부터 영감을 받은 것이다. "사실, 성서는 인간이 '하느님의 모상'으로 창조되었으며, 자신의 창조주인 하느님을 알고 사랑할 수 있는 능력이 있음을 우리에게 알려 준다."[144] 계속해서 문헌은 언급하길, 인간은 하느님의 모상인 한에서 하느님의 창조 행위를 지속하면서 동시에 피조물을 초월하는데, 이는 "인간이 하느님에 의해 모든 피조물 위에 창조되었기 때문이다."[145]

인격적 존재로서의 인간은 상호성(reciprocità)을 지향한다. 사실, "삼위일체 —삼위 간의 사랑의 관계 안에서 —이신 하느님의 모상으로 창조된 인간에게 있어서 다른 사람들과 하느님과 갖는 상호성은 그의 정체성을 이루는 핵심 요소이다."[146] 「사목 헌장」이 제시하는 인간학적인 전망은 무엇보다도 인간이 하느님의 자녀라는 사실을 통해 더욱 풍요로워지고 있으며, 인간은 이 사실과 더불어 사랑 자체이신 성령의 업적을 통해 충만한 지평 위에서 소개되고 있다.[147] 이러한 삼위일체적이고도 성령적-그리스도론적인 인간의 전망은 양심에 대한 논의를 떠받쳐 주는 근본 바탕이다. 이 문헌에서 양심을 다룬 부분은 특별히 인간 양심이 인간으로 하여금 언제나 선을 행하고 악을 피하도록 요청하고 있는 근본적인 '**명령**'(*imperatività*)으로서의 품위를 지니고 있음을 강조한다. 이 명령의 내용은 근본적으로 사랑 안에 자리 잡고 있다. "인간은 양심을 통해 놀라운 방법으로 하느님과

---

144) 같은 책, n.12.

145) 같은 곳.

146) E.Pavlidou, *La coscienza e il discernimento cristiano dalla Gaudium et Spes alla Veritatis Splendor*, in *Sacra Doctrina* 5(1994), 84; 참조: GS, n.12.

147) GS, n.22.

이웃에 대한 사랑 안에서 완성되는 법을 알게 된다."[148]

그러나 명령은 그 본성상 서술형(indicativo), 즉 이미 있는 어떤 실재로부터 나와야만 한다.[149] 이 실재는, 문헌에 의하면, 다름 아닌 하느님으로서 그분은 영원히 인간 안에 거하신다. 이 점에 대해 「사목헌장」은 고귀한 양심의 품격을 구성하는 양심의 존재론적-종교적인 측면과 더불어 깊이 있게 설명하고 있다. 이 문헌은 양심의 존재는 "인간의 보다 내밀하고 거룩한 핵심 안에 있으며, 양심의 소리는 그 깊은 내면에서 울리고 있다"[150]고 언급한다. "이렇게 양심의 내면에서부터 인간과 하느님 아버지와의 인격적인 관계, 즉 인격 대 인격의 관계가 강조되고 있다."[151]

신약성서의 전망 안에서 양심은 하느님의 자녀로서의 품위를 덧입게 된다. 이것은 그리스도교의 인간학이 삼위일체적인 전망을 넘어서서 보다 구체적으로 성령론적-그리스도 중심적인 전망과 연관되기 때문이다. 이제 양심의 존재는 또 다른 자신의 본질적인 구조적 측면을 우리에게 드러내 준다. 즉, 양심은 성령의 선물을 담고 있는 거룩한 장소라는 사실이다. 이렇듯 양심은 "각 인간이 성령의 업적을 통해서 하느님과 인격적인 만남을 이루는 장소"[152]라고 할 수 있다. 또한 양심은 성령이 인간으로 하여금 "사랑이라는 새 법을 행할 수 있

148) 같은 곳.

149) 서술형은 '~이다'의 단정을 의미하며, 명령형은 '~이어야 한다'는 당위성을 의미한다. 이러한 의미에서 인간은 '~이어야 한다'는 당위성은 인간이 '~이다'라고 하는 존재론적인 품위에 근거하고 있는 것이다. 예를 들어, 인간은 '하느님의 모상'으로서의 존재이지만, 더욱더 하느님을 닮아 가야 하는 당위성에로 요청받고 있는 존재, 즉 더 완전한 '하느님의 모상이어야 한다'는 명령형에로 지향된 존재인 것이다.

150) GS, n.22.

151) E.Pavlidou, 앞의 책, 87.

152) 참조: GS, n.22.

는 능력"[153]을 그에게 선사하고 그럼으로써 그가 성자 안에서 하느님의 자녀로서 변화될 수 있도록 효과적으로 활동하는 장소이다.

1.2. 양심의 윤리적인 측면

앞서 우리는 양심의 존재가 근본적인 명령(imperatività)을 상기시키고 있음을 고찰했다. 이 명령을 띠고 있는 양심은 무엇보다도 하느님과 인간의 인격적인 만남이 이루어지는 거룩한 곳, 그리스도 안에서 인간을 성화시키는 성령이 머무는 곳이다. 하지만 이러한 명령은 비록 양심의 존재론적인 구조에 속함에도 불구하고 이것과는 다른 실재에서 유래한다. 신적인 계시 사실, 특히 바오로 사도의 신학을 통해 보면, 그리스도교적인 명령(imperativo)은 언제나 어떠한 서술(indicativo)—그리스도교의 객관적 사실을 이루는 요소—에서 유래한다. 이제 이러한 콘텍스트에서 명령형은 이 서술형을 역사 안에서 현실화하도록 의무 짓게 하고 있다. 이처럼 명령형(imperatività)은 그리스도인으로 하여금 양심을 이루는 객관적 요소에 따르도록 의무 짓게 하는 윤리적인 힘이라고 하겠다: 즉, 인간으로 하여금 자신의 존재됨을 따르게 하는 윤리적인 명령으로서, 하느님으로부터 이미 선물로서 받은 이 존재됨을 매일의 삶 안에서 현실화하도록 이끌어 준다.

그러므로 윤리적인 양심의 근본적인 역할은 응용하는 것이다. 그러나 이것보다는 사실 양심은 인간으로 하여금 자신의 구조적인 실재를 형성하는 객관적 사실에 지극히 충실하고 순명하도록 촉구한다. 그래서 인간으로 하여금 이처럼 선물로 주어진 자신의 존재를 충만

153) 같은 곳.

한 완성을 향해 나아가게 해줌으로써 자기 존재를 성숙시키도록 이끌어 준다. 이것은 구체적으로 말해 끊임없이 활동하시는 성령의 성화 작용을 통해 인간이 그리스도를 닮아 간다는 것을 의미한다. 즉, 자신의 삶 안에서 하느님으로부터 '선택된 이'로서의 품위를 실현해 가는 것을 말한다. 따라서 양심의 심층 안에서 이루어지는 하느님과 인간 사이의 대화는 역사적인 구체성을 향해 나아가야 하며, 인간을 존재론적으로 그리스도 안에서 하느님과 묶어 주는 인격적인 관계를 가시화해야 한다.

2. 인간 자유의 구조

최종 목적(fine ultimo)은 인간에게 자유가 주어진 근본적인 이유이다. 인간이 그리스도 안에서 실존하도록 하느님으로부터 불린 것은 그가 하느님과의 인격적인 합일을 향해 예정되었기 때문이라고 한다면, 이제 인간 존재를 구성하는 모든 것과 그의 삶을 구성하는 모든 역동적인 요소는 본질적으로 하느님이 영원으로부터 미리 결정하신(pre-decisione) 계획에 근거하고 있으며, 궁극적으로는 이러한 하느님의 계획을 완성에 이르게 하기 위한 방향으로 개방되어 있다고 말할 수 있다. 더 구체적으로 말하자면, 인간에게 자유가 주어진 이유는 인간 존재가 지닌 구조적이고도 객관적인 사실이 바로 이 자유의 행사를 통한 끊임없는 응답과 더불어 구체적으로 현실화함으로써 인간의 성장 또는 인간의 궁극적인 완성을 향한 '되어 감'의 여정에 기여하기 위한 것이다. 즉, 인간의 성장은 자신이 그리스도 안에서 실존하는 존재임을 끊임없이 받아들이는 데에 있다. 이제, 하느님과의 인격적인 만남과 대화를 갖기 위해 자신의 양심 안에 들어가는 것이 무엇보다도 중요하다고 한다면, 동시에 이 대화와 만남은 책임 있게 그리고 자유롭게 이루어져야 한다. 이렇듯 '자유'는 인간이 그리스도 안에서 하느님께 드려야 하는 응답을 위해 필요 불가결한 요소이다. 그러므로 자유에 대한 우리의 관심은 전적으로 신학적인 측면에 국한한다. 그리고 그 핵심은 인간이 하느님의 주도권 앞에서 스스로를 책임지는 자세 안에 있다.

우리는 성서와 전승을 통해서 자유의 문제가 일종의 딜레마 안에서 논의되어 왔음을 발견하게 된다: "한편으로 성서는 자유를 종교적인 사실로 제시하는데, 이는 하느님 앞에 존재하는 인간의 긍정적이고 준비된 자세를—근본적으로 자유는 성령에 의해 지탱되고 인도됨을 느끼는 신자의 체험이라는 의미에서—표현하고 있다. 다른 한편, 교부들 특히 희랍 교부들은 당시 주변 상황의 여러 요소들을 받아들이면서 자유를 무엇보다도 하느님의 계획을 받아들이거나 거부할 수 있는 가능성으로서 여겼다. 이렇게 그들은 자유를 선을 행할 수도 있고 악을 행할 수도 있는 선택의 자유로 정의 내렸으며, 따라서 이러한 자유 안에는 선택의 가능성이 결정적인 요소로 드러나게 되었다."[154]

2.1. 그리스도 안에서 자유로서의 인간 자유

위에서 언급한 바와 같이 우리의 관심은 다름 아닌 자유의 신학적인 개념이다. 이러한 차원에서 자유에 접근한다면, 자유는 단순히 여러 사물이나 상황 앞에 선 인간의 자세라기보다는 무엇보다도 하느님

154) G.Colzani, 앞의 책, p.153.

앞에 선 인간의 자세를 대변한다고 할 수 있다. 여기서부터 우리는 인간 자유의 신학적 개념이 종교적인 차원에 특별한 중요성을 부여하고 있으며, 따라서 인간이 그리스도와 맺는 관계가 본질적인 구성 요소로 드러나고 있음을 이해하게 된다. 그러므로 그리스도를 언급하지 않고서는 왜 인간에게 자유라는 선물이 주어졌는지 그리고 그 본성은 어떠한지에 대해서 결코 이해할 수 없다. 그러므로 인간 자유에 대한 이해의 올바른 지평은 다름 아닌 인간에 대한 하느님의 계획이라고 하겠다. 즉, 그리스도 안에서 인간을 부르시는 하느님의 계획이야말로 인간 자유의 최종적인 근거이자 바탕이 아닐 수 없다.[155] 인간에 대한 하느님의 계획에 있어서 그리스도 중심성은, 만일 그리스도야말로 하느님이 그분 안에서 인간을 원하시고 그래서 창조하시고 그분 안에서 당신과의 일치에로 불러 주신 실재, 즉 그리스도 안에서 인간을 하느님의 모상과 유사함(imago et similitudo Dei)으로 만드시고 그리스도 안에서 우리에게 존재를 분여(分與)해 주시고 실존하게 하셨다고 한다면, 우리 자유의 원천은 바로 그리스도이며 그리스도여야만 한다는 것을 드러내고 있다. 그리스도는 성부와 가장 내적인 친교를 나누는 삼위 가운데 한 분이며 인간을 위해 육화하신 말씀으로서, 인간 인격은 바로 그분 앞에서 결단을 내리고 자신을 실현하도록 부름을 받은 존재이다. 그리스도는 이렇게 부름 받은 인간에게 참된 자유의 의미를 계시하신 분이다.

여기서 우리는 다음과 같은 추론을 할 수 있다. 인간 자유의 객관성은 그리스도 안에서의 자유 안에 있다. 따라서 인간의 자유는 성자이신 예수 그리스도의 자유에 참여하는 한에서의 자유인 것이다. 이러한

155) 참조: 같은 책, p.154.

존재론적인 사실은 우리에게 인간 자유의 진정한 건설적 요소는 바로 '~안에 존재함'(essere in) 가운데 있음을 알려 준다. 이것은 인간의 자유가 인간 자신으로부터 유래하지 않았을 뿐만 아니라, 결코 자신의 근원으로 분리된 '~으로부터의 자유'(libertà da)를 의미하는 것도 아님을 의미한다. 즉, 인간의 자유는 그리스도의 자유 안에 뿌리박고 머무는 한에서 존재할 뿐이다. 그리스도 안에 존재하고 머무는 것은 바로 인간의 자유를 살리는 길이자 동시에 완성에로 이끄는 길이다.

그리스도와의 관계를 인간에게 있어서 본질적이며 건설적인 요소로 고려한다는 것은 인간이 자신의 구체적인 자유 안에서 건설된 이후에야 그리스도와의 관계에 들어간다는 것을 의미하지 않는다. 그것은 단지 인간이 그리스도로부터 질문받는 존재로서 자유롭게 실존한다는 것을 뜻한다.[156] 인간 자유의 존재 근거가 그리스도의 자유 안에 기초하고 있다는 사실은, 하느님과 인간 사이에 어떠한 존재론적인 대립이 없듯이 인간의 자유와 하느님의 자유 사이에도 역시 조그마한 대립이나 갈등도 없음을 우리에게 보여 준다. 왜냐하면, 하느님의 자유는 인간 자유의 원천으로서 인간의 자유는 하느님의 자유로부터 유래하기 때문이다. 그리고 하느님의 자유야말로 인간의 자유가 충만하게 실현되기 위해서 필요한 적절한 환경이요 장소이기 때문이다.

그러나 이러한 전망 가운데 모순으로 드러나 우리를 당혹하게 만드는 한 가지 사실은, 인간의 자유가 비록 객관적으로는 그리스도 안에 뿌리를 내리고 있지만 그럼에도 불구하고 그리스도를 거부하고 몰아낼 수도 있다는 점이다. 만일 그리스도가 인간 자유의 근거라면

156) 참조: 같은 곳.

동시에 그분은 인간 자유의 목적이 되어야 한다. 이 사실은 인간 자유의 이해에 있어서 결정적인 요소가 아닐 수 없다. "우리에게 있어서 자유는 인간이 자신의 삶 앞에서—즉, 자기 자신과 자기 존재의 목표 앞에서—지니는 전적인 책임에 대한 실행으로 드러난다. 따라서 시간 속에서 인격 주체의 연속성과는 유리된 일련의 개별적인 선택 안에서 자유를 해체하지 않도록 유념해야 하며, 무엇보다도 자유를 일종의 일시적인 실재라기보다는 인간이 자신의 삶과 자기 실존에 부여하는 심도 깊은 질적인 어떤 실재로 바라보는 자세가 필요하다."157)

2.2. 순명하기 위한 자유

만일 인간 존재의 참된 의미가 오직 그의 최종 목적(fine ultimo)을 통해서 드러나며, 이 목적에 도달하는 가운데 비로소 인간 존재가 충만히 실현될 수 있다고 한다면, 인간 자유의 본성과 의미는 인간이 부름을 받은 바로 이 최종 목적에 대한 앎을 통해서만 이해될 수 있다. 만일 인간 생애 전체의 역동적인 구조가 내포하고 있는 섭리적인 이유가 인간은 존재하지만 아직 완성에 이르지 못했다는 사실에 있다고 한다면, 인간 자유가 존재하는 이유는 인간이 책임 있게 실존 안에서 자신을 실현해야 한다는 사실에 있다고 할 수 있다. 인간이 자신의 자아실현에 있어서 자유를 통해 참여하는 것은 그가 자신의 행위에 대해 '자유로운 심판관'(liber arbiter)이 되도록 하기 위한 것이며, 이러한 그의 선택 행위가 무엇보다도 그가 그리스도 안에서 하느님

157) 같은 책, p.155.

으로부터 부름을 받은 최종 목적에 도달하고 그럼으로써 자신을 실현하는 방향으로 통합되어야 한다는 인간 존재의 과제를 드러내기 위함이다.

또한, 인간 존재가 갖는 불완전함은 그로 하여금 자유를 가능하게 해주는 원천이기도 하다. 인간의 자유는 자신의 실현을 가능케 하는 선택들을 행하는 방향으로 지향되어야 한다. 그러나 인간의 자유 그 자체는 불완전하며, 따라서 더욱더 성장해야 하고 더욱 자유로워져야 한다. 인간의 자유가 갖는 불완전함은 인간이 자신을 실현하지 못할 수도 있는 위험성과 불확실함의 원천이기도 하다. 여기서 인간 자유가 내포하고 있는 충만하지 못한 상황이라 함은 인간의 자유가 그리스도의 자유 안에 전적으로 의존하고 있으며 오직 그분을 통해서만 이 자유가 존재할 수 있다는 사실을 의미한다. 그러나 자유가 내포하고 있는 불확실함은 인간으로 하여금 이렇듯 명백한 자유의 그리스도적인 바탕을 무효화하고자 하려는 유혹에 빠지게 하는 요인이기도 하다.

반면 인간의 자유는 내적·외적 조건들로부터 자유로워지면서 더욱 성장할 뿐만 아니라 자기 자신을 '선'(善)으로 이끄는 선택을 하면서 완성되어 간다. 이는 인간의 자유가 가야 할 진정한 길, 즉 참된 인간 실현의 길은 자신의 객관적인 존재성에 철저히 그리고 충실하게 순명하는 길임을 우리에게 가르쳐 준다. 따라서 인간에게 있어서 자유로워진다는 것은 그리스도께 대한 의존성에서부터 자유로워져서 독자적인 그 무엇이 되는 것이 아니라, 진실한 순명의 정신으로 그분을 받아들이는 것을 의미한다.

2.3. 그리스도의 순명 안에서 순명함

그리스도는 단지 인간 자유의 원천이며 근거일 뿐만 아니라, 이 자유가 인간 자신의 객관적인 존재성에 철저히 순명함으로써 완성된다고 하는 진리를 인간에게 보여 주신 인간 자유의 참된 모델이시다. 이 점을 우리는 요한 10,15~18을 통해서 잘 찾아볼 수 있다. 우리는 이 구절을 통해서 예수 그리스도가 순명 안에서 당신의 충만한 자유에 이르렀음을 알 수 있다. 예수께서 인간 구원을 위해 당신의 생명을 선물로서 내어 주시는 모습은 자유와 순명이라는 두 가지 차원을 동시에 드러내고 있다. 즉 ① 예수는 충만한 자유 안에서 당신 생명을 내어 주신다는 것과, ② 이렇게 인간을 위해 생명을 내어 주는 것이 하느님 아버지의 뜻이기 때문에 그렇게 한다는 점이다. 이러한 자세를 통해서 예수는 순명 안에서 자유의 완성을 이룩하시는데, 무엇보다도 성부의 뜻을 철저히 받아들임으로써 그러한 완성을 이루신다. 하느님 아버지에 대한 자유와 순명은 일치하기 때문이다.

이러한 상호간의 일치는 앞서 언급한 요한 10,15에서 암시되어 나타나는데, 성자로서의 예수의 품위와 성부께 대한 순명 사이의 긴밀한 관계를 통해서 우리는 이 자유와 순명 간의 일치를 엿볼 수 있다. 이를 통해서 우리는 순명의 가치가 단지 고행이나 희생만을 내포하거나 의존성, 준비되어 있음, 사랑, 그리고 자신으로부터 이탈해서 성부께 대해 철저한 봉사만을 의미하는 것이 아니라, 요한 복음 서문에서 볼 수 있는 바와 같이 삼위일체적인 전망에서 보다 깊은 의미를 지니고 있음을 알게 된다. 삼위일체 안에서 성자는 성부와 가장 가까이 있는 분일 뿐 아니라 성부로부터 전적으로 받는 분으로서, 성부를 향해 있는 분으로 전적으로 성부께 개방된 분이며 그분의 모상으로 드러난다. 예수는 이 세상에서도 계속해서 성부께 대한 이러한 개방적 자세를 견지하셨다. 그러므로 순명은 단순히 예수께서 인간이 되셨고 죄인을 구원하기 위해서 오셨다는 사실에만 연관된 것이 아니라, 무엇보다도 그가 하느님 아버지의 아들이라는 사실로부터 유래하는 것이다. 순명은 예수를 성자이게끔 하며 성부로부터 사랑받게 하는 요소이다. 결론적으로, 예수의 순명은 인간 자유의 본성과 목적이 그리스도의 자유에 참여하는 데 있음을 드러내 주고 있다. 이 자유는 하느님께 철저히 개방되어 있고 그분의 뜻을 철저히 수용하는 데에 있다.

제 3 장

그리스도 안에서 의화된 존재로서의 인간 실존

인간에게 있어서 '의화'(giustificazione)라는 주제는 단순히 죄의 현존과 그에 대한 결과로 점철된 인간의 실존적인 상황과 관련된 것이 아니다. 그것은 무엇보다도 그의 존재론적인 차원에 관한 것이다. 사실, 인간 존재 구조를 이루는 요소들은 인간 그 자체만으로는 설명되어질 수 없다. 왜냐하면 인간은 자신 안에서 자기 존재와 실존에 대한 정당한 근거를 찾을 수 없기 때문이다. 이러한 인간 존재를 정당화하는 유일한 근거는 오직 하느님의 자유롭고도 은총 가득한 결정 안에서만 찾을 수 있다. 하느님의 은총 행위는 인간 실존의 근거이자 인간에 대한 하느님의 모든 구원 행위들의 궁극적인 이유로서, 이 근본 은총은 다름 아닌 인간을 그리스도 안에서 당신과의 합일에로 부르시는 인간에 대한 하느님의 예정이다. 이렇게 하느님은 예정을 통해서 미리 인간을 그리스도 안에서 당신과의 합일로 부르시고 창조하셨다. 이 예정 은총은 인간을 위한 하느님의 모든 행위가 유래하는 근본 이유이며, 인간을 위해 자유롭게 취하신 당신 결정에 대한 하느님 편에서의 충실성을 의무 짓게 하는 원천이기도 하다.

그러므로 우리가 인간 존재에 대한 이해를 하느님의 구원 계획에서부터 출발한다면, 하느님의 의화 은총이야말로 인간 존재를 근거 짓는 바탕이 된다는 것을 알 수 있다. 동시에 이 의화 은총은 인간으로 하여금 자기 존재 구조의 기초에 대한 이해를 제공해 줄 뿐만 아니라, 인간 실존이 죄로 깊이 물들어 있음에도 불구하고 하느님께서 그를 받아 주시는 근본 동기가 무엇인지에 대해 이해할 수 있게 된다. 하느님의 구원 계획의 전망 안에서 이제 인간 실존이 정당화되며, 나아가 전체 인간 구원 역사의 줄거리 안에서 일어나는 하느님의 모든 구원 행위들 또한 예정 은총 안에서 이해될 수 있다. 한편, 인간의 역사적인 상황 안에서 본다면, 죄로 물든 인간 실존의 근거는 그의 죄에도 불구하고 인간을 받아들이시는 하느님의 은총 행위—즉 하느님 편에서의 죄인의 선택—안에 있다. 나아가 인간이 죄인임에도 불구하고 그를 받아들이시는, 즉 그를 의화시키도록 하느님을 이끄는 동기는 인간을 향한 하느님의 예정 은총과 깊은 관련이 있다. 예정이야말로 하느님께서 인간이 죄로 물든 존재임에도 불구하고 그를 조건 없이 받아들이는 근본 이유인 것이다. 하느님께서 죄 가운데 있는 인간을 의화시키고 받아들이신 것은 이미 인간 창조 이전에 그가 당신과 일치하도록 자유롭게 결정하시고 이러한 결정에 언제나 충실하다고 하는 당신의 구원 계획에 대한 충실함을 분명히 드러내고 있다.

죄인으로서의 인간을 받아들이는 하느님의 은총 행위는 인간에게 있어서 지극히 필요한 것이다. 사실 죄는 그 본성상 하느님을 거부하는 의미를 갖고 있으므로, 인간이 죄를 짓는다는 것은 결국 자기 존재의 근원을 부인하는 것을 뜻한다. 따라서 만일 하느님께서 지극한 호의와 더불어 죄 중에 있는 인간을 받아들이는 은총을 베풀고자 당신 스스로를 낮추지 않으셨다면, 인간은 더 이상 존재하지 않았을 것이다. 왜냐하면 하느님이야말로 모든 존재자들을 존재하도록 끊임없이 지탱하시는 존재의 근원이자 궁극적인 근거이기 때문이다. 이렇게 의화 행위를 통해 드러나는 하느님의 특별한 구원 은총은 죄의 내용과 의미를 좀더 깊이 살펴봄으로써 명확히 드러난다. 이를 위해서 우리는 제2부의 3장을 다음과 같은 두 부분으로 나누고자 한다. 즉, 첫 번째 부분에서는 죄의 사실성을 다루게 될 것이며, 두 번째 부분에서는 하느님의 의화 행위에 대한 신학적인 의미를 제시하게 될 것이다.

I 죄인으로서의 인간

역사적인 상황 가운데 있는 인간을 대하면서, 우리는 인간이 하느님의 예정 은총—하느님과의 인격적인 합일을 향한—의 수취자로 불렸기 때문에 존재한다는 사실을 인간 이해의 출발점으로 삼아야 한다. 그러나 역사적인 상황 안에 존재하는 인간은, 비록 그 존재가 하느님과의 합일을 향한 예정 안에 근원을 갖는다 하더라도 사실 언제나 죄인으로서 실존한다. 이렇게 죄 가운데 있는 인간으로부터 출발함으로써 우리는 인간을 당신과의 인격적인 합일에로 예정하신 하느님 은총의 무한하심을 보다 명백하게 접할 수 있다.

1. 성서의 가르침

성서 안에 드러난 죄의 실재에 대한 전망은 절대적으로 새로운 전망으로서 희랍이나 현대에서 언급하는 죄의 개념과는 전혀 다르다. 희랍 철학에 있어서 죄는 원모델에 비교해서 보이는 일종의 쇠퇴, 부패 과정을 의미한다. 이러한 전망에 의하면 변화, 시간, 역사 등은 부정적인 순간들이다. 반면, 현대에 있어서 '악'(惡)은 어슴푸레하고 풀 수 없는 그 무엇으로 간주된다. 그래서 본능적인 열정들에 대한 이성의 통제 작용이 더 이상 이루어지지 않음으로 인해 발생하는 일종의 '독자성'(autonomia)의 결핍으로 여겨진다. 심리적-윤리적 차원에서 죄는 미성숙한 행동의 결과로 평가되기도 한다. 반면, 성서적인 전망은 죄를 인간이 하느님과 맺은 계약을 거부하는 자세로 언급하고 있다. 더 구체적으로는 이 죄를 개인적인 차원에서 강조하고 있다. 따라서 죄는 계약의 원천이자 그 계약의 상대자인 하느님을 거스르는 상태로 드러난다.

1.1. 구약성서

『70인 역 성서』[1]는 '하마르티아'(*hamartía*)를 '부족하다' '죄를 짓다'로 번역하고 '아디키아'(*adikía*)를 '불의하게 행동하고 다루다'로 번역한다.[2] 이 두 히브리 단어는 죄의 의미를 언급하기 위해 자주 사용되는 어휘들이다. '하마르티아'는 '카타아트'(*kat'at:* 결핍), '아원'(*'awon:* 탓, 허물), '페샤'(*pesh'a:* 거부)에 해당하는 의미들을 내포한다. 나아가 『70인 역 성서』는 히브리어 '마알'(*ma'al:* 불성실하게 되다)을 번역하기 위해 희랍어 '파라핍토'(*parapípto:* 밖으로 떨어지다, 빗겨 나다, 죄짓다)를 사용하고 있다. 이처럼 여러 의미들이 공존하고 있는 구약성서에서 죄의 개념은 결과적으로 다양한 면들을 드러내고 있다.

'카타아트'(*kat'at*)와 '카타'(*kata'*)에서 유래하는 모든 어휘들은 '표적을 빗나가다' 또는 '목적이 없다'라는 의미를 내포한다. 이는 외적인 것만을 지시하는 것이 아니라 윤리적·종교적인 의미를 포함한다. 결

---

1) 참조: 『70인 역 성서』는 기원전 2세기경 북아프리카 알렉산드리아를 중심으로 흩어져 사는 디아스포라(외국에 흩어져 사는 유대인들) 랍비들이 모여서 '히브리어 성서'를 당시 공용어였던 그리스어로 번역한 성서이다. 이 『70인 역 성서』는 후에 초기 그리스도교 교회에 있어서 매우 중요한 역할을 하게 된다. 왜냐하면 초대 교부의 대다수는 이 『70인 역 성서』를 기초로 신학을 발전시키고 성서 주석 작업을 했기 때문이다.

2) W.Günther, *Peccato/ hamartía*, in *Dizionario dei concetti biblici del Nuovo Testamento,* p.1240.

국 이는 죄로 인한 하느님과의 인격적인 관계의 결핍을 의미하며,[3] 이로 인해 인간은 하느님이 마련하신 자신의 운명을 완성시키지 못하게 된다는 것을 의미한다.[4] 결국, 죄는 스스로 자기 자신을 잃어버림을 의미한다.[5]

"'아원'('*awon*)은 올바른 길에서 빗나감을 의미한다. 또한 '우세한'이라고 하는 윤리적-종교적인 의미도 지니고 있으며, 죄가 선의 길에서 무질서와 잘못들을 끌어들이는 것을 아주 잘 표현하고 있다. 이러한 '불공평' '불의'는 죄의 기괴함을 더욱 구체화해서 드러내고 있다. '아원'은 어떤 행동이라기보다는 법을 어긴 죄의 상태를 가리킨다."[6]

'페샤'(*pesh'a*)란 말은 "다른 어휘들보다도 더 강한 표현이다. 이는 하느님의 계명들을 어김, 하느님을 거슬러서 배반함을 드러내고 있다. 앞선 두 어휘가 죄의 객관적인 측면을 보다 잘 드러내 준다면, 이 어휘 안에서는 죄의 행위 안에 드러난 자유로운 의지의 결정, 즉 인간 행위의 의지적인 측면을 보여 준다."[7] 이제 죄는 '페샤'가 지칭하는 내용을 통해 거부, 배반의 의미를 취하게 된다. 결국, 죄인은 자기의 의지로서 자유로운 결정을 통해 하느님의 계명들을 거부한 사람을 지시한다.

---

3) '당신께 오로지 당신께 죄를 지었습니다. 당신 눈에 악인 것을 제가 범했습니다'(시편 51,4).

4) 참조: 창세 20,6; 출애 9,27; 10,16~17; 여호 7,27.

5) 참조: O.Garcia de la Fuente, *Peccato*, in *Enciclopedia della Bibbia,* vol.5, p.586.

6) 같은 곳.

7) 같은 곳.

1.2. 신약성서

신약성서에 나타난 죄의 개념은 구약성서적인 전망을 따르고 있지만 다른 한편 새로움도 돋보인다.[8] 신약성서에서 죄를 지칭하는 중요한 두 단어는 하마르티아(*hamartía*)와 아디키아(*adikía*)이다. 하마르티아는 하느님을 거스르는 모든 것을 표현하는 전형적인 단어이다. 언제나 하느님을 거슬러 행하는 인간의 죄를 지칭한다. 두 번째 어휘인 아디키아는 윤리 규범에 상응하지 못한 행동과 인간과 하느님을 거슬러 행한 불의한 행동 모두를 표현하기 위해 사용되었다. 나아가 진리의 결핍을 표현하기도 한다.[9]

1.2.1. 공관 복음

공관 복음에서 죄는 인간이 하느님께 진 일종의 채무로 하느님 스스로 이 채무를 채워 주시는 것으로 드러난다.[10] 나아가 신학적으로 죄는 계명 안에 드러난 하느님의 뜻을 의식적으로 범하는 것을 지칭하며, 이 죄의 원천은 인간의 마음에 있다고 한다.[11] 또한 공관 복음 안에서 죄는 인간학적인 차원에서 언급되기도 한다. 마태 복음은 죄를 언급하면서, 그 죄를 범하는 사람에게 부정적인 영향을 미치는 일

8) 같은 책, p.588.

9) W.Günther, 앞의 책, pp.1238. 1242.

10) '우리가 우리에게 잘못한 이를 용서하듯이 우리 죄를 용서하시고 (…)'(마태 6,12). 이 개념은 탕감받은 채무자 예화를 언급한 마태 복음 구절 안에서 잘 드러나고 있다(참조: 마태 18,23.35: '35절: 만일 진심으로 너희 형제를 용서하지 않는다면, 하늘에 계신 내 아버지께서도 너희에게 그렇게 하실 것이다').

11) "그러나 나는 여러분에게 말합니다. (남의) 아내를 탐내어 바라보는 사람은 누구나 이미 제 마음으로 그와 간음했습니다"(마태 5,28); "사실 마음에서 악한 생각들이 나오는 것입니다. 살인, 간음, 음행, 도둑질, 거짓 증언, 모독 (같은 것들입니다)"(마태 15,19).

종의 실재로 언급하고 있다. 즉, 죄는 그 죄를 범하는 사람의 내면을 더럽히고 추하게 한다고 언급한다.[12)]

신약성서의 가르침은 더 이상 모세의 율법이 아니라 예수 그리스도의 인격 자체가 죄의 이해에 있어서 기준이 됨을 말하고 있다. 예수는 자신의 설교를 통해서 "유대적인 죄의 개념을 초월하고, 율법을 근본에서부터 다시 세우며, 새로운 실재를 선사하면서 동시에 새로운 종말로서의 자신의 인격과 그 도래를 제시하고 있다."[13)] 따라서 신약성서적인 전망에서는 예수 그리스도를 받아들이지 않는 사람, 구체적으로는 회개로 이끄시는 그분의 초대를 받아들이지 않는 사람이 죄를 범하고 죄 가운데 사는 사람인 셈이다. 반대로, 비록 율법에 의해 죄인으로 단죄된 사람이라 할지라도, 회개하고 예수 그리스도를 따르는 사람은 더 이상 죄인이 아니며, 그에게서 죄가 없어지고 생명으로 나아가게 된다. 이러한 맥락에서 루가 15,11~24에서 설명하는 소위 '돌아온 탕자'의 예화는 매우 시사적이라고 할 수 있다.

---

12) "불행하도다, 너희 율사와 바리사이 위선자들아! 너희는 겉으로는 아름답게 보이지만 속으로는 죽은 이들의 뼈와 온갖 더러움이 가득 차 있는 회칠한 묘소들을 닮았다"(마태 23,27).

13) W.Günther, 앞의 책, p.1242. 참조: 마태 12,30~32: "나와 함께 있지 않는 사람은 나를 반대하는 것이며, 나와 함께 모아들이지 않는 사람은 흩어 버리는 것입니다. 그러므로 여러분에게 말합니다. 사람들은 어떤 죄를 짓고 신성모독을 해도 다 용서받을 것입니다. 그러나 영에 대한 모독은 용서받지 못할 것입니다. 그리고 인자를 거슬러 말을 하는 사람은 용서받을 것입니다. 그러나 성령을 거슬러 말하는 사람은 이 세상에서도 오는 세상에서도 용서받지 못할 것입니다." 특별히 요한 복음에 의하면, 성령을 거슬러 죄를 짓는 것은 충만하게 계시된 예수 그리스도를 거슬러 범하는 것과 같다. 왜냐하면 성령 강림 때 성령의 도래와 동시에 그리스도의 신비도 충만히 계시되기 때문이다. 요한에게 있어서 성령은 제자들의 양심 안에 예수에 관한 모든 것을 기억하게 하고 이해시켜 주는 임무를 가지고 있다.

1.2.2. 바오로 사도의 가르침

로마 1~8장에는 바오로 사도가 언급한 죄의 이름들이 많이 나온다. 구체적으로 그에게 있어서 죄는 율법을 어기는 행위, 간음, 불경, 잘못, 불순명, 배반 등으로 나타난다. 이 모든 개념들은 **불경**(*empietà*)과 **불의**(*ingiustizia*) 안에 포함된다. 이 두 개념은 결국 죄에 속한다. '하마르티아'(*hamartía*)는 신앙 안에서 인간에게 있어서 죄가 죽음의 의미를 지니고 있음을 드러내 준다.[14] " '하마르티아'는 바오로 사도에게 있어 인간 안에 내재한 힘으로 묘사된다. 율법을 어기는 것은 다름 아닌 이 내재화한 내적인 죄의 힘이 밖으로 드러난 것에 불과하다."[15] 바오로 사도의 가르침에 의하면, 죄는 인간 안에 죽음을 잉태하는 악의 힘이 인격화된 상태로 드러난 것이다.[16] "이 힘은 인간을 노예로 만드는데, 왜냐하면 죄는 그의 육체(sarx) 안에 둥지를 틀기 때문이다. 그래서 육체 안에서 자신의 왕국을 건설하려 하고, 결국 율법을 어겨서 죄를 짓게끔 인간을 부추긴다."[17] "죄인인 인간은 이제 죄의 감옥 안에 살고, 나아가 죄로 인해 생겨난 죄의 법에 전적으로 속하게 된다."[18]

---

14) 바오로는 다음과 같이 언급하고 있다: '죽음은 죄의 대가이며'(로마 6,23), '모든 인간들의 운명이다'(로마 6,21).

15) O.Garcia de la fuente, 앞의 책, p.591.

16) "한 사람을 통해 죄가 세상에 들어왔고 죄를 통해 죽음이 들어왔듯이, 모두가 죄를 지었으므로 모든 사람에게도 죽음이 들어왔습니다"(로마 5,12).

17) H.Schlier, *La lettera ai Romani,* Paideia, p.395.

18) 같은 책, p.389. 참조: 로마 7,7~11: "그러니 우리는 무어라고 말해야겠습니까? 율법이 죄란 말입니까? 그럴 수 없습니다. 그러나 율법이 아니었던들 나는 죄를 몰랐을 것입니다. 따라서 율법이 '너는 탐내지 말라'고 말하지 않았던들 나는 욕정을 모르고 있었을 것입니다. 그러나 죄는 그 틈을 타 계명을 통하여 내 안에 갖가지 욕정을 부추겨 놓았습니다. 실상 율법이 없으면 죄란 죽은 것입니다. 나는 그 전에 율법 없이 살고 있었습니다. 그런데 계명이 오자 죄가 살아났습니다. 그러나 나는 죽었고, 생명으로 이끌어야 할 이 계명이 내게는 죽음으로 이끄는 것으로 밝혀졌습니다."

바오로에게 있어서도 예수 그리스도는 죄의 본성을 알기 위한 참된 기준이다. 오직 그리스도를 아는 사람만이 죄의 실재적인 힘에 대해서 안다. 죄 중에 있는 인간은 그리스도의 빛 안에서 자신이 육체의 감옥 안에 갇혀 있다는 것, 그래서 육체를 따르는 죄를 짓도록 강요되고 있다는 것,[19] 하느님의 적으로 살고 있다는 것, 결국 죽음 가운데 있다는 것을 알게 된다. 이렇게 인간 실존은 성령과 육체 사이의 싸움이 이루어지는 장소로 드러난다(로마 7,13~25 참조). 바오로 사도에 의하면, 이러한 상태에 있는 인간은 더 이상 자신이 무엇을 하는지 알지 못하는 지경에까지 이르렀다. 이제 인간은 더 이상 자신이 하고자 하는 바를 하지 못하게 되고, 선을 행하려고 할 때 바로 그 옆에 악이 도사리고 있음을 깨닫게 된다. 왜냐하면, 그가 아니라 바로 그 안에 있는 죄가 그렇게 하도록 부추기기 때문이다. "더 이상 내가 아니라 내 안에 있는 죄가 그렇게 하도록 나를 이끈다."

이제 그리스도의 현존과 더불어 치명적이고 파괴적인 모든 죄의 힘이 밝히 드러나게 되었다. 그리스도는 당신 스스로 '저주받은 자'가 되심으로써 감추어져 있던 추악한 죄의 모습을 벗겨 버리셨다. 이 죄의 실체는 율법에 따른 행위만 함으로써 구원받을 수 있다는 오만을 부려 왔었다. 그러나 '그리스도는 당신 스스로 우리를 위해서 저주받은 자가 되심으로써 율법의 저주에서부터 우리를 구원하셨다'(갈라 3,13). 그리스도는 우리를 위해 스스로 죄를 짊어지셨고 죄인으로 여겨지셨다.[20] '하느님은 그리스도를 죄스러운 육체 안에 있는 사람과

---

19) "그런데 육의 행실들이란 뻔하지 않습니까? 그것은 음행, 부정, 방탕, 우상 숭배, 마술, 원한, 싸움, 시새움, 분노, 모략, 불목, 분열, 질투, 술주정, 폭음 폭식, 그 밖에 이와 비슷한 것들입니다. 전에도 경고한 바와 같이 나는 여러분에게 또다시 경고합니다. 이런 짓을 행하는 자들은 하느님 나라를 상속받지 못할 것입니다"(갈라 5,19~21).

같은 육체 안에 보내셨고, 바로 죄를 위해서 그렇게 하셨다'(로마 8,3). 그리고 '우리를 위해 죽으시면서'(로마 5,8) '죄를 단죄하고' '우리를 죄와 죽음의 법에서 자유롭게 하셨다'(로마 8,2). 그리스도의 죽음과 부활 안에서 이룩하신 하느님의 놀라운 업적은 죄의 심연이 얼마나 깊은지 그리고 죄인 위에 군림하는 죄의 세력이 얼마나 큰지를 우리로 하여금 깨닫게 해준다.

1.2.3. 요한 복음과 요한 서간들

요한에게 있어서 죄의 개념은 오로지 예수 그리스도의 사건 안에서만 바라볼 때 이해가 가능하다. 그리스도의 도래는 '죄를 용서하는' 것을 훨씬 넘어서 '세상의 죄를 없애는' 것으로 지향되어 있다. 그래서 사도 요한은 세자 요한의 입을 빌어 이렇게 말하고 있다: '보라 하느님의 어린양, 세상의 죄를 없애시는 분'(요한 1,29). 예수께서 오셔서 없애려고 하셨던 죄는 인격화된 악의 세력을 가리킨다. 이는 하느님을 거스르려는 인간의 의지에서 나온다. 이것은 인간 편에서 하느님의 빛을 전적으로 거부함으로써 어둠 가운데 남으려고 하는 그의 실존적 자세를 보여 주고 있다. 사실, 유대인들은 그리스도의 말씀을 이해할 수 없었다. 왜냐하면 예수께서 빛 자체이신 성부께로부터 오는 반면, 그들은 거짓의 아버지인 악마에게서 오기 때문이다: "당신들은 왜 내 말을 깨닫지 못합니까? 그것은 당신들이 내 말을 알아들을 수 없기 때문입니다. 당신들은 당신들의 아비인 악마에게서 났으니 그 아비 욕망대로 행하려고 합니다. 그는 처음부터 살인자였으며 진리 안에 서 있지 않았습니다.

20) "하느님께서는 죄를 모르는 그분을 우리를 위하여 죄로 만드시고 우리가 그분 안에서 하느님의 의로움이 되도록 하셨습니다"(2고린 5,21).

그 속에 진리가 없기 때문입니다. 그가 거짓말을 할 때에는 자기 근성대로 말합니다. 그는 거짓말쟁이이며 사실 거짓말의 아비이기 때문입니다"(요한 8,43~44).

예수 그리스도 앞에서 죄는 무엇보다도 당신을 거부하고 믿지 않는 것으로 드러난다. 사실, 예수는 사람들이 당신을 믿고 가르침을 받아들이게끔 하기 위해 하느님 아버지의 이름으로 당신 자신을 소개하신다. 그분 앞에서 사람들은 그분과 함께 있든지 반대하든지 선택해야만 한다.[21] 사도 요한은 자신의 첫째 편지에서 죄를 하느님의 사랑(*agape*)에 반대되는 것, 즉 그리스도 안에 드러난 하느님의 사랑을 거부함으로써 그분으로부터 떨어져 나가는 것으로 간주하고 있다(1요한 3,1~10 참조[22]).

---

21) "그것은 모든 사람이 아버지를 공경하는 것처럼 아들도 공경하게 하려는 것이었습니다. 아들을 공경하지 않는 이는 그를 보내신 아버지도 공경하지 않습니다. (…) 진실히 진실히 당신들에게 이릅니다. 죽은 이들이 하느님 아들의 목소리를 들을 때가 오고 있으니 바로 지금입니다. 과연 듣는 이들은 살 것입니다"(요한 5,23.25).

22) "아버지께서 얼마나 큰 사랑을 우리에게 베푸셨는지 보시오. 우리는 하느님의 자녀라 불리게 되었으니, 과연 우리는 그분의 자녀들입니다. 세상은 그분을 알지 못하기 때문에 우리를 알지 못합니다. 사랑하는 여러분, 이제 우리는 하느님의 자녀들입니다. 그러나 우리가 어떻게 될는지 아직은 밝히 드러나지 않았습니다. 그렇지만 그리스도께서 나타나실 때에 우리가 그분을 닮게 되리라는 것은 알고 있습니다. 사실 우리는 그분을 실제 모습 그대로 뵈올 것이기 때문입니다. 그분께 이런 희망을 걸고 있는 모든 이는 그분이 거룩하신 것처럼 자신을 거룩하게 합니다. 죄를 짓는 자는 누구나 불법을 저지릅니다. 죄는 곧 불법입니다. 그분이 죄를 치워 버리기 위하여 나타나셨음을 여러분은 알고 있습니다. 그분 안에는 죄가 없습니다. 그분 안에 머물러 있는 이는 아무도 죄를 짓지 않습니다. 죄를 짓는 자는 누구나 그분을 뵙지도 못했고 그분을 알지도 못했습니다. 어린 (친구) 여러분, 아무도 여러분을 속이지 못하게 해야 합니다. 그분이 의로우신 것처럼 의로운 일을 행하는 이도 의롭습니다. 죄를 짓는 자는 악마에게서 (생겨났습니다). 악마는 처음부터 죄를 지었기 때문입니다. 바로 그 악마의 일들을 멸하시려고 하느님의 아들이 나타나셨습니다. 하느님에게서 태어난 이는 누구나 죄를 짓지 않습니다. 하느님의 씨가 그 안에 머물러 있기 때문입니다. 그는 죄를 지을 수 없습니다. 하느님에게서 태어났기 때문입니다. 하느님의 자녀

살펴본 바와 같이 요한에게 있어서 죄는 깊은 종교적인 의미를 담고 있다. 즉, 하느님과의 관계, 그리스도와의 관계에 있어서 단절을 의미한다. 죄를 짓는 사람은 그리스도를 통해 그에게 선물로 주어진 생명을 업신여기는 것이고, 하느님의 아들로서의 품위를 저버리며 하느님과의 일치를 깨는 것이다. 반면, 자신에 대한 악마의 지배를 받아들이는 것이다(요한 8,44).

2. 신학적인 심화

계시에 의해 우리에게 알려진 사실들, 특히 신약성서를 통해서 우리가 본 죄의 특징은 종교적인 면이다. 성서에 의하면 이러한 죄는 하느님과 맺은 계약을 단절하는 것을 의미한다. 죄를 특징짓는 또 다른 면은 인격적인 관계의 단절로서, 죄는 언제나 그 누구를 거스르는 것이다. 따라서 죄는 계약 자체에 대한 반대보다는 계약을 이루신 분에 대한 거부이자 배반이다. 죄는 이미 그 누구와 함께 서명한 계약을 끊임없이 어기는 것이요, 따라서 그 누군가에게 장엄하게 주어진 말씀, 누군가를 향한 의무를 지속적으로 어기는 것을 의미한다.

보다 명확히 죄에 대한 신학적인 성찰을 하기 위해 우리는 다음과 같이 두 부분으로 나누어 보고자 한다. 첫 번째는 하느님과 그리스도에 의해 조명되는 신학적인 면이다. 왜냐하면, 오로지 그리스도 안에서 하느님에 대한 언급을 통해서만 죄의 내용과 의미를 발견할 수 있

들과 악마의 자식들은 이렇게 (뚜렷이) 드러납니다. 무릇 의로운 일을 행하지 않는 자는 하느님에게서 태어나지 않은 것입니다. 자기 형제를 사랑하지 않는 자도 모두 그렇습니다."

기 때문이다. 두 번째로는 신학적인 요소와 긴밀히 연관된 인간학적인 측면으로서, 죄는 언제나 하느님을 거스르는 행동이기 때문에 결과적으로는 동시에 인간을 거스르는 행동이기 때문이다.

2.1. 신학적인 차원

2.1.1. 하느님과의 관계 안에서 이해될 수 있는 죄

성서에 의하면 죄는 구원 계획 안에서 이해될 수 있다. 이 구원 계획 안에는 하느님과의 인격적인 관계가 인간 존재에 있어서 본질적인 요소로 드러나고 있다. 이 관계는 거부되는 그만큼 오히려 인간에게 필요한 요소라는 것이 자연히 드러난다. 우리는 이를 이스라엘 민족의 역사 안에서 찾아볼 수 있다. 이들은 하느님으로부터 버림받았다는 체험을 했을 때에야 비로소 하느님을 가까이 하는 것이 그토록 절실하게 필요하다는 것을 깨달았다. 이스라엘의 역사 안에서 유배는 그들에게 있어서 하나의 커다란 스캔들이었다. 왜냐하면 이는 하느님과의 특별한 관계인 계약—이들에게 있어서 계약은 그들 존재의 원천이었다—의 파괴로 인한 벌을 의미하기 때문이다. 그들은 계약 밖에서 자기의 존재 의미를 상실했다. 계약의 하느님께서 자신들을 포기하셨다는 것은 한마디로 이스라엘 백성에게 있어서는 자신들의 존재 의미를 상실했다는 것을 의미한다. 유배는 다름 아닌 바로 이러한 그들 존재 의미의 상실을 대변하는 것이다. 이러한 전망 하에서, 이제 신학적인 요소 다음으로 죄의 인간학적인 의미가 드러나게 된다. 인간에게 있어서 죄의 의미는 무엇보다도 자기 존재와 실존을 이루는 근거—이는 바로 그리스도 안에서 하느님과의 일치를 향한 성소이다—를 잃어버린다는 데에 있다.

이 모든 사실로부터 우리는 다음과 같은 사실을 추론할 수 있다. 즉, 죄의 이해에 있어 결정적인 것은 하느님과 인간을 본질적으로 묶어 주는 인격적인 관계이다. 왜냐하면 하느님과의 관계는 인간 존재의 객관적이고 구조적인 특징을 이루기 때문이다. 즉, 하느님은 인간과의 관계를 통해 인간에게 존재를 선물로 주시고 그를 실존하도록 하며 이를 위해 끊임없이 그를 지탱해 주신다. 인간에게 있어서 그가 하느님과 갖는 관계의 구조적인 특징은 한 가지 매우 중요한 사실을 우리에게 보여 준다. 즉, 신학적인 측면과 인간학적인 측면 사이의 긴밀한 연관성이다. 그러기에 죄를 언급할 때는 언제나 하느님에 대한 언급과 인간에 대한 언급이 동시에 이루어져야 한다. 모든 죄는 하느님을 거스르는 죄이기 때문에 또한 언제나 인간을 거스르는 것이기도 하다. 죄는 바로 하느님과 인간 사이의 관계 안에서 이해가 가능하기 때문에, 죄의 의미는 단순히 인간 행위의 존재론적인 분석을 통해서 획득될 수 있는 성질의 것이 아니라, 인간에 대한 하느님의 구원 계획의 전망 안에서 바라볼 때 올바로 드러난다. 바로 이러한 실재 안에서 죄는 그 진면목을 드러낸다. 즉, 죽음에 대한 계획을 택함으로써 생명을 위한 계획을 거부하는 것이다.

인격적인 관계의 차원이 한편으로 죄의 진면목을 잘 드러내 준다면, 다른 한편으로는 죄인으로 하여금 비관과 절망에 빠지지 않게 하는 역할도 한다. 왜냐하면, 이 관계는 언제나 화해하시려는 하느님의 행위로 인간을 인도해 주기 때문이다. 계시 사실을 통해서 우리는 인간이 만일 죄인이고 죄 중에 산다 하더라도 언제나 하느님 안에 머물며 그분의 용서를 체험한다는 것을 알 수 있다.[23] 이러한 화해의

23) "듣지도 못하였으니 어찌 알겠느냐? 처음부터 나는 너희 귀를 열어 주지 않았다. 너희

전망은 죄를 축소시키지 않으면서도 동시에 언제나 죄인으로서의 인간을 조건 없이 받아들이시는 하느님의 자비 행위를 드러내 준다. 다시 말해서, 죄의 본모습만이 아니라, 만일 하느님께서 당신의 자비하심으로 인간에게 개입하시지 않는다면 그는 결코 자기 파멸로부터 탈출할 수 없다는 사실을 잘 알려 준다. 이 점에 대해서 특히 신약성서는 파괴될 수 없는 새 계약 안에서 하느님이 인간 마음의 회개와 더불어 새로운 인간을 창조하심을 강조하고 있다. 바오로는 다음의 표현을 통해서 이러한 하느님 행위의 신비를 요약하고 있다. 즉, 죄가 풍부한 곳에 하느님의 은총이 더 풍부히 있다고. 하느님과의 화해는 인간의 주도권에 의해서가 아니라 오직 하느님의 자비로써만 가능하다.

2.1.2. 그리스도의 우위성에 대한 언급

계시를 통해서 우리가 아는 하느님의 계획은 하느님께서 영원으로부터 그리스도 안에서 이루신 것이다. 그 안에서 우리는 그리스도 선재(先在, preesistenza)의 근거가 다름 아닌 인간 구원을 위한 당신의 계획을 역사화 하고 현실화하려는 하느님의 구원 의지에 있음을 발견하게 된다. 즉, 인간이 그리스도 안에서 자기 존재와 실존의 원천을 갖도록 하기 위해 그리스도는 선재하는 것이다.

가 괘씸한 배신자라는 것, 날 때부터 반역자라 불리어 마땅하다는 것을 나는 잘 알고 있었다. 나는 나의 이름을 위하여 노여움을 참았고 나의 영광을 위하여 분노를 억제하였으며 너희를 멸하지 아니하였다"(이사 48,8~9); "그러나 그들을 온 세계에서도 자랑거리가 되는 땅, 젖과 꿀이 흐르는 땅으로 데리고 들어가지는 않겠다고 내가 광야에서 손을 들어 맹세까지 한 것은 그들이 우상에 마음을 쏟아 내가 세워 준 법을 거절하였고 내가 정해 준 규정을 따르지 않았으며 내가 정해 준 안식일을 욕되게 하였기 때문이었다. 그래도 불쌍해서 다 죽여 버리지는 않았다. 광야에서 전멸시키지는 않았다"(에제 20,15~17).

① 그리스도가 갖는 우위성의 의미

그리스도가 갖는 우위성은 그 스스로 영광을 받기 위해서도 아니요, 그것이 시간적으로 선재하기 때문도 아니다. 그것은 무엇보다도 존재론적인 이유에서 그렇다. 그분의 우위성은 그가 창조된 우주 전체—그 안에서 인간은 중요한 위치를 차지한다—의 원천이요 중개자이자 목적이라는 데에서 기인한다. 그리스도는 존재하는 모든 것이 당신 안에서 존재할 수 있게 해주는 유일한 실재이다. 그분밖에는 아무것도 존재하지 않으며 그 무엇도 상상할 수 없다. 그리스도의 선재는 창조에 대한 하느님의 의지 행사를 향해 방향 지어져 있다. 이는 창조와 그리스도 사이의 긴밀한 관계를 강조할 뿐만 아니라, 나아가 그리스도야말로 창조의 참된 의미요 창조는 다름 아닌 그리스도 신비의 가시화이자 현실화임을 명백히 드러낸다. 사실, 그리스도가 창조된 모든 피조물들의 머리라는 의미에서 창조는 그리스도에게 속한다기보다는, 무엇보다도 창조가 성부를 통해서 그리스도 안에서 실현되었고, 나아가 그리스도야말로 창조의 궁극적 목적이라는 의미에서 창조는 근본적으로 그리스도에게 속한다고 할 수 있다.

만일, 그리스도의 절대적인 우위성과 중심성이 존재하는 모든 피조물을 이해하는 데에 있어서 본질적이라고 한다면, 인간과 인간이 행하는 선택의 신비를 이해하는 데 있어서는 두말할 나위도 없다. 그러므로 인간이 그리스도 밖에서는 실존할 수 없는 것처럼, 오직 그리스도 안에서만 인간은 자기 자신을 실현할 수 있다고 말할 수 있다. 이러한 그리스도와의 본질적 관계야말로 인간에게 있어서는 필요 불가결한 요소이며 그를 존재론적으로 하느님과 하나로 묶어 주는 요소라고 하겠다. 사실, 그리스도는 육화한 하느님의 아들로서 성부와 하나이시다. 따라서 존재론적으로 그리스도 안에서 실존하고 살면서 인간은 실재적으로, 그러나 은총을 통해서, 성부와 성자의 인격적인 관계 안에 참여하는 것이다. 이것은 인간이 하느님을 아버지로 만나고 관계를 맺을 수 있는 것이 오직 그가 그리스도 안에서 실존하고 살도록 불렸기 때문에 가능하다는 것을 우리로 하여금 깨닫게 해준다.

그리스도는 바로 삼위일체의 내적 관계가 육화한 실재이자 가시화요 인간의 역사와 실존을 근거 짓는 분이시다. 따라서 만일 그리스도가 인간과 하느님 사이의 관계를 기초 짓는 '본질적인' 실재라고 한다면, 이제 그분이야말로 인간이 그분 안에서 하느님과 대화하고 자신을 개방함으로써 인격이 되어 갈 수 있도록 해주는 유일한 실재라고 말할 수 있다. 인간과 그리스도와의 본질적인 연관성, 그리고 그리스도를 향한 인간의 방향성은 인간이 하느님을 향한 자신의 운명을 역사적으로 실현할 수 있기 위해 요청되는 본질적이며 구조적인 요소가 아닐 수 없다. 이렇듯 인간 존재가 갖고 있는 그리스도적인 면은 모든 인간의 신비와 그의 운명에 대한 성찰에 있어서 출발점이며, 나아가 인간의 선택 행위를 평가하는 데에 있어서 기준이다.

② 그리스도로부터 자신을 분리시키는 실재로서의 죄

앞서 우리는 죄에 대한 이해가 인간 행동의 존재론적인 분석을 통해서가 아니라 오직 하느님의 구원 행위의 전망 안에서 가능하다고 했다. 그러므로 우리는 죄가 다름 아닌 인간이 하느님 앞에서 그분을 반대하는 자, 아니 그분을 부인하는 자로서 존재하는 상태라는 것을 추론할 수 있다. 이는 인간이 하느님의 호의에 가득 찬 행위를 거부하는 결정을 함으로써 하느님 앞에서 불경스럽고 불의한 행위를 하는 한에서 그러하다. 따라서 참된 죄의 의미는 하느님의 신성(神性)을 위협하고 공격하는 인간의 행위를 지칭한다.

특별히 죄는 그리스도의 절대적인 우위성과 중심성이 근본 요소로 자리 잡고 있는 하느님의 계획을 의식적으로 거부하는 가운데 구체화된다. 사실, 인간의 '죄'로 이해될 수 있는 이러한 거부는 인간이 우주에서 차지하는 그리스도의 우위성을 잘 알고 있으면서도 이를 거부하는 것을 말한다. 그러므로 우리는 경험으로써보다는 이미 그리스도를 믿는 신앙을 통해서 어떠한 결핍과 잘못된 행동이 죄인지 아닌지를 알 수 있다. 그리스도의 절대적인 우위성을 거부하는 것이 다름 아닌 죄다. 왜냐하면 이러한 자세와 더불어서 인간은 하느님을 직접적으로 위협하면서 그분을 철저히 반대하는 입장에 서게 되기 때문이다. 이러한 거부는 외적으로는 하느님의 구원 계획과 이의 실현을 위한 그분의 다른 모든 개입을 부인하는 것으로 드러난다. 즉, 인간은 이러한 자신의 행동을 통해서 하느님 계획에 대한 부정적인 판단을 표현할 뿐만 아니라, 이러한 하느님의 계획에 반대해서 자신만의 계획을 주장함으로써 스스로를 하느님의 적으로 만들어 버린다. 이러한 하느님에 대한 적대감은 구체적으로는 그리스도로부터 자신을 분리시키면서 그리고 그분 밖에서 스스로를 실현하려는 가운데 가시적으로 표현된다.

2.2. 인간학적인 차원

2.2.1. 인간 안에서 죄의 가능성

인간에게 있어서 죄의 의미를 묻는 것 역시 무엇보다도 인간에 대한 하느님의 계획이라는 틀 안에서 출발해야 한다. 바로 그 안에서 우리는 하느님이 그리스도 안에서 인간을 부르셨으며, 이 부르심은 무엇보다도 인간이 하느님 앞에서 책임 있는 존재로 서는 가운데 시간 안에서 자기 실존을 실현함에 있어서 그가 책임 있는 존재가 되도록 원하셨다는 것을 발견할 수 있다. 인간이 자기 자신에 대해 배려할 수 있고 자신의 최종 목적을 실현함에 있어서 능동적으로 참여할 수 있도록 하기 위해서 하느님께서는 인간이 그리스도의 자유—육화하신 그리스도와 성부의 관계를 바탕 짓는 그리스도의 자유—에 참여하는 존재가 되길 원하셨다. 이렇게 인간은 그리스도 안에서 실존하는 자유로운 존재로서 규정될 수 있다.

이러한 맥락에서 이제 인간 자유의 본성이 드러나는데, 그 본성은 다름 아닌 창조된 자유(*liberà creata*)로서, '~안에서의 자유'(*in Cristo*)를 핵심적 요소로 지니고 있다. 다시 말해, 인간의 자유는 전적으로 자신의 원천이요 근원을 끊임없이 필요로 하는 자유라는 것이다. 따라서 우리는 다음과 같이 언급해야만 한다. 인간의 자유는 그리스도 안에, 특히 그분의 자유에 참여하는 만큼 성장하고 더욱더 자유로워진다는 것이다. 결과적으로, 만일 인간의 자유를 '~로부터의 자유'로 해석하고 인간을 자신의 원천인 그리스도와 하느님으로부터 분리시켜 버린다면, 그리스도를 받아들일 수 있는 능력이 점점 사라지고 그의 자유는 쇠퇴해져 결국 자신을 실현할 수 있는 가능성을 잃어버리게 될 것이다. 그럼에도 불구하고 그리스도의 자유에 참여하도록 이끄는 은총은 인간이 그리스도를 자신의 원천이요 궁극적인 목적으로서 받아들이도록 인간을 인도해 준다.

앞서 고찰한 내용들을 통해서 우리는 인간이 죄를 지을 수 있는 가능성의 뿌리가 어디에 있는지를 감지할 수 있다. 그 뿌리는 다름 아닌 인간의 '피조성'(*creaturalità*), 즉 인간은 불완전한 자유를 갖고 있으며 동시에 지속적으로 자유롭게 되는 것이 필요한 존재라는 데에 그 근거를 갖고 있다. 인간이 충만하게 실현되지 않았다고 하는 특징은 그가 결정적으로 그리스도를 향해 방향을 전환하도록 동의하게 하는 데 어려움을 준다. 왜냐하면 그의 자유는 불완전하기 때문이다. 따라서 바로 이러한 틈새로 죄의 가능성이 파고드는 것이다.

창조된 자유로서의 인간의 자유는 자유롭게 순명하면서 하느님께 응답하도록 불린 실존이긴 하지만, 그렇다고 이 자유가 필연적으로 하느님을 받아들여야만 한다고 이미 결정된 것은 아니다. 그러므로 인간은 자신에 대한 하느님의 계획을 스스로 받아들일 수도 또는 거부할 수도 있는 자유를 지니고 있다. 그래서 인간은 이 계획을 거부하면서 자신만의 계획을 따를 수도 있는 것이다. 이러한 죄의 가능성은 피조성의 차원에서 발견되는 것으로서, 이 피조성은 창조주와 피조물 사이에 드러나는 차이를 극명하게 보여 준다. 즉, 어떠한 악도 행하지 않으시는 하느님의 자유와 악을 행할 수도 있는 인간의 불완전한 자유를 구분하게 해준다. 이렇듯 죄는 오직 인간 자유의 피조성 안에 그 뿌리를 두고 있으며, 그러기에 전적으로 인간으로부터 나오는 것이지 결코 하느님에게서 유래하는 것이 아니다.

2.2.2. 인간의 자기 파괴로서의 죄

그리스도로부터 자신을 분리시키는 것은 인간에게 있어서 단지 자신에 대한 하느님의 계획을 거부하는 것뿐만 아니라 자기 자신을 완전히 파멸시키는 것이기도 하다. 인간은 그분을 거부함으로써 결국 자기 실존의 근거로부터 자기 자신을 해체해 버리고 만다. 그러므로 인간은 죄를 지음으로써 그리스도와의 관계로부터 자신을 소외시키는 가운데 자기 존재가 지닌 깊은 의미를 포기해 버리며, 결국 자기 실존에 대한 하느님의 계획이 수포로 돌아가게 만든다. 인간에게 있어서 죄는 '그리스도 안에'(in Cristo) 존재하는 것을 거부함으로써 동시에 자기 존재 이유를 '상실'하는 것을 의미한다. 왜냐하면 그리스도 밖에서는 어떠한 자아실현의 가능성도 존재하지 않기 때문이다. 인간은 하느님의 계획을 거부할 수 있는 능력은 있지만 결코 그 이외의 다른 계획을 창조할 수는 없다. 결국 죄는 인간이 그리스도 밖에서 자기를 실현하려는 인간의 오만함을 표현하는 것이며, 역사적으로 볼 때 이러한 오만함이 인간의 자기 파괴로 현실화되는 것을 뜻한다.

II 하느님으로부터 받아들여진 존재인 인간

여기서 우리가 고찰하고자 하는 바는, 인간 실존이 비록 죄인이요 그래서 죄의 지배를 받고 있긴 하지만, 다른 한편으로는 여전히 그리스도의 파스카 신비를 통해서 그리스도에 의해 실현된 의화 은총 안에 머물고 있다는 사실이다. 그리스도 안에서 실현되는 인간에 대한 하느님의 의화 은총은 오직 인간을 당신과의 합일에로 부르시는 하느님의 예정 은총의 틀 안에서만 이해 가능하고 정당화될 수 있다. 우선, 보다 명확한 이해를 위해서 과연 성서는 이 점에 대해 어떻게 언급하고 있는지 살펴보기로 하자.

1. 계시의 빛 안에서

성서에 사용된 '의화'(giustificazione)라는 어휘는 당시 희랍 세계에서 사용되던 의미와는 전혀 달랐다. 희랍 철학에서 말하는 의화는 올바른 행동, 즉 규범에 따른 올바른 행동을 의미했다. 그래서 어떤 사람이 의롭다고 할 때 이것은 그의 덕성스러운 행동에 따른 것이었다. 반면, 성서적인 개념에 따르면 인간은 자신의 덕으로 인해 의로운 것이 아니라 하느님에 의해 의화되고 그분으로부터 받아들여졌기 때문이다.

1.1. 구약성서

구약성서에서도 신약과 마찬가지로 '정의'나 '의화' 개념 모두 종교적인 의미로 사용되었다. 오직 하느님만이 그 자체로 의로우시며 정의의 심판을 하실 수 있는 분이다. 반면 인간은 오직 하느님에 의해 의화되었기 때문에 정의로울 수 있으며, 인간은 이러한 하느님의 승인을 추구한다. 이러한 성서적 개념에 따르면, 의로운 자는 덕성스러운 사람이 아니라 하느님으로부터 '승인 받은 사람'(l'uomo approvato)이었다. 이는 그가 무죄한 자로 인정되었다는 것이 아니라 하느님에 의해 자신의 탓으로부터 자유로워지고 용서받았다는 것, 즉 승인받고 받아들여졌다는 것을 의미한다. 구약성서에 따르면, 한편으로 인간은 자신의 탓—이로 인해 그는 하느님 앞에 자신을 밝히 드러낼 용기를 갖지 못한다[24]—에 대해 깊이 의식하고 있는 반면, 다른 한편으로는 하느님의 심판이 자비로우며 언제나 인간을 자유롭게 하는 심판이라는 것을 잘 알고 있다.[25] 그러므로 의화는 언제나 인간을 위한 하느

---

24) "이 종을 재판에 부치지 말아 주소서. 살아 있는 사람치고 당신 앞에서 무죄한 자 없사옵니다"(시편 143,2); "물론 그렇지, 나도 그런 줄은 알고 있네. 하느님 앞에서 죄 없다고 할 사람이 어디에 있겠는가? 그와 맞서 볼 생각이 있다 하여도 천 마디 물음에 한 마디도 대답할 수 없겠지"(욥기 9,2~3; 9,28.30~31 참조); "야훼님, 제가 아무리 시비를 걸어도 그때마다 옳은 것은 하느님이셨기에 법 문제를 하나 여쭙겠습니다. 어찌하여 나쁜 자들이 만사에 성공합니까? 사기밖에 칠 줄 모르는 자들이 잘되기만 합니까?"(예레 12,1).

25) "야훼여, 당신 이름 영광되도록 나를 살려 주소서. 의로우시니, 이 곤경에서 이 목숨 건져 주소서. (…) 이 몸은 당신의 종입니다"(시편 143,11~12); "용서하심이 당신께 있사오니 이에 당신을 경외하리이다. 나는 야훼님 믿고 또 믿어 나의 희망 그 말씀에 있사오니, (…) 그가 이스라엘을 속량하시리라. 그 모든 죄에서 구하시리라"(시편 130,4~5.8); "원수들아, 우리가 이 꼴이 되었다고 좋아하지 마라. 지금은 쓰러졌지만, 일어설 날이 온다. 지금은 어둠 속에서 새우지만, 야훼께서 우리의 빛이 되어 주실 날이 온다. 우리는 야훼께 죄를 얻었으니, 야훼께서 우리를 법으로 다스리시고 재판을 내리시기까지 그분의 진노를 참고 받

님의 은총 가득한 행위를 의미한다.

1.2. 신약성서

신약성서의 가르침은 정의의 개념과 그리스도의 사건 사이에 긴밀한 연관성을 명백하게 드러내는 가운데 '의화'를 그리스도 사건의 핵심으로 제시하고 있다. 사실, 의화는 전체 복음 메시지에 있어서 핵심이자 본질적인 주제이다. 예수 그리스도의 설교는 하느님 나라의 도래에 집중되어 있으며, 이러한 하느님 나라의 도래를 통해서 인간은 죄의 노예로부터 구원된다고 그리스도는 우리에게 가르치고 있다. 하느님 나라의 현존은 바로 회개와 화해를 향한 초대와 더불어 구체화되며, 이는 무엇보다도 의화 은총 안에서 가능하게 된다. 여기서 우리는 특히 바오로 사도의 가르침 안에 드러난 '의화' 개념을 살펴보아야 한다. '의화' 개념은 신약성서 가운데 특별히 바오로 사도의 서간들 안에서 보다 구체적이고도 체계적으로 설명되어지고 있기 때문이다.

바오로 사도의 의화 개념은 무엇보다도 자신이 설립한 공동체 내의 유대 신자들이 주장한 유대적인 개념에 대립해서 논쟁하는 가운데 드러나고 있다. 바오로는 유대적인 사고방식을 거슬러서 투쟁했다. 그가 거슬러 싸운 사고방식이란 "유대인은 그가 죽은 후 하느님 야훼에 의해 의로운 자로 간주될 수 있다는 것이다. 즉, 그가 살아생전에 율법에 대해 충실했느냐의 여부에 따라 하느님으로부터 자

아야 한다. 그러다가 마침내 우리에게 밝은 세상을 보이시면, 그제야 우리는 눈이 열려, 여태 해 오신 일이 옳았음을 알게 되리라"(미가 7,8~9).

신의 죄를 사함 받을 수 있고 하느님의 화를 면할 수 있으며 메시아 왕국, 즉 천국(에덴 동산)에 들어갈 수 있다고 생각했다. 의인은 자신의 자유 의지로 율법을 잘 지킴으로써 하느님의 의화를 요구할 수 있는 공로(merito)를 획득하게 되고 이 공로의 결과가 바로 의화라는 것이다."[26]

바오로 사도는 이러한 유대교적 사고방식을 거슬러서 자신의 견해를 전개하는 가운데 우리에게 그리스도교적인 의미의 의화가 무엇인지를 잘 보여 주고 있다. 그의 사상의 기본 바탕은 무엇보다도 의화가 그리스도 안에서 하느님께서 하시는 은총 행위라는 점이다.[27] 이를 통해서 인간은 불의한 자에서 의로운 자로 변화되고 그럼으로써 하느님에 의해 인정받는다는 것이다.[28] 그러나 하느님으로 하여금 죄인을 의롭게 만드는 것은 인간이 율법에 충실해서가 아니다. 그것은 다름 아닌 예수 그리스도 사건[29] 때문이다. 바오로 사도에게 있어서 의화는 근본적으로 그리스도, 그리고 그분의 파스카 신비와 관련되어 있다. 사실, 그리스도의 순명을 통해서 죄인들은 의인으로 변화된다. "한 사람의 순종으로 말미암아 많은 이가 의인으로 인정받게 되었습니다"(로마 5,19).

의화에 대한 바오로 사도의 사상을 단적으로 잘 보여 주는 곳은 로마 3,21~28과 에페 2,1~10이다. 이 두 구절을 통해서 우리는 그의 의화론이 하느님 중심과 그리스도 중심이라는 두 가지 큰 특징을 지

---

26) H.Haag, *Giustificazione*, in *Dizionario biblico*, p.464.

27) "그러나 아무것도 한 일이 없지만, 경건하지 않은 자를 의롭게 하시는 분을 믿는 이는 그의 신앙이 의로움으로 인정됩니다"(로마 4,5).

28) 참조: H.Haag, 앞의 책, p.465.

29) 그리스도의 죽음과 부활 사건을 의미한다.

니고 있음을 발견하게 된다.[30] 여기서 바오로는 구원 경륜이 결정적으로 그리스도의 십자가 위에서 하느님에 의해 시작되었다고 분명히 언급하고 있다.[31] 십자가에 달리신 그리스도 안에서 우리는 죄인—하느님과의 관계 안에서 철저히 하느님의 적으로 살아가는 역사적인 인간—을 구원하시려는 하느님의 의지를 읽어 낼 수 있다.[32] 나아가 바오로 사도의 의화론에서 드러나는 특징은 하느님께서 일방적으로 그리스도 안에서 용서와 화해를 드러내신다는 점이다. 이렇게 의화하시려는 하느님의 무상적인 제스처 앞에서 인간은 철저한 순명으로 응답해야 한다. 바오로는 이러한 복종에 '신앙'이라는 이름을 부여하는데, 이는 인간에게 있어서 자신이 생각하는 모든 형태의 정의를 포기하고 그리스도 안에서 이룩된 하느님의 업적에 절대적인 신뢰를 두는 것을 의미한다.

---

30) 로마서에서 바오로 사도는 "밝히 드러난 하느님의 정의는 예수 그리스도를 믿는 신앙을 통한 하느님의 정의"라고 말한다. 그리고 "모든 사람은 예수 그리스도를 통해 실현된 구원을 통해서 무상으로 의화되었다"고 언급하고 있다. 하느님은 "지금 당신의 정의를 드러내신다. 의롭게 되고자 하는 자는 예수 그리스도를 믿어야 한다."

31) 에페소 서간 구절에서 바오로는 하느님께서 넘치는 자비를 통해 죽어야 할 운명에 놓인 죄인들을 그리스도와 함께 살도록 은총을 베푸셨다고 강조하고 있다. "그리스도와 함께 부활해서 하늘에 계신 그리스도 곁에 앉도록 하셨고, 이 모든 것은 그리스도 안에서 우리를 향하신 하느님의 선하심을 통해 당신의 풍부한 은총을 드러내시기 위함입니다."

32) '분리의 장벽'을 허물은 '그리스도의 피'로 인해, 그리고 십자가를 통해서 하느님은 모든 이와 화해하시고 적대적인 관계를 부수셨다. 결국, "예수 그리스도를 통해서 우리는 하느님께 하나의 영 안에서 우리를 드러낼 수 있다"(에페 2,13~18 참조).

2. 신학적인 성찰

의화하는 하느님의 행위가 인간 존재 구조에 속하고 그의 실존의 바탕을 이루어야 한다는 것은, 무엇보다도 그가 창조된 존재라는 사실, 즉 자신이 스스로의 존재를 정당화할 수 없으며, 나아가 그는 죄인이기에 하느님과의 관계에 있어서 단절된 상태에 있음을 반증하고 있다.

2.1. 하느님 계획의 전망 안에서

죄인으로서의 인간은 비록 그가 하느님, 그리고 그분께서 인간을 위해 마련하신 계획을 거부하고 자신의 계획을 주장해서 하느님에 대해 대립하는 입장에 선다 하더라도, 그가 창조되었다는 사실 그 자체로 인해 이미 세상 안에서 전적으로 하느님을 거슬러서 살 수는 없다. 왜냐하면, 오직 하느님 한 분만이 모든 것의 시작이며 그분 홀로 전능하시기 때문이다. 그분 밖에서는 어떠한 다른 시작도 있을 수 없으며 그 어떤 존재자도 존재할 수 없다. 마찬가지로 그분과 동등하거나 그분을 능가하는 어떠한 권세도 있을 수 없다. 따라서 죄는, 비록 그것이 하느님을 거슬러 자신의 독자적인 힘을 표현하려는 주장이라 할지라도, 하느님 밖에서는 존재할 수 없는 것이다. 그러므로 인간이 내세우려고 하는 지배권과 자기 세계는 필연적으로 하느님의 통제하에 들어올 수밖에 없다.

그러기에 죄가 아무리 직접적으로 하느님을 위협하고 공격하는 것이라 할지라도, 결코 하느님의 계획을 거슬러서 그것을 취하한다거나 잘못되게 할 수는 없다. 죄에 대한 인식은 오직 하느님의 계획에 대한 전망 안에서만 가능하기 때문에, 오로지 죄는 인간을 향한 하느님의 구원 계획 안에서만 존재한다고 말할 수 있다. 그러기에, 하느님의 계획에 대한 부인은 결과적으로는 죄의 존재에 대한 부인을 의미하는 것이기도 하다. 더 나아가, 만일 죄에 대한 인식이 그리스도에 대한 인식을 통해서만 가능하다고 한다면, 그리스도의 절대적인 우위성은 하느님과 하느님의 계획을 부인하려는 죄의 세력을 없애는 능력으로서 드러난다.

하지만 하느님의 통제 밖에서는 그 어떠한 죄도 군림할 수 있는 힘이 없다고 할지라도, 현실적으로 하느님 앞에 존재하는 인간은 죄로 인해 깊은 상처를 받았다는 것 또한 자명한 사실이다. 인간은 자신에 대한 하느님의 계획을 거부함으로써 하느님과 적대 관계에 있게 되었고 이로 인해 현실적으로는 단죄된 상태 가운데 존재하게 되었다. 인간 존재를 구성하는 구조적인 요소이자 그의 실존에 충만한 의미를 부여해 주는 그리스도를 통해서 그가 하느님과 더불어 갖는 통교는, 그러나 하느님께서 그리스도 안에서 당신의 충실함을 드러내지 않고 그래서 비참한 인간 상황에 자비로이 개입하지 않아서 죄인인 인간을 받아들이지 않으신다면 언제고 위협받을 수 있다.

따라서 이제 계시의 빛 안에서 우리는 다음과 같이 말해야만 한다. 즉, 인간 실존은 하느님의 의화 은총 이외에 다른 어떠한 존재론적인 기반을 가질 수 없다. 다시 말해서, 인간은 오직 하느님의 호의에 가득 찬 자비를 통해서 지탱된다는 것이다. 만일 하느님이 인간이 생각하는 방식처럼 행동하셨다고 한다면, 하느님은 자기 파멸로 운명지어진 인간을 포기하셔야만 했다.

2.2. 그리스도와의 관계 안에 기초함

인간 존재의 이해에 있어서 하느님의 의화 행위가 갖는 중요성—그것이 인간의 피조성의 측면에 있어서건, 죄인으로서의 인간적인 상황에 있어서건—을 보다 깊이 이해하기 위해서는 인간 존재의 핵심 요소인 그리스도와 인간과의 관계를 필연적으로 다루어야만 한다. 하느님께서 인간을 위한 계획을 결정하실 때 인간이 그리스도와 갖는 불가분리적인 일치는 하느님께서 인간을 의화하시되 그리스도를 통해서 그를 의화하신다는 것을 우리로 하여금 추론하게 해준다. 즉, 인간과 그리스도 사이의 불가분리적인 관계는 하느님과의 인격적인 일치—이 일치는 하느님과 그리스도 사이의 인격적인 일치에 참여함으로써 가능하다—를 지향하는 예정 계획 안에 그 근거를 두고 있다. 사실, 하느님은 인간을 '그리스도 안에서'(in Cristo) '그리스도를 통해서'(per Cristo) 그리고 '그리스도를 향해서'(in vista di Cristo) 원하고 창조하셨다. 이는 그가 육화하신 성자 그리스도와 성부의 관계에 참여하도록 예정되었기 때문이다. 역사적인 단계에서 이제 그리스도와의 일치는, 비록 인간이 하느님과의 관계에 있어서 죄로 인해 단절되었음에도 불구하고, 하느님 편에서 인간을 받아들이는 데에 있어서 필요 불가결한 조건인 셈이다. 사실, 인간을 향한 하느님의 이러한 무조건적인 수용은 십자가에서 희생되신 그리스도를 통해서만 가능하다. 그래서 하느님 앞에서 그리스도의 파스카 신비는 의화로 드러나게 된다. 다시 말해, 그리스도의 파스카 신비는 비록 인간이 죄인임에도 불구하고 하느님께서 그를 받아들이는 근본 이유가 되는 셈이다.[33] 그럼으로써 하느님과 죄인인 인간 사이의 우정은 그리스도의 육화를 통해서 다시금 새롭게 맺어지게 되었다. 이러한 맥락에서 이제 인간이 그리스도의 파스카 신비에 참여하는 것은 그가 하느님으로부터 받아들여졌다는 수식어를 그에게 부여함과 동시에 그로 하여금 생명 자체이신 성자의 생명을 살아가도록 인도해 준다.

2.3. 인간을 위한 하느님의 행동

하느님의 행위는 어느 관점에서 보더라도 언제나 인간을 의화하는 은총의 특징을 지닌다. 즉, 그 행위는 언제나 호의에 가득 찬 행위로서 인간을 향한 무조건적인 사랑 안에 그 기원을 갖는 구원적인 개입이라고 할 수 있다. 따라서 만일 이러한 하느님 사랑의 수취인인 인간이 죄인임을 염두에 둔다면 이 은총은 특별한 호의가 요청되지 않을 수 없다. 사실, 의화하시는 하느님의 행위는 인간을 존재에로 부르시는 행위일 뿐만 아니라 나아가 죄로 물든 인간을 불의한 상태에서 의로운 상태로 이끌어서 하느님의 의로움과 거룩함에 참여하게 하는 구원적인 개입이기도 하다.

의화를 통해서 우리는 사랑에 기초를 둔 하느님 행위의 신비를 접하게 된다. 그리고 그리스도 안에서의 의화 은총을 통해서 우리는 실존에로 불린 인간이 역사의 시작에서부터 이미 깊이 죄로 물들어 있

33) "그리스도의 죽음과 부활 안에서 인간을 위하신 하느님의 제스처는 인간 구원을 위한 결정적이고 객관적인 사실이다. 이는 특별히 그리스도께서 하느님 앞에 죄인인 인간을 실제적으로 의롭게 하셨다는 사실을 내포한다"(G.Colzani, *L'uomo nuovo. Saggio di antro- pologia soprannaturale,* Elle di ci, 1977, p.198). 그리스도 안에서 이룩된 업적은 단지 하느님의 생각 가운데만 있는 것이 아니라, 구체적인 역사 안에도 실재한다. 따라서 파스카의 신비는 역사적인 사실이면서, 실재적으로 하느님 앞에 선 역사를 '의화'한다. 즉, 근본적으로 역사를 변화시켜서 하느님께서 원하시는 목적에 합당하게끔 역사의 방향을 인도한다.

음을 이해하게 된다. 이는 인간이 죄를 지으리라는 것에도 불구하고 하느님이 그를 원하셨다는 것, 즉 그가 하느님을 거부할 것임을 아시면서도 하느님은 그를 존재에로 불러 주셨다는 것을 의미한다. 여기서 우리는 인간의 역사가 동시에 죄의 역사이자 구원의 역사임을 알 수 있다. 그러므로 하느님과 인간의 관계는 의화하시는 하느님의 은총 위에 자리해 있는 것이다. 인간은 오직 하느님의 정의를 통해서 의로운 자로 여겨졌기 때문에 하느님 앞에 떳떳할 수 있고 나아가 그분과 통교할 수 있는 관계에 들어갈 수 있다.

2.3.1. 하느님의 행동

의화 은총은 무엇보다도 하느님의 고유한 행동이면서 오직 그분만이 이루실 수 있다는 사실을 염두에 두어야 한다. 만일 인간이 하느님의 계획에 따라서 하느님과의 관계를 통해 실존에로 불렸고 그 존재가 유지되고 있다면, 그를 향한 하느님의 계획은 오로지 하느님께서 무상으로 그와의 관계를 끊임없이 허락하고 계시기 때문에 현실화될 수 있음을 알아야 한다. 그러므로 인간에 대한 하느님 계획의 실현 가능성은 오직 하느님의 능력에 달려 있는 셈이다. 오로지 하느님만이 인간을 그의 죄와 더불어 원하고 사랑할 수 있는 분이다. 왜냐하면, 하느님만이 인간이 당신에 대해 적대적인 자세를 취함에도 불구하고 그를 존재에로 부르실 수 있기 때문이다. 그러기에 이러한 하느님의 의화 행위는 인간 실존의 뿌리를 이루고 있다. 인간은 하느님의 의화—이는 오직 하느님의 무상적인 결정을 통해서만 생겨난다—를 통해서 존재에로 불렸기 때문에 실존하는 것이다.

① 하느님의 행동의 본성

의화하시는 하느님의 은총은 죄인인 인간을 받아들이시는 행위로서 구체화된다. 이를 이해하기 위해서는 의화(giustificazione)라는 단어가 정의(giustizia)에 밀접하게 의존되어 있음에 주의를 기울일 필요가 있다. 의화는 정의의 결과로서 그 자체로 죄인들을 용서하는 것만이 아니라 인간의 내면을 성화하고 쇄신시켜 준다.

'정의'와 '의화'라는 두 단어는 '정의'를 의미하는 히브리말 세닥(*sédeq*)와 세다카(*sedaqah*)에 상응하며, 이 단어는 '정의롭게 하다'로 번역되는 사닥(*sadaq*)에서 유래한다. 세다카는 하느님의 정의를 지칭하는 것으로서 인간과의 관계에 있어서 하느님의 하느님이심을 드러내는 행동을 가리키기 위해 사용된다. 즉, 인간에게 당신의 정의를 통교하시면서 하느님의 의로우심을 계시하는 행동을 말한다. 사닥은 '의로운 자로 선포하다' '그 누군가로 인해 의롭게 여겨지다'(출애 23,7; 신명 25,1)를 의미한다. 또한 '의롭게 하다'(이사 53,11)라는 의미로 사용되기도 했다.

어느 한 사람이 의롭다고 공표했을 때, 이는 단지 선언적인 가치만을 지닐 뿐이지만, 하느님이 의롭다고 표명했을 때 이 행위는 정의를 창조하는 행위이다. 따라서 한 인간이 누군가를 의롭다고 표명하는 것은 의화의 개입을 통해서 그가 "누군가를 의롭게 했다"고 하는 반면, 하느님의 의화 행위는 당신의 정의, 즉 당신의 의로우심에서 기인하는 것이다. 그러나 인간에게 있어서 정의는 의롭게 하시는 하느님의 개입의 결과로서 정의가 있을 따름이다. 인간은 그 자체로 정의롭지 못하며 단지 의롭게 여겨질 뿐이다.

② 객관적인 의화

그러므로 인간은 불의한 상태로부터 자신을 자유롭게 하는 '의화하는' 하느님의 행위로 인해 하느님 앞에 설 수 있는 것이다. 의화를 통해서 하느님은 인간에게 그가 '받아들여질 수 있는' 존재라는 것을 심어 주신다. 즉, 그가 하느님으로부터 받아들여져서 그분 앞에 당신의 파트너로 있게 된다는 것을 인식시켜 주신다. 이로써 인간은 비록 죄인임에도 불구하고 하느님과의 합일을 향한 인격적인 관계를 살 수 있도록 받아들여지게 된 것이다. 이러한 하느님의 의화 은총은 비록 인간이 죄를 짓지 않았다 하더라도 언제나 필수적인 것이다. 왜냐하면 오직 하느님의 의로우심, 거룩함에 참여함으로써만 인간은 실제적으로 하느님의 파트너로 있을 수 있기 때문이다. 사실, 인간은 자기 자신의 정의만으로는 존재할 수 없다. 오직 하느님의 정의를 통해 존재의 근거가 정당화되기 때문에 존재할 수 있는 것이다. 따라서 우리는 의화하시는 하느님의 행위야말로 하느님께서 인간을 존재에로 부르시고 하느님으로부터 사랑받고 그분과 통교하기 위한 '본질적인 성질'을 인간에게 부여하시는 가장 첫째가는 행위라는 것을 알 수 있다.

이제 역사적인 차원에서 의화는 인간을 위한 하느님의 구원적인 개입으로서, 죄 중에 있는 인간은 용서를 받고 나아가 하느님과의 합일을 향해 불린 자신의 소명을 실현할 수 있게 된다. 바로 죄를 용서하시는 행위 안에서 하느님의 의화 행위는 당신의 권능과 은총의 풍부함을 드러내신다고 할 수 있다. 사실, 죄는 의화하시는 하느님의 정의의 힘을 약하게 할 수도 막을 수도 없다. 왜냐하면 그 어떤 세력이나 질서도 인간에 대한 하느님의 계획을 무위로 돌릴 수는 없기 때문이다. 그러므로 죄로 인한 인간과 하느님 사이의 적대적인 관계에도 불구하고, 죄 중에 있는 인간을 의화하시고 받아들이시는 하느님

정의의 힘은 언제나 모든 세력을 넘어서 유효하고 절대적인 우위에 있다.

2.3.2. 죄인인 인간을 위해서

그리스도 안에서 의화하시는 하느님의 은총은 인간을 하느님과의 관계 안에서 그분의 파트너로 세워 주기 때문에 전적으로 인간에 관계된 행위라고 하겠다. 더 구체적으로는 죄 중에 있는 인간, 즉 역사적인 인간을 위한 사건인 것이다. 사실, 그리스도 안에서의 의화 은총을 통해서 "인간은 있는 그대로의 자기 자신을 받아 주시는 하느님을 있는 그대로 받아들일 수 있는 것이다."[34] 하느님은 그리스도 안에서 의화를 통해 당신을 거부하고 짓밟고 받아들이기를 거부하는 한 인간을 받아들이시는 일종의 역설을 실현하신다.

이러한 의화 은총은 역사적인 차원에서 자유라는 선물로 구체화된다. 이 선물은 하느님 편에서 인간이 자신의 공동체에서는 획득할 수 없는 것을 받아들이도록 격려하시는 것이다. 자유라는 선물은 인간으로 하여금 자신을 향한 하느님의 계획을 자유롭게 받아들이도록 촉구한다. 이러한 자유를 거부하는 것은 결과적으로는 하느님의 계획을 거부함을 의미한다. **하느님을 거부한 죄인인 인간을 의화한다는 것은 하느님에게 있어서는 당신을 받아들이기를 거부하는 이를 받아들임을** 의미한다. 역사적으로 죄인인 인간 앞에서 하느님은 "의화 은총을 통해서 두 가지 일을 하신다. ① 하느님께서 당신의 자유로운 파트너가 되도록 창조한 인간에게 다시 한번 당신의 파트너가 되게 한다. ② 비록

34) O.H.Pesch, *Azione della grazia di Dio come giustificazione e santificazione dell'- uomo,* in *Myst. Sal.,* vol.9, p.319.

인간이 이러한 초대에 응하지 않는다 하더라도(…) 하느님은 그의 이러한 불충실함 앞에서도 여전히 그를 사랑하시며 충실한 분으로 남아 계신다."[35]

2.4. 의화와 자유

의화하시는 하느님의 행위는 죄인인 인간을 향한 하느님의 선의를 강조해서 보여 줄 뿐만 아니라 인간 자유가 창조되었다는 면과 더불어 이 자유가 인간의 자아실현에 있어서 중요한 역할을 한다는 점을 드러내 준다. 하느님의 의화 은총은 직접적으로 인간 자유를 구원해 줄 뿐만 아니라 완성에로 이끌어 준다.

2.4.1. 인간에게 있어서 자유의 의미

우리는 인간이 지닌 '자유'를 단순히 무엇인가를 결정하는 능력으로 이해하기 이전에 인간 존재 구조의 건설적인(costitutivo) 요소로서 바라보아야 한다. 이러한 맥락에서 우리는 인간 존재를 자유를 소유하고 있는(ha la libertà) 존재로서가 아닌 인간 존재 그 자체가 자유(è libertà)라고 언급해야만 한다. 인간을 자유로운 존재로 말한다는 것은 그가 어떤 본능적인 것으로 인해 결정되거나 무엇인가를 하도록 강요당하는 존재가 아니라, 자기 스스로 무엇인가를 자발적으로 할 수 있는 존재로 바라보는 것이다. "이렇게 자기 자신을 제시할 수 있는 능력은 그의 전 존재와 관련된 것이긴 하지만 그러나 완전하게 드러나지는 않는다. 오히려 이 상태는 삶의 역사적인 과정을 통해서 그가

35) 같은 곳.

도달해야 될 정점으로 드러난다."[36]

이는 인간이 자신의 가난함으로 인해 불완전한 존재로 남아 있긴 하지만, 충만한 자기 완성을 향한 여정 가운데 있음을 드러내 준다. 이와 마찬가지로 우리는 인간의 자유에 대해서도 같은 말을 해야 할 것이다. 이 자유는 그 시초부터 충만한 자유가 아니다. 그것은 끊임없이 자유로워져야 하는 과정 중에 있는 것이다. 따라서 만일 인간의 자유가 완전하다면, 그는 자신의 완전함 안에서 자기 실존을 제시할 수 있는 능력을 갖게 될 것이다. 의화하시는 하느님의 행위는 자유에 대해서 이중적인 역할을 한다. ① 하나는 충만을 향한 과정에 있어서 자유를 평가하는 역할이며 ② 다른 하나는 이를 향한 안내자 역할이다.

2.4.2. 인간 자유의 본성

의화 은총의 가르침으로부터 우리는 인간이 그 자체로 하느님 앞에서 의로운 것이 아니라 하느님의 정의로 인해서 그러하다는 것을 알았다. 이 사실은 우리로 하여금 인간의 자유를 전적으로 '**선사받은 자유**'로 이해하게 해준다. 선물이라는 성격은 우리로 하여금 인간 자유의 이해에 있어서 '피조성'에서부터 이를 바라보는 것보다 훨씬 더 풍부한 존재론적인 측면을 이해하게 해준다. 왜냐하면 이러한 성격은 인격적인 차원을 보다 명백하게 강조하고 있기 때문이다. 사실, **선사받은 자유는 창조된 자유**와 동의어는 아니다. 선사받은 자유로서의 인간의 자유는 그의 기원이 인간이 아니라 하느님에게 있음을 드러내 줄 뿐만 아니라 이 자유를 영속적으로 지탱해 주고 성장케 해주는 생

36) 같은 책, p.328.

활한 원천으로서의 하느님의 내어 주시는 행위를 강조해서 보여 준다. 그러므로 인간이 자유롭다는 것은 하느님에 의해 그렇게 원해진 것뿐만이 아니라 끊임없이 그분으로부터 당신의 자유에 참여하게 하는 선물을 받았기 때문이다. 나아가 선물이라는 전망은 하느님의 자유와 인간의 자유 사이에 있는 모든 종류의 양립 불가능한 요소들을 제거해 준다. 왜냐하면 인간의 자유는 유일하고 절대적인 자유인 하느님의 자유의 역사적·시간적인 가시화를 의미하기 때문이다. 인간은 하느님의 자유를 살 뿐이다. 인간은 하느님의 자유를 충실하게 받아들이면서 이를 매일의 삶을 통해 역사 안에 내리우는 것이다.

하느님의 의화로 다시 돌아가서, 우리는 이 의화 은총을 통해서 인간은 자신이 아닌 하느님에 의해 의롭게 변화됨으로써 그분 앞에 설 수 있게 되었다는 사실을 알 수 있으며, 더 나아가 인간은 근본적으로 하느님께 의존되어 있는 존재요 피조물임을 알 수 있다. 이를 통해서 우리는 하느님 앞에 선 인간의 자유는 하느님과 분리된 독자적인 자유가 아니라 창조된 자유라는 것을 알 수 있다. 자유의 독자성은 다름 아닌 세상과의 관계에 있어서 언급되어져야 한다. 하느님에 의해 자유로운 존재로 창조되었다는 사실은 인간으로 하여금 세상과 다른 모든 피조물로부터 참된 독자성을 갖게 하고 그것들을 초월하게 해준다.

하느님의 의화 행위는 "하느님으로부터 선물로 주어진 독자성이 자유를 주신 하느님 앞에서 인간이 자기 영광만을 찾는 가운데 잘못된 독자성의 환상에로 기울어질 수 있는 위험을 우리에게 보여 주고 있다. 하느님의 의화는 인간이 자신이 행하는 모든 자유로운 결정들과 더불어 늘 이러한 위험으로 기울어져 있음을 밝히 보여 준다."37)

따라서 인간이 하느님으로부터 의롭게 여겨졌다고 하는 자기 존재의 본성과 함께, 선물로서 부여받은 자신의 자유를 존중할 때, 비로소 그의 자유에 대한 체험은 참된 것이 된다. 인간은 자기 자유를 하느님 앞에서 단순히 독자성을 드러내기 위해서가 아니라 하느님을 충실히 받아들이기 위해서 사용할 때 선물로서 주어진 자유의 본성에 따라 행동할 수 있게 된다. 인간에게 있어서 하느님으로부터 분리되어 독자적으로 또는 그분을 거슬러서 자유를 사용한다는 것은 다름 아닌 자유의 상실을 의미한다. 왜냐하면 이러한 독자성은 자유가 그 뿌리로부터 분리되는 것을 의미하며, 결국 자유에 생명을 주는 생활한 수액을 없애는 것과 진배없기 때문이다. 자유의 '피조성'(creaturalità), 즉 인간의 자유가 하느님의 자유에 절대적으로 의존되어 있다는 것을 고려하지 않은 채 자유를 남용하는 것은 결국 자유의 소멸을 의미한다.

2.4.3. 자유의 구원으로서의 의화

하느님의 의화 은총은 피조성이라는 차원에서 인간 자유를 바라보게 해줄 뿐만 아니라, 이 자유를 구원과 충만으로 이끌어 주는 안내자로서 자신을 드러낸다. 의화를 통한 하느님의 구원 개입은 역사적으로 보면 죄 중에 있는 인간을 의롭게 하는 것이면서, 동시에 인간 안에 태생적으로 숨어 있는 자기 영광을 추구하는 가운데 자유를 남용하려는 모습을 들춰내고, 나아가 인간의 죄를 용서함으로써 하느님 앞에 선 죄인인 인간을 의롭게 해준다. 인간은 하느님의 의화 은총에 참여함으로써 내적으로 변화되어 하느님 앞에 설 수 있게 된다. 결과적으로 이러한 하느님의 구원 개입은 죄 가운데 있는 인간을 의롭게

37) 같은 책, p.329.

해주며, 인간의 자유가 자신의 창조된 목적에 부합하게 선택 행위를 할 수 있도록 참으로 자유롭게 해준다.

이렇게 하느님의 의화 은총을 통해서 보다 자유롭게 된 인간의 자유는 자유로운 하느님의 주도권을 수용할 수 있게 되고 그분이 원하시는 대로 자신을 내맡길 수 있다. 인간의 자유는 이렇게 하느님의 계획 안에 그 기원을 갖고 있는 자신의 목적에 부합한 의미를 되찾게 된다. 이처럼 하느님의 의화 은총은 인간을 향한 당신의 구원적인 제스처로서, 하느님은 이를 통해 그리스도 안에서 인간의 자유를 자유롭지 못한 상태에서 참자유로 이끄시며, 당신과의 합일을 향한 부르심을 향해 인간이 응답할 수 있도록 해주신다. 결국, 하느님의 의화 은총은 인간이 하느님 앞에서 실존할 수 있게 해주며, 하느님과 자기 자신을 위해서 진정 자유로운 존재가 되도록 인도해 준다.

■ 참고문헌

AA.VV., *Temi di antropologia teologica,* Teresianum, Roma, 1981.

______, *Antropologia cristiana. Bibbia, teologia, cultura,* Città Nuova, Roma, 2001.

ABAGNANO N., *Dizionario di filosofia,* UTET, p.868.

AGUILAR SCHREIBER M., *L'uomo immagine di Dio,* Teresianum, Roma, 1987.

ALFARO J., *Dal problema dell'uomo al problema di Dio,* Queriniana, Brescia, 1991.

AUER J. - RATZINGER J., *Il vangelo della grazia,* Cittadella, Assisi, 1971.

BENI A. - BIFFI G., *La grazia di Cristo,* Marietti, Torino, 1974.

BIFFI I., *Cultura cristiana. Distinguere nell'unito,* Jaca Book, Milano, 1983, p.13.

BOUBLIK, *La predestinazione. Paolo e Agostino,* Laterano, Roma, 1961.

BRUNNER E., *Der Mensh im Widerspruch, citato da Schütz ch. - Sarach R.,* in *Myst. Sal.,* vol.IV, p.318.

______, *La Doctrine chrétienne de la création et de la rédemption* (vol.II

di Dogmatique), *Labor et Fides,* Ginevra, 1965.
BUBER M., *Ich und Du*, München, 1962.
COLOMBO G., *Soprannaturale*, in *Dizionario teologico interdisciplinare,* Torino, p.294.
COLZANI G., *Antropologia teologica. L'uomo paradosso e mistero,* Dehoniane, Bologna, 1988.
CONGAR Y., *Situazione et tâches présentes de la théologie,* Du Cerf, Parigi, 1967.
CROUZEL H., *Théologie de L'image de Dieu chez Origène,* Aubier, Parigi, 1956.
DUBARLE A.M., *Le péché original, recherches récentes et orientations nouvelles*, in *Revue de Sc.Phil. et Théol.*, 1969, pp.81~113.
______, *Il peccato originale nella Scrittura,* Ave, Roma, 1968.
ELTESTER F.W., *Eión* im *N.Testament*, Berlino, 1958.
GOZZELINO G., *Vocazione e destino dell'uomo in Cristo. Saggio di antropologia fondamentale*, LDC, Torino, 1985.
FLICK M. - ALSZEGHY Z., *Fondamenti di una antropologia teologica,* LEF, Firenze, 1969.
______, *Il peccato originale,* Queriniana, Brescia, 1972.
______, *Il vangelo della grazia,* LEF, Firenze, 1964.
______, *L'uomo nella teologia,* Modena, 1971.
FRAINE J.G. DE, *Vocazione ed elezione nella Bibbia,* Paoline, Roma, 1968.
FRANSEN P., *La grazia: realtà e vita,* Cittadella, Assisi, 1972.
GRESHAKE G., *Libertà donata. Breve trattato sulla grazia,* Queriniana, Brescia, 1984.
HAAG H., *Dottrina biblica della creazione e dottrina ecclesiastica del peccato originale,* Queriniana, Brescia, 1970.
HEINZ J., *Justification and merit: Luther vs Catholicism,* Andrews University Press, Berrien Springs MI, 1984.
HÜBSCHÈR I., *De imagine Dei in Homine viatore secundum doctrinam S.Thomae Aquinatis,* Lovanio, 1932,
KITTEL G., *Eikón,* in *GLNT,* pp.178~180.
KUENG H., *La giustificazione,* Queriniana, Brescia, 1971.

LAFOND G., *Le sens du thème de L'image de Dieu dans L'anthropologie de St.Thomas d'Aquin,* in *Recherches de Sc. Rel.*, 1959, pp.560~569.

LONERGAN B., *Il metodo in teologia,* Queriniana, Brescia, 1975.

LOSSKY, *À L'image et à la ressemblance de Dieu,* Aubier Montaigne, Parigi, 1967.

LUBAC H. DE., *Agostinismo e teologia moderna,* Il Mulino, Bologna, 1968.

______, *Il mistero del soprannaturale,* Il Mulino, Bologna, 1967.

MARROU H.I., *Teologia della storia,* Jaca Book, Milano, 1979, 2ª ed.

MAYER A., *Das Bild Gottes im Menshen nach Clemens von Alexandrien,* Herder, Roma, 1942.

MAYER C.R., *A Contemporary Theology of Grace,* Alba House, Staten Island, 1971.

McGRATH A.E., *Justitia Dei. A history of the Christian doctrine of Justification, I: From the beginnings to 1500,* Cambridge University Press, London, 1986.

______, *Justitia Dei. A history of the Christian doctrine of Justification, II: From 1500 to the present day,* Cambridge University Press, London, 1988.

______, *Justification by faith: what it means for us today,* Academie Books, Grand Rapids MI, 1988.

MODA A., *La dottrina della elezione divina in K.Barth,* Pàtron, Bologna, 1972.

MOLTMAN J., *Präedestination und Perseveranz,* Neukirchen, 1961.

______, *Teologia della speranza,* Queriniana, Brescia, 1970.

______, *Uomo. L'antropologia cristiana tra i conflitti del presente,* Queriniana, Brescia, 1972.

MONDIN B., *Introduzione alla teologia,* Massimo, Milano, 1991, 2ª ed.

______, *Filone e Clemente, Saggio sulle origini della filosofia religiosa,* SEI, Torino, 1969.

______, *La dottrina della Imago Dei nel Commento di San Tommaso alle Sentenze,* in *San Tommaso e L'odierna problematica teologica,* Città Nuova, Roma, 1974, pp.230~247.

______, *L'uomo secondo il disegno di Dio,* ESD, Bologna, 1992.

PANNENBERG W., *Questioni fondamentali di teologia sistematica,* Queriniana, Brescia, 1975.

______, Antropologia in prospettiva teologica, Queriniana, Brescia, 1987.

PANTEGHINI G., *L'uomo alla luce di Cristo. Lineamenti di antropologia teologica,* Ed. Messaggero, Padova, 1990.

______, *L'uomo scommessa di Dio. Antropologia teologica,* Ed. Messaggero, Padova, 1998.

PARENTE P., *Anthropologia supernaturalis,* Marietti, Torino, 1958, 4[a]ed.

PESCH O.H., *Azione della grazia di Dio come giustificazione e santificazione dell'uomo,* in *Myst. Sal.,* vol.9, p.319.

______, *Liberi per grazia,* Queriniana, Brescia, 1988.

PHAN C., *Grace and human condition,* Glazier, Wilmington DE, 1988.

PHILIPS G., *L'union personelle avec le Dieu vivant. Essai sur L'origine et le sens de la grâce créée,* University Press, Lovanio, 1989.

PIOLANTI A., *Aspetti della grazia,* Ares, Roma, 1958.

RAHNER K., *Corso fondamentale sulla fede,* Paoline, Alba, 1977, pp.161~188

______, *Natura e grazia,* in *Saggi d'antropologia soprannaturale,* Edizioni Paoline, Roma, 1965, pp.79~122.

______, *Possibilità d'una concezione scolastica della grazia increata, ibid.,* pp.123~168.

______, *Uomo, III. Sul concetto teologico di uomo,* in *Sac. Mun.,* vol.8, p.559.

RAMM B., *Offense to Reason: a Theology of Sin,* Harper & Row, San Francisco, 1985.

RIZZI A., *La grazia come libertà. Per una attualizzazione del trattato di antropologia teologica,* Dehoniane, Bologna, 1975.

RUIZ de la PEÑA J.L., *L'altra dimensione. Escatologia cristiana,* Borla, Roma, 1981.

______, *Immagine di Dio. Antropologia teologica fondamentale,* Ed. Borla, Roma, 1992.

RULLA M.L., *Antropologia della vocazione cristiana,* Piemme, Casale Monferrato, 1985.

SAYES A.J., *Hermeneutica y teologia del pecado original,* Aldecoa, Burgos, 1988.

SCARAMUZZI D., *L'immagine di Dio nell'uomo nell'ordine naturale secondo san Bonaventura,* Padova-Milano, 1942

SCHLIER H., *La fine del tempo,* Paideia, Brescia, 1974, pp.84~85.

SCHOONENBERG P., *La potenza del peccato,* Queriniana, Brescia, 1970.

SCHÜTZ CH. - SARACH R., *L'uomo come persona. 2. Scoperta fenomenologica della struttura della persona,* nel vol., *Myst. Sal.,* vol.IV, p.316.

SEIBEL W., *La somiglianza divina dell'uomo,* in *Mysterium Salutis,* vol.4, p.550.

SULLIVAN J.E., *The Image of God. The Doctrine of St.Augustine and its Influence,* Dubuque, Iowa, 1963.

THOMAS D'AQUINAS, *Summa theologiae,* Ed. Léonine, t.4-11, testo riprodotto nell'edizione manuale della Biblioteca de Autores Cristianos (vol. 29, 41, 56, 77, 80, 81, 83, 87), Madrid, 1961~1965; trad. ital. a cura della Redazione delle ESD, *La Somma Teologica* vol.I~VI, Ed. Studio Domenicano, Bologna, 1996.

TOURN G., *La predestinazione nella Bibbia e nella storia. Una dottrina controversa,* Claudiana, Torino, 1978.

VAN ROO W.A., *Grace and Original Justice according to St.Thomas,* Coll. *Analecta Gregoriana* 75, Roma, 1955.

Von Rad G., *Teologia dell'AT,* vol.2, Paideia, Brescia, 1974.

WATTÉ P., *Antropologia teologica e amartologia,* in AA.VV., *Bilancio della teologia del XX secolo,* vol.III, Città Nuova, Roma, 1972, pp.67~88.

WOLFF H.W., *Antropologia dell'Antico Testamento,* Queriniana, Brescia, 1975.

카를로 라우다치(Carlo Laudazi) **신부는**

1931년 이탈리아의 탈리아코조(Tagliacozzo)에서 태어났다. 1949년 맨발 가르멜 수도회 로마 관구에 입회 후, 로마에서 인문학과 철학을 수학했다. 그 후 성 토마스 아퀴나스 대학(현 안젤리쿰)에서 신학을 공부하고 교의 신학을 전공하여, *La dimensione spirituale della Chiesa sacramento in Cristo nella "Lumen Gentium"*(『"*Lumen Gentium*"에서 바라본 그리스도 안에서 성사로서의 교회가 지닌 영성적 차원』)이라는 논문으로 박사 학위를 취득했다. 1978년부터 로마의 테레시아눔 대학에서 교회론, 은총론, 영성 신학, 수덕 신비 신학, 영성 식별 그리고 신학적 인간학에 관한 여러 과목들을 가르쳤다. 1988년부터는 우르바눔 대학의 영성 신학부에서도 여러 과목을 가르치고 있다.

그는 그동안 다양한 저서들과 논문 등을 통해 여러 분야에서 활발하게 활동하고 있다. 특히 그 가운데 그가 눈에 띄게 기여한 분야는 신학적 인간학이다. 또한 그는 교회 내의 다양한 분야에서 특히 영성 지도와 피정 강의 등을 통해서 많은 사제와 수도자 그리고 평신도들을 지도하고 있으며, 현재 로마의 테레시아눔 대학과 우르바눔 대학의 교수로 활동 중이다.

그의 주요 저서들로는,

L'uomo Aperto al Soprannaturale(『초본성을 향해 개방된 인간』), *L'uomo nel progetto di Dio*(『하느님의 계획 안에서의 인간』), *L'uomo come grazia di Dio nella forma umana*(『인간적인 형상 안에 드러나는 하느님의 은총으로서의 인간』), *L'uomo spirituale come immagine di Dio*(『하느님의 모상으로서의 영성적 인간』), *La spiritualità dell'uomo come "Dio per partecipazione"*(『"참여로서의 하느님"인 인간의 영성』), *Cristo identità dell'uomo*(『인간의 정체성으로서의 그리스도』), *Lo Spirito Santo nella crescità del cristiano*(『그리스도교 신자의 성장 과정 안에서 성령』), *Essere cristiano oggi*(『오늘날 그리스도교 신자가 된다는 것』) 등이 있으며, 다수의 학술지에 수많은 논문을 발표했다.

옮긴이 약력

윤주현(베네딕토) **신부**는
가르멜 수도회 소속 수도 사제로
1987년부터 1995년까지 가톨릭대학교 신학대학에서 수학하고 졸업했다.
1995년부터 2001년까지 로마 테레시아눔에서 신학적 인간학을 전공하여 석·박사 학위를 취득했다.
1997년부터 1999년까지 테레시아눔과 그레고리아눔에서 영성신학 과정을 수료하였으며,
2006년부터 2007년까지 아빌라 신비신학 대학원에서 신비신학, 가르멜 영성 마스터 과정을 수료했다.
2007년부터 2011년까지 신비신학 대학원에서 영성신학 교수로 활동했으며,
2012년부터 2025년 현재까지 대전가톨릭대학교에서 교의신학 교수로,
2015년부터는 문화영성대학원에서, 2016년부터 현재까지 수원가톨릭대학교에서 영성신학 교수로 활동하고 있다.
2014년부터 가르멜 수도회 한국 관구 참사, 대구 수도원 원장을 역임했으며,
2017년부터 2020년까지 한국 관구장을 역임했다.
2025년부터 가톨릭대학교 신학대학에서 교의신학 교수로 활동하고 있다.
2025년 현재 한국 관구 참사, 가르멜 문화영성센터장, 가르멜 영성 연구소장, 주교회의 신앙교리위원, 한국 가톨릭 학술상 상임심사위원, 『신학대전』 번역·간행 위원, 학술지 『신학과 철학』, 『신학과 철학』, 『영성학회』의 편집위원이다.
2018년(번역상)과 2021년(본상)에 한국 가톨릭 학술상을 수상했다. 그간 63권의 저서와 역서를 출간했으며 30편의 논문을 발표했다.

주요 저서들로는,
『성 토마스의 '신학대전'에서 본 나그네 인간』, 『신비체험에 있어서 자유와 해방』(공저), 『성녀 데레사가 초대하는 기도 여정』, 『성녀 에디트 슈타인 영성 입문』, 『영성, 하느님을 바라보다』, 『오리게네스에게 영성을 묻다』, 『그리스도교 신학의 역사』, 『성녀 데레사와 교부 영성』, 『성녀 데레사가 초대하는 기도 여정』,

『가르멜 영성의 발자취를 따라서』, 『현대인을 위한 성녀 데레사의 영성』,
『삼위일체의 성녀 엘리사벳 영성 입문』 등이 있고

주요 역서들로는,
『신학적 인간학』(라우다치), 『신학적 인간학』(몬딘), 『교회론』, 『은총론』, 『창조론』, 『종말론』, 『삼위일체론』, 『그리스도론』, 『신학사 제3권』, 『신학사 제4권』, 『나는 성령을 믿나이다 제3권』, 『말씀과 숨』, 『성녀 에디트 슈타인의 십자가 학문』, 『성녀 데레사 소품집 제1권』, 『삼위일체의 성녀 엘리사벳 제1권~제3권』, 『성녀 데레사의 '창립사' 해설』, 『성녀 데레사의 '완덕의 길' 해설』, 『성녀 데레사의 기도 영성』, 『성녀 데레사의 그리스도 체험』, 『한 사목자의 성찰: 자비』, 『한 사목자의 성찰: 생명』, 『아버지처럼 자비로워지십시오』 등이 있다.

■ 가톨릭신학총서 69/교의신학 8

신학적 인간학

제1판 제1쇄 펴낸날 • 2004년 10월 22일
제1판 제2쇄 펴낸날 • 2011년 4월 15일
제2판 제1쇄 펴낸날 • 2017년 10월 20일
제3판 제1쇄 펴낸날 • 2025년 10월 30일

지은이 • 카를로 라우다치
옮긴이 • 윤주현
펴낸이 • 최준규
펴낸곳 • 가톨릭대학교출판부

주소 • 03083 서울시 종로구 창경궁로 296-12
전화 • 02-740-9718
전송 • 02-745-9793
전자우편 • cukpress@catholic.ac.kr
홈페이지 • http://press.catholic.ac.kr
인쇄제작 • 재영아트
등록번호 • 제300-1989-1호(1989년 1월 13일)

ISBN 978-89-7108-403-8 93230

이 도서의 국립중앙도서관 출판예정도서목록(CIP)은 서지정보유통지원시스템 홈페이지(http://seoji.nl.go.kr)와 국가자료공동목록시스템(http://www.nl.go.kr/kolisnet)에서 이용하실 수 있습니다(CIP제어번호: CIP2017024675).

값 23,000원